安徽省志

Chorography of Anhui Province

气象志

Meteorology

(1986—2005)

安徽省地方志编纂委员会办公室
Compilatory Commission of Anhui Chorography

方志出版社
Publishing House of Local Records

图书在版编目（CIP）数据

安徽省志．气象志：1986—2005/安徽省地方志编纂委员会办公室编．—北京：方志出版社，2016.7
ISBN 978-7-5144-1594-0

Ⅰ．①安…　Ⅱ．①安…　Ⅲ．①安徽省—地方志②气象—工作概况—安徽省—1986—2005　Ⅳ．①K295.4

中国版本图书馆CIP数据核字（2015）第069909号

安徽省志·气象志（1986—2005）

编　　者：安徽省地方志编纂委员会办公室
责任编辑：诸玲珍

出 版 人：冀祥德
出 版 者：方志出版社
地址　北京市朝阳区潘家园东里9号（国家方志馆4层）
邮编　100021
网址　http://www.fzph.org
发　　行：方志出版社发行中心
电话（010）67110500
经　　销：各地新华书店
印　　刷：安徽新华印刷股份有限公司

开　　本：889×1194　　1/16
印　　张：21.25
字　　数：446千字
版　　次：2016年7月第1版　　2016年7月第1次印刷
印　　数：0001~1500册

ISBN 978-7-5144-1594-0　　定价：260.00元

曾任安徽省地方志编纂委员会成员

主　任：王金山（2006.12—2009.3）

王三运（2009.3—2012.5）

李　斌（2012.5—2013.6）

副主任：（按姓氏笔画为序）

王　信　田唯谦　仲建成　吕振凡　孙亚军　朱文根

吴　行　张武扬　张岳峰　夏邦文　董介林　谢广祥

委　员：（按姓氏笔画为序）

马新民　王　洵　王宇铭　王守亚　王佛生　王林建

王学银　王宜斌　方志华　邓顺华　叶如强　朱　宁

任兆祥　刘　泉　刘成典　刘志祥　刘战平　江刘伍

江明安　毕美家　孙永吉　李　明　李玉华　李抗美

李迎春　李明阳　李维勇　杨本清　杨绿章　肖桂兰

吴　浩　吴　静　吴韦人　吴世平　吴桂和　余　群

汪华东　汪建国　汪炳瑜　沈　毅　张　永　张少国

张正耀　张华建　陈　平　陈亚萍　陈运才　陈素伟

林　红　罗　宏　罗建国　罗曙生　金　燕　俞凤翔

周　庆　周建春　郑　宏　郎　涛　赵卫弘　胡　冰

施立业　洪治社　洪禹侯　秦亚东　聂庆义　聂皖辉

莫　欣　夏育才　徐礼国　徐家声　郭　敏　郭本纯

高　莉　高俊文　高维岭　黄玉明　黄发友　黄红文

黄家华　曹承锋　崔海燕　董　庆　蒋传华　蒋福亮

楚建平　蔡建平　樊　勇

《安徽省志》总编室

主　　任:朱文根

副 主 任:刘成典　吴　静　王守亚　严　希　吴良琴　王　晖

成　　员:（按姓氏笔画为序）

王富宏　计媛媛　史五一　朱海滨　孙　平　苏爱梅

杜中文　李宇涵　杨永成　余祖本　张　军　张　慧

周小平　胡　利　胡卫星　黄志军　章慧丽

《安徽省志·气象志（1986—2005）》审稿组

初　　审:吴良琴

复　　审:刘成典

核　　审:朱文根　胡　雯

审查验收

安徽省人民政府

《安徽省志·气象志（1986—2005）》编委会

《安徽省志·气象志（1986—2005）》编辑部

《安徽省志·气象志（1986—2005）》编写人员

（以篇目先后为序）

褚万江　曾晓伟　王效瑞　郭秀云　丁　霞　任　敏　罗连升
丁小俊　刘　勇　姚叶青　王　胜　吴必文　陈　焱　徐　敏
田　红　梁邦云　张　苏　孔俊松　汪腊宝　汪志来　江双五
朱红芳　王东勇　李陶贵　许明荣　程德文　魏维宽　王业斌
孟建东　徐光清　卢燕宇　程小泉　王廷君　蒋年冲　杨太明
陈金华　荀尚培　黄卫平　石　磊　潘　磊　徐朝秀　金其龙
朱献献　李皖梅　宋卫恒　李元妮　胡五九　袁谷云　朱　犟
孙大兵　张孝平

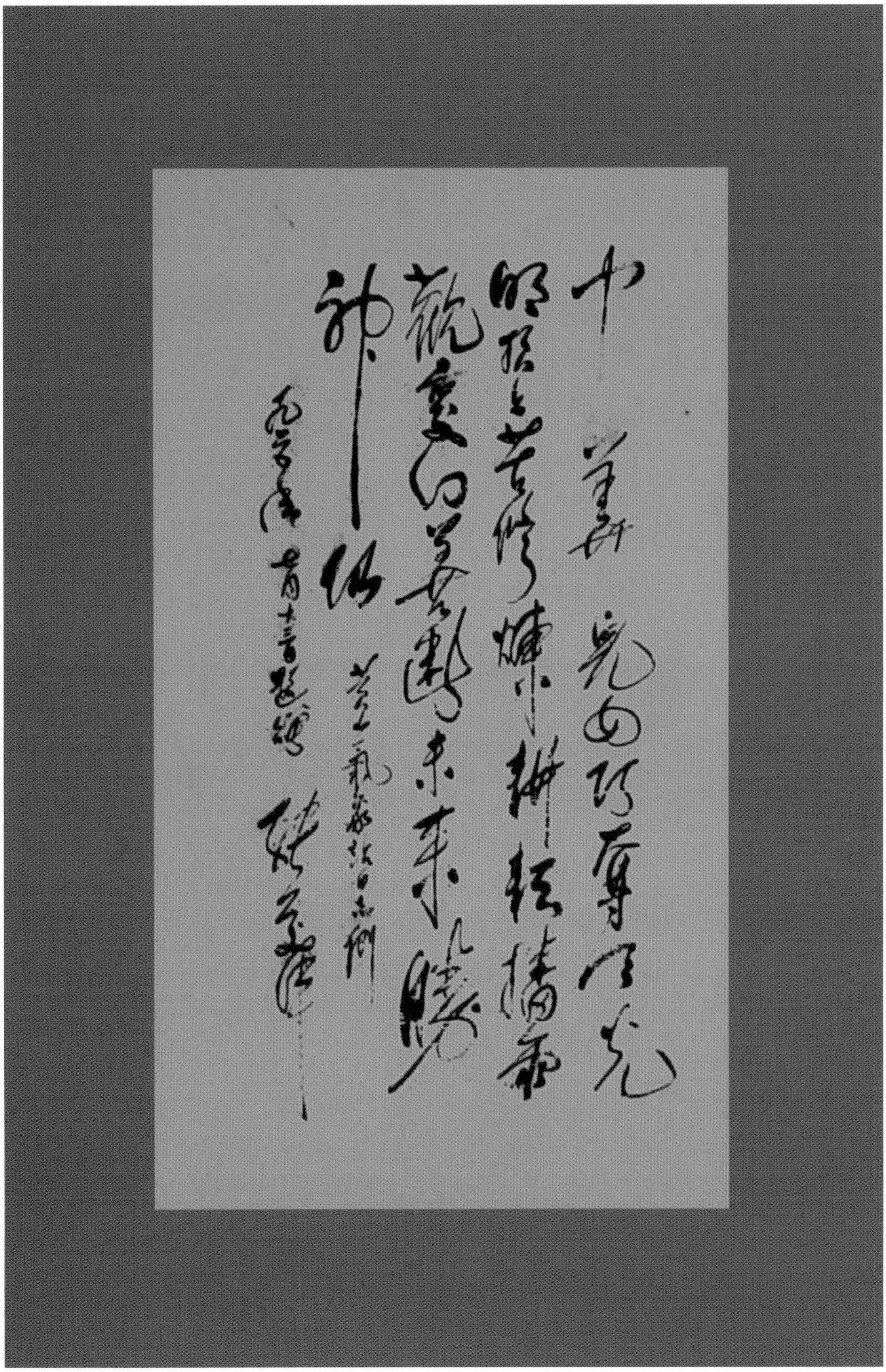

1965年7月13日，中国人民解放军副总参谋长张爱萍在黄山光明顶，为气象站题词：中华儿女巧夺天，光明顶上苦修炼，耕耘播雨观变幻，善断未来胜神仙

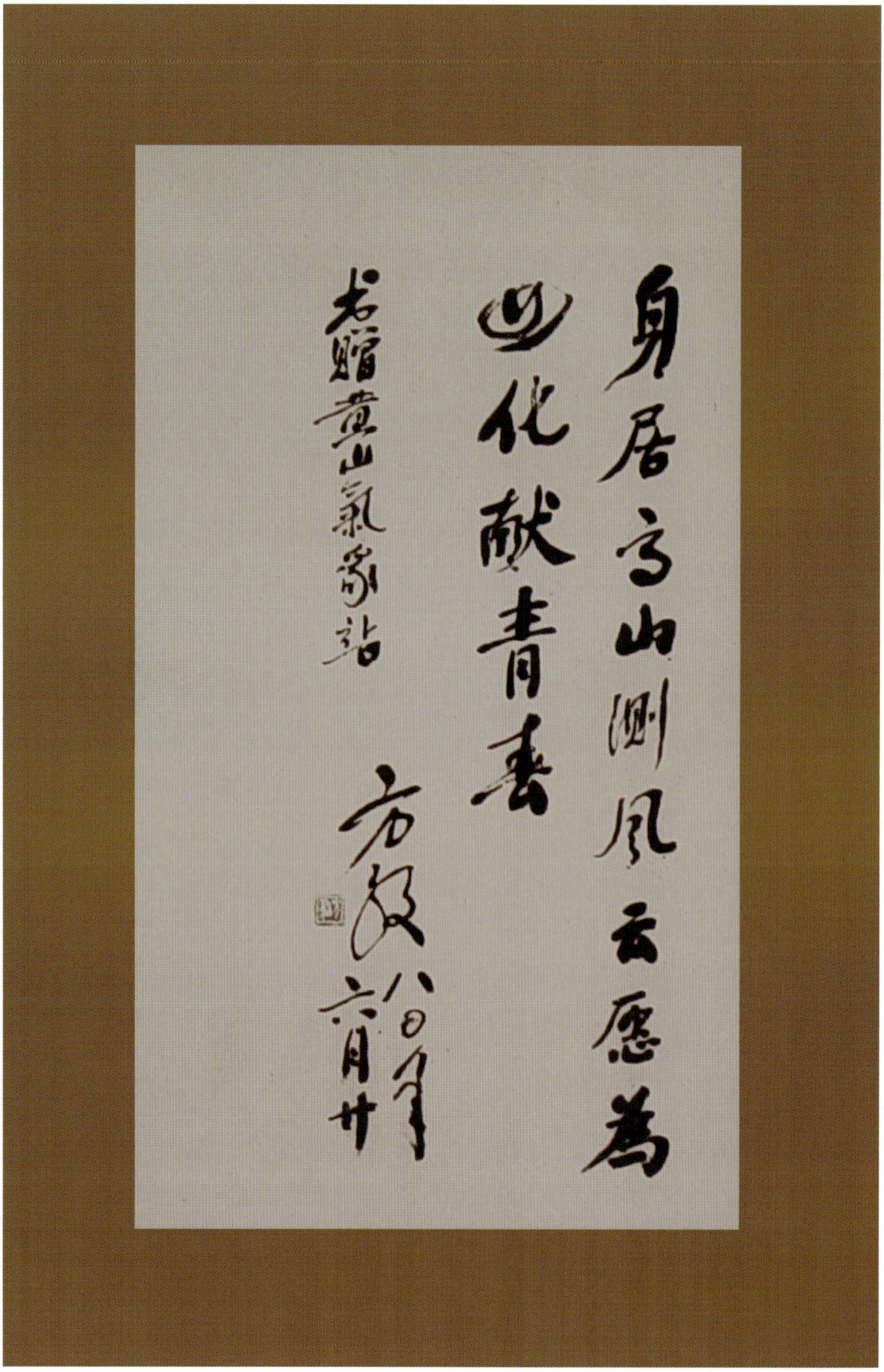

1980年6月20日,国务院副总理方毅在黄山光明顶为气象站题词:身居高山测风云,愿为四化献青春

1986年7月22日，北京军区空军派飞机到安徽省帮助黄山光明顶吊装714天气雷达

1986年10月16日，我国第一部高山远程天气雷达——黄山光明顶714天气雷达站竣工。国家气象局局长邹竞蒙（第二排左六）、安徽省副省长孟富林（第二排右六）出席竣工典礼

1988 年 5 月 9 日，约旦国家气象局局长阿里·阿巴德（右二）携夫人到安徽省气象局访问，中国气象科学研究院副院长许梓秀（左一）、省气象局局长张锋生（左二）陪同

1988 年 5 月 10 日，安徽省副省长张润霞（右）会见约旦国家气象局局长阿里·阿巴德

1988 年 7 月 25 日，安徽省省委书记卢荣景（中）、省委副书记、省防汛抗旱指挥长孟富林（左）到省气象台检查汛期工作，听取省气象局局长张锋生（右）汇报

1988年11月,全省首届大气探测学术会议在屯溪召开

1992年10月5—9日,暴雨洪涝国际学术讨论会在黄山市召开。来自13个国家和地区的150多位气象、水利专家学者和官员参会。世界气象组织主席、国家气象局局长邹竞蒙和安徽省副省长汪涉云主持会议,水利部部长杨振怀、安徽省省长傅锡寿、国家科委副主任邓楠、中国科学院副院长孙鸿烈、国家气象局副局长马鹤年、安徽省副省长吴昌期出席会议

1994年10月中旬,美国气象学会代表团一行5人参观黄山光明顶气象观测场,并与气象观测技术人员进行技术交流

1996年7月1日,中国共产党建党75周年之际,安徽省省委书记卢荣景,省委常委、秘书长季家宏,副秘书长杨春光到省气象局看望和慰问干部职工。卢荣景(右)在与预报员调看气象资料

1998年8月20日，省人大召开《安徽省气象管理条例》颁布实施新闻发布会，省政府副秘书长张锋生主持发布会，省人大常委会主任孟富林、副主任季昆森，省气象局局长刘志澄、副局长矫梅燕出席

1999年5月1日，安徽省农村综合经济信息中心在省气象局挂牌成立

1999年7月13日，安徽省委副书记、省长王太华（前排中）、省政府秘书长、国庆办主任田维谦（前排右）到“省政府国庆50周年重点工程竣工项目”——合肥多普勒天气雷达站现场办公

1999年9月28日，省政府为合肥S波段多普勒天气雷达站工程竣工举行仪式

1999年12月26日，中国气象局在合肥举办“合肥新一代天气雷达验收会”，中国气象局副局长、验收组长李黄（中）宣布：“我们带着兴奋、自豪的心情，验收通过首台中国新一代天气雷达。”

2000年1月13日，中国气象局、安徽省文明委员会在合肥联合召开“安徽省气象文明系统”授牌大会，中国气象局局长温克刚（左）、安徽省委副书记方兆祥（右）为省气象局局长刘志澄授牌

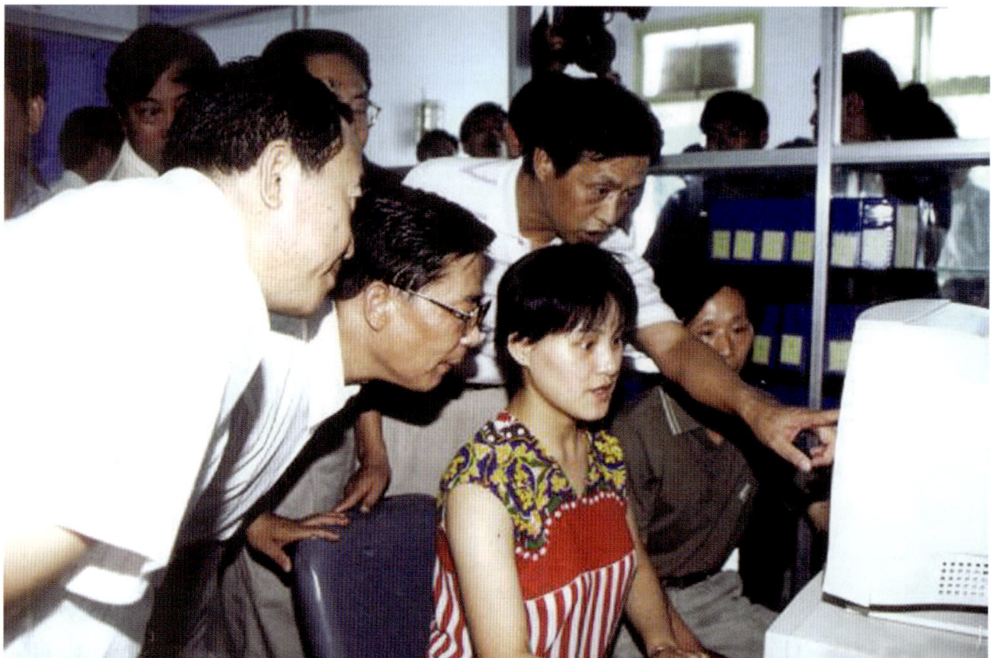

2000年7月18日，安徽省委副书记、省长王太华（左二），省委秘书长王明方（左一）到当涂县塘南镇视察“安徽农网”乡镇信息站

2000 年 11 月 8 日，安徽省委副书记、省长许仲林（左二）到省气象局检查工作

2002 年 5 月 19—21 日，中国气象局局长秦大河（前排左三）到安徽省气象局检查指导工作

2002年9月28日，安徽省气象局在省委小礼堂举办“庆祝国庆暨建局50周年文艺晚会”，省政协副主席张润霞、省政府副秘书长张锋生、中国气象局办公室主任朱祥瑞观看演出

2003年6月25日下午4时，安徽省副省长、防汛抗旱指挥部总指挥长赵树丛（左二），在省气象台主持召开“天气水情会商会”

2003年7月12日，中国气象局副局长许小峰（中）检查指导安徽省防汛抗洪气象服务工作，并深入沿淮受灾气象站慰问

2003年10月中旬,第二届苏皖两省大气探测、环境遥感与电子技术学术交流研讨会在安徽省池州市召开

2004年5月16日,安徽省省长王金山(右)在稻香楼宾馆会见到安徽省检查汛期气象服务工作的中国气象局局长秦大河(左)

2004 年 6 月 16 日，中国气象局局长秦大河（右一），与安徽省省委、省政府和蚌埠市委、市政府领导进行商谈，决定共同投资组建淮河流域气象中心

2005 年 5 月 14 日，安徽省首届“气象与生活”大型科普展在合肥开幕。本次展览由省气象局与省博物馆联合举办，省气象局局长翟武全在开幕式上致辞

2005 年 5 月 19 日，我国第一个水文气象业务机构淮河流域气象中心在蚌埠市正式挂牌。安徽省副省长赵树丛（左），中国气象局副局长许小峰（右）为中心揭牌

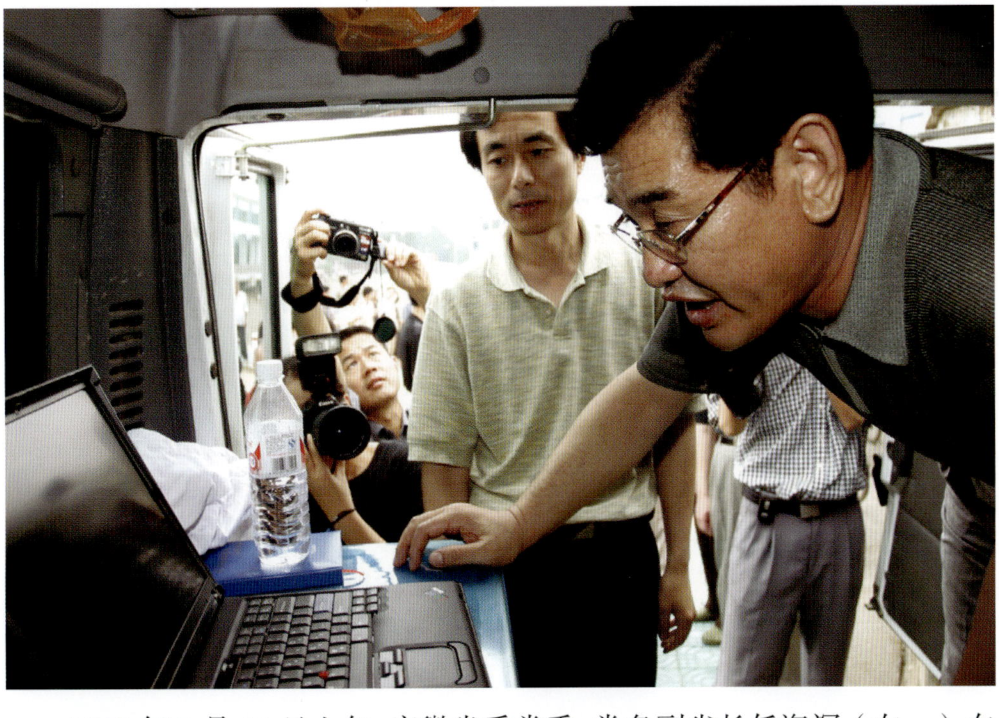

2005 年 7 月 12 日上午，安徽省委常委、常务副省长任海深（右一）在王家坝闸检查防汛工作期间，观看省气象局派出的应急流动气象台，调阅云图、雷达图、自动雨量图等信息资料

合肥雷达（2000.12.1 始业务运行）

马鞍山雷达（2003.5.1 始业务运行）

阜阳雷达（2005.1.1 始业务运行）

黄山光明顶雷达（2009.3.1 始业务运行）

蚌埠雷达（2009.3.1 始业务运行）

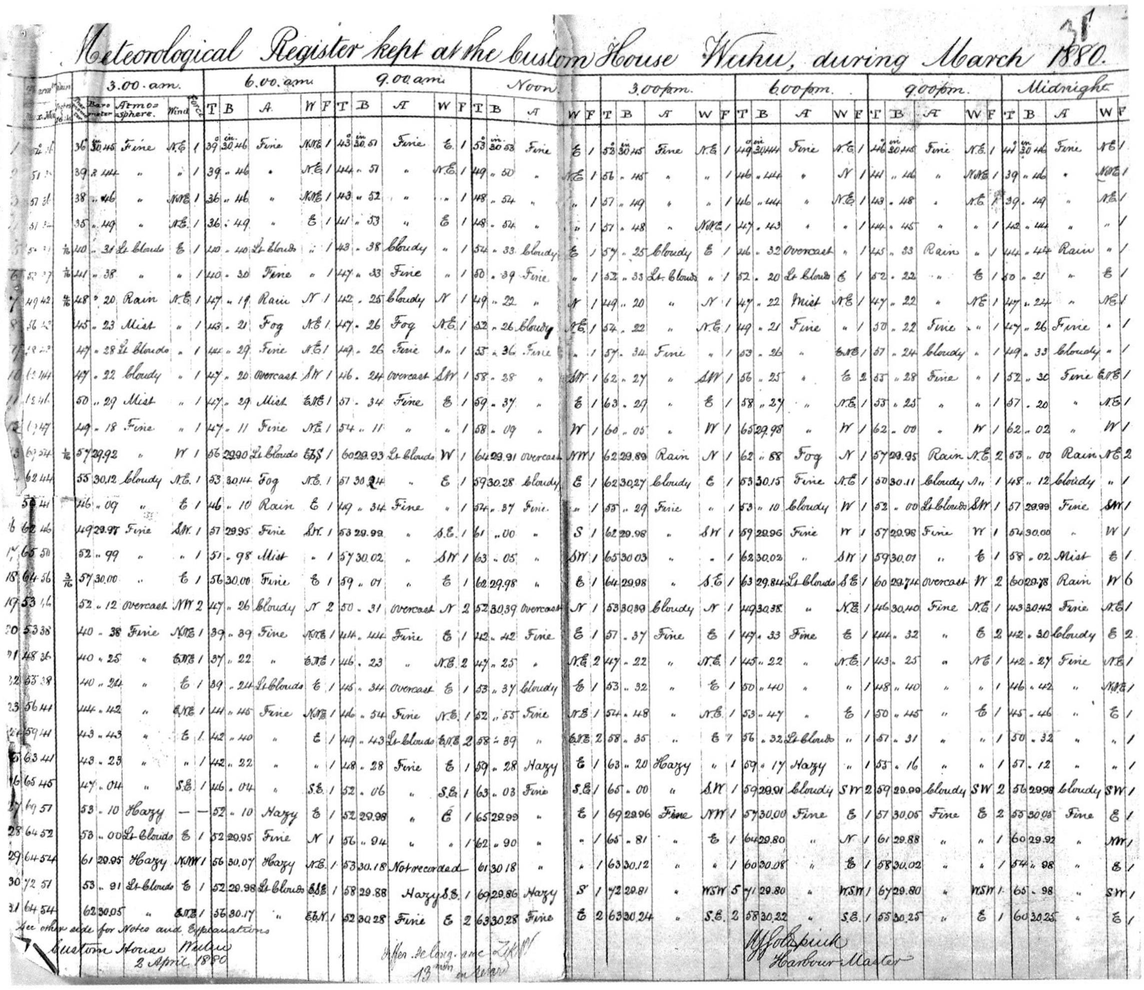

Meteorological Register kept at the Custom House Wuhu, during March 1880.

See other side for Notes and Explanations

Custom House Wuhu 2 April 1880

Harbour Master

安徽省历史最早的气象观测记录月报表—芜湖市吉和街天主教堂1880年3月的记录，每日8次观测项目：温度、湿度、天气现象、风向、风力

总 凡 例

一、《安徽省志（1986—2005）》以马克思列宁主义、毛泽东思想、邓小平理论、“三个代表”重要思想和科学发展观为指导，坚持辩证唯物主义和历史唯物主义，全面、客观、系统地记述 1986—2005 年间安徽省自然、政治、经济、文化、社会等方面的情况。

二、本志贯彻国务院《地方志工作条例》《安徽省地方志工作条例》，依法修志。

三、本志遵循中国地方志指导小组《地方志书质量规定》，力求存真求实、客观公正、全面系统，寓观点于记述之中。

四、本志各分志名称为《安徽省志·×× 志（1986—2005）》。

五、本志记述的地域范围为 2005 年的安徽省行政区域；时间上限为 1986 年，下限为 2005 年，少数分志的时限根据情况作适当上溯或下延，特色分志不设时限。

六、本志采用述、记、志、传、图、表、录等体裁，以志为主。各分志一般为篇章节条目体，部分为章节条目体，个别分志根据实际需要采用条目体。

七、入志人物坚持生不立传的原则。除人物志外，各分志坚持以事系人、人随事出的原则，不设人物录、人物简介。

八、本志采用规范书面语体文、记述体。表述力求严谨、朴实、简洁、流畅。语言文字、标点符号、计量单位等使用规范，按国家规定执行。

九、本志资料由各承编单位搜集整理，文中不注明出处。

十、本志采用省统计部门公布的法定数据，没有列入统计范围的，采用业务主管部门的统计数据。

十一、本志所涉组织、机构、法律法规、文件、会议等专有名称，第一次使用时用全称，简称括注于全称之后。各类译名以新华通讯社译文为准。

十二、本志所用地图均以安徽省测绘部门和有关部门绘制或审定的为准。

十三、本志设总凡例，各分志设凡例。

凡　例

一、《安徽省志·气象志（1986—2005）》力求全面、客观、系统地记述气象事业发展的成就和各个方面情况，为经济社会发展提供历史借鉴和事实依据。

二、本志采用篇、章、节与条目结合体。条目根据节的内容确定，个别节内容单一而不设立条目。

三、本志与前志相衔接。为反映时代特点，在第一篇“气候综述”中增加“气候资源”一章，在第二篇到第八篇的记述中，分别增加了如下内容：安徽省不同时间尺度的气候变化、大气综合探测与通信网络、短期气候预测与高性能计算机的应用、电视天气预报服务、雷电灾害防御、安徽农村综合经济信息网、大气质量环境影响评价、气象卫星遥感监测服务以及气象法治建设与管理等。

四、本志记述的时间范围上限1986年，下限2005年。为保持所记述内容的连续性，对某些章节的时间上限则上溯到其发端。在第五篇第六章中，如新中国成立前安徽气象资料站点的时间上限为1880年。在涉及气象业务中的新方法、新技术、新流程，因其难于断限，如天气预报、气候预测、卫星通信、流媒体视频等，其时间下限到2010年。

五、本志资料由安徽省气象局及所属各单位提供，其所有气象资料统计数据，均注明其出处，气候均值，按行业规定，均取用安徽省各台站1971—2000年标准平均值。

目 录

Main Contents

概　述

安徽省位于北纬 29° 41′ ~ 34° 38′ 与东经 114° 54′ ~ 119° 37′ 之间,长江、淮河横贯全境,气候类型大致以淮河为界,南部地区属于北亚热带,北部地区属于南暖温带。

主要气候特征:一是冬寒夏热。冬季平均气温最北部的砀山为 1.1℃,南部屯溪和沿江西部的宿松均为 5.1℃,南北温差大致在 4℃左右。夏季平均气温全省最低岳西为 25.0℃,全省最高望江为 27.5℃,各地变化在 2.5℃上下。二是秋温高于春温。春季平均气温泗县和天长均为 14.0℃,屯溪 15.8℃,南北温差在 2℃之内,秋季平均气温砀山为 14.8℃,宿松为 18.0℃,南北温差小于 3℃,秋季平均气温高于春季 1 ~ 2℃。三是冬雨少夏雨集中。全省冬季降水最小值为砀山 46mm,占全年降水量的 6.1%,最大值为屯溪 217mm,占全年降水量的 13.2%;夏季降水量最小值为砀山 418mm,占全年降水量的 55.4%,最大值为黟县 665mm,占全年降水量的 38.5%。四是梅雨显著雨量集中。江淮及其以南地区平均梅雨量在 210 ~ 350mm 之间,南多北少,占汛期降水量的 35.0 ~ 40.0%,占全年降水量的 20% 左右。

随着我国气象部门管理体制第二步调整,安徽省气象工作重点开始转移到服务经济社会发展和气象现代化建设上来,经过数次机构改革,气象事业结构完成战略性调整,逐步形成气象行政管理、基本气象系统、气象科技服务与产业三部分,气象事业在综合探测、预报预测、公共服务、科技创新、人才教育、文明创建以及气象管理等方面都发生了较大的变化。

气象探测与通信能力得到增强。全省建有地面气象观测站 81 个,辐射观测站 2 个,农业气象观测站 22 个,土壤墒情普查站 65 个,高密度自动雨量站 822 个,高空气象观测站 2 个,酸雨观测站 8 个,新一代天气雷达 3 部,数字化天气雷达 1 部,卫星资料接收站 6 个,闪电定位监测中心站 1 个、子站 10 个, GPS/MAT 观测站 13 个,建有省级应急观测气象服务系统。气象通信网在 1994 年建成气象分组交换网, 1996 年建成气象卫星综合应用业务系统(9210 工程), 2003 年建成基于 VPN 的省市县三级气象宽带通信网, 2005 年底省局到中国气象局宽带通信网正式投入业务运行。1987 年建成我国第一部高山远程天气雷达站—黄山光明顶 714 天气雷达站, 2000 年中美合作研制生产的第一台 S 波段多普勒天气雷达落户合肥并投入业务使用,标志着安徽气象现代化迈上新的台阶。

预报预测技术和水平得到提高。形成由省、市、县三级气象台站组成,各有侧重又相互补充的天气预报服务网络。省气象台侧重系统性区域性天气预报预测，市县台站侧重结合当地气候特殊性对省气象台指导产品进行补充订正预报。制作发布的产品包括短期天气预报、中期天气预报和短期气候预测。方法主要是以数值预报产品资料和常规、非常规观测资料为基础，应用9210卫星通信系统和MICAPS人机交互处理系统为主要工作平台，建立各类常规要素客观预报系统、暴雨等灾害性天气落区客观预报系统。1999年基于新一代天气雷达建成“安徽省新一代气象综合业务系统”，为全国气象综合业务系统建设提供了经验。

公共气象服务覆盖面得到拓展。面向决策、民生和生产开展气象服务，服务内容包括常规天气预报、气象灾害预警、生活气象指数预报、行业气象服务、人工影响天气服务、防雷气象服务、农村综合经济信息服务等，服务领域涉及农业、水利、林业、交通、旅游、电力、建筑、教育等多个行业。1991年淮河流域发生特大洪涝，国务院和安徽省委安徽省政府根据省气象局提供的天气预报，将王家坝行洪时间推迟8小时，使圩区近2万群众安全转移。2003年开始，安徽省气象部门免费向6万多名行政村以上防汛抗旱责任人、中小学责任人、地质灾害易发地责任人发送手机气象服务短信，进一步扩大气象服务覆盖面。

气象科技创新不断取得突破。1986年在IBM-PC机上开发的地面气象观测月报表编制程序在全国推广；1988年在APPLE机上开发的面向基准站的测报程序在全国推广；1992年开始研制的《AHDM4.0》地面测报软件，2003年起正式在全国推广；1997年基于公网实现观测报表数据自动上传，率先实现大气探测信息传输方式的变革；率先实现省级气象业务的全面升级和资源共享；2003年成功研制“GSM无线雨量遥测仪”，并于2005年装备全省率先建成高密度雨量站网。此间完成气象科研项目138项，取得成果登记130项，获省部级科技进步奖99项。

人才与教育基础支撑作用得到加强。组织中专、大专、本科、硕士、博士等学历教育825人；派出继续教育301人；举办岗位培训159期，培训6878人次；举办学术讲座64期，参加2405人次。安徽省气象学校1999年更名为安徽省信息工程学校（安徽省气象培训中心），教育培训范围覆盖全国31个省、市、自治区，自办学以来培养各类人才近5万人。截止到2005年，全省正研级高级工程师3名，高级工程师87名；选拔科技带头人16名，中青年科技骨干35名；有9人享受政府特殊津贴，2人获特殊贡献中青年科学、技术、管理专家称号。

精神文明创建取得丰硕成果。随着《中共中央关于社会主义精神文明建设指导方针的决议》的下发，1996年开始启动全省气象系统精神文明创建工作，2000年中国气象局、安徽省文明委联合授予省气象局“文明系统”荣誉称号，同年安徽省文明委做出《关于开展向安徽省气象系统学习的决定》；全省共创建省级文明单位34个、市级42个、县级4个，2005年安徽省气象局、池州市气象局、萧县气象局荣获中央文明委授予的“全国文明单位”。

依法管理气象工作得到保障。2000 年《中华人民共和国气象法》颁布实施前后，1997 年 安徽省第一部专业保护办法——《合肥多普勒天气雷达站探测设施和探测环境保护办法》颁布实施，1998 年《安徽省气象管理条例》颁布实施，2005 年《安徽省防雷减灾管理办法》颁布实施,气象管理走向法制化轨道,气象防灾减灾职责和社会管理职能得到加强,中央和地方双重领导和双重计划财务体制得以确立。随着职责职能的变化和社会经济发展的需要,全省气象机构经过多次调整,到 2005 年安徽省气象局机关内设职能处室 8 个,直属事业单位 9 个,下辖 17 个地市气象局和黄山、九华山气象管理处,以及 62 个县气象局,安徽省政府批准成立的安徽省农村综合经济信息中心设置在安徽省气象局。

到 2005 年底,安徽气象事业得到快速发展,一个适应经济社会发展和防灾减灾需要的气象现代业务体系基本得以建成。

第一篇　气　　候

第一章　温　度

空气温度是指地面以上 1.5 米高度处的空气温度，常用于气候状况的描述。一日之内空气温度的算术平均值就是日平均气温，进而可计算得到月、季、年不同时间尺度的平均气温。

空气温度主要受太阳辐射、地理纬度、地形地貌和大气环流等因素的影响。安徽年平均气温南高北低、平原地区高、丘陵山区低；一年中冬季平均气温最低、夏季平均气温最高、秋季平均气温略高于春季。

空气温度的极端变化，有各月和年的极端最高气温与极端最低气温；有平均意义上的平均极端最高气温与平均极端最低气温；有累年极端最高气温与累年极端最低气温。所有温度极值均选自日最高气温与日最低气温的观测记录。

第一节　平均气温

年平均气温　砀山和岳西年平均气温 14.4℃，为全省最低值；安庆为 16.8℃，为全省最高值。其他地区的年平均气温在其间变化。淮北和大别山区在 15℃以下，沿江和皖南南部在 16℃以上。与建站至 1980 年的平均值相比，各地年平均气温升高 0.2 ~ 0.4℃。见表 1–1–1。

安徽 14 个气象站各月及年平均气温统计表（据 1971—2000 年资料）

表 1–1–1　　单位:0.1℃

月份 / 站名	1	2	3	4	5	6	7	8	9	10	11	12	全年
砀　山	2	27	79	151	205	253	271	262	215	154	82	22	144
宿　州	8	30	80	150	205	252	273	267	220	162	91	30	147
阜　阳	18	39	88	158	210	254	278	269	222	165	98	40	153
蚌　埠	18	38	87	157	211	252	279	272	226	169	101	42	154
滁　州	23	41	86	153	206	244	276	272	226	171	105	47	154
合　肥	26	45	92	159	213	250	281	276	229	172	107	50	158
六　安	26	45	91	160	212	249	278	272	224	170	106	49	157

续表 1-1-1

站名＼月份	1	2	3	4	5	6	7	8	9	10	11	12	全年
巢　湖	29	47	92	159	213	249	284	279	231	175	111	53	160
岳　西	23	40	82	145	194	229	259	253	210	157	96	44	144
芜　湖	34	51	93	160	214	250	286	281	234	179	116	58	163
宣　城	31	48	92	158	210	246	281	276	229	173	110	52	159
安　庆	40	58	100	166	218	253	287	284	237	183	121	64	168
黄山市	42	61	102	164	211	245	277	273	231	177	114	59	163
光明顶	–24	–13	26	78	119	151	175	172	136	93	44	–1	80

四季平均气温　春季平均气温安庆 16.1℃为最高，岳西 14.0℃为最低，安徽省其他（黄山光明顶除外）地区介乎其间；夏季平均气温安庆 27.5℃为最高，岳西 24.7℃为最低，其他地区介乎其间；秋季平均气温安庆 18.0℃为最高，砀山 15.0℃为最低，其他地区介乎其间；冬季平均气温安庆和黄山市 5.4℃为最高，砀山 1.7℃为最低，其他地区介乎其间。参见表 1-1-2。

安徽 14 个气象站四季平均气温统计表（据 1971—2000 年资料）

表 1-1-2　　单位：0.1℃

站　名	春季（3–5 月）	夏季（6–8 月）	秋季（9–11 月）	冬季（12–2 月）
砀　山	145	262	150	17
宿　州	145	264	158	23
阜　阳	152	267	162	32
蚌　埠	152	268	165	33
滁　州	148	264	167	37
合　肥	155	269	169	40
六　安	154	266	167	40
巢　湖	155	271	172	43
岳　西	140	247	154	36
芜　湖	156	272	176	48
宣　城	153	268	171	44
安　庆	161	275	180	54
黄山市	159	265	174	54
光明顶	74	166	91	–13

气温年较差　年内最冷月平均气温与最热月平均气温的差值为气温年较差。由表1–1–1,全省各地均以1月平均气温为最低，7月平均气温为最高。气温年较差北部大于南部,砀山26.9℃为最高,黄山市23.5℃为最低,其他地区（不包括黄山光明顶）介乎其间。与建站至1980年气温年较差相比,各地气温年较差均有所降低,自南向北降低在0.1℃～1.2℃之间。

第二节　低温与寒潮

低温

平均年极端最低气温　平均年极端最低气温,亦即历年年极端最低气温平均值宿州为–11.2℃,为全省最低,安庆–5.1℃,为全省最高,其他地区在其间变化。安徽南北相差5℃左右。与建站至1980年的平均值相比,平均年极端最低气温约上升1℃。–10℃等温线北推到淮河以北,这一界限温度是油菜、茶树、油桐等亚热带作物能否自然越冬的重要指标。见表1–1–3。

安徽15个气象站平均年极端最低气温统计表（据1971—2000年资料）

表1–1–3　　单位:0.1℃

站名	砀山	宿县	固镇	阜阳	蚌埠	滁州	合肥	六安	巢湖	岳西	芜湖	宣城	安庆	黄山市	光明顶
平均值	–109	–112	–107	–92	–88	–83	–77	–81	–74	–89	–61	–76	–51	–69	–172
最低高值	–63	–77	–70	–49	–53	–52	–43	–44	–46	–55	–28	–43	–27	–43	–145
最低低值	–144	–187	–189	–149	–130	–130	–135	–136	–132	–152	–101	–138	–90	–155	–227

由表1–1–3中的最低高值与最低低值来看,各地年极端最低气温的年际变化幅度在7℃～11℃之间。

极端最低气温　据建站至2005年资料,全省年极端最低气温固镇–24.3℃为最低,出现在1969年2月6日,以安庆–12.5℃为最高,出现在1969年2月5日。淮河以北大部地区在–20℃以下;江淮之间北部除滁州、合肥低于–20℃外,其他地区均在–16℃～20℃之间;沿江、江南和岳西、潜山等地在–12℃～16℃之间。各站（黄山市及光明顶除外）1986—2005年间的年极端最低气温均未出现低于建站至1985年间的记录。见表1–1–4。

安徽 15 个气象站各月极端最低气温统计表

表 1-1-4　　　　单位：0.1℃

站名	项目	1986—2005 年												记录年代	
		1 月	2 月	3 月	4 月	5 月	6 月	7 月	8 月	9 月	10 月	11 月	12 月	1986–2005	建站–2005
砀山	极值	–144	–132	–71	–110	40	126	174	140	71	–6	–94	–144	–144	–199
	日期	31	1	7	1	3	8	24	31 20	26	26	21	28	31/1 28/12	6/1
	年份	1990	1990	1988	1991	1987	1987	1993	2003 2005	1987	2002	1993	1991	1990 1991	1955
宿州	极值	–132	–181	–82	0	54	120	181	146	82	–5	–77	–187	–187	–232
	日期	2	1	7	2	3	7	2	30	26	30	24	28	28/12	6/1
	年份	1992	1990	1988	1987	1987	1992	1986	2003	1987	1986	1993	1991	1991	1955
固镇	极值	–143	–138	–61	1	65	119	190	143	87	0	–75	–189	–189	–243
	日期	16	1	7	1	3	7	24	30	26	30	21	30	30/12	6/2
	年份	1993	1990	1988	1991	1987	1987	1993	2003	1987	1986	1993	1991	1991	1969
阜阳	极值	–142	–112	–54	–3	59	130	180	156	100	13	–69	–131	–142	–204
	日期	25	1	5	4	3	8	22	30	21	29	21	28	25/1	5/2
	年份	2000	1990	2005	2004	1987	1987	1993	2003	1997	1986	1993	1991	2000	1969
蚌埠	极值	–125	–116	–55	5	78	120	185	156	113	18	–71	–130	–130	–194
	日期	16	1	7	1	3	7	6	31	26	30	22	29	29/12	5/2
	年份	1993	1990	1988	1987	1987	1987	1997	2003	1987	1986	1993	1991	1991	1969

续表 1-1-4

站名	项目	1986—2005 年												记录年代	
		1 月	2 月	3 月	4 月	5 月	6 月	7 月	8 月	9 月	10 月	11 月	12 月	1986–2005	建站–2005
滁州	极值	–92	–118	–57	2	80	127	186	181	113	16	–67	–123	–123	–238
	日期	17	1	7	1	2	7	6	31	27	30	24	29	29/12	6/1
	年份	1993	1990	1988	1987	1991	1987	1997	2003	1987	1986	1993	1991	1991	1955
合肥	极值	–105	–95	–36	4	76	122	187	170	116	18	–40	–135	–135	–206
	日期	19	1	5	1	4	7	2 9	31	26 21	30	24	29	29/12	6/1
	年份	1998	1990	2005	1987	2004	1987	1990 1991	2003	1987 1997	1986	1993	1991	1991	1955
六安	极值	–93	–116	–26	2	76	121	187	169	114	19	–47	–117	–117	–189
	日期	27	18	1 7	1	4	8	4	31	2n	30	24	29	29/12	23/1
	年份	2000	1996	1986 1988	1987	2004	1987	1986	2003	1987	1986	1993	1991	1991	1956
巢湖	极值	–85	–117	–39	9	90	133	195	179	120	21	–41	–113	–117	–132
	日期	19	1	7	1	4	7	7	11	27	30	24	30	2/1	31/1
	年份	1998	1990	1988	1987	2004	1987	1997	2001	1987	1986	1993	1991	1990	1977
岳西	极值	–112	–83	–63	–7	46	117	160	152	71	–3	–67	–128	–128	–152
	日期	1	1	5	2	2	8	12	29	22	30	24	29	29/12	30/1
	年份	2005	2000	2005	1991	1991	1987	1987	1993	1997	1986	1993	1991	1991	1977

续表 1–1–4

站名	项目	1986—2005 年												记录年代	
		1 月	2 月	3 月	4 月	5 月	6 月	7 月	8 月	9 月	10 月	11 月	12 月	1986–2005	建站–2005
芜湖	极值	–69	–81	–32	27	96	134	202	178	133	28	–31	–85	–85	–131
	日期	5	1	7	1	10 4	7	2	2n	23	30	24	28	28/12	6/2
	年份	1986	1990	1988	1996	1992 2004	1987	1989	2001	1987	1986	1993	1991	1991	1969
宣城	极值	–84	–100	–33	14	87	131	183	180	110	22	–48	–128	–128	–138
	日期	1	1	5	2	2	7	2	30	27	30 28	29	29	29/12	31/1
	年份	2005	1990	2005	1991	1991	1987	1989	1993	1987	1986 1991	1988	1991	1991	1977
安庆	极值	–59	–62	–13	36	101	132	195	176	136	55	–22	–85	–85	–125
	日期	2n	1	13	1	4	7	23	29	27	30	22	29	29/12	5/2
	年份	1993	1990	2005	1996	2004	1987	1987	1993	1988	1986	1993	1991	1991	1969
黄山市	极值	–76	–58	–42	8	86	126	186	178	100	18	–39	–155	–155	–155
	日期	1	1	2	4	5	10	7	24	27	28	24	29	29/12	29/12
	年份	2005	1990	1986	1996	1990	1987	1992	1986	1987	1991	1995	1991	1991	1991
光明顶	极值	–119	–160	–159	–83	–9	13	85	86	15	–54	–190	–227	–227	–227
	日期	16	20	7	4	2	8	28	23	26	29	17	28	28/12	28/12
	年份	1993	2005	1988	1990	1991	1987	1989	1988	1987	1986	1997	1991	1991	1991

各月平均最低气温 沿淮和淮北12月至2月均在0℃以下，1月为最低。江淮之间0℃以下出现在1月份。沿江和皖南（不包括黄山光明顶）全年各月平均最低气温均在0℃以上。各地年平均最低气温自北向南在10.0℃～13.7℃之间。相对于建站至1980年平均值,大约上升0.5℃左右。参见表1–1–5。

安徽15个气象站各月平均最低气温统计表（据1971—2000年资料）

表1–1–5 单位:0.1℃

站名＼月份	1	2	3	4	5	6	7	8	9	10	11	12	全年
砀山	–34	–12	33	98	150	203	235	226	172	108	39	–17	100
宿州	–31	–11	33	97	151	203	237	231	180	116	47	–12	103
固镇	–29	–10	35	99	153	203	239	232	179	117	48	–10	105
阜阳	–18	0	46	110	161	209	241	233	182	122	56	1	112
蚌埠	–17	1	45	109	162	209	245	238	188	127	59	3	114
滁州	–11	6	47	108	161	207	244	239	191	131	65	8	116
合肥	–5	12	56	119	171	214	248	242	193	133	67	13	122
六安	–5	13	56	118	170	213	245	239	189	131	67	13	121
巢湖	–2	14	56	118	171	215	251	246	197	137	73	17	124
岳西	–16	1	41	100	150	191	224	214	168	111	48	–3	103
芜湖	4	19	59	121	174	216	253	249	202	144	80	24	129
宣城	0	15	56	115	168	209	244	240	194	134	69	13	122
安庆	13	30	70	131	184	223	257	253	207	151	87	33	137
黄山市	9	27	67	124	170	209	239	234	193	136	71	16	125
光明顶	–55	–45	–7	46	91	129	156	151	113	65	12	–33	52

寒潮

标准 寒潮是一种特别强的冷空气活动,全国各地的标准不尽相同。安徽省气象台规定,一天内日平均气温降温≥8℃或48小时降温≥10℃,且最低气温≤5℃的强冷空气过程,称之为（一般性）寒潮。当一天内日平均气温降温≥10℃或48小时降温≥12℃,且最低气温≤5℃为强寒潮。

路径 影响安徽省的寒潮大致有3条路径:（1）西路从东经115°以西,自西伯利亚西部向东南直下,经河西走廊从偏西方向进入本省,六安、阜阳地区首当其冲;（2）中路从东经105°～115°自蒙古南下,经华北从北面直入,首先影响淮北地区;（3）东路从东经115°以东从蒙古东移,经东北渤海湾自东北方向影响全省东部地区。

在上述三条路径中，以中路影响最多，强度最大。寒潮来临时，气压陡升，气温剧降，风速猛然增大，同时还伴有雨雪或冻雨。

时间分布　寒潮出现在冬半年，安徽各地以11月寒潮最多，12月和3月寒潮较多，1月和2月寒潮较少，10月和4月最少。

一般性寒潮淮北和江淮地区平均一年2 ~ 3次，而沿江和江南地区平均一年2次。强寒潮在淮北和江淮地区平均一年一次或二年一次，沿江和江南地区平均二年或三年一次。见表1–1–6和表1–1–7。

安徽8个气象站冬半年累年各月寒潮出现次数统计表

表1–1–6　　单位:次

站名	10月	11月	12月	1月	2月	3月	4月	合计	平均	记录年代
砀山	9	33	19	11	14	19	15	120	2.4	1954—2005
宿州	6	27	29	16	16	21	10	125	2.4	1953—2005
阜阳	7	28	24	17	23	20	13	132	2.5	1953—2005
蚌埠	5	33	32	23	19	23	12	147	2.8	1953—2005
合肥	3	25	23	17	22	29	11	130	2.5	1953—2005
芜湖	2	21	22	17	17	25	4	108	2.1	1953—2005
安庆	2	18	18	19	16	30	5	108	2.1	1953—2005
黄山市	6	19	18	17	20	20	5	105	2.0	1953—2005
平均	5.0	25.5	23.1	17.1	18.4	23.4	9.4	121.8	2.4	1953—2005

安徽8个气象站冬半年累年各月强寒潮次数统计表

表1–1–7　　单位:次

站名	10月	11月	12月	1月	2月	3月	4月	合计	平均	记录年代
砀山	1	10	1	7	1	6	3	29	0.6	1954—2005
宿州	1	10	5	5	6	8	3	38	0.7	1953—2005
阜阳	1	11	5	6	4	9	4	40	0.8	1953—2005
蚌埠	1	13	6	5	5	11	6	47	0.9	1953—2005
合肥	1	11	4	6	4	12	4	42	0.8	1953—2005
芜湖	0	5	2	3	3	12	3	28	0.6	1953—2005
安庆	0	6	0	2	6	11	3	28	0.5	1953—2005
黄山市	1	1	1	2	3	7	1	16	0.3	1953—2005
平 均	0.8	8.4	3.0	4.5	4.0	9.5	3.4	33.5	0.7	1953—2005

影响安徽最严重的强寒潮:1955 年 1 月上旬,气温持续下降,并伴有大雪、雨凇、雾凇等灾害性天气。河流封冻,交通阻塞。最低气温寿县正阳关 -24.1℃,宿州 -23.2℃,合肥 -20.6℃,滁州 -23.8℃,均破历史最低纪录。积雪最大深度合肥 45cm,寿县正阳关 52cm。

1969 年 2 月上旬,固镇出现了气温最低值 -24.3℃,淮北和沿淮最低气温 -20℃左右,风雪交加,冰凌深厚,部分地区邮电通信中断,铁路被积雪阻塞。

1991 年 12 月下旬,全省大到暴雪,冰冻严寒,江南南部黄山市出现 -15.5℃最低气温,破历史最低纪录。参见表 1-1-4。

寒潮初终期　平均初日江北在 11 月中旬,沿江东部在 11 月下旬,沿江西部和江南南部在 12 月上旬。平均终日蚌埠、合肥、安庆等地较迟,在 3 月中旬;淮北、沿江东部和江南在 3 月上旬。

寒潮最早初日砀山在 10 月 9 日,为全省最早,江淮和淮北大部在 10 月中旬,沿江和江南在 10 月下旬。最晚终日沿淮和淮北在 4 月中旬或下旬,江淮之间和沿江江南在 4 月中旬。

第三节　高温与干热风

高温

平均年极端最高气温　平均年极端最高气温,亦即历年年极端最高气温的平均值。安徽各地(黄山光明顶除外)平均年极端最高气温岳西 36.0℃为最低,宣城 38.0℃为最高,其他地区在其间变化。南北相差 1℃左右。总的说来,全省各地差异不大。据表 1-1-8 中的最高低值与最高高值,安徽各地年极端最高气温的年际变化幅度在 4℃ ~ 5℃之间。

安徽 15 个气象站平均年极端最高气温统计表(据 1971—2000 年资料)

表 1-1-8　　　　单位:0.1℃

站名	砀山	宿州	阜阳	蚌埠	滁州	合肥	六安	霍山	岳西	巢湖	芜湖	宣城	安庆	黄山市	光明顶
平均极值	376	379	377	377	367	372	378	378	360	372	375	380	374	377	252
最高低值	361	360	358	362	351	350	358	358	340	355	354	360	353	352	232
最高高值	410	409	408	403	387	391	406	403	387	393	395	403	395	406	276

极端最高气温　据建站至 2005 年资料,安徽各地年极端最高气温均在 39℃以上,多数地区超过 40℃,最高值为霍山 43.3℃,出现在 1966 年 8 月 9 日。同年 7 月 18 日亳州为 42.1℃。据史料,1934 年 7 月蚌埠曾出现 43.7℃,安庆曾出现 44.7℃的高温。

各站（宿州、芜湖、安庆、黄山光明顶除外）1986—2005年间的年极端最高气温均未出现高于建站至1985年间的记录。见表1–1–9。

各地日最高气温35℃以上的高温天气，几乎每年都有，只是高温日数和持续天数有所不同。1967年持续高温日数各地都在15天以上。沿淮和沿江西部、江南大部及六安、霍山等地达50天以上，霍山多达63天。宣城、泾县、宁国、黄山市均在36天以上，石台则达55天。高温天气一般出现在梅雨过后的7月下旬至8月中旬。

安徽 15 个气象站各月极端最高气温统计表（月极值的统计时段为 1986—2005 年）

表 1-1-9　　单位：0.1℃

站名	项目	1 月	2 月	3 月	4 月	5 月	6 月	7 月	8 月	9 月	10 月	11 月	12 月	记录年代	
														1986–2005	建站 –2005
砀山	极值	171	239	286	340	372	389	396	393	361	347	273	207	396	416
	日期	8	13	30	30	28 21	23	1	3	27 21	1	1	3	1/7	19/7
	年份	1994	1996	2003	1994	1994 2000	2005	2001	1994	1995 1999	1998	2003	1989	2001	1966
宿州	极值	187	252	295	335	371	396	409	398	371	351	284	221	409	409
	日期	11	13	30	21 27	21	23	10	1	6	1	2	28	10/7	10/7
	年份	2002	1996	2003	2004 2005	2000	2005	1994	2003	1995	1998	2003	1987	1994	1994
阜阳	极值	197	251	287	333	370	381	408	379	389	347	286	222	408	414
	日期	11	12	30	28	21	23	19	1	9	2	2	4	19/7	20/6
	年份	2002	1998	2003	1998	2000	2005	1988	2003	1999	1998	2003	1989	1988	1953
蚌埠	极值	213	257	301	350	372	386	403	399	385	344	293	221	403	413
	日期	11	9	30	21	24	30	19	1	6	3	2	2n	19/7	21/8
	年份	2002	1987	2003	2004	2000	2005	1988	2003	1995	2002	2003	1987	1988	1959
滁州	极值	206	264	290	339	358	365	395	395	386	343	290	221	395	412
	日期	28	29	30	22	4	5 2	15	1	7	3	2	28	15/7 1/8	23/8
	年份	1992	1992	2003	2004	1997	1997 2005	2002	2003	1995	2002	2003	1987	2002 2003	1959

续表 1-1-9

站名	项目	1月	2月	3月	4月	5月	6月	7月	8月	9月	10月	11月	12月	记录年代	
														1986–2005	建站 –2005
合肥	极值	202	264	286	328	355	362	394	403	386	347	301	225	403	410
	日期	28	29	30	22	4	5	31	1	7	4	2	24	1/8	23/8
	年份	1992	1992	2003	2004	1997	1997	2003	2003	1995	2002	2003	1987	2003	1959
六安	极值	216	269	305	353	376	375	406	397	400	346	312	238	406	410
	日期	11	9	30	28	4	9	18	1	6	4	2	3	18/7	23/8
	年份	2002	1987	2000	2005	1997	1992	1988	2003	1995	2002	2003	1989	1988	1959
霍山	极值	235	288	318	358	373	389	403	407	390	353	312	259	407	433
	日期	11	12	30	20	4	24	19	1	7	4	2	24	1/8	9/8
	年份	2002	1998	2003	2004	1997	2005	1988	2003	1995	2002	2003	1987	2003	1966
巢湖	极值	209	260	295	338	358	369	393	388	383	335	284	227	393	396
	日期	11	29 12	30	2n	4	24	19	1	7	4	8	24	19/7	23/8
	年份	2002	1992 1998	2003	2004	1997	2005	1988	2003	1995	2002	2004	1987	1988	1959
岳西	极值	216	243	273	310	346	357	380	383	363	326	279	229	383	394
	日期	14	29	30	2n 17	4	2	31	2	6	2	6	21	2/8	22/8
	年份	2002	1992	1998	2004 2005	1997	2005	1992	2003	1995	1998	1994	1998	2003	1959

续表 1-1-9

站名	项目	1月	2月	3月	4月	5月	6月	7月	8月	9月	10月	11月	12月	记录年代	
														1986–2005	建站 –2005
芜湖	极值	211	265	307	344	359	371	401	410	386	332	292	226	410	410
	日期	11	29 12	30	21	24	30	31	2	6	2	2	28	2/8	2/8
	年份	2002	1992 1998	2003	2004	1987	2001	2003	2003	1995	1992	2003	1987	2003	2003
宣城	极值	219	282	312	348	366	373	403	402	395	340	295	243	403	407
	日期	14	9	30	21	24	5	18	1	6	15	2	28	18/7	23/7
	年份	2002	1987	2003	2004	1987	1997	1988	2003	1995	1994	2003	1987	1988	1961
安庆	极值	205	259	283	330	354	372	395	409	380	339	288	218	409	409
	日期	14	12	30	20	27	4	18	2	6	2	6	10	2/8	2/8
	年份	2002	1998	2003	2004	2004	2005	1988	2003	1995	1992	2003	1990	2003	2003
黄山市	极值	196	269	300	346	366	365	395	401	392	366	305	227	401	410
	日期	13	20	30	20	27	30	31	3	8	1	7	28	3/8	11/8
	年份	2002	2004	2003	2004	2004	2004	2003	2003	1995	2005	2003	1987	2003	1953
光明顶	极值	129	138	168	208	232	238	280	272	260	222	177	142	280	280
	日期	14	12	30	20	4	28	29	8	2	1	2	3	29/7	29/7
	年份	2002	1998	200	2004	1997	1990	2003	2003	1991	2005	2003	1999	2003	2003

各月平均最高气温　4—10月全省各地（黄山光明顶除外）各月平均最高气温均在20℃以上，淮河以北地区6月和各地7、8月均在30℃以上。各地年平均最高气温均在20℃或以上，黄山市为21.7℃，为全省最高。见表1-1-10。

安徽15个气象站各月平均最高气温统计表（1971—2000年）

表1-1-10　　单位:0.1℃

站名＼月份	1月	2月	3月	4月	5月	6月	7月	8月	9月	10月	11月	12月	全年
砀　山	52	80	135	211	266	309	317	308	269	214	140	75	198
宿　州	61	84	137	211	265	307	318	311	272	220	149	87	202
阜　阳	67	90	139	213	265	305	321	315	273	221	154	93	205
蚌　埠	65	85	137	211	264	301	321	316	273	221	154	93	203
滁　州	66	84	132	203	256	288	315	315	272	220	156	96	200
合　肥	68	87	135	207	259	290	320	319	273	221	156	97	203
六　安	68	87	135	209	261	291	321	316	269	218	156	97	202
霍　山	76	95	141	216	263	293	323	316	269	221	162	106	207
巢　湖	70	88	135	207	259	289	322	320	275	223	159	99	204
岳　西	79	95	137	204	249	279	308	309	268	220	163	111	202
芜　湖	73	90	135	206	260	290	325	322	276	224	162	103	206
宣　城	75	92	137	209	260	288	327	322	273	224	163	105	206
安　庆	74	93	137	207	258	290	325	322	275	223	162	104	206
黄山市	90	108	151	217	265	293	330	330	285	236	175	121	217
光明顶	10	22	62	113	152	178	202	201	166	126	79	34	112

干热风

统计标准　干热风是以高温、低湿为其特征的风，通常出现在春末夏初，淮河以北地区最为常见，主要危害时处乳熟灌浆期的冬小麦。

安徽干热风一般分为高温低湿型、雨后枯熟型和旱风型三种，以高温低湿型为多。干热风特征是气温高，空气相对湿度低，地面吹偏南风或西南风。燥热的天气使小麦炸芒、逼熟、秕粒。

干热风就其强度有轻、重两类。轻干热风的统计标准是，日最高气温≥32℃，14时空气相对湿度≤30%，14时风速≥2m/s；重干热风是日最高气温≥35℃，14时相对湿度≤25%，14时风速≥3m/s。

地区分布　1959—2005年5—6月安徽24个站点干热风统计结果见于表1-1-11。

干热风主要出现在淮北地区，沿淮地区次之，江淮之间出现很少，沿江江南地区基本上不出现。轻、重干热风合计以砀山、涡阳分别出现332、335天，年平均干热风均为7.1天，为最多。灵璧、濉溪47年分别出现286天、292天，年平均干热风6.1天和6.2天，为次多。

1959—2005年干热风出现总日数统计表

表1-1-11 单位：次

类　型		轻　型			重　型			轻、重型合计			
时间 总日数 站名		5月	6月	合计	5月	6月	合计	合计	年平均	年最多	
										日数	年份
淮北	砀山	103	155	258	15	59	74	332	7.1	19	1968
	亳县	102	143	245	16	65	81	326	6.9	23	1968
	濉溪	81	140	221	13	58	71	292	6.2	19	1968
	萧县	76	131	201	16	60	76	283	6.0	21	1968
	宿县	103	155	258	12	61	73	331	7.0	20	1968
	阜阳	56	100	156	13	33	46	202	4.3	20	1965
	蒙城	76	135	211	8	42	50	261	5.6	17	1968
	界首	75	129	204	12	67	79	283	6.0	22	1965 1968
	涡阳	90	167	257	19	59	78	335	7.1	19	1968
	太和	72	129	201	10	65	75	276	5.9	21	1965
	灵璧	80	139	219	10	57	67	286	6.1	21	1968
沿淮	凤阳	61	93	154	5	23	28	182	3.9	20	1968
	颍上	47	84	131	9	32	41	172	3.7	20	1968
	怀远	43	59	102	3	17	20	122	2.6	19	1968
	五河	41	83	124	5	19	24	148	3.2	18	1968
	寿县	48	51	99	3	7	10	109	2.3	10	1968
江淮之间	合肥	23	12	35	3	2	5	40	0.9	6	2000
	来安	31	43	74	3	1	4	78	1.7	11	1968
	滁县	27	35	62	2	0	2	64	1.4	7	1968
	六安	35	22	57	6	5	11	68	1.5	7	2000
	定远	34	55	89	1	6	7	96	2.0	14	1968

续表 1-1-11

类型		轻型			重型			轻、重型合计			
站名 \ 总日数 \ 时间		5月	6月	合计	5月	6月	合计	合计	年平均	年最多 日数	年最多 年份
沿江江南	芜湖	16	6	22	1	0	1	23	0.5	4	2000
	安庆	2	1	3	0	0	0	3	0.1	1	1967 1988 2001
	屯溪	12	0	12	0	0	0	12	0.3	3	1986

出现日期 干热风出现主要集中于5月21日至6月5日，占总干热风日数的80%以上，越往南集中程度越高。干热风持续天数以1～2天为最多，安徽各地都有发生，越往北持续天数越长。持续期≥5天的干热风大都出现在淮河以北，持续8～9天的干热风仅发生在砀山、萧县、蒙城、涡阳、灵璧等地，见表1-1-12。

不同持续天数干热风的总次数统计表

表 1-1-12　　单位：次

站名	淮北											沿淮					江淮之间			沿江江南	
持续天数 \ 总次数	砀山	亳州	濉溪	萧县	宿县	阜阳	蒙城	界首	涡阳	太和	灵璧	凤阳	颍上	怀远	五河	寿县	合肥	来安	滁县	芜湖	屯溪
1–2天	117	107	94	92	117	62	88	89	107	84	99	76	61	49	68	49	24	39	35	11	3
3–4天	20	16	22	20	24	22	17	16	28	26	22	12	12	8	12	7	0	6	5	0	0
5–7天	5	11	5	4	5	5	6	10	6	6	4	3	3	1	0	1	0	0	0	0	0
8–9天	1	0	0	2	1	0	1	0	1	0	1	0	0	0	0	0	0	0	0	0	0

干热风年际变化较大，最多一年可出现10～12天，有的年份不出现。1965年和1968年出现的干热风最多，冬小麦受到的危害也最重。

山区气温垂直递减率 黄山、九华山不同海拔高度各月及年平均气温如表1-1-13，其高度气温垂直递减率，见表1-1-14。黄山夏季（6–8月）气温垂直递减率0.55℃/100m至0.6℃/100m为年中最大，冬季0.30℃/100m至0.44℃/100m为年中最小，春秋两季则在其间变化。年平均气温垂直递减率在0.46℃/100m至0.49℃/100m之间。总的说来，南坡气温垂直递减率大于北坡。九华山气温垂直递减率变化特点与黄山相同，只是数值较小。

黄山、九华山不同高度各月及年平均气温统计表(据 1971—2000 年资料)

表 1-1-13 单位:0.1℃

山名		站名	海拔(米)	1月	2月	3月	4月	5月	6月	7月	8月	9月	10月	11月	12月	全年
黄山	南坡	黟县	229	39	58	99	159	206	241	270	267	225	173	111	57	159
	主峰	光明顶	1840	–24	–13	26	78	119	151	175	172	136	93	41	–1	80
	北坡	太平	193	30	50	93	158	205	241	274	267	220	165	103	49	155
九华山		青阳	31	33	52	96	163	214	250	284	278	229	173	110	53	161
		九华山	647	12	39	72	143	192	221	255	244	206	154	97	47	140

黄山、九华山各月及年不同高度气温垂直递减率统计表

表 1-1-14 单位:℃ /100 米

山名	高度(米)	1月	2月	3月	4月	5月	6月	7月	8月	9月	10月	11月	12月	全年
黄山	229~1840(南坡)	0.39	0.44	0.45	0.50	0.54	0.56	0.59	0.59	0.55	0.50	0.44	0.36	0.49
	193~1840(北坡)	0.33	0.38	0.41	0.49	0.52	0.55	0.60	0.58	0.51	0.44	0.38	0.30	0.46
九华山	31~647	0.34	0.21	0.40	0.32	0.36	0.47	0.47	0.55	0.37	0.31	0.21	0.10	0.34

自由大气气温垂直递减率 在地面至 3000 米高度范围内,不同高度、不同季节、甚至在一天之中的不同时间,自由大气的气温垂直递减率不尽相同。见表 1-1-15。年气温递减率,低层小于高层;各季气温递减率,以夏季最大,春季次之,秋季再次,冬季最小;随着高度的升高,8 时和 20 时的气温递减率趋于接近。地面至 200 米高度内,夏季、秋季、冬季 20 时气温有随高度不降反而升高的“逆温”现象。

阜阳四季不同高度自由大气气温垂直递减率统计表(据 1971—2000 年资料)

表 1-1-15 单位:℃ /100 米

高度(米)	时次	春季(4月)	夏季(7月)	秋季(10月)	冬季(1月)	年
0~200	8 时	0.15	0.10	0.05	0.10	0.10
	20 时	0.05	0.25	0.05	0.30	0.05
200~1500	8 时	0.25	0.44	0.27	0.16	0.28
	20 时	0.62	0.68	0.53	0.38	0.42
1500~3000	8 时	0.53	0.58	0.47	0.30	0.46
	20 时	0.51	0.58	0.48	0.32	0.47

说明:黑体数值表示气温随高度不降反而升高

阜阳地面至1000hPa（相当于0 ~ 200米高度）气温变化很小；1000hPa至100hPa高度范围内，气温随高度呈持续递减；100hPa至70hPa范围内气温很少变化；70hPa以上，气温随高度升高而上升。大致自700hPa高度以上，气温均在0℃以下。

第四节 霜 期

初终霜期 安徽平均初霜期在10月下旬至11月中旬，北早南迟，山区早平原迟。砀山平均初霜期10月27日，为全省最早，芜湖11月17日，为最迟。黄山光明顶平均初霜期迟至11月27日。最早初霜日比平均初霜期提前20天左右。

平均终霜期自南向北3月下旬到4月上旬，北迟南早，平原早山区迟。贵池平均终霜期3月15日，为全省最早，砀山在4月7日，为最迟。最迟终霜日比平均终霜期一般推迟20天左右。见表1–1–16。

无霜期 安徽各地无霜期在200天到250天之间。淮北地区大多在200–220天，沿江西部无霜期最长，240 ~ 250天之间。黄山光明顶属高山气候，无霜期虽长，但可利用热量资源最低。见表1–1–16。

安徽18个气象站初、终霜期及无霜期统计表（据1971—2001年资料）

表1–1–16 （日/月;天）

站 名	砀山	宿州	亳州	阜阳	蚌埠	滁州	六安	霍山	合肥
最早初日	10/10	10/10	12/10	12/10	20/10	10/10	22/10	12/10	22/10
最早终日	18/3	15/3	18/2	16/2	4/3	4/3	1/3	1/3	1/3
间日数	190	190	190	182	177	182	170	182	163
最迟初日	10/11	19/11	19/11	20/11	20/11	26/11	28/11	29/11	30/11
最迟终日	26/4	25/4	24/4	17/4	14/4	16/4	14/4	14/4	14/4
间日数	137	126	106	89	114	107	103	103	103
平均初日	27/10	30/10	30/10	5/11	4/11	6/11	7/11	4/11	9/11
平均终日	7/4	4/4	30/3	24/3	27/3	31/3	25/3	25/3	23/3
平均间日数	163	158	152	141	143	145	140	143	135
平均无霜期	202	207	213	224	222	220	225	222	230

续表1–1–16

站名	巢湖	芜湖	铜陵	宣城	岳西	安庆	贵池	黄山市	光明顶
最早初日	21/10	28/10	29/10	22/10	12/10	27/7	28/10	22/10	

站名	巢湖	芜湖	铜陵	宣城	岳西	安庆	贵池	黄山市	光明顶
最早终日	1/3	19/2	22/2	19/2	1/3	19/2	19/2	15/2	
间日数	165	157	171	177	181	250	149	155	
最迟初日	28/11	14/12	8/12	30/11	20/11	8/12	8/12	2/12	
最迟终日	12/4	8/4	16/4	15/4	20/4	2/4	4/4	4/4	
间日数	102	77	77	94	103	77	77	95	
平均初日	11/11	17/11	16/11	13/11	2/11	12/11	16/11	15/11	27/11
平均终日	24/3	18/3	17/3	21/3	29/3	14/3	15/3	16/3	24/2
平均间日数	134	123	123	129	148	122	121	122	90
平均无霜期	231	242	242	236	217	243	244	243	275

说明:光明顶的霜期按出现年份计

第五节 地温与冻土

地温

地面温度 安徽各地四季及年平均地面温度见于表 1–1–17。冬季(1 月)和秋季(10 月)地面平均温度北低南高;春季(4 月)和夏季(7 月)平均地面温度除山区温度低于平原外,南北之间相差不大。年平均地面温度砀山 16.0℃,为全省最低,安庆 18.8℃为最高。其他地区在其间变化。

安徽 13 个气象站 1、4、7、10 月及年平均地面温度统计表(据 1971—2000 年资料)

表 1–1–17 单位:0.1℃

站 名	1 月	4 月	7 月	10 月	全年
砀 山	5	173	302	163	160
宿 州	12	185	313	180	172
阜 阳	21	183	311	180	173
蚌 埠	22	186	314	184	175
滁 州	29	177	310	189	175
合 肥	31	184	322	192	181
六 安	30	183	318	189	178
巢 湖	34	180	323	194	181
岳 西	29	166	293	175	164

续表 1-1-17

站　名	1月	4月	7月	10月	全年
芜　湖	39	180	327	197	184
宣　城	37	173	320	192	178
安　庆	43	183	331	201	188
黄山市	53	181	316	201	186

年极端最高地面温度　岳西 68℃，为全省最低，出现在 1967 年 7 月 25 日；巢湖 79℃，为最高，出现在 2001 年 7 月 11 日；其他地方在其间变化。全省年极端最高地面温度出现在 6 月下旬至 9 月上旬，表 1-1-18。

安徽 14 个气象站极端最高（低）地面温度及出现时间一览表

表 1-1-18　　单位：0.1℃

站名	1986-2005 年				建站 -2005 年			
	极端最高	出现时间	极端最低	出现时间	极端最高	出现时间	极端最低	出现时间
砀山	659	29/6，1986	-223	29/12，1991	695	27/6，1958	-228	3/1，1967
宿州	730	10/7，1994	-252	28/12，1991	730	10/7，1994	-252	28/12，1991
阜阳	686	29/7，2004	-214	28/12，1991	698	20/7，1961	-250	31/1，1969
蚌埠	694	19/7，1988	-227	29/12，1991	711	22/7，1958	-246	5/2，1969
滁州	690	7/7，1994	-221	29/12，1991	690	7/7，1994	-245	5/2，1969
合肥	700	9/7，1988	-205	29/12，1991	704	11/8，1967	-290	11/1，1955
六安	682	3/7，2001	-203	29/12，1991	≥ 72.0	11 天 /2 个月，1959	-274	11/2，1957
巢湖	790	11/7，2001	-235	29/12，1991	790	11/7，2001	-235	29/12，1991
岳西	672	10/7，1994	-185	29/12，1991	680	25/7，1967	-211	5/2，1969
芜湖	685	25/7，1990	-160	29/12，1991	726	10/7，1978	-198	6/2，1969
宣城	691	29/7，2004	-172	29/12，1991	691	29/7，2004	-221	6/2，1969
安庆	700	5/9，1985	-185	28/12，1991	700	5/9，1985	-191	6/2，1969
绩溪	695	2/8，2003	-166	28/12，1991	763	21/7，1971	-166	28/12，1991
黄山市	699	6/8，2003	-219	29/12，1991	721	28/7，1958	-219	29/12，1991

年极端最低地面温度　长江以北地区均在 -20℃以下，合肥 -29.0℃，为全省最低值，出现在 1955 年 1 月 11 日；六安 -27.4℃，出现在 1957 年 2 月 11 日，为次低值；宿州

–25.2℃,出现在 1991 年 12 月 28 日,为第三低值。宣城 –22.1℃,为沿江江南地区最低值,出现在 1969 年 2 月 6 日。绩溪 –16.6℃,为全省最高值,出现在 1991 年 12 月 28 日。年极端最低地面温度与建站至 1980 年的数值相比有所上升。见表 1–1–18。

地中温度 安徽 10 个测站不同深度地中温度见于表 1–1–19。各地 12 月至次年 3 月各月地中温度随深度增加而上升，5—9 月各月地中温度则随深度增加而下降，4 月和 10 月地中温度随深度则呈“S”型分布。

各地全年各深度地中温度变化很小,各深度之间相差多在 0.1℃ ~ 0.2℃之间,仅合肥相差 0.5℃,为全省最大。见表 1–1–19。

安徽 10 个气象站不同深度地中温度统计表

表 1–1–19　　单位:米;0.1℃

站名	深度	1月	2月	3月	4月	5月	6月	7月	8月	9月	10月	11月	12月	全年	记录年代
砀山	0.4	44	51	86	138	187	230	258	267	236	186	126	70	157	1971—2000
	0.8	70	66	87	125	166	205	235	250	234	197	150	99	157	1971—2000
	1.6	116	100	102	117	142	168	192	212	216	203	178	145	158	1980—2000
	3.2	158	144	134	130	134	143	155	169	180	185	182	172	157	1980—2000
宿州	0.4	56	60	91	143	194	237	264	273	246	198	140	83	165	1971—2000
	0.8	83	76	93	131	174	213	242	258	244	209	163	114	167	1971—2000
	1.6	121	105	106	121	149	178	206	226	230	214	186	152	166	1981—2000
	3.2	164	148	137	134	140	153	169	185	197	201	195	182	167	1981—2000
阜阳	0.4	63	68	98	147	195	238	268	276	246	199	143	89	169	1971—2000
	0.8	89	83	100	135	174	212	243	259	244	210	166	119	170	1971—2000
	1.6	127	112	113	128	155	183	210	231	233	217	190	156	171	1981—2000
	3.2	170	155	145	142	147	158	173	188	199	203	198	186	172	1981—2000
蚌埠	0.4	63	66	95	144	194	233	263	272	245	199	145	90	167	1971—2000
	0.8	86	79	97	133	177	214	244	260	244	209	165	116	169	1971—2000
	1.6	122	107	109	127	157	186	211	231	231	215	187	152	170	1975—2000
	3.2	165	149	139	136	143	156	172	187	199	201	196	182	169	1975—2000
滁州	0.4	67	69	95	140	188	226	258	269	244	200	147	95	167	1971—2000
	0.8	89	82	98	131	172	207	238	255	241	208	166	119	167	1971—2000
	1.6	126	110	110	124	150	177	202	224	227	213	187	155	167	1980—2000
	3.2	165	150	140	137	142	153	168	183	195	199	194	182	167	1980—2000

续表 1-1-19

站名	深度	1月	2月	3月	4月	5月	6月	7月	8月	9月	10月	11月	12月	全年	记录年代
合肥	0.4	66	70	98	149	203	239	268	278	251	204	149	95	173	1971–2000
	0.8	92	85	101	136	182	218	246	262	249	215	171	124	173	1980–2000
	1.6	133	117	116	131	159	189	214	234	237	222	196	163	176	1980–2000
	3.2	177	162	151	146	152	164	178	193	204	208	203	192	178	1980–2000
六安	0.4	70	72	99	145	195	232	262	270	243	200	147	97	169	1980–2000
	0.8	92	86	101	136	178	213	242	256	241	208	166	122	170	1980–2000
	1.6	128	113	113	128	157	185	210	229	230	214	188	157	171	1980–2000
	3.2	168	153	142	140	147	160	175	190	201	203	198	185	172	1980–2000
芜湖县	0.4	72	76	104	152	206	242	277	289	257	210	153	99	178	1986–2000
	0.8	93	88	106	141	188	223	254	273	255	219	173	124	178	1986–2000
	1.6	129	114	117	134	165	195	220	243	243	225	196	160	178	1986–2000
	3.2	172	156	147	145	153	167	183	199	211	213	206	191	179	1986–2000
安庆	0.4	77	80	107	154	206	245	274	287	257	212	158	105	180	1971–2000
	0.8	102	95	110	144	189	226	254	271	256	222	179	133	182	1971–2000
	1.6	145	122	125	144	171	199	221	238	238	226	199	169	183	1999–2000
	3.2	188	171	158	156	161	173	186	199	209	212	208	197	185	1999–2000
黄山市	0.4	86	89	115	161	211	245	275	285	257	216	164	112	185	1971–2000
	0.8	108	102	118	151	194	228	257	272	257	226	184	137	186	1980–2000
	1.6	144	128	129	144	174	204	230	247	247	232	206	173	188	1980–2000
	3.2	183	167	156	154	161	177	195	209	218	219	213	200	188	1980–2000

冻土

出现时间　全省各地冻土集中出现在 11 月到次年 3 月。12 月至次年 2 月是出现年最大冻土深度的时段。见表 1-1-20。

年最大冻土深度　江淮北部及以北地区，年最大冻土深度均大于 10cm，其中砀山 28cm，为全省最大值，出现在 1967 年 1 月。黄山市、合肥均为 8cm，为全省最小值，多出现在 12 月和 1 月。见表 1-1-20 和表 1-1-21。

安徽 13 个气象站最大冻土深度及出现时间一览表（1986—2005 年资料）

表 1-1-20　　单位:cm

站　名	项　目	10月	11月	12月	1月	2月	3月	4月	全年
砀　山	极值	–	5	13	22	12	6	–	22
	日期	–	2天	27	3天	4天	7	–	3天/1
	年份	–	1986	2002	2003	2000	1988	–	2003
宿　州	极值	–	7	13	12	10	8	–	13
	日期	–	5天	29	25	3天	2天	–	29/12
	年份	–	4年	1995	1993	2年	2年	–	1995
阜阳	极值	–	6	11	13	8	2	–	13
	日期	–	24	18	19	2天	1	–	19/1
	年份	–	1993	2005	1993	2年	1993	–	1993
蚌埠	极值	–	5	10	8	8	–	–	10
	日期	–	3天	17	2天	4	–	–	17/12
	年份	–	3年	1988	2年	1987	–	–	1988
滁州	极值	–	3	9	9	8	5	–	9
	日期	–	30	17	1	8	3天	–	2天/2月
	年份	–	1986	1988	2005	1986	2年	–	2年
合肥	极值	–	4	8	8	7	4	–	8
	日期	–	24	4天	5天	7	7	–	9天/2月
	年份	–	1993	2005	3年	2004	1988	–	3年
六安	极值	–	5	8	8	10	4	–	10
	日期	–	24	8	2天	1	6	–	1/2
	年份	–	2年	1995	2年	1990	1992	–	1990
巢湖	极值	–	1	9	7	6	–	–	9
	日期	–	22	18	2天	6	–	–	18/12
	年份	–	1993	2005	1998	2年	–	–	2005
岳西	极值	–	3	9	12	10	6	–	12
	日期	–	5天	2天	2天	2	2天	–	2天/1
	年份	–	5年	2年	2004	2000	1986	–	2004

续表 1-1-20

站　名	项　目	10月	11月	12月	1月	2月	3月	4月	全年
芜湖＊	极值	–	0	–	–	–	0	–	–
	日期	–	0	–	–	–	0	–	–
	年份	–	0	–	–	–	0	–	–
宣 城	1983—2005年资料未出现								
安庆	极值	–	6	9	12	13	0	–	13
	日期	–	30	26	31	1	0	–	1
	年份	–	1971	1973	1977	1977	0	–	1977
黄山市	极值	–	–	6	8	7	–	–	8
	日期	–	–	2天	2天	8	–	–	2天/1
	年份	–	–	2年	1986	1986	–	–	1986

安徽13个气象站最大冻土深度及出现时间一览表（建站—2005年资料）

表 1-1-21　　单位:cm

站　名	项　目	10月	11月	12月	1月	2月	3月	4月	全年
砀　山	极值	–	5	19	28	20	8	–	28
	日期	–	6天	30	2天	2天	3	–	2天/1
	年份	–	5年	1966	1967	1958	1958	–	1967
宿　州	极值	–	7	14	15	11	8	–	14
	日期	–	6天	26	3天	2天	3天	–	26/12
	年份	–	5年	1973	2年	1977	3年	–	1973
阜阳	极值	–	7	13	13	9	6	–	13
	日期	–	29	2天	19	6天	6	–	3天/2月
	年份	–	1979	2年	1993	2年	1967	–	3年
蚌埠	极值	–	5	11	13	9	5	–	13
	日期	–	3天	2天	18	13	7	–	18
	年份	–	3年	1973	1970	1957	1967	–	1970
滁州	极值	–	6	11	10	8	5	–	11
	日期	–	29	26	17	2天	4天	–	26/12
	年份	–	1978	1973	1958	2年	3年	–	1973

续表 1–1–21

站 名	项 目	10月	11月	12月	1月	2月	3月	4月	全年
合肥	极值	–	6	11	11	8	5	–	11
	日期	–	30	20	10	12	1	–	2天/2月
	年份	–	1955	1956	1956	1957	1956	–	1956
六安	极值	–	5	10	12	10	4	–	12
	日期	–	2天	28	10	1	6	–	10/1
	年份	–	2年	1976	1959	1990	1992	–	1959
巢湖	极值	–	6	9	9	8	4	–	9
	日期	–	29	2天	2天	8	2天	–	4天/2月
	年份	–	1978	2年	1967	1980	1969	–	3年
岳西	极值	–	6	13	15	10	6	–	15
	日期	–	30	27	9	2	2天	–	9
	年份	–	1971	1973	1970	2000	1986	–	1970
芜湖*	极值	–	0	7	9	9	0	–	9
	日期	–	0	2天	2天	1	0	–	3天/2月
	年份	–	0	1980	2年	1980	0	–	3年
宣 城	1983—2005年资料未出现								
安庆	极值	–	6	9	12	13	0	–	13
	日期	–	30	26	31	1	0	–	1/2
	年份	–	1971	1973	1977	1977	0	–	1977
黄山市	极值	–	1	8	8	5	1	–	8
	日期	–	27	23	3	5天	2天	–	2天/2月
	年份	–	1983	1999	1981	3年	1986	–	2年

第二章 降 水

降水量是指一定时间内由云中降落到单位面积水平地面的液态水量或（和）固态水量。通常用专门的雨量收集器中的降水厚度来表示，单位为毫米。在水文上，降水量是用一定时间内降落在某一面积上的总水量体积来表示，单位为立方公厘、立方米。

降水是一种自然现象，与人们的生产生活关系十分密切。人们从多种方面对其深入认识，如降水量、降水日数、降水强度、降水性质、降水变化等。

安徽的降水特点：降水量分布南多北少，山区多平原丘陵区少；季节降水量差异显著，夏半年多，冬半年少；年雨量年际变化大；全年小到中雨为主，大到暴雨占 1 ~ 2 成。

第一节 降 水

降水基本特征

地区差异明显 安徽年平均降水量 730 ~ 1870 毫米，南多北少，山区多平原丘陵区少。淮北和沿淮地区 730 ~ 960 毫米，砀山县为全省最少，为 730 毫米。江淮丘陵地区 1000 毫米左右。大别山区 1110 ~ 1520 毫米。沿江及江南地区 1200 ~ 1870 毫米，祁门 1870 毫米，为全省最大值（黄山光明顶 2400 毫米除外）。见表 1-2-1。

安徽省 21 个气象站点累年逐月平均降水量统计表（据 1971—2000 年资料）

表 1-2-1 单位:0.1 毫米

站名	1月	2月	3月	4月	5月	6月	7月	8月	9月	10月	11月	12月	全年
砀山	155	197	329	413	625	956	1765	1247	788	463	215	129	7282
亳州	164	211	374	438	693	1019	2041	1311	718	535	258	139	7901
宿州	193	273	457	547	643	1154	2182	1157	818	564	292	140	8420
淮北	165	209	380	455	725	1050	2352	1244	718	549	259	129	8235
蚌埠	252	356	590	521	769	1415	1987	1306	799	608	422	173	9198
阜阳	266	326	568	566	815	1619	1892	959	873	638	400	178	9100
淮南	255	380	635	576	825	1518	2056	1263	844	610	467	173	9602

续表 1-2-1

站名	1月	2月	3月	4月	5月	6月	7月	8月	9月	10月	11月	12月	全年
滁州	356	465	781	713	863	1763	2075	1284	830	619	554	243	10546
合肥	359	504	777	789	949	1552	1618	1196	746	692	529	241	9952
六安	408	560	877	805	1144	1627	1865	1369	825	799	564	258	11101
岳西	437	655	1136	1379	1798	2727	2306	1956	1159	848	499	291	15191
马鞍山	388	504	909	829	1089	1868	1828	1239	665	684	530	271	10804
巢湖	400	545	926	874	1141	1811	1815	1270	746	667	530	264	10989
宣城	561	697	1233	1212	1429	2500	1574	1403	990	839	606	374	13418
芜湖	496	618	1095	1026	1219	2165	1658	1091	813	709	569	327	11786
铜陵	555	708	1278	1357	1628	2652	1554	1235	883	851	644	364	13709
池州	585	780	1384	1583	1883	2740	1937	1370	939	934	672	380	15187
安庆	477	714	1334	1643	1915	2803	1959	1299	883	818	571	328	14744
黄山市	742	1090	1787	2123	2383	3356	2041	1210	976	857	617	440	17622
光明顶	787	1119	1829	2326	2733	4585	3352	3053	1801	1113	827	505	24030
祁门	720	1064	1763	2169	2565	3783	2342	1456	909	849	637	419	18675

季节降水分配不均　春季：各地在 140 ~ 650 毫米，北少南多，山区多平原丘陵区少。春季降水量占全年降水量的百分比，各地在 19% ~ 36%，自北向南增大。

夏季：各地在 400 ~ 760 毫米，呈现北少南多分布，合肥仅为 440 毫米，比大别山区明显偏少。夏季降水量占全年降水量的百分比，各地在 38% ~ 56%，分布趋势与春季相反，呈现北大南小趋势。

秋季：各地在 150 ~ 260 毫米，北少南多，山区多，平原丘陵区少。秋季降水量占全年降水量的百分比，各地在 13% ~ 21%，分布趋势同夏季，北大南小。

冬季：各地在 50 ~ 230 毫米，北少南多，山区多，平原丘陵区少。冬季降水量占全年降水量的百分比，各地在 7% ~ 13%，南部大于北部。参见表 1-2-2。

安徽 21 个气象站四季降水量及其占年降水量的百分比统计表（据 1971—2000 年资料）

表 1-2-2　　单位：0.1 毫米，%

站名	春季	%	夏季	%	秋季	%	冬季	%
砀山	1367	18.8	3968	54.5	1466	20.1	481	6.6
亳州	1505	19.0	4371	55.3	1511	19.1	514	6.5

续表 1-2-2

站名	春季	%	夏季	%	秋季	%	冬季	%
宿州	1647	19.6	4493	53.4	1674	19.9	606	7.2
淮北	1560	18.9	4646	56.4	1526	18.5	503	6.1
蚌埠	1880	20.4	4708	51.2	1829	19.9	781	8.5
阜阳	1949	21.4	4470	49.1	1911	21.0	770	8.5
淮南	2036	21.2	4837	50.4	1921	20.0	808	8.4
滁州	2357	22.3	5122	48.6	2003	19.0	1064	10.1
合肥	2515	25.3	4366	43.9	1967	19.8	1104	11.1
六安	2826	25.5	4861	43.8	2188	19.7	1226	11.0
岳西	4313	28.4	6989	46.0	2506	16.5	1383	9.1
马鞍山	2827	26.2	4935	45.7	1879	17.4	1163	10.8
巢湖	2941	26.8	4896	44.6	1943	17.7	1209	11.0
宣城	3874	28.9	5477	40.8	2435	18.1	1632	12.2
芜湖	3340	28.3	4914	41.7	2091	17.7	1441	12.2
铜陵	4263	31.1	5441	39.7	2378	17.3	1627	11.9
池州	4850	31.9	6047	39.8	2545	16.8	1745	11.5
安庆	4892	33.2	6061	41.1	2272	15.4	1519	10.3
黄山市	6293	35.7	6607	37.5	2450	13.9	2272	12.9
光明顶	6888	28.7	10990	45.7	3741	15.6	2411	10.0
祁门	6497	34.8	7581	40.6	2395	12.8	2203	11.8

年际变化大　最多年雨量与最少年雨量的比值各地在 1.8 ~ 4.2，宿州、蚌埠、马鞍山等地均在 4.0 或以上。最多年雨量与最少年雨量的差值各地在 460 ~ 1800 毫米，淮北市 460 毫米，为全省最小值，黄山市 1800 毫米，为全省最大值。

1954 年、1991 年是大水年，1978 年是少雨年。参见表 1-2-3。

安徽 21 个站年降水量极值一览表

表 1-2-3　　单位：0.1 毫米

站名	最多年		最少年		极值差	极值比	记录年代
	降水量	年份	降水量	年份			
砀山	11711	2000	4153	1966	7558	2.8	1932-2000

续表 1-2-3

站名	最多年		最少年		极值差	极值比	记录年代
	降水量	年份	降水量	年份			
亳州	11676	1979	4727	1978	6949	2.5	1971–2000
宿州	14813	1954	3727	1921	11086	4.0	1917–2000
淮北市	10793	1990	6146	1987	4647	1.76	1971–2000
蚌埠	15595	1956	3760	1922	11835	4.1	1918–2000
阜阳	16187	1956	4408	1953	11779	3.7	1922–2000
淮南市	15675	1991	4840	1978	10835	3.2	1971–2000
滁州	16527	1991	5289	1994	11238	3.1	1952–2000
合肥	15419	1954	5641	1934	9778	2.7	1934–2000
六安	18071	1954	4806	1945	13265	3.8	1922–2000
岳西	23237	1969	9525	1978	13712	2.4	1952–2000
马鞍山	19187	1991	4598	1978	14589	4.17	1971–2000
巢湖	19884	1991	5251	1978	14633	3.8	1934–2000
宣城	21054	1954	7755	1978	13299	2.7	1951–2000
芜湖	19243	1991	5642	1978	13601	3.4	1881–2000
铜陵	21737	1983	7678	1978	14059	2.8	1971– ~ 2000
池州	22168	1999	8877	1978	13291	2.5	1971–2000
安庆	22331	1999	7586	1978	14745	2.9	1930–2000
黄山市	27084	1954	9128	1978	17956	3.0	1951–2000
光明顶	33266	1973	15486	1978	17780	2.1	1971–2000
祁门	25082	1983	10946	1978	14136	2.29	1956–2000

降水日数 年降水日数各地在 80 ~ 150 天,南多北少,山区多平原丘陵区少。砀山县 80 天,为全省最少。年降水日数 120 天等值线大致横穿江淮之间中部,基本与年降水量 1000 毫米等值线相吻合。大别山区和皖南地区 150 天左右,沿江地区 130 ~ 140 天。黄山市 153 天,为全省最多。参见表 1-2-4。

安徽 21 个站各月平均降水日数统计表（据 1971—2000 年资料）

表 1-2-4　　　　单位:0.1 天

站名	1 月	2 月	3 月	4 月	5 月	6 月	7 月	8 月	9 月	10 月	11 月	12 月	全年
砀山	38	49	63	68	75	77	128	95	78	67	53	38	830
亳州	41	50	68	68	76	85	122	105	78	70	54	39	854
宿州	47	62	79	75	78	97	136	107	84	77	60	42	944
淮北市	42	58	70	72	74	86	134	99	78	71	54	38	876
蚌埠	59	74	99	86	93	103	138	102	82	76	66	50	1029
阜阳	58	65	95	82	95	103	127	109	87	82	64	47	1014
淮南市	65	72	101	83	99	110	131	103	89	84	67	47	1051
滁州	77	83	116	97	101	118	130	109	89	83	70	52	1124
六安	87	89	132	111	117	121	129	112	102	95	82	62	1239
岳西	101	105	150	143	143	150	156	154	115	104	81	68	1470
合肥	80	85	122	106	107	112	121	100	88	87	76	54	1137
马鞍山	87	94	131	114	110	124	129	109	92	90	78	62	1219
巢湖	90	97	131	119	115	123	118	113	94	91	78	61	1228
宣城	110	112	155	134	129	141	133	123	109	98	86	78	1406
芜湖	102	108	149	128	120	132	123	108	98	91	82	69	1309
铜陵	106	109	150	139	131	138	117	105	103	96	85	73	1353
池州	113	117	159	146	139	142	119	116	103	99	84	75	1411
安庆	98	108	152	142	136	135	113	103	87	90	74	65	1304
黄山市	125	132	176	163	162	158	134	124	104	95	80	79	1532
光明顶	140	147	184	176	180	181	163	182	145	121	97	89	1803
祁门	122	134	177	162	162	158	132	126	96	89	84	78	1519

最长连续降水日数各地在 12 ~ 20 天，北少南多，山区多平原丘陵区少。沿江西部 14 天，沿江东部 17 天，大别山区和皖南地区 120 天。

最长连续无降水日数呈现北多南少分布趋势。砀山 77 天，为全省最多；太平 40 天，为全省最少。沿江及江南地区 40 天左右，长江以北地区 60 ~ 80 天。

降水强度　各地以小雨为主。小到中雨约占总降水日数的 80% ~ 90%，大到暴雨占 10% ~ 20%。年平均降水强度自北向南增大，山区大于平原丘陵区。各地在 9.0 毫米 / 日 ~ 12.0 毫米 / 日。参见表 1-2-5。

安徽21个站各级降水日数与年平均降水强度统计表（据1971—2000年资料）

表1-2-5　单位:0.1天;毫米/日

站名	小雨 0.1～9.9毫米	中雨 10.0～24.9毫米	大雨 25.0～49.9毫米	暴雨 50.0～99.9毫米	大暴雨 ≥100毫米	雨日合计	年平均降水强度
砀山	515	205	79	28	3	830	8.8
亳州	522	216	83	28	5	854	9.3
宿州	584	234	94	29	3	944	8.9
淮北市	522	225	94	30	5	876	9.4
蚌埠	635	264	97	29	4	1029	8.9
阜阳	628	257	95	29	5	1014	9.0
淮南市	641	275	100	29	6	1051	9.1
滁州	670	301	112	36	5	1124	9.4
合肥	706	297	104	28	2	1137	8.8
六安	760	331	113	29	6	1239	9.0
岳西	808	424	175	56	7	1470	10.3
马鞍山	760	323	102	27	7	1219	8.9
巢湖	756	325	109	33	5	1228	8.9
芜湖	794	358	120	33	4	1309	9.0
宣城	821	400	138	42	5	1406	9.5
铜陵	756	395	152	43	7	1353	10.1
池州	746	426	169	61	9	1411	10.8
安庆	672	395	165	61	11	1304	11.3
黄山市	742	511	208	61	10	1532	11.5
光明顶	735	671	283	93	21	1803	13.3
祁门	697	522	214	73	13	1519	12.3

第二节　暴雨与雷暴

暴雨日　气象上规定,某台站24小时降水量超过50.0mm,则称这一天为暴雨日;24小时降水量超过100.0mm,则称这一天为大暴雨日。习惯上,如非特别需要,将暴雨日、大暴雨日统称为暴雨日。

暴雨日地区分布 安徽各地年平均暴雨日数为4.0天,其中暴雨日平均为3.4天、大暴雨日为0.6天。黄山最多9.3天,涡阳最少2.6天。暴雨日数分布,南多北少,山区和丘陵地区多,平原地区少。沿淮淮北、江淮之间北部、沿江东部多为3天;沿江西部、皖南山区为6 ~ 7天;其他地区4 ~ 5天。见表1-2-6。

安徽1971—2000年平均暴雨日数统计表

表1-2-6 单位:天

站名	平均日数	最多日数		最少日数		站名	平均日数	最多日数		最少日数	
		日数	年份	日数	年份			日数	年份	日数	年份
砀山	2.8	7	2000	0		合肥	2.8	9	1991	0	
萧县	2.9	5	1974	1	1975	肥东	2.6	10	1991	0	
亳州	2.8	5	1979	1	1971	巢湖	3.3	10	1991	0	
临泉	3.1	7	1979	0		庐江	4.1	10	1991	0	
界首	2.8	6	1984	0		无为	3.7	12	1991	0	
太和	2.8	6	1984	0		含山	3.4	10	1991	0	
涡阳	2.6	7	2000	1	1991	和县	3.1	10	1991	0	
淮北	3.0	6	2000	0		芜湖	3.3	11	1991	0	
利辛	3.1	7	2000	1	1985	当涂	3.1	10	1991	0	
蒙城	3.0	8	1991	0		马鞍山	2.7	9	1991	0	
宿州	2.9	11	1996	0		繁昌	3.9	9	1983	0	
灵璧	3.1	7	1996	1	1982	芜湖	3.7	9	1979	0	
泗县	2.7	6	1991	0		太湖	6.4	17	1999	1	1976
怀远	3.1	10	1972	0		潜山	6.0	14	1977	0	
固镇	3.1	7	1991	0		怀宁	6.3	16	1999	2	1976
五河	3.1	7	1991	0		宿松	5.1	17	1999	0	
阜南	2.7	6	1991	0		望江	5.5	13	1999	1	1982
阜阳	2.9	8	1991	0		东至	6.2	12	1999	2	1988
颍上	2.8	8	1983	0		枞阳	5.9	14	1999	1	1994
凤台	2.8	8	1972	0		青阳	5.8	15	1999	1	1992
霍邱	3.2	8	1983	0		安庆	6.1	15	1999	2	1982
寿县	3.1	7	1991	1	1980	太平	4.9	13	1999	0	
长丰	3.2	7	1991	0		贵池	6.1	13	1983	1	1994

续表 1-2-6

站名	平均日数	最多日数		最少日数		站名	平均日数	最多日数		最少日数	
		日数	年份	日数	年份			日数	年份	日数	年份
蚌埠	2.9	8	1991	0		石台	6.1	13	1999	1	1997
凤阳	2.9	9	1991	0		铜陵	4.3	12	1983	1	1978
明光	3.1	7	1991	0		南陵	4.7	12	1983	1	1974
淮南	2.9	8	1972	0		泾县	5.2	14	1983	0	
定远	2.7	8	1972	0		宣城	4.1	11	1983	0	
全椒	3.5	10	1972	0		旌德	4.6	11	1999	1	1978
来安	3.3	9	1975	0		宁国	4.0	10	1983	0	
滁州	3.6	9	1991	0		光明顶	9.3	19	1999	1	1978
天长	3.7	11	1991	1	2000	绩溪	5.1	13	1983	1	1978
金寨	4.6	9	1975	1	1997	广德	3.7	12	1999	0	
六安	2.8	6	1972	0		郎溪	3.4	11	1999	0	
霍山	3.4	10	1991	0		祁门	7.3	17	1983	1	1992
舒城	3.3	10	1991	1	1982	黟县	6.9	14	1983	2	1982
岳西	5.6	12	1991	1	1997	歙县	5.4	13	1999	1	1978
桐城	4.9	11	1991	0		黄山市	6.1	15	1983	1	1978
肥西	2.9	7	1987	0		休宁	5.9	13	1983	1	1978

说明:“最少日数”一栏中为0,表明全年未出现暴雨日,因这种年份在2个以上,故未列出年份

暴雨日数的年际变化很大 年暴雨日数最多年份主要集中在1972年、1983年、1991年、1999年,这些年份均为大涝年;而年暴雨日数最少年份可全年未有暴雨,即使有暴雨,也只有1～2天,多集中在1978年、1992年,这些年份均为大旱年。

暴雨日季节分布 安徽暴雨除了冬季(12月至次年2月)偏少外,其他各月都有可能出现暴雨。暴雨主要集中在5—8月,尤以6、7两个月为多。大暴雨分布规律与暴雨基本类似,安徽冬季未出现过大暴雨,出现次数较多的也为6、7月。特大暴雨(24小时降水量超过200.0mm)仅在夏季(6～8月)出现,以6、7两个月居多。特大暴雨出现次数以7月为最多,大暴雨和暴雨以6月份最多。

安徽 1971—2000 年各级暴雨日统计表

表 1-2-7　　单位:天

月份	1	2	3	4	5	6	7	8	9	10	11	12
暴雨	15	46	184	485	996	2128	1891	1098	575	377	149	2
大暴雨			11	34	120	575	443	164	85	17	3	
特大暴雨						10	13	1				

暴雨强度　全省 1971—2000 年 78 个台站共出现特大暴雨日 24 个、大暴雨日 1452 个、暴雨日 7946 个,特大暴雨、大暴雨和暴雨所占的比例分别为 0.3%、15.4% 和 84.3%。

安徽 21 站不同级别暴雨日降水量最大值统计表

表 1-2-8

站名	1 级		2 级		3 级		4 级	
	降水量（毫米）	日期（月、日、年）	降水量（毫米）	日期（月、日、年）	降水量（毫米）	日期（月、日、年）	降水量（毫米）	日期（月、日、年）
砀山	229.0	06-26-00	151.1	07-22-82	139.8	08-13-90	128.8	08-22-95
亳州	285.3	07-17-97	173.5	07-21-82	172.7	05-25-91	166.1	07-06-99
宿州	218.4	07-17-97	153.1	06-17-96	137.2	05-03-88	128.7	09-13-79
阜阳	211.6	06-14-91	200.9	06-13-84	175.2	07-17-96	157.9	07-05-87
蚌埠	216.7	08-25-89	162.6	06-12-91	154.0	06-24-80	130.3	07-07-99
淮南	218.7	06-14-91	173.3	06-30-97	145.0	07-01-83	136.9	08-13-74
滁州	172.4	07-29-98	170.1	07-19-82	166.3	06-20-95	163.8	06-24-75
六安	159.9	07-25-88	154.4	08-31-84	136.8	07-18-80	136.0	07-09-91
岳西	171.5	06-28-88	168.6	07-04-83	157.3	06-27-81	154.9	06-27-99
合肥	238.4	06-13-84	129.6	08-13-74	111.0	07-28-72	109.6	09-24-71
巢湖	216.3	08-07-91	192.6	06-13-84	163.4	06-27-99	161.5	09-27-75
芜湖	182.2	06-13-91	175.3	06-13-84	157.4	06-16-99	155.7	07-20-82
马鞍	185.1	07-09-80	174.8	07-01-91	164.3	07-10-81	161.6	06-16-99
芜湖	157.5	06-13-84	149.5	06-30-83	146.3	07-20-82	134.7	06-16-99
安庆	247.0	07-15-96	195.2	08-12-80	174.1	05-18-76	170.1	08-07-91

续表 1-2-8

站名	1 级		2 级		3 级		4 级	
	降水量（毫米）	日期（月、日、年）	降水量（毫米）	日期（月、日、年）	降水量（毫米）	日期（月、日、年）	降水量（毫米）	日期（月、日、年）
贵池	250.3	07-15-96	209.5	06-15-91	179.5	06-29-77	162.9	10-05-83
铜陵	183.0	06-14-84	173.4	04-17-91	167.1	06-30-83	166.4	06-28-99
宣城	272.4	06-14-84	205.3	06-30-83	165.8	06-30-99	165.5	07-05-91
光明顶	328.4	07-07-91	247.3	07-11-81	229.3	06-30-96	198.0	06-21-73
祁门	238.8	05-20-95	230.4	06-30-96	218.6	06-25-98	182.4	06-30-93
黄山市	203.2	06-30-93	170.7	06-04-71	166.2	06-18-98	157.9	07-01-96

安徽最大日降水量为 440.4 毫米（界首，1972 年 7 月 2 日）。表中第 1 级别暴雨日降水量最大值与第 4 级别的最大值相比,其出现区域基本相同。暴雨日降水量最大值多出现在大涝年份。

暴雨日平均降水量在 70 毫米以上,超过 80 毫米的台站主要集中在沿淮淮北西部、沿江东部、沿江西部和皖南山区。暴雨强度较大。

雷暴的分类。据雷暴伴随天气现象的激烈程度,雷暴分为一般雷暴（或称为普通雷暴）和强雷暴。强雷暴发生时出现暴雨、飑线、冰雹、龙卷等激烈灾害性天气。安徽每年都有强雷暴天气发生,尤其在夏季。如 2002 年 8 月 24 日,飑线自北向南影响全省大部分地区，29 个台站出现 17m/s 及以上大风。2002 年 5 月 27 日傍晚,蚌埠出现直径为 11 毫米冰雹和 32m/s 瞬时大风。2004 年 7 月 8 日,江北多地出现冰雹,霍山县城冰雹直径达 50 毫米。2003 年 7 月 8 日夜里,无为县境内出现龙卷,造成房屋倒塌和人员伤亡。

雷暴空间分布。一天中,只要测站听到雷声,则为一个雷暴日,而不论该天雷暴发生次数和持续时间。根据一个月、一个季度或一年中某地发生的雷暴日数,可以定义为月雷暴日、季雷暴日或年雷暴日。

据安徽各台站 1971-2000 年观测资料,平均年雷暴日为 35.72 天。雷暴空间分布有二个明显特征:（1）随着纬度增加,雷暴减少。大别山区和江南平均年雷暴日为 40 ~ 55 天,江淮之间（大别山区除外）30 天左右,沿淮淮北 25 天左右。（2）山区多于平原。大别山区、皖南山区平均年雷暴日在 40 天以上,高出全省平均 20% ~ 60%。枞阳、安庆、望江平均年雷暴日不足 40 天。见图 1-2-1。

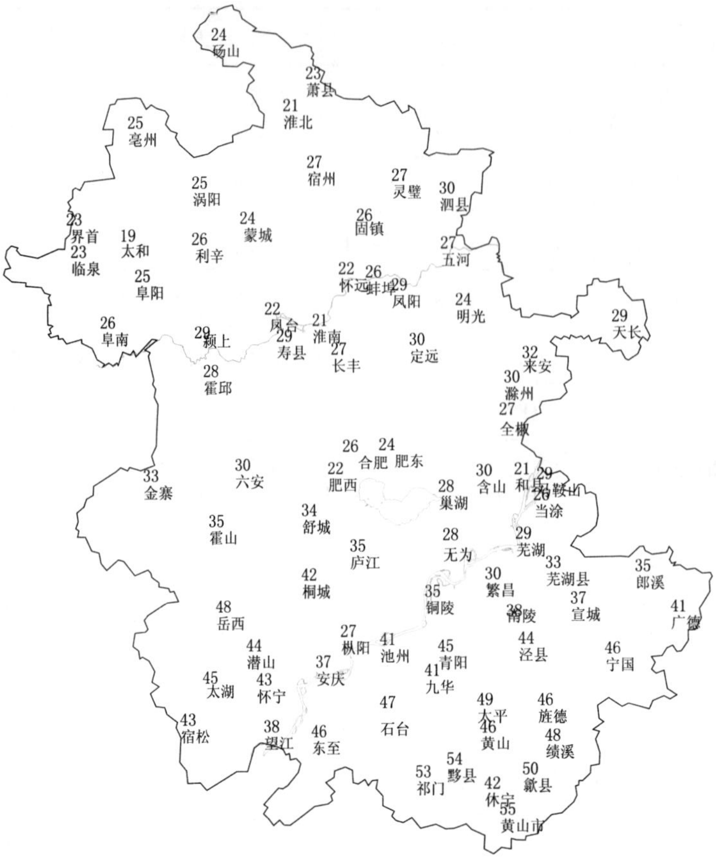

图 1-2-1　安徽省平均年雷暴日分布图（单位:天）

雷暴季节分布及日变化　冬季雷暴较少,夏季是雷暴高发季节。1—2 月、10—12 月是雷暴低发时期,平均月雷暴日在 0.5 天以下。3—6 月、9 月是雷暴次高发阶段,平均月雷暴日 2 ~ 5 天。7—8 月是雷暴高发阶段（占全年的一半以上）,平均月雷暴日 8 ~ 10 天,7 月是一年中雷暴最多的月份,平均月雷暴日达到 10.1 天。另有两个特征:（1）北部 4 月雷暴日低于 5 月,南部 4 月雷暴日高于 5 月。一年中，7 月达最高峰，4 月为次高峰。（2）9 月雷暴迅速减少,与 3 月相近。平均月雷暴日见于图 1-2-2。

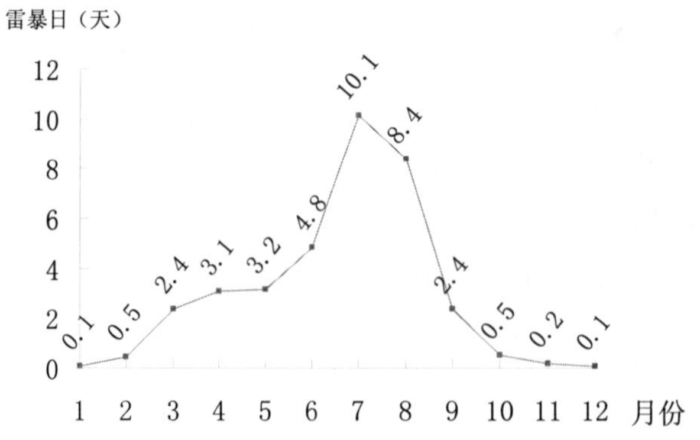

图 1-2-2　安徽省平均月雷暴日分布图（单位:天）

雷暴存在明显的日变化 雷暴主要发生在午后到上半夜。安徽雷暴发生频率最高的时间是16—17时,发生频率最低的时间是9—10时。总体来说，12时以前和22时以后雷暴较少,低于平均值。雷暴日变化滞后于温度日变化。见图1–2–3。

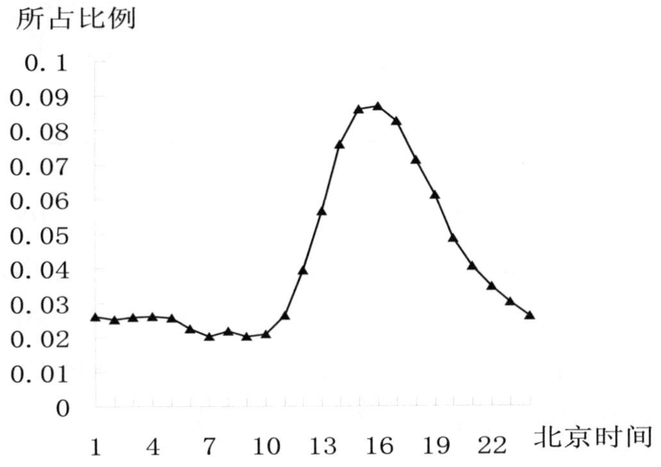

图1–2–3 安徽省各时段平均雷暴的概率分布图

第三节 梅 雨

梅雨是一种锋面雨或气旋雨。梅雨经常出现在我国长江中下游地区6 ~ 7月间,给人们生产生活带来重要影响。梅雨到来的迟早、长短和雨量的多寡与太平洋副热带高压、青藏高压、西南季风以及西风带长波等大尺度天气系统的活动有关。

梅雨期 气象上把梅雨开始和结束的时间,分别称之为入梅(立梅)和出梅(断梅)。安徽淮河以南入梅一般在6月16日,出梅一般在7月10日,梅雨期近一个月,梅雨量在200 ~ 400毫米。最早入梅在5月底,最迟出梅在7月底。1954年和1991年梅雨期最长,均达57天,梅雨量超出一般年份的1 ~ 2倍,造成洪涝灾害年。有的年份梅雨期很短,梅雨很不明显,难得有1 ~ 2次大雨或暴雨,被称之为短梅。如1959年、1966年、1967年、1994年就为短梅年;有的年份从初夏开始,一直未出现连续阴雨和强降水天气,多晴天少云天气,早晚感觉凉爽,紧接着便转入盛夏,这样的年份称之为空梅年。如1958年、1965年和1978年。短梅或空梅年份,往往是严重干旱年。

平均梅雨量 江淮之间区域平均梅雨量217.3毫米,沿江江南区域平均梅雨量279.5毫米。各区域平均梅雨量见于表1–2–9。江淮之间各站平均梅雨量介于190 ~ 240毫米之间,合肥平均梅雨量为区内最小,滁州平均梅雨量为区内最大;沿江江南各站平均梅雨量介于250 ~ 330毫米。宿松平均梅雨量为区内最小,黄山市平均梅雨量为区内最大。

安徽江淮之间、沿江江南平均梅雨量统计表

表 1-2-9　　单位:毫米

项目	江淮之间					沿江江南				
	寿县	滁州	六安	合肥	巢湖	芜湖	宿松	安庆	宁国	黄山市
梅雨量	215.0	235.3	221.5	194.1	220.7	261.4	249.8	296.9	262.3	327.2

梅雨期暴雨　梅雨期间常出现暴雨过程,一般而言,梅雨量小于 100 毫米时,出现暴雨的概率较低;梅雨量超过 100 毫米时,较易出现暴雨过程。在单站出现暴雨的梅雨期中,少则 1 个过程,多则 8 个过程。出现暴雨过程年份较多的是 1991 年、1983 年、1999 年、1996 年、1969 年。梅雨期暴雨量占梅雨量的比值,以合肥 27.0% 为最小,以安庆 50.0% 为最大,即安徽各地每年梅雨量中有 3 ~ 5 成来自于暴雨。

第四节　连阴雨

春季连阴雨　发生在 3 月至 5 月的连阴雨天气称之为春季连阴雨。一般连续阴雨也同时伴随着日平均温度较低,易导致早稻、棉花播种时烂种、烂苗,小麦湿害、倒伏或诱发多种病虫害,给安徽农业生产带来很大危害。

统计标准　凡连续 3 天或以上有降水（日降水量≥ 0.1 毫米,不包括雾、露、霜量）即为一个连阴雨过程;在大于 3 天的连阴雨（雪）过程中,允许一天无降水,但该日日照小于 2 小时;在连阴雨（雪）过程中间,允许有微量降水,但该日日照小于 4 小时。

时空分布　安徽春季连阴雨南多北少,沿江江南多于江淮之间,江淮之间多于淮北;淮北单独出现连阴雨的情况极少。各月及 3 — 5 月连阴雨平均天数、平均次数、持续天数及最长持续天数,均是南多北少。且呈东多西少趋势。 3 月和 4 月的连阴雨明显多于 5 月， 4 ~ 7 天的连阴雨明显多于 7 天以上的连阴雨， 20 天以上的长连阴雨较少。春季连阴雨,见表 1-2-10。

1953—2000 年安徽省三个区域春季连阴雨统计表

表 1-2-10　　单位:次

站名	年代	≥ 3 天	≥ 5 天	≥ 7 天	≥ 10 天
宿州	1953—1960	26	9	3	2
	1960—1970	32	11	5	1
	1971—1980	21	6	1	0
	1981—1990	21	4	1	0

续表 1-2-10

站名	年代	≥3天	≥5天	≥7天	≥10天
宿州	1991—2000	28	7	2	0
	合计	128	37	12	3
	年平均	2.7	0.8	0.3	0.1
合肥	1953—1960	45	16	10	3
	1960—1970	47	17	7	0
	1971—1980	34	10	0	0
	1981—1990	35	13	6	1
	1991—2000	36	11	4	2
	合计	197	67	27	6
	年平均	4.1	1.4	0.6	0.1
黄山市	1953—1960	60	31	21	3
	1960—1970	65	37	21	3
	1971—1980	67	31	16	2
	1981—1990	61	24	14	1
	1991—2000	57	28	13	1
	合计	310	151	85	10
	年平均	6.5	3.2	1.8	0.2

秋季连阴雨　秋季连阴雨的统计标准同春季。发生在9月至11月中旬的连阴雨天气称之为秋季连阴雨。一般也同时伴随着日平均温度较低,易导致晚稻、棉花、玉米等秋作物生长后期的粒重下降,不利于收获。

安徽秋季连阴雨南多北少,沿江江南多于江淮之间,江淮之间多于淮北;沿江江南最多,淮北最少。淮北地区秋季连阴雨略多于春季连阴雨,江南秋季连阴雨少于春季连阴雨,江淮地区秋、春季连阴雨基本接近。秋季连阴雨见表1-2-11。

1953—2000年安徽省三个区域秋季连阴雨统计表

表1-2-11　　单位:次

站名	年代	≥3天	≥5天	≥7天	≥10天
宿州	1953—1960	21	6	3	1
	1960—1970	37	13	7	2

续表 1-2-11

站名	年代	≥ 3 天	≥ 5 天	≥ 7 天	≥ 10 天
宿州	1971—1980	30	9	3	1
	1981—1990	23	12	6	1
	1991—2000	23	8	3	0
	合计	134	48	22	5
	年平均	2.8	1.0	0.5	0.1
合肥	1953—1960	26	10	3	1
	1960—1970	33	14	8	2
	1971—1980	36	19	8	3
	1981—1990	28	14	9	4
	1991—2000	26	11	6	1
	合计	149	68	34	11
	年平均	3.1	1.4	0.7	0.2
黄山市	1953—1960	39	22	17	5
	1960—1970	44	17	8	4
	1971—1980	43	20	12	3
	1981—1990	46	17	5	2
	1991—2000	20	9	2	0
	合计	192	85	44	14
	年平均	4.0	1.8	0.9	0.3

第五节　降　雪

降雪日数　凡是日降水量≥ 0.1mm 的降雪日子，称为降雪日。安徽各地降雪日数变化较大，自南向北增多，山区多于平原丘陵地区。皖南多在 11 ~ 12 天左右，长江以北地区在 12 ~ 15 天左右，大别山区在 18 天左右。另外，年降雪日数年际变化较大。少雪年份，冬半年只有 1 ~ 2 次降雪，个别地方未有降雪；多雪年份，冬半年降雪日数可达 20 多天。

安徽20个站冬、春季各月及年降雪日数统计表（据1971—2001年资料）

表1-2-12 单位:0.1天

站名	10月	11月	12月	1月	2月	3月	4月	5月	全年
砀山	0	7	27	44	32	17	1	0	128
亳州	0	5	26	43	37	19	1	0	131
宿州	0	4	26	45	36	20	1	0	132
淮北	0	5	25	39	34	16	1	0	120
蚌埠	0	3	20	46	38	18	1	0	126
阜阳	0	4	24	48	36	16	1	0	129
淮南	0	5	20	44	31	14	1	0	115
滁州	0	3	17	54	37	16	1	0	128
合肥	0	4	21	51	35	14	0	0	125
六安	0	5	22	60	41	16	1	0	145
岳西	0	5	30	72	48	21	2	0	178
马鞍山	0	5	13	46	32	13	1	0	110
巢湖	0	3	17	52	38	14	0	0	124
芜湖	0	4	17	54	37	14	1	0	127
宣城	0	3	17	51	31	9	0	0	111
铜陵	0	2	19	59	35	16	1	0	132
池州	0	3	19	54	36	12	0	0	124
安庆	0	2	18	52	34	13	1	0	120
黄山市	0	3	14	46	38	9	1	0	111
光明顶	4	24	59	116	97	62	17	2	381

初终期 平均初雪日期长江以北地区在12月11—14日，大别山区略偏早，平均为12月9日。沿江江南地区为12月19—24日，大约比长江以北地区迟8～10天。平均初雪日期的顺序为：大别山区—长江以北—沿江地区—江南中部—江南南部。

平均终雪日期长江以北地区在3月上旬，大别山区偏迟到3月中旬。江南地区为2月下旬末，大约比最早的平均终雪日期早近20天。平均终雪日期的顺序为：江南南部—江南中部—合肥至沿江地区—合肥以北地区—大别山区。

安徽累年平均初雪终雪日期和最大积雪深度统计表（据 1971—2000 年）

表 1-2-13

项目	砀山	宿州	阜阳	蚌埠	岳西	合肥	六安	滁州	安庆	芜湖	宣州	黄山市
初雪日期（日 / 月）	11/12	12/12	14/12	12/12	9/12	11/12	11/12	14/12	19/12	13/12	20/12	24/12
终雪日期（日 / 月）	9/3	8/3	7/3	8/3	17/3	1/3	8/3	5/3	4/3	3/3	26/2	28/2
积雪日数（日）	11.2	9.7	10.8	10.1	10.7	9.7	11.3	9.2	5.7	7.0	7.5	5.3
最大积雪深度（厘米）	20	28	41	26	21	44	44	40	23	35	40	27
出现年份	1979	1989	1989	1993	1984	1984	1984	1984	1984	1984	1984	1972

积雪日数 气象上规定，当测站四周视野范围内地面被雪覆盖超过一半时，作为一个积雪日。由于初雪或终雪时，地面温度往往超过 0℃，即使有降雪现象出现，也不一定形成积雪，故积雪初日要比降雪初日推迟 10 ~ 30 天；积雪终日要比降雪终日提前 10 ~ 30 天。安徽各地平均积雪在 5 ~ 11 天。自南向北增多，山区多于同纬度的平原丘陵地区。北部地区平均积雪日数占降雪日数的比例明显高于南部地区，淮北地区的比例约为 80%，江淮之间约为 60 ~ 80%，沿江江南约占一半左右。

最大积雪深度 全省各地最大积雪深度为 21 ~ 44 厘米，大于 40 厘米最大积雪深度的区域既不在北部，也不在山区，而主要在六安、合肥、滁州一线地区。最大积雪深度出现日期，大多数地区是 1984 年 1 月 19 日。

第六节 冰 雹

地区分布 安徽各地均可出现冰雹，年平均雹日在 0.1 ~ 0.4 次，最多黄山光明顶为 1.1 次 / 年，九华山为 0.7 次 / 年。以年平均雹日 ≥ 0.3 天为多雹区，则多雹区主要有四片：（1）皖南山区，以黄山、九华山为中心，包括绩溪、青阳，东部包括广德等山区。（2）大别山区南侧，太湖、宿松、怀宁到安庆一带。（3）淮北东部，灵璧、泗县、萧县、淮北市以及怀远等地。（4）江淮东部，主要为来安、全椒等地。太和等地，冰雹频数也较高。全省冰雹最少的地区在合肥市、巢湖市境内，全年平均不到 0.1 次

时空分布 冰雹主要出现在春季（3—5 月）和夏季（6—8 月），占总次数的 95%，秋季（9—11 月）和冬季（12—2 月）是少雹季节，降雹次数不足全年的 5%。南北差异很大，大别山区、皖南山区多集中在 3—4 月间，占全年降雹频数的一半以上，尤以 3 月份频数最大，绩溪、太平、青阳、怀宁、宿松、太湖等地每年单月平均次数就达 0.2 次。江淮东部和淮北东部以 4—6 月最为集中，占全年冰雹频数的一半以上，灵璧、泗县、来

安、天长等地5—6月平均次数达0.2次以上。

出现时间 冰雹产生在对流强盛的积雨云中。这种积雨云从午后到傍晚最易发生发展,各地降雹时间大多集中在这一时段。表1-2-14为安徽各地各时段的降雹频率。各地冰雹都集中在13∶00—19∶00时之间,占总次数的77.3%,从正午12时后增加,15∶00—7∶00时达到最高峰,19时以后降雹次数明显减小。凌晨到早晨1∶00—7∶00时降雹频率最小,不到3%。

安徽各地冰雹占总次数百分率的日变化统计表

表1-2-14 单位:%

地区 占总次数的% 时段	宿州	阜阳	滁州	巢湖	六安	宣城	安庆	黄山市	全省
01-04	1	6					8		1.9
04-07	1						4	3	1.0
07-10	8	2	3		3	3		4	2.9
10-13	9		8			3	4	6	3.7
13-16	29	20	49	38	69	37	40	35	39.5
16-19	35	55	36	50	17	42	33	35	37.8
19-22	11	18	5	13		11	4	10	9.0
22-01	6				10	5	6	7	4.2

冰雹强度 一般用降雹持续时间和雹粒大小来表示。降雹持续时间长,雹粒又大又密,则强度就大,反之强度就小。降雹持续时间长的,雹粒不一定大,时间短的不一定雹粒就小。

持续时间 据全省气象台站304次降雹记录,把降雹持续时间分成6个时间长度。降雹持续时间20分钟之内的占95.1%,10分钟之内的占81.6%,超过20分钟的仅有4.9%。安徽降雹持续时间大多数在10分钟之内。

安徽冰雹持续时间分布统计表

表1-2-15

持续长度(分钟)	1—2	3—5	6—10	11—20	21—30	>30
占总次数的%	24.3	33.6	23.7	13.5	3.9	1.0

直径和重量 一次降雹过程中,雹粒的大小极为悬殊,小的如黄豆或蚕粒,大的如鸡蛋。总体而言,江北雹块比江南的要大。江南冰雹多出现在3—4月。江北的冰雹多

发生在5—7月。1975年5月30日，桐城、怀宁、枞阳、安庆、望江受冰雹袭击，在冰雹所经过的120公里长、35公里宽的范围内，灾情严重的桐城县，最大冰雹直径16.6cm，最大雹块重近3公斤，龙卷风风力12级，造成人畜伤亡，房屋倒塌，农作物被毁，电杆、树木折断等重大灾情。1981年5月1日下午4时50分至5时30分，凤阳、嘉山、来安、天长、滁州等地遭受冰雹和强大龙卷风袭击，造成严重损失。冰雹灾害最严重的来安县，冰雹所经之处有30多公里，持续时间最长25分钟，冰雹下得最猛最密的只有2分钟，雹块最大的有小脸盆口大，冰雹直径最大的有25cm，一般的5cm；冰雹重量3.1公斤。

冰雹局地性很强，一次降雹大多限于1～5个县的部分乡镇，占冰雹过程的88%；6个县范围以上的降雹过程只占12%，20个县以上的大范围冰雹，出现机会极少，只有2%。1974年6月17日全省有55个县市下了冰雹，为建国以来影响范围最广的冰雹。2004年7月5—10日，安徽出现连续6天罕见的持续性冰雹天气，萧县降冰雹时大风32.7m/s，霍山冰雹直径5cm。

第七节 雨 凇

地区分布 雨凇俗称冻雨。雨凇以黄山光明顶最多，平均每年高达45.3天；岳西和淮北地区西部次之，平均每年1—2天。参见表1-2-16。

安徽20站冬、春季各月雨凇日数统计表（据1971—2001年资料）

表1-2-16 单位：天

站名	项目	10月	11月	12月	1月	2月	3月	4月	5月	全年
砀山	平均	0	0.1	0.1	0.6	0.3	0.1	0	0	1.2
	最多	0	2	3	4	4	2	0	0	7
	最少	0	0	0	0	0	0	0	0	0
亳州	平均	0	0.2	0.1	0.5	0.3	0.1	0	0	1.2
	最多	0	3	2	5	4	2	0	0	8
	最少	0	0	0	0	0	0	0	0	0
宿州	平均	0	0.1	0.0	0.3	0.3	0.10	0	0	0.8
	最多	0	2	1	3	3	2	0	0	3
	最少	0	0	0	0	0	0	0	0	0
淮北市	平均	0	0.1	0.0	0.3	0.1	0	0	0	0.5
	最多	0	2	1	3	2	1	0	0	5
	最少	0	0	0	0	0	0	0	0	0

续表 1-2-16

站名	项目	10月	11月	12月	1月	2月	3月	4月	5月	全年
蚌埠	平均	0	0	0.1	0.3	0.1	0	0	0	0.5
	最多	0	0	2	2	2	0	0	0	4
	最少	0	0	0	0	0	0	0	0	0
阜阳	平均	0	0.2	0.3	0.4	0.1	0	0	0	1.0
	最多	0	3	5	3	2	0	0	0	7
	最少	0	0	0	0	0	0	0	0	0
淮南市	平均	0	0	0.2	0.3	0	0	0	0	0.5
	最多	0	0	5	3	1	0	0	0	5
	最少	0	0	0	0	0	0	0	0	0
滁州	平均	0	0	0	0.1	0.1	0	0	0	0.2
	最多	0	1	0	2	1	0	0	0	2
	最少	0	0	0	0	0	0	0	0	0
合肥	平均	0	0	0.2	0.1	0.1	0	0	0	0.4
	最多	0	0	4	2	1	0	0	0	5
	最少	0	0	0	0	0	0	0	0	0
六安	平均	0	0	0.3	0.5	0.1	0	0	0	0.9
	最多	0	0	3	6	2	0	0	0	6
	最少	0	0	0	0	0	0	0	0	0
岳西	平均	0	0	0.2	0.5	0.5	0.2	0	0	1.4
	最多	0	0	3	3	5	2	0	0	5
	最少	0	0	0	0	0	0	0	0	0
马鞍山	平均	0	0	0	0.1	0	0	0	0	0.1
	最多	0	0	0	2	0	0	0	0	2
	最少	0	0	0	0	0	0	0	0	0
巢湖	平均	0	0	0	0	0.1	0	0	0	0.1
	最多	0	0	0	1	1	0	0	0	1
	最少	0	0	0	0	0	0	0	0	0
芜湖	平均	0	0	0	0.1	0	0	0	0	0.1
	最多	0	0	0	2	1	0	0	0	3
	最少	0	0	0	0	0	0	0	0	0

续表 1–2–16

站名	项目	10月	11月	12月	1月	2月	3月	4月	5月	全年
宣城	平均	0	0	0	0.1	0.1	0	0	0	0.2
	最多	0	0	0	2	1	0	0	0	3
	最少	0	0	0	0	0	0	0	0	0
铜陵	平均	0	0	0	0.1	0.1	0	0	0	0.2
	最多	0	0	0	2	2	0	0	0	4
	最少	0	0	0	0	0	0	0	0	0
池州	平均	0	0	0.1	0.1	0.2	0	0	0	0.4
	最多	0	0	4	2	3	0	0	0	4
	最少	0	0	0	0	0	0	0	0	0
安庆	平均	0	0	0.1	0.1	0.2	0	0	0	0.4
	最多	0	0	3	2	3	0	0	0	3
	最少	0	0	0	0	0	0	0	0	0
黄山市	平均	0	0	0	0.1	0.1	0	0	0	0.2
	最多	0	0	0	1	2	0	0	0	2
	最少	0	0	0	0	0	0	0	0	0
光明顶	平均	0.4	3.7	7.8	12.2	10.1	8.8	2.2	0.1	45.3
	最多	4	11	26	30	24	25	8	1	84
	最少	0	0	0	2	0	0	0	0	26

出现月份 各地雨凇出现月份以黄山光明顶出现在10月至翌年5月为最长，其他地区多出现在冬季11月至翌年3月。各地以出现在1月的天数为最多。参见表1–2–16。

一次最长持续时间 雨凇一次最长持续时间以黄山光明顶的757.7小时为最长，出现在1984年1月中旬至2月中旬；以巢湖8.8小时为最短，出现在1989年2月下旬。其他地区多在30 ~ 100小时之间。参见表1–2–17。

安徽20站雨凇一次最长连续时数及日期统计表（据1971—2001年资料）

表 1–2–17　　单位：小时；日 / 月

站名	最长连续时数	讫日	年份
砀山	101.5	1/2	1979

续表 1-2-17

站名	最长连续时数	讫日	年份
亳州	103.6	2/2	1979
宿州	42.8	18/2	1979
淮北	61.5	3/1	1987
蚌埠	34.6	31/1	1990
阜阳	58.5	3/1	1987
淮南	100.3	28/12	1991
滁州	34.6	31/1	1990
合肥	86.6	28/12	1991
六安	63.1	31/1	1979
岳西	80.6	22/2	1987
马鞍山	17.5	31/1	1990
巢湖	8.8	23/2	1989
芜湖	57.3	1/2	1990
宣城	42.8	1/2	1990
铜陵	57.4	1/2	1990
池州	78.7	2/2	1990
安庆	30.7	27/12	1991
黄山市	42.4	6/2	1972
光明顶	757.7	15/2	1984

第三章 气压与风

气压或大气压强是指大气施加于单位面积上的力。某地的气压，就是指该地单位面积垂直向上延伸到大气层顶空气柱的总重量。

气压大小与海拔高度、大气温度、大气密度等有关，一般随高度升高按指数律递减。气压有日变化和年变化。一年中，冬季比夏季气压高；一天中，气压有一个最高值、一个最低值，分别出现在 9—10 时和 15—16 时；一个次高值和一个次低值，分别出现在 21—22 时和 3—4 时。气压日变化幅度较小，一般为 0.1 ~ 0.4 千帕，并随纬度增高而减小。气压变化与风、天气状况等关系密切。

风速是指单位时间内，空气在水平方向上的位移，单位为米 / 秒（m/s，下同）。风向就是风的来向。气象观测中常以 10 分钟内的平均风向作为实测风向。风速和风向的变化显示着气流运动的特征，有时为天气变化的先兆。

第一节 气 压

分布 年平均气压除大别山区和皖南山区在 1000 hPa（百帕）以下外，其他地区都在 1010 ~ 1015 hPa（百帕）之间。黄山光明顶年平均气压为 816.6hpa（百帕）。

气压年较差（最大月平均气压值与最小月平均气压值的差值），北部大于南部，东部大于西部，黄山光明顶和岳西为最小，分别为 6.9 hPa 和 18.3 hPa。见表 1-3-1。

安徽省 14 个台站各月及年平均气压统计表（据 1971—2000 年资料）

表 1-3-1　　　　单位：0.1hPa（百帕）

站名	1	2	3	4	5	6	7	8	9	10	11	12	年
砀山	10219	10197	10155	10091	10049	10000	9981	10012	10086	10151	10195	10220	10113
宿州	10247	10224	10183	10120	10077	10028	10008	10036	10111	10176	10221	10248	10140
阜阳	10232	10208	10166	10104	10061	10012	9992	10020	10095	10161	10207	10233	10124
蚌埠	10243	10219	10178	10116	10074	10026	10006	10032	10106	10172	10217	10244	10136
滁州	10233	10211	10170	10111	10068	10021	10003	10024	10097	10163	10209	10235	10129
合肥	10228	10205	10164	10105	10062	10015	9996	10018	10092	10158	10204	10231	10123

续表 1-3-1

站名	1	2	3	4	5	6	7	8	9	10	11	12	年
六安	10201	10177	10135	10077	10035	9987	9969	9992	10067	10133	10178	10204	10096
巢湖	10248	10224	10182	10124	10081	10034	10015	10035	10109	10176	10222	10250	10142
岳西	9738	9717	9686	9643	9612	9573	9562	9579	9641	9695	9729	9745	9660
芜湖	10243	10220	10180	10122	10080	10033	10015	10032	10105	10172	10218	10246	10139
宣城	10233	10209	10168	10111	10069	10022	10005	10022	10094	10161	10208	10236	10128
安庆	10246	10221	10181	10124	10082	10035	10018	10034	10106	10173	10221	10249	10141
黄山市	10090	10066	10030	9981	9943	9901	9888	9899	9964	10027	10071	10096	9996
光明顶	8171	8160	8156	8153	8149	8135	8143	8150	8180	8202	8204	8192	8166

极端最高（低）值。年极端最高（低）气压分别见表 1-3-2 和表 1-3-3。

安徽 14 个台站极端最高气压一览表（建站时间—2005 年资料）

表 1-3-2　单位:0.1hPa（百帕),日 / 月

站名	砀山	宿州	阜阳	蚌埠	滁州	合肥	六安	巢湖	岳西	芜湖	宣城	安庆	光明顶	黄山市
极值	10444	10458	10467	10474	10447	10440	10410	10450	9918	10453	10439	10448	9278	10264
日期	5/1	5/1	5/1	5/1	5/1	5/1	5/1	5/1	5/1	15/1	5/1	15/1、16/1	2/12、1/12	2/12
年份	1970	1970	1970	1970	1970	1970	1970	1970	1970	1955	1970	1955	1978 1979	1981

安徽 14 个台站极端最低气压一览表（建站时间—2005 年资料）

表 1-3-3　单位:0.1hPa（百帕),日 / 月

站名	砀山	宿州	阜阳	蚌埠	滁州	合肥	六安	巢湖	岳西	芜湖	宣城	安庆	光明顶	黄山市
极值	9810	9794	9769	9783	9753	9723	9722	9859	9439	9698	9822	9761	7877	9577
日期	3/8	3/8	3/8	2、3/8	2/8	2/8	2/8	19/8	19/8	2/8	19/8	2/8	2/8	2/8
年份	1956	1956	1956	1956	1956	1956	1956	1997	1997	1956	1997	1956	1956	1956

第二节　风　速

年平均值　安徽大部分地区年平均风速大于 2.0m/s。金寨、霍山、岳西、青阳、石台、黄山区（太平)、旌德、祁门、黟县、休宁、歙县等地年平均风速不足 2.0m/s，最小黄山区（太平）0.9m/s。

沿江西部、江淮之间东部和北部以及淮北地区年平均风速相对较大，超过 2.5m/s。宿松、望江、合肥、来安、寿县、凤台、灵璧、利辛等地年平均风速达到或接近 3.0m/s，寿县 3.1m/s 为最大。

风速与地形分布特征密切相关。风速较小的地区基本上都位于大别山区、皖南山区或与之毗邻地区；风速较大的地区基本上都出现在淮北平原或长江狭谷和江淮之间岗地。

季节变化 安徽冬季受大陆冷性高压控制，夏季则受暖性海洋性高压影响，春季和秋季则属于冬夏季风转换季节。

冬季 12 月：全省大于 2m/s 的平均风速主要在长江以北地区，大别山和皖南山区平均风速相对较小，一般不到 1.5m/s，最小黄山区（太平）0.8m/s。平均风速较大的主要在沿江西部，望江达到 3.1m/s 为最大；另一个区域，从利辛经寿县延伸到江淮之间中部的狭长区域，寿县风速达到 3.1m/s 为最大。

1 月：全省 1 月平均风速 0.9m/s ~ 3.7m/s。除大别山区和皖南山区风速不足 1.5m/s 外，其他地区风速都超过 2.0m/s。三个风速较大区域是：一个在沿江到江淮之间中部，望江、潜山、桐城、无为风速均大于 3.0m/s，以望江的 3.7m/s 为最大；第二个区域位于淮北中西部到沿淮中部一带，最大凤台 3.2m/s；另一区域在江淮之间东部，范围较小，且未有大于 3.0m/s 的风速中心。

2 月：全省 2 月份平均风速区域分布类似 1 月份，大于 2.5m/s 的风速分布范围明显比 1 月份大，且极大风速值也显著增大，望江平均风速由 1 月的 3.7m/s 提高到本月的 4.1m/s，沿淮和江淮之间东部极大风速也有不同幅度的增加。

春季 3 月：全省平均风速在 1m/s ~ 3.7m/s。除大别山区和皖南山区平均风速小于 2.0m/s 外，其他地区风速基本上都超过 2.5m/s。沿淮淮北到江淮之间东部出现成片平均风速大于 3.0m/s 的区域，寿县和来安平均风速分别达到 3.7 m/s 和 3.9m/s；另一较大平均风速区域位于沿江西部一带，望江最大为 3.8m/s。

4 月：全省 4 月份平均风速 1.0m/s ~ 3.6m/s，长江以北大部分地区风速大于 2.5m/s。相对于 3 月份，风速超过 3.0m/s 的区域面积有所减小，在沿江地区表现得更加明显，仅有几个零星测点平均风速大于 3.0m/s，望江 3.1m/s、桐城 3.2m/s。沿淮淮北到江淮之间东部的较大平均风速区域面积变化不大，最大风速为来安和灵璧，平均风速分别为 3.6 和 3.4m/s。

5 月：全省 5 月平均风速 1.0m/s ~ 3.3m/s，长江以北大部分地区月平均风速超过 2.5m/s。与 3、4 月份平均风速比较，未有成片大于 3.0m/s 区域出现，范围明显减小，寿县、合肥、明光和来安的月平均风速超过 3.0m/s，合肥最大为 3.3m/s。

夏季 6 月：全省 6 月平均风速 0.9m/s ~ 3.4m/s。江北大部分地区平均风速大于 2m/s，淮北南部到江淮北部和东部的风速相对较大，超过 2.5m/s，灵璧、来安、寿县的月平均风速大于 3.0m/s，最大来安 3.3m/s。

7月：全省7月平均风速区域分布和6月相似。江北大部分地区平均风速大于2.0m/s，其中沿淮东部、江淮之间中东部和沿江中部月平均风速超过2.5 m/s，最大合肥3.2m/s。

8月：全省8月平均风速0.9m/s ~ 3.1m/s。相对7月份，全省大部分地区平均风速有所降低，风速大于2.5m/s的区域明显减小。长江以北大部分地区月平均风速超过2.0m/s，风速大于2.5m/s的区域分布在沿淮、江淮之间东部和沿江中部，最大来安3m/s。

秋季　9月：平均风速全省0.9m/s ~ 3.6m/s，除江淮之间西部和江南平均风速低于2.0m/s外，其他地区风速均大于2.0m/s。全省有三片区域平均风速大于2.5m/s。宿松、桐城、安庆月平均风速均超过3.0m/s，最大宿松3.6m/s；沿淮中部到江淮之间中部和江淮东部，平均风速小于3.0m/s。

10月：全省10月份平均风速0.8m/s ~ 3.3m/s。相对9月，风速大于2.0m/s的区域变化不大。风速大于2.5m/s的区域范围有所减小，最大平均风速也有所下降，只有寿县平均风速超过3.0m/s，达到3.3m/s。

11月：全省11月平均风速0.9m/s ~ 3.2m/s，其中长江以北大部分地区平均风速大于2.0m/s。风速大于2.5 m/s的区域主要在淮北中部到江淮之间中部的一条狭长区域，利辛3.1m/s，寿县3.2m/s。其他较大风速区域零星分布在沿江地区，其中桐城3.2m/s。

第三节　大　风

气象上，瞬时风速8级以上（≥17.2m/s）的风，称之为大风。大风既是一种风能资源，也是主要气象灾害之一，每年造成农作物重大损失、折断树木、毁坏房屋及电力通信等各种设施，并造成人员伤亡。

地域分布　大风受地域和地形的影响较大。以年平均大风日数≥6天为多大风区，则全省的多大风区大致有5个：（1）沿江西部，包括宿松、望江、东至、太湖、怀宁。望江年平均大风次数高达19.2次。（2）沿江东部和江南东部，包括马鞍山、芜湖、宣州、广德。芜湖县年平均大风次数10.8次。（3）沿淮和淮北东部、江淮东部，包括灵璧、泗县、蚌埠、定远、来安、天长等大片地区。泗县年平均大风14.0次。（4）大别山东南侧，包括岳西、桐城、枞阳。年平均大风次数都超过10次，枞阳为18.5次。（5）黄山、九华山地区，包括黄山、黟县、青阳。黄山光明顶拔海1840米，年平均大风次数高达107.5次，平均三天出现一次大风。

大别山北侧，大风频率较小。六安、霍山年平均次数低于2次，六安仅为1.2次，为全省极小值。石台1.9次。繁昌、南陵、全椒、滁州低于3次。

季节分布与日变化　安徽的大风，以春、夏两季出现次数为多，3—8月出现频率占全年2/3，其中3—4月最集中，以冷空气偏北大风为主。7—8月为第二个集中期，以雷雨大风为多。秋、冬两季出现次数较少，9月至次年2月出现频率只占全年1/3，其中9月份只占全年总次数的4.2%，为全年极小值。1月份为全年第二个低值，大风次数占全年总次数的4.6%。

安徽大风，除了季节差别外，不同天气系统还有不同程度的日变化。冷空气偏北大风，一般凌晨风速要大一些；雷雨大风，在夏半年下午到傍晚出现机会多一些；春、夏西南大风，风速最大时段一般出现在午后；台风大风，主要与台风低压位置有关。

强度 安徽大风频率，偏北风明显多于偏南风，强度也大于偏南风。安徽的冷空气偏北大风17m/s ~ 20m/s风速比较常见，21m/s ~ 25m/s则少见，25m/s以上则属罕见。也有30m/s的大风，例如蚌埠1974年6月2日西北大风瞬时风速高达35.4m/s。1985年4月25日一次全省性大风横扫40多个县市，桐城测得最大风速38m/s，大批农作物倒伏，房屋毁坏，树木、电杆折断。

大风是在不同天气形势下产生的。除常见的10月至翌年4月的冷锋大风、春季的低压大风和夏季雷暴大风以外，春夏季也不时出现龙卷风。

龙卷风是一种范围小、生消迅速，有时伴随大雨、雷电或冰雹的猛烈涡旋，是一种破坏力极强的小尺度风暴。

春夏之交，飑线的出现也常带来破坏性的大风天气。飑线是一条雷暴或积雨云带，可出现雷暴、暴雨、大风、冰雹和龙卷等剧烈天气，同雷暴过境时一样，会出现风向突变，风速急增，气压和气温剧变的现象。

日数 安徽省15个台站各月及全年大风日数，如表1-3-4。

安徽省15个台站各月大风日数统计表

表1-3-4 单位：0.1天

站名＼月份	1	2	3	4	5	6	7	8	9	10	11	12	全年	记录年代
砀山	0	2	5	7	4	2	5	2	1	1	1	1	31	1971–2000
宿州	0	1	2	3	2	2	5	1	0	1	0	1	19	1971–2000
阜阳	2	4	6	9	5	3	4	2	0	2	2	2	40	1971–2000
蚌埠	3	6	12	13	7	8	10	5	2	4	5	4	78	1971–2000
滁州	0	1	3	7	3	3	3	2	1	2	1	1	27	1971–2000
合肥	1	3	8	9	8	5	8	6	2	4	4	2	59	1971–2000
六安	0	1	3	1	0	1	1	1	0	2	1	0	12	1971–2000
霍山	0	1	2	5	1	2	2	3	0	0	1	1	18	1971–2000
巢湖	3	5	10	11	6	5	5	8	2	5	3	3	65	1971–2000
岳西	4	7	10	19	11	9	14	17	8	9	11	6	126	1971–2000
芜湖	3	6	9	9	5	5	8	9	3	4	2	3	67	1971–2000

续表 1-3-4

站名＼月份	1	2	3	4	5	6	7	8	9	10	11	12	全年	记录年代
宣城	2	5	9	9	4	6	12	11	5	2	2	2	68	1971-2000
安庆	2	3	8	7	4	3	3	3	2	2	2	3	41	1971-2000
黄山市	0	1	4	7	4	3	10	10	4	1	0	0	45	1971-2000
光明顶	79	95	115	114	97	108	135	82	50	56	67	79	1075	1971-2000

最大风速 安徽省 12 个台站四季及全年各风向最大风速，如表 1-3-5—表 1-3-9。

安徽省 12 个台站冬季（1 月）各风向最大风速一览表（1971—2000 年资料）

表 1-3-5 单位:0.1m/s

风向＼站名	宿州	阜阳	蚌埠	滁州	合肥	巢湖	芜湖	铜陵	安庆	泾县	黄山市	光明顶
N	70	90	90	70	90	80	70	70	110	50	50	190
NNE	60	80	80	70	80	80	80	70	160	80	90	120
NE	80	80	90	70	90	110	60	110	110	90	80	100
ENE	100	90	100	80	90	110	80	110	100	60	70	100
E	70	70	90	70	80	90	100	70	60	40	50	160
ESE	60	80	70	90	80	100	50	50	40	30	50	120
SE	60	60	50	80	70	50	30	30	20	30	30	160
SSE	70	60	60	60	70	60	40	20	30	30	40	130
S	60	60	60	70	100	50	40	40	30	30	30	190
SSW	60	70	60	70	60	40	30	70	80	50	30	200
SW	70	100	60	70	50	60	50	90	80	60	30	240
WSW	90	80	70	100	60	80	70	110	90	60	30	180
W	60	60	90	110	80	120	90	70	50	70	60	160
WNW	70	80	80	100	140	100	100	70	30	70	50	170
NW	80	120	70	100	140	120	70	90	40	60	60	200
NNW	80	130	110	90	100	80	80	70	60	50	80	180

安徽省 12 个台站春季（4 月）各风向最大风速一览表（1971—2000 年资料）

表 1-3-6　　单位:0.1m/s

站名 风向	宿州	阜阳	蚌埠	滁州	合肥	巢湖	芜湖	铜陵	安庆	泾县	黄山市	光明顶
N	70	200	130	130	90	130	120	100	120	90	90	160
NNE	100	80	100	100	110	110	90	130	120	90	100	120
NE	100	110	140	150	80	150	90	110	140	80	100	130
ENE	100	100	100	100	100	100	90	160	120	60	70	230
E	90	100	90	90	80	100	80	80	70	50	70	150
ESE	90	90	110	80	100	80	60	70	40	30	50	140
SE	70	70	80	80	90	80	40	20	30	40	50	160
SSE	80	70	100	100	100	60	70	40	40	70	70	160
S	90	100	60	70	130	80	70	30	60	70	50	180
SSW	80	80	140	110	100	90	50	100	90	120	70	210
SW	100	130	70	130	70	100	90	120	100	80	80	220
WSW	110	120	100	170	80	120	80	140	90	100	70	200
W	120	90	80	120	100	130	110	100	60	100	50	160
WNW	10	90	100	120	100	100	90	50	80	60	100	200
NW	80	170	120	80	110	110	60	190	50	60	80	180
NNW	100	140	70	80	110	70	90	120	100	50	60	220

安徽省 12 个台站夏季（7 月）各风向最大风速一览表（1971—2000 年资料）

表 1-3-7　　单位:0.1m/s

站名 风向	宿州	阜阳	蚌埠	滁州	合肥	巢湖	芜湖	铜陵	安庆	泾县	黄山市	光明顶
N	50	90	60	50	70	100	110	60	60	50	60	100
NNE	80	70	60	50	100	80	50	90	80	60	80	90
NE	70	60	120	70	60	70	70	80	100	70	70	90
ENE	80	70	90	80	130	80	60	90	70	60	60	150
E	90	80	100	70	90	80	80	80	40	60	60	180
ESE	70	80	100	130	90	90	90	120	30	70	60	180
SE	70	60	70	70	70	90	70	70	40	40	40	170

续表 1-3-7

站名 风向	宿州	阜阳	蚌埠	滁州	合肥	巢湖	芜湖	铜陵	安庆	泾县	黄山市	光明顶
SSE	60	90	80	70	90	80	60	70	90	50	80	160
S	100	80	90	80	120	80	70	70	80	60	80	200
SSW	90	100	70	80	120	80	130	80	90	90	90	220
SW	100	110	80	100	70	100	80	120	100	80	70	240
WSW	120	90	80	80	70	80	70	120	80	80	70	260
W	80	50	80	90	70	70	70	70	60	60	60	170
WNW	60	110	80	70	130	60	80	60	90	80	50	160
NW	50	60	70	70	150	100	80	70	60	50	90	170
NNW	70	70	60	50	70	50	60	90	40	40	50	150

安徽省 12 个台站秋季（10 月）各风向最大风速一览表（1971—2000 年资料）

表 1-3-8 单位:0.1m/s

站名 风向	宿州	阜阳	蚌埠	滁州	合肥	巢湖	芜湖	铜陵	安庆	泾县	黄山市	光明顶
N	60	120	80	80	80	70	80	70	120	50	100	160
NNE	80	80	80	70	90	120	80	80	110	70	80	120
NE	90	80	70	120	90	130	90	110	130	80	80	160
ENE	90	70	70	80	80	120	70	80	80	90	70	190
E	70	80	70	80	90	100	80	90	50	40	60	210
ESE	60	70	90	80	80	70	60	50	30	20	70	150
SE	70	80	50	80	60	50	50	40	30	20	30	110
SSE	50	50	70	60	60	50	40	10	30	30	40	120
S	60	50	50	60	70	30	40	40	50	40	40	120
SSW	60	50	60	80	50	30	30	60	60	40	30	150
SW	60	80	80	50	50	50	40	80	70	50	60	160
WSW	90	60	90	60	50	80	50	90	90	80	30	170
W	70	70	90	80	100	130	110	60	40	70	40	130
WNW	100	110	70	120	100	120	100	100	20	50	60	140
NW	80	90	100	100	140	90	70	100	30	40	70	170
NNW	90	110	110	110	120	80	120	80	50	50	60	190

安徽省 12 个台站全年各风向最大风速一览表（1971—2000 年资料）

表 1-3-9 单位:0.1m/s

风向＼站名	宿州	阜阳	蚌埠	滁州	合肥	巢湖	芜湖	铜陵	安庆	泾县	黄山市	光明顶
N	90	200	130	130	160	130	120	130	130	90	100	190
NNE	140	140	120	120	150	120	100	130	160	130	120	170
NE	120	120	140	150	140	150	100	180	140	150	120	160
ENE	130	100	110	100	130	120	100	160	120	100	80	230
E	100	100	110	180	100	140	100	100	80	60	80	210
ESE	100	90	110	130	100	100	90	120	50	70	70	190
SE	90	80	90	90	100	90	70	70	40	80	60	170
SSE	90	90	100	100	100	90	100	80	90	100	80	160
S	100	100	100	130	130	80	70	70	80	70	80	240
SSW	90	130	140	110	150	100	130	100	110	120	90	240
SW	100	130	100	140	70	100	90	130	100	120	80	240
WSW	120	130	100	170	100	150	90	140	90	100	100	260
W	120	110	100	170	100	130	110	120	150	100	70	210
WNW	110	120	120	120	150	130	100	100	90	140	100	220
NW	90	170	120	110	150	150	140	190	80	80	90	230
NNW	100	160	130	130	130	160	120	130	100	130	80	280

第四节 风 向

安徽省属我国东部季风气候区,风向有明显的季节性变化。冬季盛行偏北风,夏季盛行偏南风,春季和秋季是风向的转换季节。安徽省 1、4、7、10 月及全年风向频率见表 1-3-10—表 1-3-14。

安徽省 12 个台站冬季（1 月）各风向频率统计表（1971—2000 年资料）

表 1-3-10 单位:%

风向＼站名	宿州	阜阳	蚌埠	滁州	合肥	巢湖	芜湖	铜陵	安庆	泾县	黄山市	光明顶
北	4	8	3	8	4	3	8	5	5	6	2	5
NNE	6	5	6	5	6	4	6	7	17	17	5	2

续表 1-3-10

风向\站名	宿州	阜阳	蚌埠	滁州	合肥	巢湖	芜湖	铜陵	安庆	泾县	黄山市	光明顶
NE	14	10	8	8	7	15	8	23	31	15	9	2
ENE	11	7	11	6	10	15	13	10	11	6	6	3
东	8	9	7	6	7	8	10	2	3	3	3	3
ESE	4	5	5	4	5	2	4	0	0	1	2	3
SE	4	6	3	3	5	2	2	0	0	0	2	4
SSE	3	4	4	3	5	1	1	0	0	0	4	2
南	4	6	4	4	3	1	2	0	1	2	5	5
SSW	4	4	6	3	3	0	1	2	3	9	2	7
SW	4	5	4	2	2	1	2	8	6	11	1	9
WSW	3	3	3	2	2	5	4	6	5	5	1	8
西	3	5	2	2	3	8	6	2	2	3	1	10
WNW	4	4	5	3	6	4	4	1	0	1	1	10
NW	5	5	4	7	7	5	5	5	1	1	2	18
NNW	6	4	4	9	8	3	4	6	1	1	2	7
C	13	10	19	23	16	23	19	21	14	18	51	4

安徽省 12 个台站春季（4 月）各风向频率统计表（1971—2000 年资料）

表 1-3-11 单位:%

风向\站名	宿州	阜阳	蚌埠	滁州	合肥	巢湖	芜湖	铜陵	安庆	泾县	黄山市	光明顶
N	3	5	2	4	3	2	6	3	4	6	4	3
NNE	3	4	4	3	4	3	4	6	11	17	5	1
NE	9	7	6	6	4	15	6	20	27	11	7	1
ENE	10	7	11	7	8	15	13	12	8	4	5	3
E	11	10	9	9	8	12	15	4	3	3	3	7
ESE	8	7	7	7	10	3	8	0	1	1	2	5
SE	7	10	5	8	10	2	4	0	0	1	4	5
SSE	6	7	9	7	10	2	3	0	0	1	5	3
S	8	8	8	9	8	2	3	0	1	2	6	8
SSW	7	7	9	6	6	1	2	2	4	8	4	7

续表 1-3-11

风向\站名	宿州	阜阳	蚌埠	滁州	合肥	巢湖	芜湖	铜陵	安庆	泾县	黄山市	光明顶
SW	5	7	4	4	2	3	3	13	12	13	3	10
WSW	4	3	3	2	2	5	5	11	9	10	1	10
W	3	3	2	2	1	6	5	3	3	3	1	8
WNW	3	3	3	2	4	3	3	2	1	1	2	8
NW	4	4	3	5	5	3	3	3	1	1	4	10
NNW	3	2	2	5	5	1	3	4	2	2	3	6
C	7	6	10	15	10	20	14	16	13	17	40	5

安徽省 12 个台站夏季（7 月）各风向频率统计表（1971—2000 年资料）

表 1-3-12　　　　单位:%

风向\站名	宿州	阜阳	蚌埠	滁州	合肥	巢湖	芜湖	铜陵	安庆	泾县	黄山市	光明顶
N	2	3	2	3	2	2	4	2	1	4	3	1
NNE	3	3	3	2	2	2	2	3	5	7	3	1
NE	7	5	5	3	3	10	4	12	17	8	3	1
ENE	9	7	8	4	6	10	7	9	6	3	2	2
E	10	7	9	7	7	9	11	3	2	2	2	7
ESE	10	6	8	8	9	4	8	1	1	1	2	6
SE	8	10	8	9	8	5	7	1	1	0	3	4
SSE	6	9	9	7	12	4	6	0	1	1	4	5
S	10	11	10	13	14	6	8	1	3	4	6	8
SSW	8	10	10	10	12	4	5	3	10	11	6	12
SW	6	7	6	8	3	7	6	16	23	19	7	16
WSW	3	3	3	3	1	6	6	18	10	16	3	14
W	3	2	2	2	2	6	5	6	3	5	2	9
WNW	2	2	2	2	2	2	2	1	1	1	2	5
NW	2	3	2	3	3	2	2	2	1	1	4	4
NNW	1	2	2	2	3	1	2	2	1	1	4	2
C	9	9	13	16	10	21	14	19	14	18	44	4

安徽省12个台站秋季（10月）各风向频率统计表（1971—2000年资料）

表1-3-13 单位：%

风向\站名	宿州	阜阳	蚌埠	滁州	合肥	巢湖	芜湖	铜陵	安庆	泾县	黄山市	光明顶
N	4	6	4	6	5	3	9	5	6	7	3	5
NNE	6	5	6	4	5	4	7	8	19	15	5	2
NE	14	9	9	7	7	18	9	26	34	15	8	2
ENE	10	8	11	6	10	16	13	13	8	6	6	7
E	10	9	9	7	9	11	15	4	2	4	4	12
ESE	5	6	5	6	7	2	5	0	1	1	2	8
SE	6	8	5	5	6	2	3	0	0	0	3	5
SSE	4	6	5	3	5	1	2	0	0	1	4	3
S	4	6	4	4	3	1	1	0	1	1	6	4
SSW	3	4	4	2	3	0	1	1	2	7	2	4
SW	2	4	3	2	2	2	1	5	4	11	1	6
WSW	2	3	2	1	2	4	3	5	3	5	1	5
W	3	4	2	2	2	5	3	2	1	2	1	7
WNW	2	3	3	3	4	3	3	1	1	1	2	6
NW	5	4	4	7	7	4	4	5	1	1	2	8
NNW	4	4	4	10	7	2	4	6	2	1	2	8
C	15	12	19	25	18	23	16	19	15	21	47	7

安徽省12个台站全年各风向频率统计表（1971—2000年资料）

表1-3-14 单位：%

风向\站名	宿州	阜阳	蚌埠	滁州	合肥	巢湖	芜湖	铜陵	安庆	泾县	黄山市	光明顶
N	3	6	3	5	4	3	7	4	4	6	3	4
NNE	4	5	5	4	5	4	5	6	13	15	5	1
NE	12	8	7	6	6	15	7	21	30	13	7	2
ENE	11	8	11	6	9	15	12	12	9	5	5	4
E	10	9	9	8	8	10	14	3	3	3	3	8
ESE	7	6	6	6	8	3	6	0	1	1	2	6
SE	6	8	5	7	7	2	4	0	0	0	3	5

续表 1-3-14

风向＼站名	宿州	阜阳	蚌埠	滁州	合肥	巢湖	芜湖	铜陵	安庆	泾县	黄山市	光明顶
SSE	4	6	6	5	7	2	3	0	0	1	5	3
S	5	7	5	7	6	2	3	0	1	2	6	6
SSW	4	5	6	4	5	1	2	1	4	8	3	7
SW	4	5	4	3	2	3	3	9	10	13	3	9
WSW	3	3	2	2	1	4	4	9	6	8	1	9
W	3	3	2	2	2	6	5	3	2	3	1	8
WNW	2	3	4	3	4	3	3	2	1	1	2	7
NW	4	4	3	5	6	3	3	4	1	1	3	10
NNW	4	3	3	7	7	2	4	5	1	2	3	6
C	11	10	16	20	14	21	16	19	14	19	46	5

风向日变化，平原地区不明显。山区白天风从谷地吹向山坡（称之为谷风），晚上风从山坡吹向谷地（称之为山风）。在湖泊地带，白天风从湖面吹向陆地（称之为湖风），夜里风从陆地吹向湖面（称之为陆风）。

第五节 热带气旋

强度分类 低纬度海洋上的低压或扰动称为热带气旋。热带气旋按强度划分为四类：热带低压：热带气旋中心附近最大平均风力 6 ~ 7 级（风速≥ 10.8m/s—13.9m/s）；热带风暴：近中心最大平均风力 8 ~ 9 级（风速≥ 17.2m/s ~ 20.8m/s）；强热带风暴：近中心最大平均风力 10 ~ 11 级（风速≥ 24.5m/s ~ 28.5m/s）；台风：近中心最大平均风力 12 级或以上（风速≥ 32.7m/s）。

当热带气旋近中心最大平均风力达到 8 级或以上时，开始编号，例如 9711 号台风，前 2 位表示 1997 年，后 2 位表示当年第 11 个编号的台风或热带风暴。

影响频度 1952—2005 年间，影响安徽的热带气旋总数 129 个，其中台风占 85%，热带风暴占 14%，热带低压只有 1%。影响安徽省南部的热带气旋，平均每年 2 个左右。年内 8 月份最多，平均 0.85 个；9 月份次之，平均 0.55 个；7 月份为 0.3 个；6 月、10 月、11 月均为 0.1 个；其他月份罕见。影响淮北的热带气旋平均每年一次，各月频率趋势与江南相似。

历年影响安徽的热带气旋，最早出现的日期为 5 月 19 日（6103 号），最晚出现在 11 月 9 日（6721 号）。

各年的频数差别很大，1959—1963年和1970—1973年,是两段高峰期。1959、1961、1962年每年都有5个热带气旋影响;1964—1969年、1982—1986年、1992—1998年明显减少;1957、1983、1986、1993、1998、2003年未有影响台风。

1952—2005年影响安徽热带气旋一览表

表1-3-15

年份	频数	最早			最晚			范围最广		过程降水量mm			雨日		
		Tc代号	月份	日期	Tc代号	月份	日期	Tc代号	站数	Tc代号	极值	地点	Tc代号	极值	地点
1952	2	5207	7	21	5216	9	1	5207	7	5207	131	芜湖	5207	5	2站
1953	2	5305	7	5	5310	8	17	5305	8	5305	82	安庆	5310	3	砀山
1954	2	5411	8	25	5427	11	6	5411	2	5427	29	屯溪	2个	1	3站
1955	2	5505	6	6	5518	8	18	5505	4	5505	81	安庆	5505	2	2站
1956	4	5612	8	2	5627	9	23	5612	11	5612	153	巢湖	5626	4	3站
1957	0														
1958	1	5822	9	4	5822	9	4	5822	3	5822	34	阜阳	5822	2	芜湖
1959	5	5901	7	16	5906	9	11	5904	10	5904	89	合肥	5904	3	屯溪
1960	3	6001	6	7	6007	8	3	2个	9	6005	151	砀山	6001	4	2站
1961	5	6103	5	19	6126	10	4	6122	10	6122	57	六安	6126	3	2站
1962	5	6205	7	24	6217	10	4	2个	11	6208	147	宿县	6205	4	芜湖
1963	3	6303	6	19	6312	9	12	6306	9	6306	110	霍山	6312	4	霍山
1964	1	6423	10	14	6423	10	14	6423	1	6423	27	屯溪	6423	2	屯溪
1965	2	6510	7	27	6513	8	20	6510	9	6513	123	屯溪	2个	3	9站
1966	1	6615	9	7	6615	9	7	6615	7	6615	40	芜湖	6615	2	5站
1967	1	6721	11	18	6721	11	19	6721	6	6721	28	合肥	6721	2	6站
1968	1	6814	10	2	6814	10	2	6814	2	6814	17	芜湖	6814	2	巢湖
1969	2	6906	8	12	6911	9	29	6911	12	6911	182	霍山	6911	3	9站
1970	4	7003	7	17	7013	10	18	7003	7	7010	117	芜湖	3个	2	8站
1971	2	7108	6	19	7123	9	24	7123	9	7123	110	合肥	7123	3	3站
1972	4	7204	7	16	7220	11	9	7220	12	7209	103	霍山	7207	3	2站
1973	4	7301	7	3	7315	10	11	7301	9	7301	39	合肥	7301	3	4站
1974	2	7412	8	11	7413	8	22	7412	10	7412	251	合肥	7413	4	2站
1975	3	7503	8	3	7513	10	6	7504	11	7504	436	霍山	7504	8	2站

续表 1-3-15

年份	频数	最早			最晚			范围最广		过程降水量 mm			雨日		
		Tc 代号	月份	日期	Tc 代号	月份	日期	Tc 代号	站数	Tc 代号	极值	地点	Tc 代号	极值	地点
1976	1	7613	8	11	7613	8	12	7613	3	7613	79	砀山	7613	3	2 站
1977	3	7704	7	27	7708	9	11	7708	7	7708	95	贵池	7704	3	屯溪
1978	2	7805	7	23	7806	7	30	7805	5	7805	89	砀山	2 个	2	3 站
1979	2	7909	8	16	7910	8	24	7910	3	7910	16	安庆	7909	2	芜湖
1980	3	8006	7	12	8015	9	19	8006	6	8012	54	贵池	3 个	2	9 站
1981	3	8108	7	23	8116	9	22	8108	13	8108	103	安庆	8108	5	2 站
1982	2	8209	7	29	8211	8	12	8209	10	8209	37	阜阳	8209	3	2 站
1983	0														
1984	3	8407	8	8	8411	9	1	8411	12	8411	237	霍山	8411	4	六安
1985	2	8504	6	24	8506	8	1	8504	6	8504	70	屯溪	8504	5	3 站
1986	0														
1987	3	8704	7	14	8712	9	11	8707	7	8707	69	阜阳	8712	3	屯溪
1988	2	8807	8	8	8817	9	22	8807	7	8807	69	贵池	8807	2	安庆
1989	4	8909	7	23	8923	9	16	8913	12	8913	210	巢湖	8913	4	3 站
1990	4	9005	6	25	9018	9	11	9018	9	9012	63	贵池	9018	4	2 站
1991	3	9116	9	7	9120	9	26	9116	6	9116	72	芜湖	9116	3	2 站
1992	2	9216	8	31	9219	9	23	9216	11	9216	83	蚌埠	9216	4	2 站
1993	0														
1994	4	9406	7	12	9418	9	3	9417	11	9418	78	合肥	2 个	3	3 站
1995	1	9507	8	25	9507	8	25	9507	1	9507	14	滁县	9507	2	滁县
1996	1	9608	8	3	9608	8	3	9608	2	9608	11	霍山	9608	3	霍山
1997	2	9710	8	4	9711	8	20	9711	12	9711	101	滁县	9711	3	6 站
1998	0														
1999	4	9908	8	22	9914	10	6	9908	13	9908	101	安庆	9908	4	8 站
2000	4	0004	7	10	0012	8	28	0012	13	0012	69	合肥	0012	3	7 站
2001	3	0102	6	22	0119	9	29	0108	13	0008	92	砀山	0102	4	4 站
2002	2	0205	7	7	0216	9	8	0216	4	0205	55	屯溪	0216	1	3 站
2003	0														

续表 1-3-15

年份	频数	最早			最晚			范围最广		过程降水量 mm			雨日		
		Tc 代号	月份	日期	Tc 代号	月份	日期	Tc 代号	站数	Tc 代号	极值	地点	Tc 代号	极值	地点
2004	3	0407	7	3	0421	9	13	0414	13	0414	95	霍山	0414	4	2 站
2005	5	0505	7	19	0519	10	3	2 个	13	0513	315	霍山	0509	5	6 站
极值	5	6103	5	19	6721	11	19	6 个	13	7504	436	霍山	7504	8	2 站

说明：上述表中影响范围的站数，是指“屯溪、芜湖、安庆、贵池、巢县、合肥、霍山、六安、滁县、蚌埠、阜阳、宿县、砀山”共 13 个测站中的影响站数

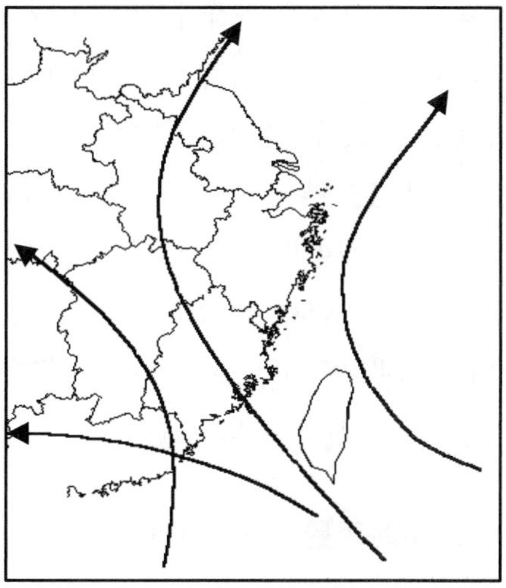

图 1-3-1 台风影响安徽路径图

影响路径 影响安徽的热带气旋，少数由华东沿海登陆后北上穿过安徽，但多数气旋中心并未进入安徽，而是由气旋外围环流和倒槽影响带来降水和大风天气。

主要影响路径有四条：

1. 登陆华东：占影响安徽热带气旋总数的 70%，平均每年 1.5 个，约占登陆华东台风的半数，有少数穿过安徽，带来大范围强风暴雨。

2. 登陆华南北上：占影响安徽热带气旋总数的 18%，常见在广东沿海登陆后转向东北经浙江出海，或者从广东北上到江西、湖南减弱填塞。

3. 海上转向：占影响安徽热带气旋总数的 10%，常见在江、浙沿海到长江口近海北上或擦边北上，一般影响安徽省东部。

4. 华南沿海西行：主要影响福建、江西，个别的影响安徽南部。

对安徽的影响 热带气旋常给安徽带来急风暴雨，造成灾害。有时在 8 月份，台风降水正是及时雨，可以缓解旱情。热带气旋影响范围和程度，通常南部重于北部，东部重于西部。

降水：热带气旋给安徽带来的年平均降水量江南为 50 ~ 80 毫米，江北为 20 ~ 50 毫米，分别占当地年雨量的 5% ~ 2%；8 月、9 月所占比例最大，南部占当地月雨量 20%，北部达月雨量的 8%。过程降水量极大值出现在霍山、金寨，达到 400 ~ 500 毫米。2005 年 13 号台风 9 月 2—4 日带给岳西的过程降水量 572 毫米。其他地区过程降水极大值一般在 100 ~ 200 毫米。

台风降水过程雨日，大多在 1 ~ 2 天，3 天以上的只占 1/3 左右，5 天以上的则只有 5% ~ 6%。

产生降水的热带气旋中，以台风降水最强，热带风暴次之，热带低压最弱。热带气旋给安徽省带来的暴雨频数，江南年平均为 0.4 次，宣城东南部频率为最高，达到平均每年 0.6 次；淮北 0.2 次。带来大暴雨的频率全省年平均不足 0.1 次。

当安徽出现日雨量≥ 50 毫米的暴雨时，热带气旋中心位置的分布频率由高到低排列顺序分别为福建、江西、浙江、安徽，个别中心位置远在广东、湖南的台风，其倒槽和环流也会给安徽带来暴雨。2005 年 13 号台风“泰利”减弱后由江西进入湖南，9 月 2—3 日给大别山区带来特大暴雨。台风低压进入江苏时，安徽出现暴雨的频率很小。

大风：影响安徽的热带气旋约有 45% 带来阵风 8 级以上的大风天气，风向随气旋中心位置变化而变化，风力与低压强度和距离有关。热带气旋大多从华东地区登陆，其中 85% 为台风，15% 为热带风暴。南部热带气旋的大风频率接近每年一次。

安徽历年 24 小时雨量≥ 300 毫米的台风暴雨一览表

表 1-3-16

台风编号	出现时间	热带气旋性质	暴雨中心		有无大风
	年　日/月		24 小时最大雨量	出现地点	
5612	1956　2/8	台风	409 毫米	黄山紫云村	有
			305 毫米	岳西石盆	有
6126	1961　4/10	台风	328 毫米	泾县古坝	有
6911	1969　28/9	台风	342 毫米	岳西杨家河	有
7412	1974　13/8	台风	554 毫米	泗县刘圩	
	1974　17/8	台风	539 毫米	嘉山自来桥	有
7504	1975　14/8	台风	515 毫米	黄梅老祖寺	有
7704	1977　28/7	台风	336 毫米	潜山（气象站）	有
0513	2005　3/9	台风	493 毫米	岳西（气象站）	

5612 号台风，出现过全省性大风，最大风速安庆为 40m/s，滁县 33m/s。9711 号台风穿过安徽时，出现过全省 8 ~ 9 级大风。

典型个例

1. 1997年8月18～19日，9711号台风在浙江温岭登陆后北上穿越安徽省东部，全省自南向北先后出现8～9级偏北大风，大部分地区有中到大雨。19日东部18个市县暴雨，黄山18日、19日连续2天大暴雨。各地电力、通信设施受损，全省26.67万公顷农作物受灾，死亡3人，倒塌房屋11400间，受灾人口300多万，直接经济损失6.45亿元。台风过后，全省稻田稻飞虱骤增，虫害面积高达140万公顷。

2. 2005年9月1日下午2点30分，第13号台风“泰利”在福建莆田市平海镇登陆后，2日早晨5时进入江西境内，8时减弱为低气压进入湖南。2日20时至3日20时安徽沿江到沿淮有36个县市日雨量超过50毫米，有13个县市超过100毫米，岳西493.0毫米，霍山315.0毫米，金寨273.0毫米。最大雨强岳西3日0时到6时，6小时雨量210.3毫米，金寨县青山镇2日21时的小时雨量87.8毫米。9月2日8时至4日8时48小时雨量，岳西571.7毫米，霍山433.8毫米，金寨387.5毫米。

受13号台风“泰利”影响，安徽省受灾人口693.95万人，因灾死亡81人，失踪9人，紧急转移安置46.19万人，农作物受灾面积47.14万公顷（其中绝收11.92万公顷），倒塌房屋7.7万间（其中民房7.16万间），损坏房屋16.47万间。直接经济损失56.33亿元，其中农业直接经济损失26.19亿元。

第四章 蒸发与干燥度

气象上，水由液态或固态转变成汽态逸入大气的过程称之为蒸发。一定时段内水分经蒸发而散布到空气中的量是蒸发量，通常用其水层厚度的毫米数来表示。水面或土壤的水分蒸发量，分别用不同的蒸发器测定。一般地说，温度越高、湿度越小、风速越大、气压越低、蒸发量就越大；反之蒸发量就越小。

影响蒸发的主要因素：其一温度越高，蒸发越快；温度越低，蒸发越慢。其二与蒸发液面面积大小有关。液面面积越大，蒸发就越快；否则就越慢。其三与空气流动有关。液面空气流动快，通风好，蒸发就越快；否则就越慢。

第一节 蒸 发

地区分布 全省年平均蒸发量 966 ~ 1718 毫米，南北差异显著，总体上是北部多于南部，平原多于丘陵、山区。

淮北地区全年蒸发量大于 1450 毫米，利辛、涡阳超过 1700 毫米，为全省之最。江淮之间在 1123 ~ 1581 毫米，随地形分布特征明显，大别山南部山区全年蒸发量小于 1300 毫米，江淮东北部丘陵地区大于 1400 毫米。江南地区除东部以外，均小于 1300 毫米，九华山、黄山全年蒸发量分别 994 毫米和 966 毫米，是全省蒸发最少的地区。

单位：毫米

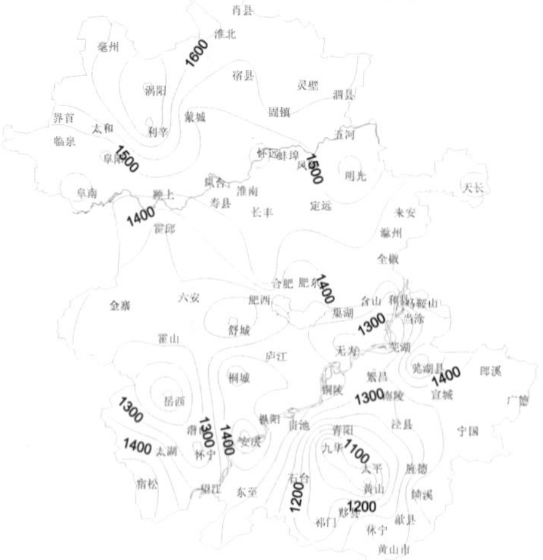

图 1-4-1 安徽省年平均蒸发量分布图

年变化 全省夏季是一年中蒸发量最大的季节，除大别山区和皖南山区，全省各地蒸发量均大于500毫米，淮北部分地区超过600毫米。夏季蒸发量占全年总量的3到4成。全省冬季蒸发量最小，在130毫米～190毫米之间。图1-4-2为安徽省淮北、江淮、沿江、江南四个自然片代表站各月平均蒸发量，有着相同年变化趋势。差异在于，宿州月平均蒸发量的极大值出现在6月，而淮河以南地区的极大值在7、8月。

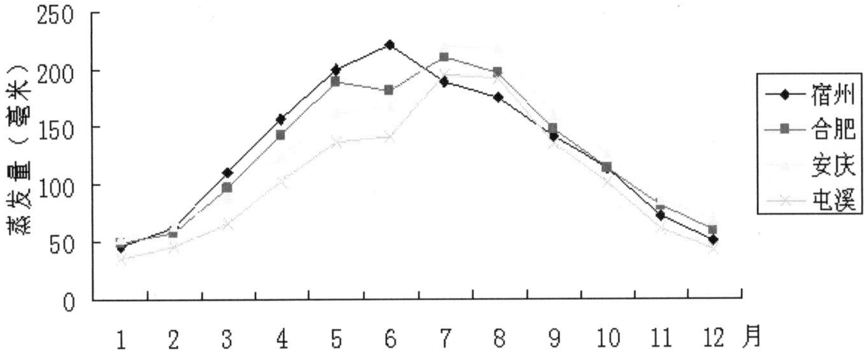

图1-4-2 宿州、合肥、安庆、屯溪各月平均蒸发量图

第二节 年干燥度

计算方法 干燥度是指可能蒸发量与降水量的比值，以表示水分供应的余缺。可能蒸发量是指在充分湿润条件下地面蒸发和植物蒸腾的总和，这个数值很难直接测得。

年干燥度或年干燥度指数，我国张宝堃等给出如下计算公式：

$K=(0.16\sum T)/R$ （1-4-1）

K为年干燥度指数，该值越大越干燥，否则越湿润；$\sum T$为日平均气温大于或等于10℃期间活动积温，R为同期间降水量。

地区分布 按照（1-4-1）公式，用安徽1971—2000年资料计算的年干燥度，如图1-4-3所示。

亳州、砀山及界首、太和、涡阳的部分地区K值为全省最高，为1.2或以上；K等于1的等值线位于江淮之间中部，即六安、肥西、巢湖、含山、芜湖、当涂、马鞍山一线，此线以北地区K值大于1，即全年水分支出大于收入；此线以南地区K值小于1，即全年水分收入大于支出，为全年湿润地区；太平、黟县、休宁等地为全省最湿润地区，K值为全省最小，为0.6或以下；另一个全年湿润中心在潜山、太湖等地，K值为0.7或以下。

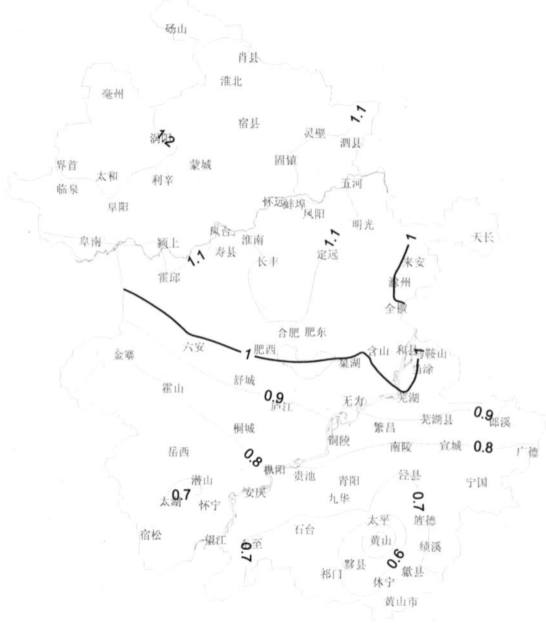

图 1-4-3 安徽省干燥度分布图

第五章　云雾与湿度

云、雾是反映大气中水分状况的天气现象。它们都是悬浮在大气中的小水滴、冰晶微粒或两者的混合物。云的底部不接触地面,雾的底部接触地面。云是发生在高空的水汽凝结现象,雾是发生在低空的凝结现象。云可直接产生一些其它的天气现象,如降雨、降雪、降雹等。雾的判定与水平能见度有关,当水平能见度降到 1 公里以内时称为雾,在 1 ~ 10 公里时称为轻雾。空气湿度是表示大气中水汽含量多少或空气干湿程度的气象要素。

第一节　云

云量　云量是指云遮蔽天空视野的成数。将地平线以上全部天空划分为 10 份,为云遮蔽的份数即为云量。例如,碧空无云,云量为 0;天空一半为云覆盖,则云量为 5。气象上规定,天空总云量 < 2 成是晴天,总云量 > 8 成是阴天,介于 2 ~ 8 成之间(包括 2 和 8 成)的是昙天。

月季分布　全年总云量分布与降水量分布颇为吻合。南多北少,山区多丘陵平原少,但各地相差不大。全年中冬季云量最少,秋季次之,春、夏季最多。最大值出现在 6 月,为 7.3 成,其次是 3 月和 7 月,为 7 成左右。一般年份中,6—7 月正是安徽梅雨季节,故云量多;3 月是冬季结束春季开始之时,连阴雨时有发生,故云量也多。12 月云量最少,只有 4.9 成。总云量年平均值为 6.3 成。见图 1–5–1。

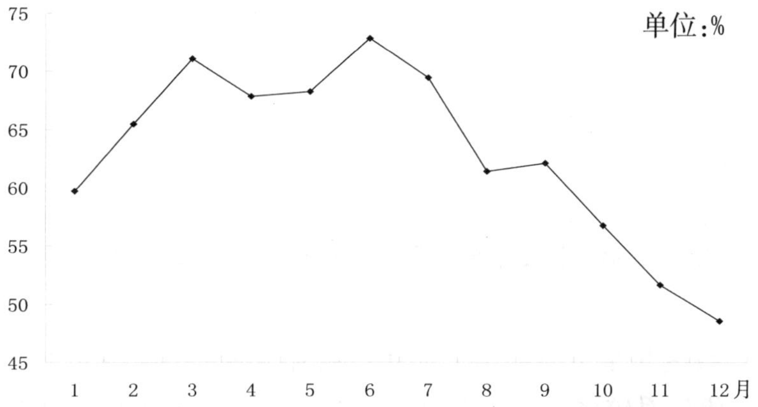

图 1–5–1　安徽省各月总云量图(1971—2000 年平均)

年际变化 总云量最多的是 1972 年，6.9 成；最少的是 1992 年，5.7 成。安徽省总云量几十年来呈下降趋势，20 世纪 70 年代为一个相对高值期，80 年代波动较大，90 年代为相对低值期。见图 1-5-2。

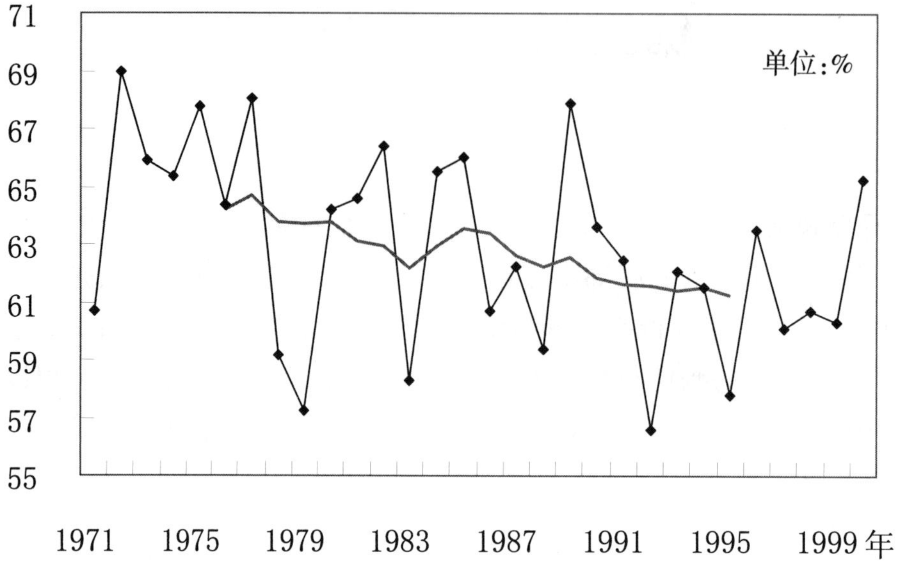

图 1-5-2 安徽省全年总云量的年际变化及 10 年滑动平均图

晴天日数 与总云量的空间分布相反，全省晴天日数为北多南少。图 1-5-3 是全省 1—12 月月平均晴天日数。春、夏季晴天日数最少，秋、冬季明显增多。12 月最多，10.2 天。最少是 6 月，2.7 天。全省全年晴天总日数平均为 65 天。见图 1-5-3。

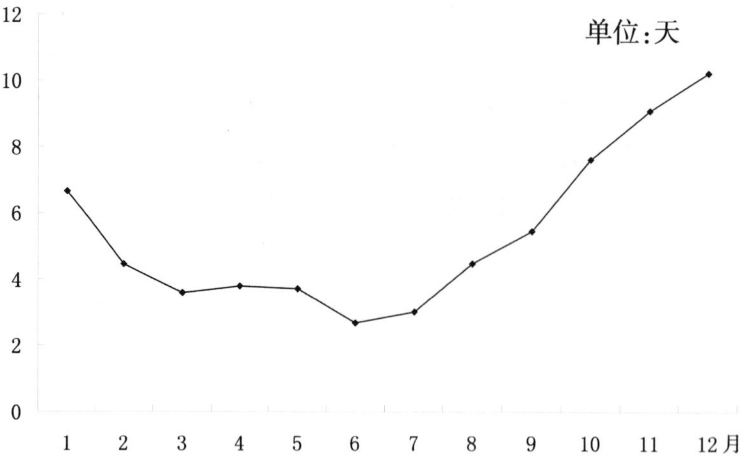

图 1-5-3 安徽省各月晴天日数图（1971—2000 年平均）

全年晴天日数变化呈上升趋势（图 1-5-4 中短粗线）。20 世纪 70 年代晴天日数相对较少，90 年代相对较多。几十年中，1992 年晴天最多，83 天；1972 年最少，48 天。见图 1-5-4。

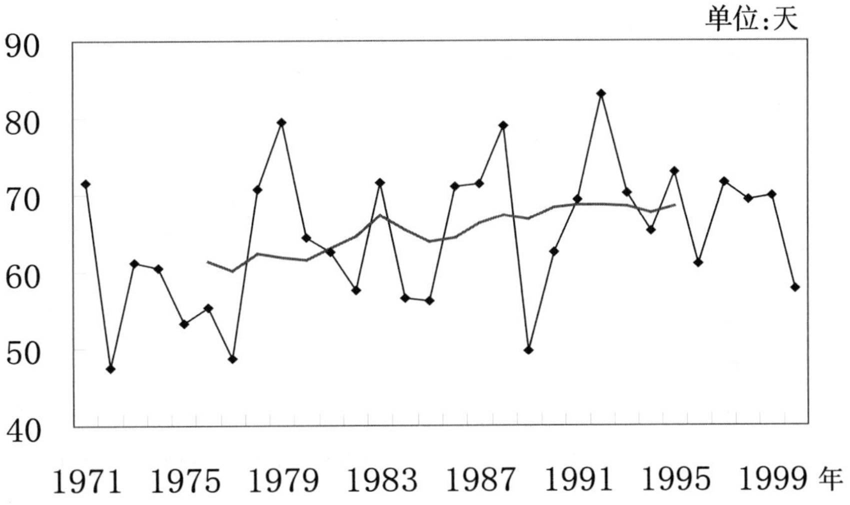

图 1-5-4 安徽省全年晴天日数年际变化及 10 年滑动平均图

昙天日数 图 1-5-5 是全省 1—12 月月平均昙天日数。8 月份昙天最多，15.7 天；其次是 7 月、2 月和 11 月最少，均为 10.8 天。夏季昙天最多，其次是春季，再次是秋季，冬季最少。全省全年昙天总日数平均为 147 天。见图 1-5-5。

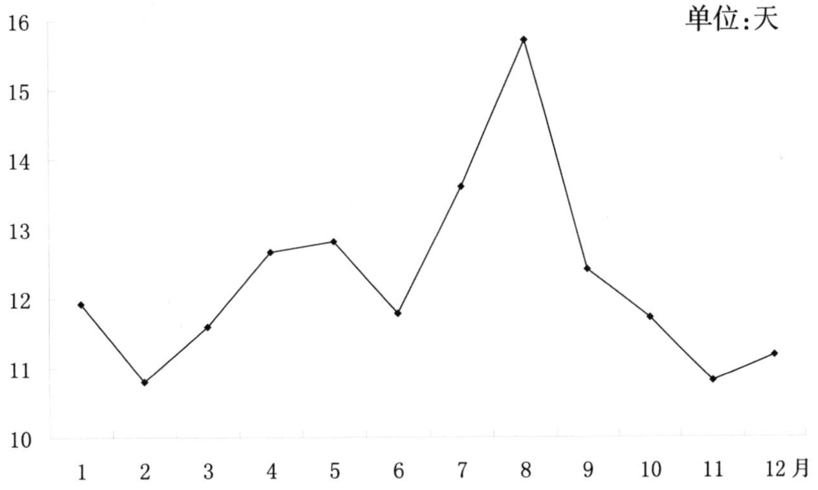

图 1-5-5 安徽省各月昙天日数图（1971—2000 年平均）

几十年来，全省全年昙天日数呈波动上升趋势。20 世纪 70 年代振荡最为剧烈，80 年代振荡减缓，90 年代昙天日数相对最多。1995 年昙天最多，166 天；1973 年最少，135 天。两者相差 31 天。见图 1-5-6。

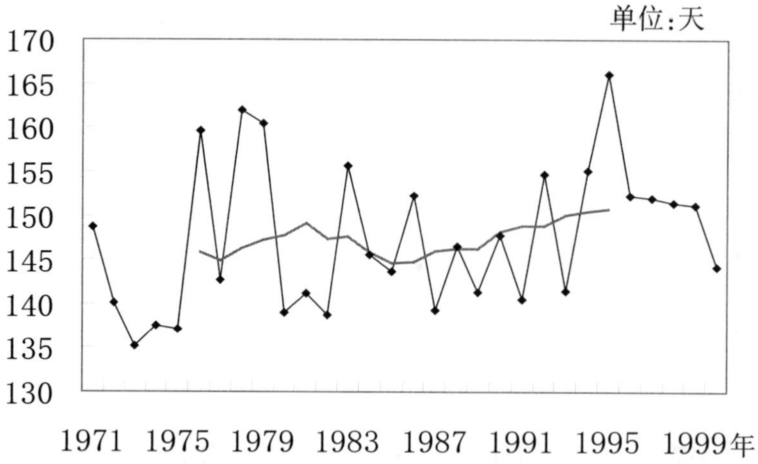

图 1-5-6 安徽省全年昙天日数年际变化及 10 年滑动平均图

阴天日数 全省阴天日数与晴天相反,为北少南多。各月阴天日数（图 1-5-7）也大致与晴天日数（图 1-5-3）相反,春、夏季多,秋冬季少。3 月、6 月最多,分别为 15.8 天和 15.5 天。11 月、12 月最少,为 10 天左右。全省全年阴天总日数平均为 153 天。见图 1-5-7。

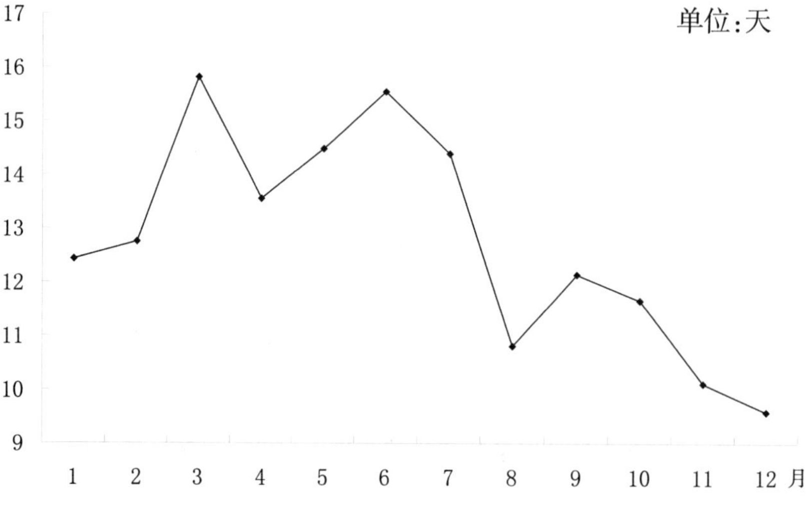

图 1-5-7 安徽省各月阴天日数图（1971—2000 年平均）

图 1-5-8 是全省全年阴天日数年际变化。与晴天日数相反,阴天日数呈下降趋势,与总云量的下降趋势相一致。20 世纪 70 年代为相对高值期，90 年代为相对低值期。几十年中 1972 年阴天最多，178 天;1979 年最少，125 天。两者相差 53 天。见图 1-5-8。

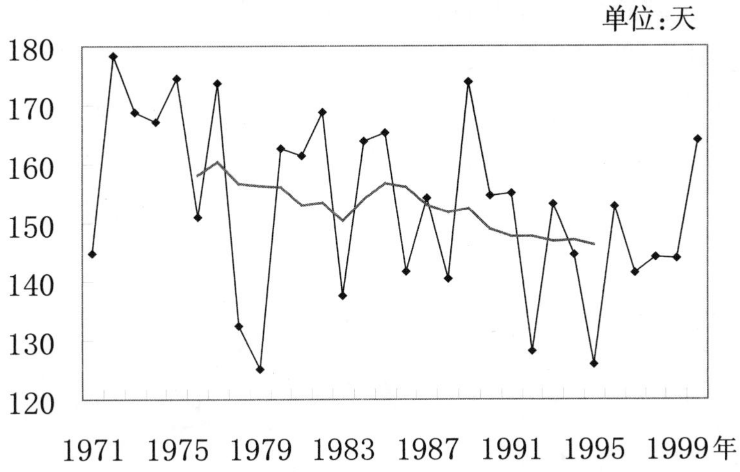

图 1-5-8　安徽省全年阴天日数年际变化及 10 年滑动平均图

一年中阴天日数最多,昙天稍少,晴天最少（所占比例不及前两者的一半）。春、夏季昙、阴天多,秋、冬季晴天多。几十年来总云量和阴天日数都呈下降趋势;晴、昙天日数呈上升趋势。

第二节　雾与雾凇

雾　雾是近地面空气层降温增湿达到过饱和状态、水汽发生的凝结现象。根据成因及下垫面状况的不同,雾划分为辐射雾、平流雾、上坡雾、蒸发雾、锋面雾等几种。安徽省以辐射雾、平流雾及上坡雾为多见。

雾在一天中多见于清晨,日出以后,温度增高,雾逐渐被抬升或消失。通常情况下,雾从生成到消散的时间不长,只有 2 ～ 3 小时。山区比平原持续的时间要久些。

全省雾日分布具有山区多、平原少的特点。图 1-5-9 是全省平均各月雾天日数。秋、冬季雾日最多,其次是春季,夏季最少。各月中以 11 月最多, 3.6 天;6 月最少, 1.6 天。全年总雾日数为 29 天。

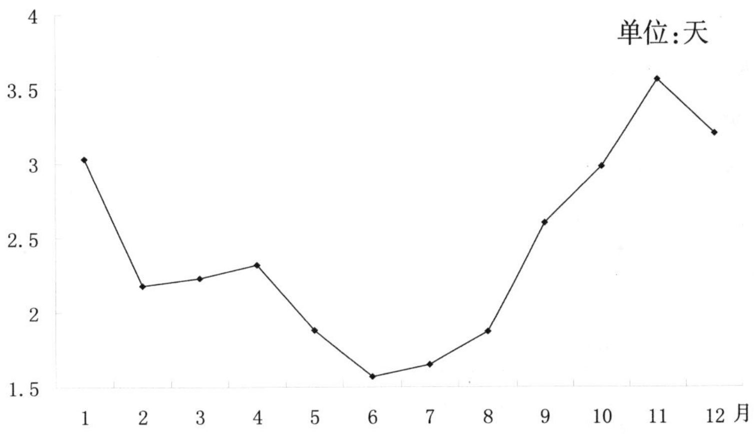

图 1-5-9　安徽省各月雾天日数图（1971—2000 年平均）

图 1-5-10 是安徽省全年雾天日数年际变化。几十年来雾日呈先升后降的趋势，20 世纪 70 年代中期以前雾日最少，此后除个别年份，一直到 90 年代前期雾日较多，然后减少。最近几年雾日数又开始回升。雾日最多的是 1977 年，39 天；最少的是 1988 年，21 天。两者相差近一半。

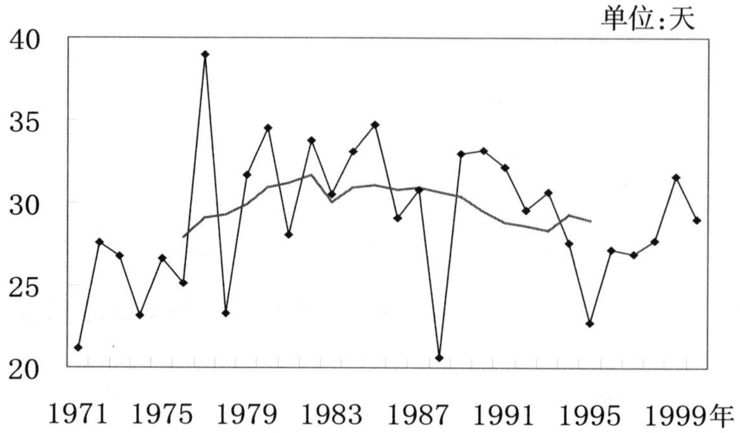

图 1-5-10 安徽省全年雾天日数的年际变化及 10 年滑动平均图

雾凇 雾凇是水汽在树枝、电线和地物凸出表面上形成的凝华物，多见于寒冷而湿度高的天气里。根据其形状可分为粒状雾凇和晶状雾凇。粒状雾凇出现在 -2 至 7℃有雾且风速相当大的天气里，是由风的作用，将过冷却雾滴吹到物体表面冻结而成。形态呈球形，直径约为 0.02 ~ 0.03mm；晶状雾凇是一种结晶冻结现象，它的结晶形状和霜的结晶形状相似，结构松散，稍有振动就会脱落。晶状雾凇形成时，气温为 -15℃左右，有雾（或空气呈过饱和），微风。雾凇严重时可压断电线，造成输电、通信障碍，是一种气象灾害。

雾凇出现时间一般在冬季（图 1-5-11），以 1 月最多。全年总日数平均为 1.2 天，出现概率很小。

图 1-5-11 安徽省各月雾凇日数图（1971—2000 年平均）

图 1-5-12 是安徽省全年雾凇日数年际变化。几十年来雾凇日呈先升后降趋势，与雾日趋势相似。除 1991 年外，整个 20 世纪 90 年代雾凇日数持续偏少，下降趋势类似于 70 年代。雾凇日最多的是 1991 年，3.5 天；最少的是 1977 年，0.14 天。

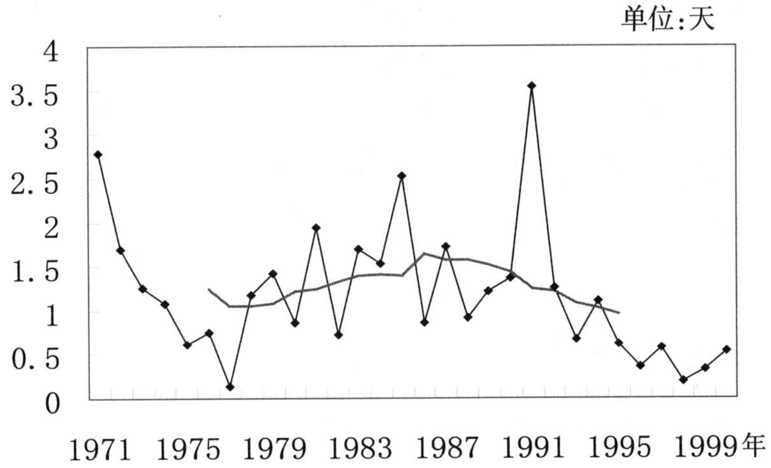

图 1-5-12 安徽省全年雾凇日数年际变化及 10 年滑动平均图

第三节 空气湿度

空气湿度表示空气中有多少水汽含量，常用水汽压和相对湿度来表示。

水汽压 大气中水汽所产生的压力称为水汽压，其单位和气压一样，用 hPa（百帕）表示。

在温度一定的情况下，单位体积空气中的水汽含量有一定限度，到此限度，空气呈饱和状态，这时的空气称之为饱和空气。饱和空气的水汽压称之为饱和水汽压。

全省水汽压分布为北小南大，与降水量的空间分布类似。图 1-5-13 是安徽省平均各月水汽压。全年中夏季水汽压最大，其次是春、秋季，冬季水汽压最小。1 月开始水汽压基本上呈直线上升，到 7 月达到最大值（29.9 hPa），而后又迅速下降，最小值在 1 月（5.6 hPa），年较差很大。水汽压年平均值为 15.6 hPa。

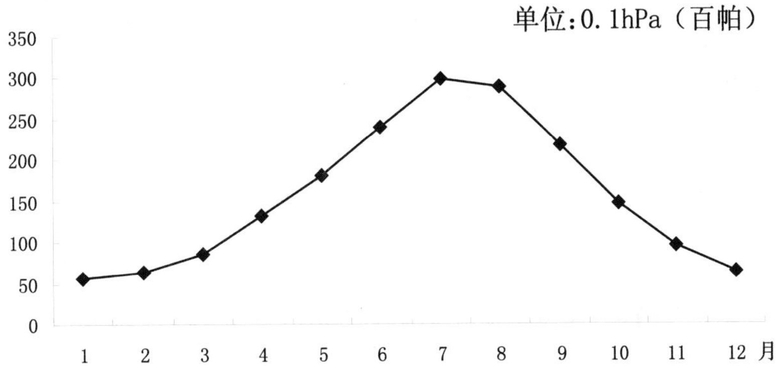

图 1-5-13 安徽省各月水汽压图（1971—2000 年平均）

水汽压直接反应出蒸发的快慢。白天温度高，蒸发快，进入大气的水汽多，水汽压就大；夜间温度低，则情况相反。一天中，尤在冬季，水汽压最高值出现在午后，最低值出现在清晨。在大陆的夏季，水汽压有两个最大值，一个出现在早晨9—10时，另一个出现在21—22时。与两个最大值对应的是两个最小值，一个最小值发生在清晨日出前温度最低的时候，另一个发生在午后对流最强的时候。

图1-5-14是安徽省年平均水汽压年际变化。几十年来水汽压略呈上升趋势。年水汽压最大值出现在1998年，16.8hPa；最小是1986年，14.9hPa。

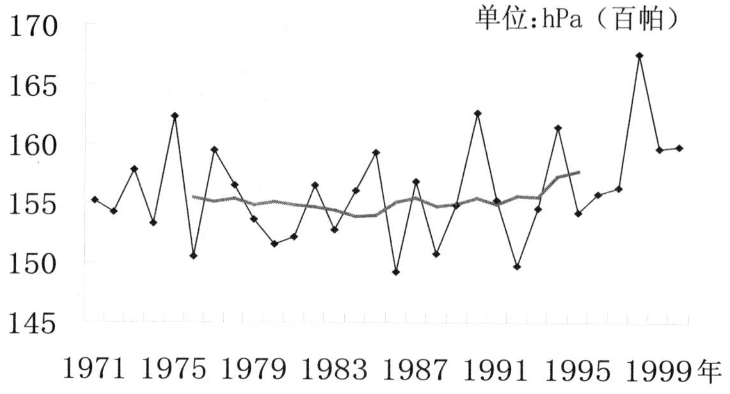

图1-5-14 安徽省年平均水汽压年际变化及10年滑动平均图

相对湿度 相对湿度是空气中实际水汽压与同温度下的饱和水汽压之比值，用百分数（%）表示。安徽省相对湿度为北小南大，与水汽压空间分布类似。各月相对湿度分布也与水汽压类似，夏季最大，秋季次之，春季再次，冬季最小（图1-5-15）。最大值出现在8月，82%；最小值在12月，73%。全年平均相对湿度为77%。

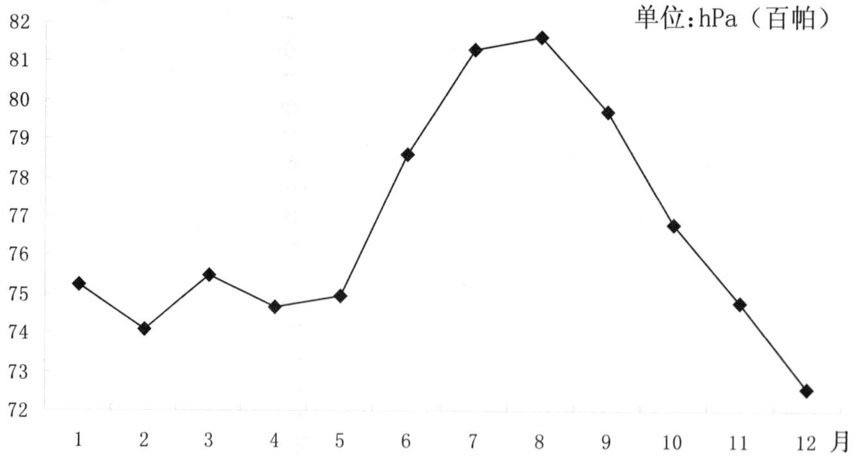

图1-5-15 安徽省各月相对湿度图（1971—2000年平均）

图1-5-16是安徽省年相对湿度年际变化及10年滑动平均曲线。几十年来相对湿

度未有明显变化趋势。最大值出现在1985年，79%;最小值在1988年和1995年,均为73%。

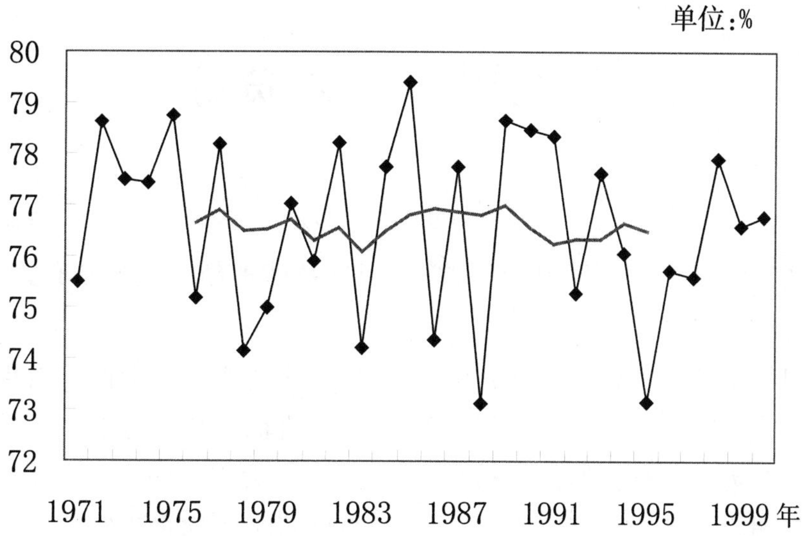

图1-5-16 安徽省年平均相对湿度年际变化及10年滑动平均图

第六章 气候资源

日照是气象要素之一。气象台站，通常用日照计来测定该测站有无日照和一天之内日照时间的长短。

日照时间与季节有关，冬季短夏季长；夏季高纬度地区长于低纬度地区，冬季高纬度地区短于低纬度地区。与天文因素有关的日照时间，气象上称之为“可照时数”。

日照除与天文因素有关外，还与天空状况有关。大气混浊度高和阴天时，日照时间会缩短或无日照。气象上将天空状况影响下的日照时数称之为实照时数或日照时数。将实照时数占可照时数的百分比，称之为日照百分率。

第一节 日 照

日照时数 安徽年平均日照时数 1710 ~ 2280 小时，具有北多南少，平原丘陵区多和山区少的特点。大致以江淮分水岭为界，此线以北 2000 小时以上，以南地区 2000 小时以下。

安徽 20 站累年逐月平均日照时数统计表（据 1971—2000 年资料）

表 1-6-1 单位:0.1 小时

站名	1月	2月	3月	4月	5月	6月	7月	8月	9月	10月	11月	12月	全年
砀山	1439	1460	1723	2058	2305	2209	2014	2055	1909	1887	1627	1505	22191
亳州	1450	1454	1710	2062	2314	2229	2128	2157	1898	1874	1618	1522	22415
宿州	1537	1476	1678	2039	2304	2153	2052	2194	1927	1919	1701	1635	22615
淮北	1529	1505	1739	2092	2337	2228	2081	2171	1939	1895	1663	1592	22770
蚌埠	1365	1303	1500	1833	2007	1865	1972	2057	1703	1731	1589	1441	20365
阜阳	1298	1241	1435	1826	2037	1962	1978	1975	1673	1680	1537	1435	20078
淮南	1438	1306	1565	1928	2123	2027	2153	2237	1747	1812	1644	1532	21512
滁州	1265	1188	1342	1703	1887	1643	1914	1985	1634	1677	1539	1470	19247
合肥	1216	1145	1287	1632	1880	1714	1967	2032	1570	1613	1525	1439	19020

续表 1-6-1

站名	1月	2月	3月	4月	5月	6月	7月	8月	9月	10月	11月	12月	全年
六安	1333	1286	1407	1785	2007	1919	2138	2158	1664	1738	1605	1562	20601
岳西	1349	1217	1309	1625	1886	1780	2106	2178	1800	1723	1621	1637	20229
马鞍山	1288	1186	1340	1664	1875	1708	2116	2139	1675	1707	1578	1540	19816
巢湖	1242	1168	1291	1650	1890	1723	2099	2169	1682	1690	1533	1488	19624
宣城	1162	1140	1246	1550	1808	1706	2182	2222	1684	1677	1533	1478	19387
芜湖	1184	1137	1255	1590	1833	1725	2167	2196	1660	1668	1531	1466	19413
铜陵	1151	1119	1216	1533	1739	1662	2141	2221	1654	1632	1483	1412	18963
池州	1041	1016	1112	1397	1629	1524	2071	2081	1572	1554	1423	1352	17772
安庆	1046	1024	1099	1406	1660	1592	2156	2212	1697	1596	1444	1374	18305
黄山市	962	907	960	1224	1511	1438	2125	2136	1652	1539	1330	1349	17132
光明顶	1504	1276	1241	1391	1473	1133	1310	1338	1316	1631	1665	1822	17100

年内,各地均为夏季最多,冬季最少,春秋两季居中。夏季各月日照时数受季风雨带自南向北推进的影响明显。皖南雨季来得早，5—6月降水集中,云雾多，6月平均日照时数140 ~ 160小时;7、8月为210 ~ 220小时。淮北地区6月的日照时数为210 ~ 220小时,为全年日照最多月份。7、8月淮北地区多过程性降水,日照时数比6月少有减少,有200 ~ 220小时。

日照百分率 安徽各地各月日照百分率如表1-6-2。

安徽20站各月日照百分率统计表(据1971—2000年资料)

表1-6-2 单位:%

站名	1	2	3	4	5	6	7	8	9	10	11	12	全年
砀山	46	47	47	53	53	51	46	50	52	54	53	49	50
亳州	46	47	46	53	54	52	49	52	51	54	52	50	51
宿州	49	48	45	52	54	50	47	53	52	55	55	53	51
淮北	49	49	47	54	54	52	48	53	52	54	54	52	51
蚌埠	43	42	41	47	47	44	45	50	46	49	51	47	46
阜阳	41	40	39	47	48	46	46	48	45	48	49	46	45
淮南	25	41	47	56	51	35	50	37	35	26	40	39	41
滁州	40	38	36	44	44	39	44	48	44	48	49	47	43

续表 1–6–2

站名	1	2	3	4	5	6	7	8	9	10	11	12	全年
合肥	38	37	35	42	44	41	46	50	43	46	48	46	43
六安	42	41	38	46	47	45	49	53	45	49	51	50	47
岳西	42	39	35	42	44	42	49	53	49	49	51	52	46
马鞍山	40	38	36	43	44	40	49	52	45	49	50	49	45
巢湖	39	38	35	43	45	41	49	53	46	48	49	47	44
芜湖	37	37	34	41	43	41	50	54	45	47	48	47	44
宣城	36	37	34	40	43	41	51	54	46	48	48	47	44
铜陵	36	36	33	40	41	39	50	54	45	46	47	45	43
池州	32	33	30	36	39	36	48	51	43	44	45	43	40
安庆	32	33	30	36	39	38	50	54	46	45	46	44	41
黄山市	30	29	26	32	36	34	50	52	45	43	42	43	39
光明顶	46	41	33	36	35	27	31	33	36	46	52	58	39

安徽年日照百分率淮北北部 50% 或以上，皖南南部小于 40%，其他地区在 41% ~ 47% 之间。具有北多南少的分布趋势。

年内，淮北地区 7 月降水集中，月日照百分率为 46% ~ 47%；淮河及其以南地区 6 月为梅雨期，月日照百分率为 34% ~ 45%；8 月日照百分率各地在 48% ~ 54% 之间，均为年内各月最高值；3 月日照百分率各地在 26% ~ 47% 之间，均为年内各月最小值；全省各地秋季日照百分率均多于春季。

第二节 太阳能

中国地域宽广，气候资源丰富多样。风能、太阳能等可再生清洁能源具有巨大的开发潜能，空中水资源有很大调控潜力。气候资源的开发利用不仅可为调整能源结构做出重要贡献，而且也应成为国家新能源战略的重要举措。

地处暖温带与亚热带气候过渡带的安徽省在利用和保护气候资源方面应有所作为，涉及应加强对气候资源的保护，采取适应和减缓气候变化影响的有力措施，减轻极端天气、气候事件带来的损失，防范未来可能发生的气候突变；合理开发利用气候资源，进行气候资源的普查和评估，优化资源配置；加强人工影响天气气候工作，探索人工影响、调控气候的机理和途径，使气候资源更好地为可持续发展服务；开展多领域的大气环境评价工作和大气环境保护工作，提升大气环境的气候保障能力。

太阳辐射 安徽平均年太阳辐射总量为 4585MJ·m^{-2},在 3927 MJ·m^{-2}~4966MJ·m^{-2}之间,有北多南少、平原丘陵多、山区少的特点(屯溪地区最少)。就季节而言,安徽春、夏、秋、冬季平均太阳辐射总量分别为 1262 MJ·m^{-2}、1529 MJ·m^{-2}、1046 MJ·m^{-2}和 748 MJ·m^{-2},各地均以夏季最多,冬季最少,春秋两季居中,春季多于秋季。

太阳总辐射包括两部分:直接辐射和散射辐射。据资料,安徽省年太阳散射辐射量约占年太阳总辐射量的 58%,而年太阳直接辐射量则占 42%。

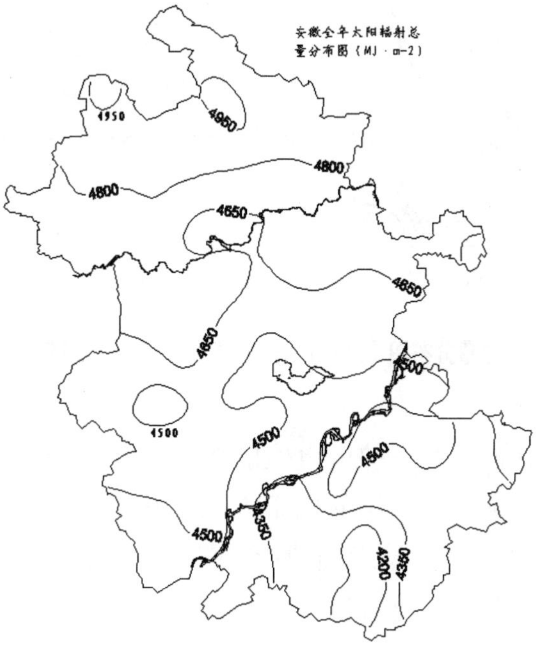

图 1-6-1 安徽全省全年太阳辐射总量分布图(MJ·m^{-2})

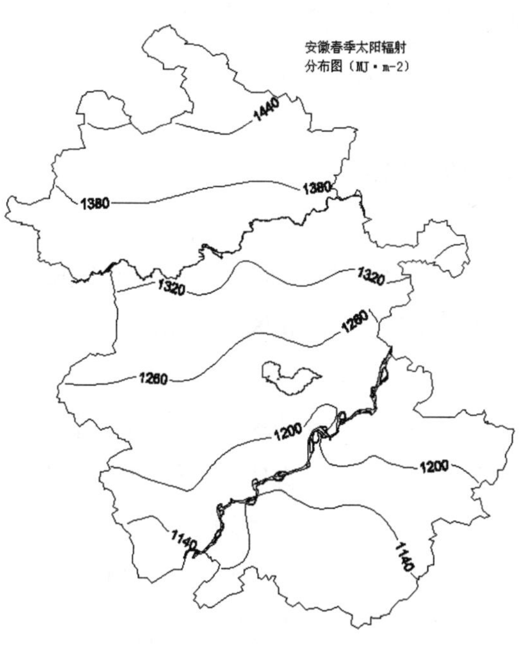

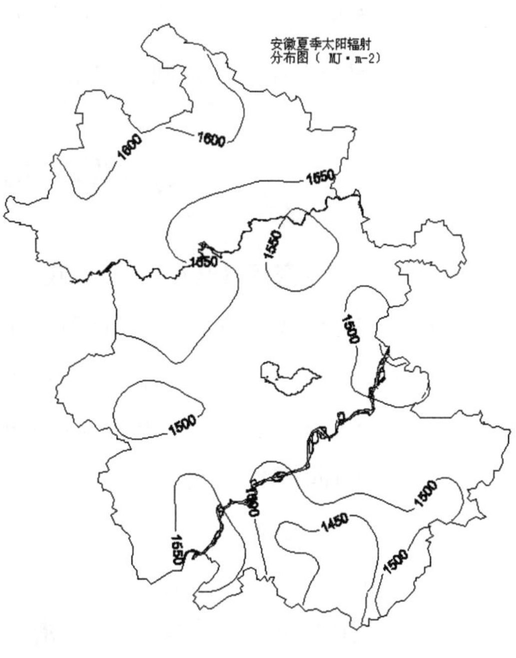

图 1-6-2 安徽省春季太阳辐射总量分布图(MJ·m^{-2}) 图 1-6-3 安徽省夏季太阳辐射总量分布图(MJ·m^{-2})

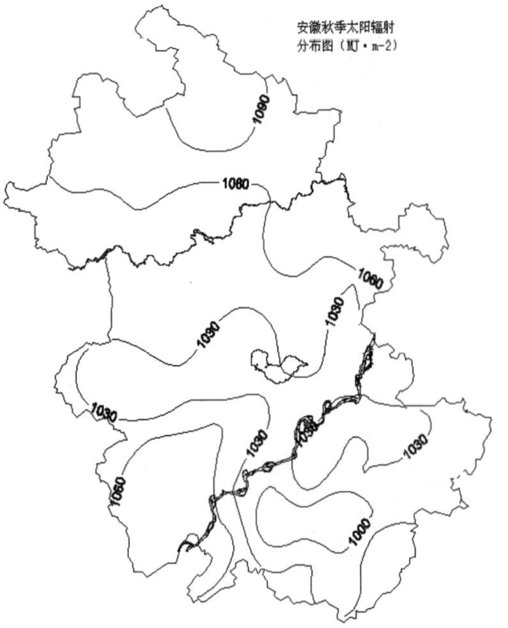

图 1-6-4 安徽省秋季太阳辐射总量分布图（MJ·m^{-2}）

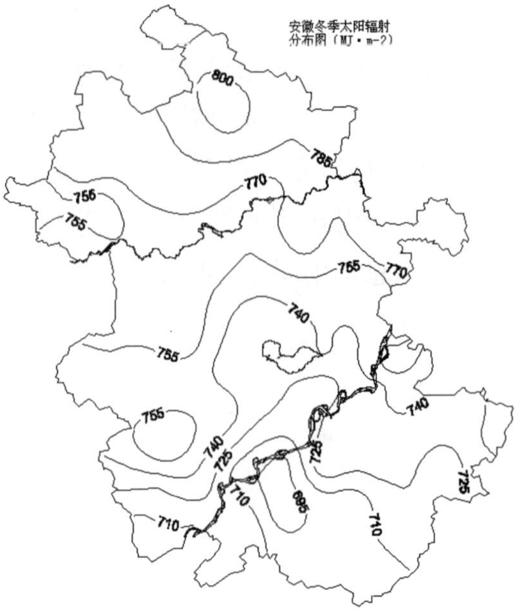

图 1-6-5 安徽省冬季太阳辐射总量分布图（MJ·m^{-2}）

太阳能利用 太阳能作为一种可再生能源，可以对其直接转化和利用。通过转换装置把太阳辐射能转换成热能利用的属于太阳能热利用技术，再利用热能进行发电的称为太阳能热发电，也属于这一技术领域；通过转换装置把太阳辐射能转换成电能利用的属于太阳能光发电技术，光电转换装置通常是利用半导体器件的光伏效应原理进行光电转换的，因此又称太阳能光伏技术。

在中国，太阳能利用已成为一种新兴、环保、绿色产业。在太阳能发电、太阳能供热、太阳能空调、太阳能路灯、太阳能电话，太阳能手机、太阳能汽车、太阳能无冲洗卫生间等一系列太阳能利用技术方面发展很快。

第三节 风能资源与分布

年平均风功率密度（w/m^2） 根据有效风速计算出来的风能称之为有效风能，单位面积上所具有的有效风能称之为有效风能密度（或称之为有效风功率密度）。

安徽各地由于地理位置和地形条件不同，年平均风功率密度有较大差异。见图 1-6-6。安徽年平均风功率密度为 4.6 w/m^2 ～ 155.0 w/m^2。风功率密度较小的区域主要分布在江淮之间西部以及江南中南部，其中金寨、霍山、岳西、青阳、石台、太平、黟县、祁门、歙县、休宁等地的年平均值不足 10.0 w/m^2。沿淮中部、江淮之间东部及沿江西部的风功率密度超过 50.0 w/m^2，是全省风功能密度相对较大的地区。全省年平均风功率密度最大的是黄山光明顶，平均风功率密度为 155 w/m^2，是安徽风能资源最丰富的地区。其次是沿江西部，位于该区域的宿松、望江的年平均值分别为 50.9 和 57.5 w/m^2。风功率密度大于 50.0 w/m² 的面积为 1715 平方公里。全省风能资源总储量 0.4 万千瓦。

全省风功率密度随时间演变具有明显的季节特征。安徽省 78 个站年平均功率密度为 23.5 w/m²，8 月最小仅为 16.8 w/m²，最大值出现在 3 月份达到 35.4 w/m²。夏季（6—8 月）和秋季 9、10 月，全省平均风功率密度变化平稳，维持在 16.8 w/m² ~ 20.9 w/m² 狭小区间内波动；从 11 月开始，平均风功率密度逐月明显增大，3 月份达到一年中的最大值，而后又逐渐减小。

单位：w/m²

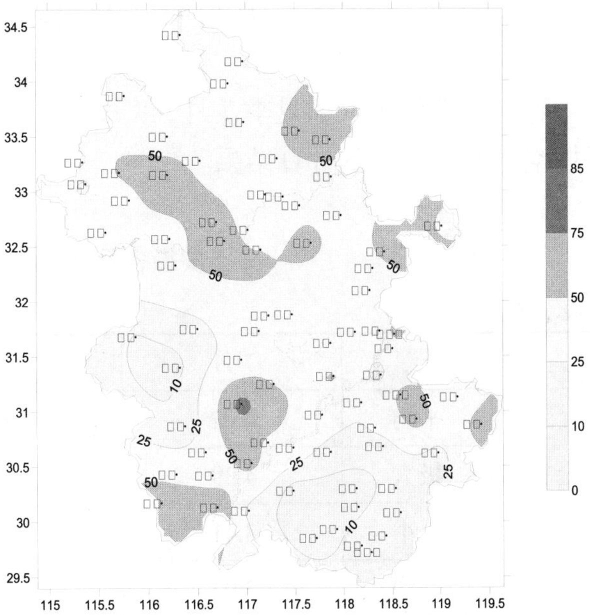

图 1-6-6 安徽省风功率密度分布图

有效风速时数。有效风速时数即为代表年测风序列中风速在 3m/s ~ 25m/s 之间的累计小时数。安徽全年的有效风速时数为 742 ~ 4249 小时，区域分布不均匀。全省有两个区域的有效风速时数相对较小，它们是金寨、霍山、岳西以及江南中南部，其有效时数不足 2000 小时。全省其他大部分地区的有效时数均超过 2500 小时。有效风速时数大于 3500 小时的区域范围较小，只有寿县、来安以及安庆、桐城及其附近地区的有效风速时数达到 3500 小时。寿县、凤台、来安和桐城均超过 4000 小时，黄山光明顶超过 6600 小时。

单位：小时

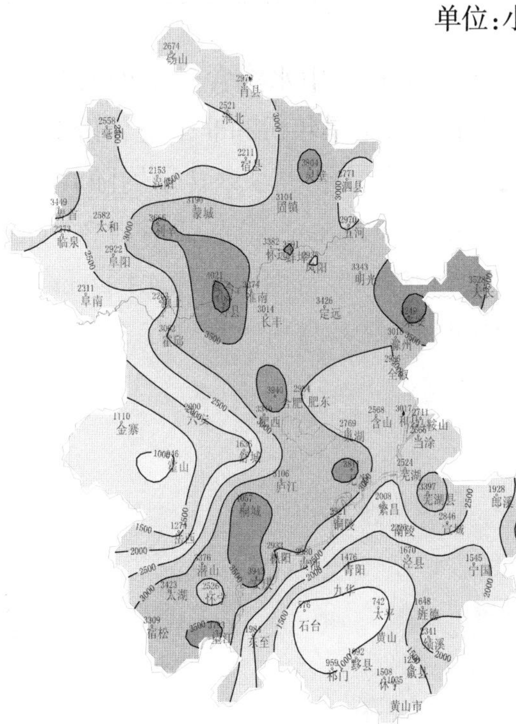

图 1-6-7　安徽省有效风速时数分布图

第四节 夏季空中云水资源

表 1-6-3 给出安徽夏季 7 月、8 月、9 月及夏季平均空中水汽含量、夏季干旱期的平均空中水汽含量的计算结果。

安徽省夏季空中水汽含量表

表 1-6-3 单位：g/cm^2

		7 月	8 月	9 月	平均
全省	平均	4.02	3.97	2.84	3.61
	极大	4.39	4.27	3.23	3.75
	极小	3.41	3.52	2.17	3.44
干旱年份	平均	3.97	3.91	2.79	3.55
	极大	4.39	4.19	3.23	3.70
	极小	3.41	3.52	2.17	3.44

7—9 月全省空中水汽含量平均值为 $3.61g/cm^2$，7 月最大，达 $4.39g/cm^2$；9 月最小，只有 $2.17g/cm^2$，干旱年份和非干旱年份夏季空中水汽含量的差别很小。

夏季各月平均空中水汽含量均随着纬度变化自南向北减少，沿淮淮北地区较最小为 $3.1\ g/cm^2 \sim 3.5g/cm^2$，沿江江南为 $3.7\ g/cm^2 \sim 3.9g/cm^2$。7、8 两月安徽省平均空中水汽含量相差不大，自南向北为 $4.1\ g/cm^2 \sim 3.5g/cm^2$，但到了 9 月本省空中水汽含量和前月相比明显减少，自南向北只有 $3.2\ g/cm^2 \sim 2.3g/cm^2$。

第七章 主要气象灾害

1986 年

1985 年 12 月至 1986 年 3 月上旬，全省持续少雨，冬春旱。3 月下旬又持续少雨，旱情发展。5 月至 6 月上旬，干旱再次发展，旱情严重。

6 月中旬，全省出现 2 次暴雨到大暴雨，旱情得以解除。6 月 19—23 日，沿江西部 14 个县市大暴雨；29—30 日，沿江再降暴雨和特大暴雨，部分地区洪涝。7 月 15—17 日，江淮西部、沿淮淮北南部暴雨，金寨连降 3 天大暴雨和特大暴雨，洪涝严重。

8—9 月上旬，全省连续高温少雨，出现伏旱及夹秋旱，黄山及阜阳地区旱情重。年底，淮北出现雨凇。大风冰雹、龙卷风等灾害频繁出现，局部地区灾情重。

1987 年

元旦，淮北出现大范围雨凇天气，灾情较重。2 月中旬，全省连阴雨雪，小麦、油菜普遍受冻。春季出现“倒春寒”天气。3 月下旬全省低温连阴雨雪；月底，全省霜冻。4 月初，江北大部桃花雪，沿江冰粒或雨夹雪；中旬晚霜冻、渍涝、冻害较重。

4 月 20 日至 5 月底，淮北北部春旱。7、8 月间，暴雨频繁，雨量集中，淮河连续出现了 5 次洪峰。7 月 1—8 日、18—20 日，全省多次出现暴雨到大暴雨，洪涝严重。8 月 19—24 日、28 日，沿淮、沿江多次暴雨到大暴雨，洪涝灾情重。7 月下旬至 10 月上旬，淮北北部伏秋连旱。12 月，全省无雨，冬旱。大风冰雹、龙卷风等灾害频繁出现，局部地区灾情重。

1988 年

午季前期冻害较重。2 月底，大别山区和沿江西部冻雨。3 月中旬，沿江西部和皖南再次出现冻雨，最后出现霜和霜冻，对农作物有影响。

5 月上旬初，淮北出现大暴雨，灾害较重。5 月中旬末，合肥至沿江出现大面积暴雨到大暴雨，合肥内涝。

6 月、7 月份沿淮淮北、江淮丘陵降水稀少，夏旱迅速发展。7 月份全省高温酷暑，伏旱严重。10 月至年底，全省降水稀少，秋冬严重连旱。有些地区出现大风冰雹等强对流天气，局部灾情重。

1989年

年初雨雪丰沛。2月下旬，全省连阴雨雪，部分地区大雪、雨凇，交通通信受阻。6月3日入梅，7月14日出梅，梅雨主要集中于6月3—17日和7月3—14日两个时段，部分地区出现洪涝灾害。前一段严重地影响午季收成，后一段则引起一些地区洪涝灾害。7月下旬至9月下旬分别受9号、13号、19号、23号台风影响，部分地区出现暴雨到大暴雨，甚至特大暴雨，洪涝灾害重。

9—10月，淮北北部少雨，秋旱。11月上旬，全省连阴雨。不少地区出现雨凇、大风、冰雹、龙卷风等灾害。

1990年

1月底，全省大雪、冻雨、严寒，灾情较重。2月上旬和3月下旬全省连阴雨雪，麦菜涝渍严重。4月上旬和下旬全省两次出现霜和霜冻。6月14日，沿江江南局部地区出现内涝和洪涝灾害。7月，沿淮淮北暴雨到特大暴雨，部分地区内涝灾重。

7月3日出梅后，全省晴热高温，伏旱严重。到10月份，全省继续少雨，伏秋连旱。8月份受9号、15号台风影响，部分地区暴雨到大暴雨到特大暴雨，洪涝灾害严重。大风冰雹、龙卷风、雷雨等不稳定天气频繁出现，局部地区灾情重。

1991年

1月上旬，黄山及其以南降雪，局部暴雪，雪灾严重。3月上中旬、4月上中旬，全省出现3次低温连阴雨天气，并伴有冻雨、大风、暴雨，渍涝严重。5月18日入梅，7月13日出梅，梅雨期长，梅雨量大，强降水主要出现在5月18—26日、6月2—16日，6月29日至7月13日三段。其间，大暴雨到特大暴雨频繁出现，造成特大洪涝灾害。8月上旬，全省大部又出现暴雨到特大暴雨，再次出现洪涝灾害。其各项灾害所造成的经济损失达数百亿元之巨。

9月下旬至12月下旬初，全省出现连续3个月的秋冬连旱。12月下旬，全省大雪到暴雪，冰冻严寒。另外，全省还多次出现冰雹大风、龙卷风、雷雨等天气，局部灾情重。

1992年

3月，全省低温连阴雨雪，并有积雪、冻雨，农作物受渍涝、冻害。5月中旬至6月上旬，全省初夏旱。6月中旬，江淮西部连降暴雨到特大暴雨，造成短时内涝。7月下半月至8月上旬，全省夏伏旱。10月中旬至12月，秋旱连冬旱。4—10月，全省风雹灾害频繁，多次出现大风冰雹、龙卷风、雷雨等灾害。

1993年

1月中旬，全省大到暴雪，积雪严寒。4月下旬，淮北北部晚霜及霜冻。5月中下旬，全省连阴雨,部分地区受涝渍。6月下旬初,沿淮及淮河以南东部暴雨到大暴雨,局部地区短时内涝。6月底,沿淮和淮河以南大片地区暴雨,皖南连降暴雨到特大暴雨,严重洪涝。7月上旬初,沿江江南又出现暴雨到大暴雨,洪涝成灾。8月初,舒城短时大暴雨,出现山洪、塌方、泥石流灾害。8月中旬初,沿淮淮北大面积大到暴雨,出现内涝、洪涝灾害。8月下旬,沿江局部洪涝成灾。9月,受第16号台风暴雨影响,沿江中部受灾。

9月中旬至10月上旬,合肥以北旱。11月中旬,沿淮淮北西部大范围冻雨,下旬又为连续冰冻天气。全省还多次遭受大风冰雹、龙卷风、雷雨及台风暴雨袭击,局地灾情重。

1994年

4月下旬至6月上旬,淮北春夏旱严重。5月中旬,合肥以南大面积暴雨到大暴雨。6月上旬末,江南大面积暴雨到大暴雨;6月中旬初,皖南南部暴雨到特大暴雨;6月下旬后期,沿江西部大范围暴雨到大暴雨,局部地区洪涝严重。

6月底至7月底,全省高温酷暑,干旱严重。8月份,干旱持续发展。江北9月中旬至10月上旬,江南9月下旬至10月上旬干旱。全省风雹灾害频繁,多次出现大风冰雹、龙卷、雷雨等灾害。

1995年

1月上旬至5月上旬,淮北持续少雨,春旱明显。2月上旬,全省冰冻严寒。3月中旬和下旬,大部分地区出现两次晚霜冻。4月中下旬,沿江江南低温连阴雨。5月中旬末、5月下旬,合肥以南地区和沿江江南分别出现暴雨到特大暴雨,部分地区洪涝灾情严重。6月19日全省入梅,7月10日出梅,江北梅雨不明显,江南暴雨频繁,雨量集中。先后出现3段集中的降水过程,并有4次大范围大到暴雨、局部大暴雨到特大暴雨天气,沿江江南大部地区洪涝灾害重。

7月中旬以后,全省伏旱。9—11月,全省秋旱,江淮中部旱情最重。全省多次遭受大风冰雹、龙卷风、暴雨、台风等袭击,局地灾情重。

1996年

3月中旬至下旬,全省低温连阴雨。6月2日入梅, 7月21日出梅,全省梅雨期长达50天,其间暴雨和大暴雨频繁,部分地区雨量集中。暴雨集中区域出现在沿江西部、大别山区和江南南部,全省出现大范围的洪涝灾害。10月底至11月中旬,全省连阴雨,其中沿淮淮北和江淮北部不断出现暴雨,淮河流域出现1949年以来没有过的冬汛,涝渍严重。全省多次出现大风冰雹、雷雨等不稳定天气,部分地区灾情严重。

1997年

1—6月，沿江江南持续少雨，江北除2月下旬至3月中旬多雨外，其他时段少雨，全省旱情严重。3月上旬到下旬，全省连阴雨，淮河发生近20年罕见的春汛，涝渍、病、草灾害严重。7月上旬到中旬，江南南部连续暴雨，部分地区洪涝严重。7月中旬，沿淮淮北暴雨到特大暴雨，部分地区洪涝。8月中旬，9711号台风带来狂风暴雨和由高温高湿引起的稻飞虱虫灾。

9—11月上旬，全省干旱。9月1日，舒城山区特大暴雨，山洪暴发，出现泥石流和山体滑坡灾害。春末夏初，全省风雹灾害频繁，局部地区损失严重。

1998年

1月中旬末至下旬，全省低温大雪，沿江江南积雪深度为历史罕见。3月中旬末，强寒潮袭击，全省严重冻害。上半年持续多雨，其中，1月上中旬，2月中下旬，5月上中旬，全省出现3次大于10天的连阴雨。6月，沿江江南暴雨到大暴雨频繁。6月底至7月上旬初，沿淮淮北大范围暴雨到特大暴雨。7月下旬，大别山区、沿江西部和江南南部暴雨到特大暴雨成灾。8月中旬，淮北连降暴雨发生严重洪涝。加上长江中上游持续暴雨，造成长江流域特大洪水。400公里皖江从6月26日至9月21日，连续88天超警戒水位，仅次于1954年。

8月底至11月底，全省90多天少雨，造成严重秋旱。全省多次出现风雹灾害，局部地区损失严重。

1999年

从上一年秋季至本年2月，全省出现罕见的长期干暖天气，合肥以北旱情严重。3月上旬至4月上旬，沿江江南出现近一个月的连阴雨。

4—9月，安徽北部持续6个月少雨，旱情严重。6月7日入梅，7月18日出梅，安徽南部地区出现特大洪涝。6月中旬，沿江地区普降暴雨到大暴雨。6月下旬，沿江江南连降9天暴雨到特大暴雨，洪涝严重。8月下旬，沿江连降3天暴雨到大暴雨，又发生严重洪涝灾害。

9月，全省少雨，淮北旱情加剧。10月上旬末至中旬，江南北部与沿江江北连阴雨，淮北发生渍害。全省多次受到风雹袭击，局部地区灾情重。

2000年

1月下旬，全省中到大雪，低温冻害。2—5月，全省连续4个月少雨，春旱严重。6—7月，淮河以南降水偏少。梅雨量又特少，夏旱严重。6月上旬初，沿淮淮北和江淮之间部分地区暴雨到特大暴雨。6月下旬，沿淮淮北连续暴雨到大暴雨。7月中旬，淮北暴雨到大暴雨，发生严重洪涝灾害。

9—10月，全省出现罕见的长连阴雨天气，淮河发生罕见的秋汛，严重影响秋收秋种。全省多次发生风雹灾害，局地损失严重。

2001年

春、夏连旱 3—5月全省持续少雨，其中5月份合肥以北不足10mm，偏少8～9成，阜阳、合肥等地为有记录以来最小值，导致旱情严重。6月底到7月中旬全省晴热高温，导致春旱连夏旱。3月1日至7月21日累计雨量沿淮淮北和江淮之间为新中国成立以来最小值。由于持续少雨，7月份淮河蚌埠闸以上水位出现自1965年以来同期最低值。

秋旱 8月中旬到10月下旬，持续少雨天气，其中9月份大部分地区月雨量不足5mm，偏少9～10成，为有记录以来最小值，有几十个县没有降水，致使旱情发展。阜阳、蒙城、寿县和滁州等地20cm深度土壤相对湿度＜40%，严重影响秋播秋种，在地秋季作物也叶子凋萎，生长受到严重影响。

夏季局部洪涝 6月9—10日，黄山、池州、宣城、绩溪等20个县市暴雨，一度造成山洪暴发，河水陡涨，致使部分乡村农田被淹、冲毁，公路和水利设施破坏严重，林业、通信、电力设施也遭损失。6月14—17日阜阳、六安、宿州部分乡、村遭受龙卷风袭击，造成部分民房倒塌和损坏，玉米等高杆农作物严重倒伏。

6月25—26日，黄山市突降大到暴雨，局部地区山洪暴发，休宁县的五城和汊口分别降雨274mm、302.9mm，屯溪降雨167mm，歙县街口降雨150mm。由于降雨时间短，强度大，雨量集中，致使率水河、新安江屯溪段洪水猛涨，黄山市中心城区超警戒水位1.76m，局部山区山洪暴发、出现山体滑坡和泥石流，部分村庄进水，学校、交通、供电、水利、邮政等基础设施毁坏严重。

8月8—10日合肥以南地区分别出现11站、12站、8站暴雨，其中9日郎溪181.1mm。8月15日大别山区和江南9站暴雨，宣州区的新河、养贤、朱桥等13个乡镇，郎溪县的幸福、东夏等8个乡镇遭受严重内涝。

风雹 7月2日、3日，萧县、濉溪县及淮北市共15个乡镇突遭大风、暴雨、冰雹袭击，冰雹最大直径30mm。

7月13—14日，宿州市、和县、利辛县共12个乡镇遭受大风、暴雨、龙卷风袭击，和县最大风速23.6m/s。

7月22—26日淮北多大风、龙卷风灾害，其中23到24日早晨，淮北8个县、江南11个县遭受大风灾害，利辛最大风速25m/s。

8月7日沿淮淮北蒙城、阜南、萧县等10个站出现雷雨大风，蒙城最大风速22m/s。砀山县磁帝庙、黄楼、赵屯等四个乡镇和萧县的青龙、石林、王寨等七个乡镇受灾。

9月5日淮北市和濉溪县出现偏北大风。砀山县玄庙、周寨等10个乡镇及市力集园艺场遭受风雹袭击。风雹持续约30分钟，风力最大10级，并伴有暴雨，冰雹大如蛋黄，小如蚕豆。

2002 年

夏季洪涝 6月19—21日，沿江江南连降暴雨，导致山洪暴发，黄山、池州、宣城、芜湖4市遭受洪涝灾害，部分地区交通、通信、供电中断。

6月22—23日，沿淮淮北大面积暴雨，淮河王家坝水位从23日06时到24日06时涨幅高达6.7米，26日凌晨1时达到28.8米，超过保证水位0.14米，阜阳市低洼地区农作物内涝受淹，其中淮河阜南境内及洪河分洪道内农作物全部受淹。

6月27日，淮河以南再次出现大范围暴雨，一些地区重复受灾，灾情加重。

7月下旬，阜阳市连降暴雨，低洼地区严重内涝，阜南、临泉、颍上灾情最重。六安市7月26—27日暴雨，裕安、霍邱、寿县、金寨等部分区县洪涝。安庆市7月26日太湖、宿松遭受大暴雨袭击，造成山洪暴发。合肥市7月26日肥西县北部的高店、高刘等11个乡镇遭强暴雨袭击，仅5个小时雨量就达200多mm，加之六安淠河泄洪，造成大面积农田受淹。同日该县严店乡新周至西郑岗5个村也遭受暴雨袭击，并有龙卷风。

风雹 4月2日下午江南出现冰雹、大风强对流天气，黄山市受灾范围涉及6个区县，重点是屯溪区、祁门、黟县。另外，4月2日16～18时，石台县境内也出现强对流天气，全县13个乡镇普遍遭受风雹袭击。

4月2—5日，贵池县11个乡镇突然遭受了强龙卷风、冰雹袭击，风力均在10级以上，冰雹最大直径约4～5cm，持续时间达1小时。

4月16日凌晨，庐江县郭河镇等十多个乡镇遭受狂风袭击，造成严重的生命和财产损失。4月15日20时到21时，阜南县地城镇18个行政村遭受特大龙卷风袭击。

5月27日16时至17时43分，沿淮淮北地区出现了大范围的大风、冰雹天气。全省共有13个县市出现大风，其中蚌埠瞬时风速高达31m/s、阜阳25m/s，濉溪、蚌埠、固镇、怀远、凤阳、宿州市埇桥区、灵璧、潜山等地大风伴有冰雹，凤阳县最大冰雹直径7mm，受灾严重。宣城市5月27日晚8时左右，遭受严重暴雨、冰雹灾害，造成6个乡镇电力中断，房屋倒塌，农作物损失惨重。

7月16—18日，全省出现了大范围强对流天气，伴随大风、冰雹或短时强降水，造成严重损失，其中13个气象站大风7～9级，灵璧27m/s。

7月20日，长丰县吴山镇、陶楼乡、罗集等乡镇遭受龙卷风、冰雹、大暴雨袭击，时间长达55分钟。与此同时，狂风肆虐了肥东八斗镇10个村，7000多户停电。7月24日11时，凤阳县梅市乡遭受龙卷风袭击，损失严重。

8月24日，出现全省性雷阵雨天气，并伴有7～9级大风。桐城市24日16时51分到53分，极大风速为20m/s；大关、卅铺、高桥等乡出现雷雨、大风、冰雹等灾害性天气。25日，宣城市宣州区部分乡镇遭受严重风雹灾害，当日下午5时20分至6时10分，狂风暴雨夹杂着冰雹，袭击了该区15个乡镇，致使电力、通信中断，高低压线杆折断，房屋倒塌、受损,中单晚稻、棉花等经济作物倒伏减产。

10月5日8时到8时30分,宿州市符离镇雨中夹带小冰雹。同时灵璧县8时前后夏楼镇出现了小冰雹,冯庙镇下了冰雹,直径最大约5cm,如小鸡蛋大,时间持续20分钟。

连阴雨　4月15日至5月14日长连阴雨;8月6日至17日低温阴雨。

秋旱　10月上旬及中旬前、中期,全省持续晴天,仅5日合肥以南有弱降水发生。17—20日全省有一次较强降水过程,各地旱情有所缓解。

2003年

夏季洪涝　淮河、滁河发生了自1991年以来最大洪水,洪涝直接经济损失高达203亿元,其中农业损失134亿元。

6月下旬,各地暴雨洪涝成灾,灾情涉及池州、黄山、巢湖、滁州、安庆、芜湖、宣城、六安、阜阳等市。

7月上、中旬,淮河、滁河发生了大洪水。太和、长丰、金寨县城主要街道曾一度进水,凤阳、全椒、天长县城被淹。阜阳、六安、亳州、滁州、蚌埠、淮南、合肥等市灾情严重。

8月28日至31日,安徽省北部地区又出现一次明显降水过程,其中28日淮北9个县市暴雨,29日淮北普遍大雨,2个县市暴雨。在前期洪涝灾害尚未完全消退的形势下,亳州、宿州、淮北等部分地区再次大面积农田积水内涝,道路被水淹没,部分村庄被水围困,房屋、果窖倒塌损坏,药材、烟叶、瓜果、棉花等经济作物损失严重。

低温阴雨　元月下旬到5月上旬,大部分地区出现低温阴雨天气,降水持续偏多,日照严重不足,各地农作物普遍遭受渍涝,夏粮减产3成左右。8月中旬,全省低温阴雨,气温持续下降,长江以北旬平均气温较常年偏低4℃~5℃,大部分地区创有资料以来新低,对正在抽穗灌浆的中稻和单晚孕穗造成了危害。10月上旬全省低温阴雨,对晚稻、棉花等秋收作物生长、成熟、收获造成危害,并影响秋播秋种

高温干旱　7、8月,全省南部持续晴热高温,淮河以南高温天数普遍偏多,尤其沿江江南高温天数高达35~50天,较常年偏多15~22天。各地降水少而蒸发量猛增,地面失墒严重,黄山、池州、宣城三市出现了严重旱情,部分水库、山塘、河流干涸断流。因持续高温,各地中、晚稻灌浆孕穗不良,结实率下降,同时白叶病、卷叶螟等病虫害加重,普遍减产2~3成,灾情严重的江淮少数地区减产过半

风雹　4月17日砀山大风暴雨。5月6日下午3时至7日8时,池州、黄山、宣城、合肥、安庆、宿州、滁州7个市部分县区发生大风、暴雨、冰雹灾害。5月18日,灵璧暴风雨。6月5—9日,无为、宣州、肥东、临泉、定远等地个别乡镇遭受风雹袭击,棉花、秧苗、玉米、大棚作物等受灾,一些房屋倒塌或被损坏。6月19日,岳西、太湖、潜山三县风雹灾害。6月20日,临泉大风、龙卷风。6月22日,利辛龙卷风。7月5日和6日下午4时至5时,祁门县渚口、溶口等乡镇,分别遭受大风袭击,造成乡村道路、供电、通讯

中断，农作物被毁，民房倒塌和受损严重。7月8日庐江龙卷风。7月9日，无为龙卷风伤亡惨重。

2004年

洪涝　6月下旬沿江江南多次暴雨，尤其23—25日连续3天暴雨，造成山洪暴发，部分地区损失严重。

7月15—17日砀山、亳州、萧县、蒙城等地暴雨、大暴雨，砀山15日20时至17日08时总雨量239.4mm，砀山关帝庙镇320mm，19个乡镇受灾严重。亳州等地11个乡镇同时遭受暴雨袭击。

8月13—15日霍山县普降暴雨，3天降水量达到238.9mm，致使河水陡涨、山洪暴发，短时间内形成山体滑坡等严重灾害，磨子潭镇孙家畈村13号夜里发生山体滑坡，有1人死亡；8月15—16日，六安金安区东河口镇降雨量达125.8mm，其中15—19时伴有雷雨大风；岳西县8月12—14日连续两天出现暴雨、大暴雨；13—15日和县历阳镇、乌江镇、城南乡等三个乡镇受风暴袭击，风暴中心最大风力达8级；13—15日受14号台风外围影响，大别山区连降暴雨，佛子岭、磨子潭、梅山等因水位暴涨先后大量泄洪，造成汲东干渠、史河、汲河、淠河暴涨。

干旱　入秋以后，全省降水持续偏少，尤其从9月下旬到11月9日，连续50天无明显降水，导致秋旱发展并影响秋播秋种。

大风冰雹　3月17日，全省42个县市出现7～8级偏北大风，造成了损失。

4月22日下午，全省部分地区出现大风和强对流天气，桐城市、肥西县桃花镇、上派镇等10个村民组和居委会，因龙卷风受灾3600人，死亡2人，伤9人。

5月21日21时至22日0时40分，肥东、宣城以及巢湖地区部分乡镇出现了冰雹、雷雨大风等强对流天气；巢湖市所属居巢区、含山、和县、无为境内发生冰雹和雷雨大风，冰雹最大直径6厘米；肥东县桥头集、复兴、撮镇、长乐、王铁等部分乡镇出现冰雹和雷雨大风。

6月20日、6月23日，宿州、亳州部分县市遭大风袭击；6月20日21时19分，砀山县的唐寨、朱楼等10个乡镇和萧县的新庄、杨楼等6个乡镇遭受大风袭击，最大风速达22.0m/s；亳州市涡阳县马店集、新兴、耿皇3个乡镇6月23日下午遭受龙卷风袭击。

7月5—20日，全省自北向南44个市县（区）先后遭受大风、冰雹、暴雨和雷电袭击，其中砀山、宣州、无为等地反复受灾。7月5—7日，全省18个县（市、区）发生风雹灾害；萧县6日凌晨23个乡镇遭受风雹灾害袭击，最大风速32.7m/s，为历史罕见。砀山县5日深夜到6日凌晨，部分乡镇遭受风雹灾害袭击；7月8日宿州、阜阳、六安等14个县市出现大风，部分乡镇遭受冰雹袭击。霍山县8日20时30分至21时10分，狂风大作，挟带着倾盆大雨和乒乓球般大小的冰雹，冰雹最大直径50mm。受灾范围涉及15个乡镇；阜阳市8日下午至9日凌晨7个县区29个乡镇遭受大风冰雹灾害。

8月3日，六安市区、霍邱、舒城等地出现暴雨、雷雨大风天气，并伴有雷暴。裕安区境内韩摆渡、城南、石板冲、石婆店、苏埠、分路口等乡镇损失十分严重。8月3日下午3时50分左右，定远县蒋集乡境内遭受龙卷风袭击，蒋岗、封庄、谢集等12个行政村，123个村民组受灾严重。8月4日14—15时，凤阳县城西乡遭受风暴袭击；临泉县8月10日下午4—6时，韦寨、瓦店、田桥等6个乡镇遭受雷雨大风袭击。

2005年

暴雨洪涝 4月29—30日，全省出现大范围的暴雨，部分地区伴有大风、雷暴等强对流天气，造成了不同程度的损失。桐城市4月29、30日连续两天出现雷暴、暴雨强对流天气。岳西县4月29日20∶00至30日14∶00出现暴雨。铜陵市4月29日19时，出现了短时强雷电，随后出现了大风、冰雹。

5月16日下午至5月17日，怀远县、五河县、固镇县均不同程度的受到暴雨袭击，最大降水量达90mm，部分地区出现雷雨大风，局地出现龙卷风，持续时间达半个小时，导致小麦大面积倒伏，减产严重。

6月26—28日，安徽省大别山区和沿江出现集中强降水，造成部分地区短时内涝。

7月4—11日，亳州、阜阳、蚌埠、淮南、滁州、淮北、六安、合肥8市35个县（市、区）遭受洪涝。

8月1日、2日淮北部分地区降暴雨到大暴雨。宿州、淮北、亳州、蚌埠共15个县（区）遭受暴雨洪涝。

干旱 6月份，由于前期持续晴热高温，到7月初，全省大部分地区持续晴热少雨，其中江淮分水岭地区和皖南山区旱情最为严重。

台风 8月6—7日受“麦莎”热带风暴影响，安徽南部和东、中部地区发生大风、大雨，局部暴雨。宣城、池州、马鞍山、芜湖、铜陵、巢湖、滁州、蚌埠、安庆、六安10市30个县（区）不同程度遭受大风和暴雨灾害。

受13号台风“泰利”减弱的低气压影响，9月1日至4日，安徽省安庆、六安、巢湖市普降暴雨到特大暴雨，造成山体滑坡、山洪暴发和严重内涝，其中岳西、金寨、霍山、裕安、含山、潜山、宿松、金安灾情严重。

受15号台风“卡努”外围影响，9月11至12日，安徽省宣城市宣州区、宁国市和郎溪县，滁州市琅琊区、南谯区和天长市，铜陵市铜陵县以及马鞍山市雨山区、当涂县遭受大风大雨袭击，受灾较为严重。

大风冰雹 4月20日，16个县市出现大风，最大风速滁州25m/s，泗县、明光、五河等部分乡镇还有冰雹、龙卷，造成了损失。4月20日下午16时左右，明光市柳巷、泊岗、古沛、紫阳、女山湖、邵岗、司巷等乡镇遭受风雹袭击，个别乡镇还有龙卷风。4月20日下午15—17时，五河县部分地区出现了雷雨、冰雹、大风天气。武桥、刘集、小溪镇出现10mm左右的冰雹，持续时间1分钟，五河站出现18.8m/s的大风。4月20日13时29

分，泗县出现瞬间风速17m/s的大风天气，15时16分至18分，泗县站出现冰雹，最大直径为12mm，重量为1克左右。县城南部的丁湖、大路口乡、墩集三乡镇在14时50分至15时25分也遭受冰雹、大风袭击，冰雹最大直径为10mm。20日下午，滁州市部分地区出现飑线天气，17时45分瞬间极大风速24.5m/s，凤阳20.7m/s，明光19.8m/s，来安21.0m/s。

4月25日，五河、滁州、岳西和明光等局部地区又出现冰雹，来安县出现大风。

6月14日夜里到15日凌晨，蚌埠、滁州、淮北、合肥、巢湖等市遭遇风雹灾害。

6月18日晚，萧县、砀山等市县出现大风，局部乡镇出现冰雹。

6月20日晚到21日凌晨，濉溪、宿州、蚌埠、五河、定远、凤台、寿县、萧县、来安、固镇、怀远11个市县先后出现了大风天气，泗县有冰雹，直径为4mm，六个乡镇受灾。

7月30日11时左右灵璧县韦集出现大风龙卷，造成房屋倒塌，农作物受灾。

雷击事件频繁发生，4月29日下午，宣城新田镇莆田村发生一起雷击事故，导致两个17岁的学生当场死亡。7月27日下午，霍邱县乌龙镇阴塘村9民工因躲雨遭雷击，3人死亡，6人受伤，其中1人伤势严重。同一天淮南谢家集唐山镇因雷击死亡2人。7月9日肥东、19日巢湖市庐江、23日五河县、31日灵璧因雷击各造成1人死亡。9月15日黄山光明顶因雷击造成游客5人受伤。9月16日15时，濉溪县孙疃镇遭受雷雨大风侵袭，有2人因雷击死亡，2人受伤。

寒潮雪灾和低温冻害　2月6—9日淮北中西部地区出现雨凇，连续4天分别有5个县市、14个县市、13个县市和10个县市出现雨凇，雨凇厚度在7～10 mm之间，最大利辛17mm。2月6日冻雨使阜阳市5县3区农电线路覆冰严重，是18年来最严重的冰灾。阜阳、临泉、太和一直到8日输电线路仍在结冰，冻雨直径也在扩大，在10mm左右。

受寒潮影响，3月11—12日全省出现了大风降温天气，11日夜间全省转雪，江南暴雪。3月11日20时到12日08时，池州境内普降暴雪，贵池降雪量12.8mm，雪深17cm；青阳雨雪量为14.9mm，雪深11cm；石台、东至雪深7cm。

低温连阴雨　8月17—24日，全省出现了6～7天阴雨寡照、平均气温低于20℃～22℃的天气。9月下旬和10月上旬，淮北出现秋季长连阴雨，长时间阴雨寡照天气，使已成熟的秋季旱作物难以收获。

第二篇　气候变化与气候区划

第一章　气候变化

地球最老的地层同位素年龄值约46亿年左右，以此为界限，将地球历史分为两大阶段，46亿年以前称为“天文时期”或“前地质时期”，46亿年以后称为“地质时期”。地质时期的单位为：宙、代、纪、世、期、时。整个地壳历史划分为隐生宙和显生宙两大阶段。隐生宙分为太古代、元古代；显生宙分为古生代、中生代、新生代。代之下划分若干纪，如寒武纪、侏罗纪、第四纪。每个纪又分为二个或三个世，世下分若干期。世以上的划分与名称是世界统一的，世以下的划分与名称则按各地区实际情况决定。

第一节　地质时期

大约25亿～5.7亿年前的元古代，中国华北古陆形成，安徽省北部位其南缘，南部仍为古海。以菌类、藻类为主体的生物界相当繁盛；大气逐渐进入了富氧气圈时期，气候较为干燥而温暖。到晚元古代震旦纪，地球上大部分地区，包括安徽省，转为寒冷的大冰期气候。

距今约5.7～2.3亿年的古生代，海浸使气候变得温暖湿润，以蕨类和爬行类为代表的生物界加速发展。在石炭纪形成了古气候中典型的暖湿气候，从而成为地质史上最重的成煤期。安徽省北部的丰富煤层多形成于石炭纪到二迭纪。

在中生代末期，安徽省南部的古海已露出成陆；生物界则进化到了高等被子植物和鸟类、哺乳类动物。至中白垩纪最暖时，用多种方法估测的年平均温度要比现代高10℃至15℃。安徽省境南方仍呈现热带气候特征。

距今约5000万年的始新世，从安徽省明光市马岗乡出土的哺乳类动物化石来看，既有北、中区的，也有亚热带的兽类，表明那时淮河流域属于亚热带到暖温带的过渡地区，气候比现代温暖。到距今约700～250万年的上新世，根据红土和孢粉分析，年平均温度比现代约高5℃～10℃。从上新世末以来，安徽省第四纪大冰期的亚冰期和亚间冰期可以划分如下：距今约350～300万年为早亚冰期，距今约300～210万年为早亚间冰期，距今约210～150万年为狮子山冰缘期，距今约150～110万年为狮子山－鄱阳亚间冰期，距今约110～80万年为鄱阳亚冰期，距今约80～60万年为鄱阳－大姑亚间冰期。这期间，亚热带气候带北伸到了安徽省的淮北，即北纬34附近。距今60～50万年为大姑亚冰期，这期间，黄山、庐山、天目山等地都发育了山地冰川。距今约50～

30 万年为大姑 – 庐山亚间冰期。这期间，安徽省出现“和县猿人”。从遗址发现的大量伴生动、植物化石，以及这一时期几乎遍布全省的各种象类化石和淮北地层中普遍存在的砂礓推论，当时安徽省属于热带和亚热带暖湿季风气候向华北较干暖的森林草原沼泽气候过渡的区域。距今约 30 ~ 20 万年为庐山亚冰期。距今约 20 ~ 10 万年为庐山 – 大理亚间冰期，这期间，安徽省出现泗洪“下草湾人”。同时，在濉溪戚嘴层中发现了安氏鸵鸟蛋化石，反映出当时气候可能比现在干热。距今约 10 ~ 1 万年为大理亚冰期，这期间，安徽宿县出土的化石有耐寒的哺乳类动物披毛犀，反映当时气候在变冷。

大约在 2.1 万年之前，是所谓的末次冰期冰盛期（Last glacial maximum，LGM）。该时期全球平均降温 5℃ ~ 10℃，降水普遍减少。中国 0℃等温线从现在的秦岭—淮河一线南移到南岭附近。这时期江淮地区年雨量在 500 ~ 600 mm 左右，但长江以南地区仍有 1000mm 以上。之后，地球便进入相对温暖的时期。从末次冰期冰盛期到 1 万年前，气温上升了 8℃ ~ 10℃。这个时期在地质学上称之为全新世，便有了“全新世大暖期”一说。人类文明就始于这个时期。

从大理亚冰期后的近万年来，安徽省地理环境和气候已基本形成今日的面貌。其间，又经过了冷—暖—凉三个阶段，若干交替时期的干湿冷暖变化。其中，在距今约 7500 ~ 4000 年的全新世中期，安徽省灵璧、宿县、五河、怀远等地都曾多次发现四不像鹿的化石。安徽省潜山薛家岗文化以及其它各种地质、考古资料，也表明这时安徽省的气候比现在暖湿，植被繁茂，森林广布。

第二节　历史时期

近 5000 年，安徽省的气候变动为：

第一个温暖期：公元前 3000 年前到公元前 1000 年左右，即仰韶温暖期。第一个寒冷期：公元前 1000 年左右到公元前 850 年的西周时期。这一时期气候偏冷偏干。第二个温暖期：公元前 770 左右到公元初年，即春秋战国到秦汉时期。这一时期，淮河流域曾有象栖息的记载，亚热带作物分布到黄河附近。安徽气候温暖湿润。第二个寒冷期：公元初年到公元 600 年左右。公元 225 年和 515 年，淮河下游冻结。公元 2—7 世纪，中国雨量指数［涝年数 ÷（旱年数 + 涝年数）］的距平多为负距平。安徽在公元 190—617 年间，气候偏干偏冷，南旱北涝。第三个温暖期：公元 600 年至 1000 年左右。公元 8—14 世纪，中国雨量指数为正距平。安徽在公元 7—10 世纪出现 8 次旱灾，13 次涝灾，安徽气候趋于转湿。第三个寒冷期：公元 1000 年至 1219 年。公元 1185 年和 1219 年淮河结冰，车马通行。安徽出现旱灾次数多于涝灾次数。这时期安徽气候偏干偏冷。第四个温暖期：公元 1220—1328 年。中国雨量为正距平，安徽涝灾多于旱灾。安徽气候较为暖湿。第四个寒冷期：公元 1329 年至 20 世纪。淮河、巢湖多次结冰。公元 1650 年至 1700 年，气候寒冷明显，淮河结冰四次。1899 年以后至今，淮河以南的河流、湖泊几乎未出现过封冻的记载。这期间存在有较短时间尺度的冷暖变化。

百年旱涝平均等级距平变化曲线表明，安徽省气候冷暖与干湿综合变化的结果是，12 世纪中期至 13 世纪安徽气候干暖，14 和 15 世纪湿冷，16 和 17 世纪干暖，18 和 19 世纪湿暖，20 世纪又进入干暖。安徽省自公元 12 世纪以来，大致以 200 年左右为时间尺度的旱涝型转换，与中国东部旱涝型出现的最大频率或干湿阶段的平均持续时间相吻合。

第三节 近 500 年气候

冷暖期的变化 自公元 1449 年以来，安徽有 4 个持续期长短不等的气候冷、暖期变化，如表 2–1–1。

安徽近 500 年冷、暖期变化

表 2–1–1

顺序	年份	温度	年数	顺序	年份	温度	年数
1	1471—1568	冷	98	1	1569—1611	暖	43
2	1612—1761	冷	150	2	1762—1832	暖	71
3	1833—1899	冷	67	3	1900—1948	暖	49
4	1949—1984	冷	36	4	1985—2005	暖	21

表 2–1–1 中的四个冷期，安徽省出现的大雪严寒年数分别为 18、35、20 和 8。这四个冷期出现的大雪严寒年数为 81 年占 1471—2005 年大雪严寒总年数 96 年的 84.4%。四个冷期的总年数为 351 年，占总年数 535 年的 65.6%。四个暖期的总年数为 184 年，占总年数的 34.4%。

四个暖期，以 1762—1832 年的第二个暖期持续时间最长，以 1900—1948 年的第三个暖期升温最为明显，即自 19 世纪 70 年代末的温度最低点回升，在 20 世纪 20 年代到 40 年代温度达到最高，年平均气温大约升高 0.5℃ ~ 1.0℃。1985—2005 年的第四个暖期以持续性暖冬为特点，在 20 世纪 90 年代末，年平均气温明显偏高。

干湿期的变化 近 535 年来，安徽全省与安徽南部的旱涝变化趋势十分相近。安徽北部与南部的不同是，大约 1471—1600 年，北部以旱为主，南部则以正常为主；1600—1670 年，南部以涝为主，北部则以涝和正常为主；1670—1950 年，南部与北部均以涝为主，但涝的程度，北部大于南部。自 1950 年以来，安徽北部与南部的旱涝变化基本一致。

安徽旱涝平均等级小于 2.5 的年数占总年数的 27%，而平均等级大于 3.5 的年数占 14.3%，安徽近 535 年，以涝为主。

气候干湿期的振动中，有几个不同时间尺度变化叠加在一起，见表 2–1–2。

安徽近 535 年干湿期分布

表 2-1-2 单位：年

年份	年数	状况	旱年数 / 涝年数
471—1560	90	正常	20/18
1561—1600	40	偏涝	2/12
1601—1646	46	旱涝频繁	7/11
1647—1665	19	偏涝	3/7
1666—1691	26	偏涝	2/5
1692—1725	34	偏涝	4/10
1726—1764	39	偏涝	2/19
1765—1780	16	正常	3/4
1781—1801	21	偏涝	1/4
1802—1818	17	正常	3/4
1819—1922	104	偏涝	8/31
1923—1977	55	偏旱	16/10
1978—2005	28	旱涝频繁	6/8

安徽省偏涝持续期有长 79 年（1647—1725）和 104 年（1819—1922）。1471—1559 年，以干旱为主；1560—1916 年以涝为主；1917—2005 年以干旱为主。

第四节 近 100 年气候

年代际变化 安徽省气候科技工作者利用 9 个测站温度、降水百年资料序列，并得到其年代际变化结果，如表 2-1-3。

安徽 1891 年以来各年代年平均气温和年雨量

表 2-1-3

年代	温度（℃）	降水（mm）
1891—1900	15.5	1034.0
1901—1910	15.4	1166.2
1911—1920	15.5	1112.5

续表 2–1–3

年代	温度（℃）	降水（mm）
1921—1930	15.7	973.6
1931—1940	15.8	1007.9
1941—1950	16.0	1048.0
1951—1960	15.4	1177.7
1961—1970	15.6	1049.3
1971—1980	15.5	1108.0
1981—1990	15.6	1151.4
1991—2000	16.2	1151.2
2001—2005	16.3	1184.2
1971—2000 平均	15.8	1136.9

近百多年来，安徽气候在全球气候变暖大背景下也发生显著变化。气候年代际波动很明显。安徽年平均气温在 20 世纪前 10 年和 50 年代均为 15.4℃，40 年代和 90 年代和 21 世纪初分别高达 16.0℃和 16.2℃、16.3℃。气候变暖趋势明显，年平均气温气候倾向率为 0.67℃ /100 年。

各年代年降水量最小值出现在 20 世纪 20 年代，最大值出现在 50 年代和 21 世纪初期，分别为 973.6mm、1177.7mm 和 1184.2mm。相对于 1971—2000 年平均值，分别偏少 -14.4% 和偏多 3.6%、4.2%。近百多年来，年降水量几乎未有变化，年降水量的气候倾向率仅为 0.4mm/100 年。

安徽百多年来冬季（1 月）和夏季（7 月）平均气温和降水量的年代际变化，如表 2–1–4。

安徽 1891 年以来各年代冬、夏季温度和降水量

表 2–1–4

年代	冬季		夏季	
	温度（1 月）℃	降水（12 月 – 次年 2 月）mm	温度（7 月）℃	降水（6–8 月）℃
1891—1900	2.2	107.9	28.0	443.1
1901—1910	3.2	130.0	27.1	519.0
1911—1920	2.6	108.9	27.5	495.7
1921—1930	2.0	131.7	28.1	442.8
1931—1940	2.1	134.2	28.4	426.1

续表 2-1-4

年代	冬季		夏季	
	温度（1 月）℃	降水（12 月 – 次年 2 月）mm	温度（7 月）℃	降水（6-8 月）℃
1941—1950	3.1	125.2	27.8	437.8
1951—1960	1.7	139.4	28.2	529.9
1961—1970	2.0	102.2	28.3	447.3
1971—1980	2.4	119.3	27.8	478.9
1981—1990	2.6	114.4	27.8	499.0
1991—2000	2.9	126.0	28.3	536.3
2001—2005	3.2	177.5	28.6	526.1
1971—2000 平均	2.6	119.9	27.9	504.7

1 月平均气温最低值出现在 20 世纪 50 年代，仅为 1.7℃；最高值出现在 20 世纪头 10 年和 21 世纪初，均为 3.2℃，次高值在上世纪 40 年代，为 3.1℃。自 20 世纪 60 年代以来，1 月平均气温持续和显著升温。

7 月平均气温以 21 世纪初的 28.6℃为最高；最低值在 20 世纪前 10 年，为 27.1℃。与 1971—2000 年平均值相比，偏高 0.7℃，偏低 0.8℃。

21 世纪初，冬季降水量 177.5mm 为最高值，20 世纪 50 年代冬季降水量 139.4mm，为次高值；上世纪 60 年代 102.2mm，为最小值。与 1971—2000 年平均值相比，分别偏多 48.0%、16.3% 和偏少 14.8%；20 世纪 90 年代夏季降水 536.3mm，为最高值，50 年代 529.9mm 为次高值，30 年代 426.1mm 为最小值。与基准平均值相比，分别偏多 6.3%、5.0% 和偏少 15.6%。

近百多年来，安徽冬、夏季降水量几乎未有变化，气候倾向率分别仅为 0.1mm/100 年和 0.3mm/100 年。

年际变化 气象要素（如气温、降水）平均值相同，其数据的离散程度不一定相同。故常用要素数据的均方差（σ）表示其变化。

温度变化 年平均气温年际波动十分明显。1910 年年平均气温距平 –1.8σ，1935 年和 1946 年的距平分别为 1.8σ 和 1.6σ，1956 年和 1957 年低达 –2.2σ。自此之后，年平均气温呈现持续升温趋势，1994 年距平达 2.2σ，1998 年距平高达 2.4σ。

1955 年 1 月平均气温为 20 世纪同期气温最低值，低达 –4.2σ，此前虽有升温与降温，如 1893 年距平 –2.5σ，1914 年 2.0σ，1930 年 –2.7σ，1946 年和 1950 年 1.8σ，但总趋势却是正常的；此后是明显持续升温趋势，1999 年 1 月平均气温距平高达 2.0σ。

1934 年 7 月平均气温偏高，距平为 2.6σ，1994 年距平 2.1σ；1907 年、1931 年和

1954年7月平均气温偏低，距平为 −2.1σ。110多年来，7月平均气温呈升温趋势。

降水变化　年降水量年际变化明显。1892年和1900年降水偏少，距平分别为 −1.09σ 和 −1.04σ；1911年和1915年降水量偏多，距平分别为1.47σ 和1.86σ；1917年到1953年，除1931年降水偏多，距平为1.35σ 以外，几乎持续降水偏少；1954年降水量最多，距平为3.16σ，为20世纪年降水量最多值，自此之后，年降水量的正负距平转换频率加快，1978年降水量距平为 −2.56σ，1991年为2.2σ。

冬季（12月至次年2月）降水量的年际波动很明显。1906年、1930年、1954年、1969年和1998年冬季降水量明显偏多，其距平分别为3.28σ、2.67σ、2.59σ、2.60σ 和2.33σ。1894年、1918年、1968年和1998年冬季降水明显偏少，其距平分别为 −1.7σ、−1.85σ、−1.94σ 和 −1.66σ。

夏季（6—8月）降水量年际变化趋势与年降水量年际变化趋势相一致。1892年和1904年夏季降水偏少，距平分别为 −1.10σ 和 −1.21σ；1911年和1931年降水量偏多，距平分别为1.25σ 和1.18σ；1913年到1953年，除1931年夏季降水量明显偏多外，几乎持续性降水偏少；1954年夏季降水量异常偏多，距平3.18σ，自此之后，夏季降水量的正负距平转换频率加快。1967年和1978年夏季降水量显著偏少，距平分别为 −1.79σ 和 −1.91σ。1991年和1996年夏季降水距平分别为2.05σ 和2.03σ。

第五节　近50年气候

温度变化　近50年来，安徽气候出现以变暖为主要特征的变化。年平均气温自北向南递增，合肥以北地区14.5℃～16.0℃，合肥以南地区为16.0℃～16.5℃。最近50年，全省年平均气温上升0.5℃～1.5℃，平均约为1.0℃，增暖速率为0.22℃/10年。20世纪90年代以来增暖速率明显加快，达到0.85℃/10年。

冬、春、秋季气温均为增暖趋势，夏季气温没有明显变化趋势。冬季气温上升趋势最为明显，增暖速率0.38℃/10年；春季增暖速率为0.30℃/10年；秋季为0.21℃/10年。多数年份气温偏高，“暖冬”现象明显。春季气温从20世纪90年代后期开始快速上升。此后春季气温几乎年年偏高。季节更替出现变化，入冬推迟、冬季变短，入春提前、春夏季变长。

降水变化　年降水量及降水日数自北向南递增，山区多于丘陵、平原。全省平均年降水量1132mm，年平均雨日118天。

最近50年，全省年降水量呈不明显的增加趋势，增加量为121mm，平均速率24.2mm/10年。降水日数呈减少趋势（速率为 −2天/10年）。雨日减少而降水总量增加，说明降水强度总体增加。

冬、夏季降水量呈增多趋势，而春季、秋季略微减少。夏季降水增多趋势最为显著，其中淮北地区增加速率达30mm/10年。

第二章　气候区划

第一节　气候分区

一级气候区划　安徽省淮河南北两岸≥ 10℃积温在 4800℃ ~ 4900℃，为北亚热带北界的积温指标。以 23 个有代表性的气象台站为论域，以≥ 10℃积温及其天数、最冷月（1 月）平均气温、年极端最低气温多年平均值 4 个要素为聚类因子，利用绝对值减数法计算相似矩阵中的各个元素，给定 LMD（局部均值分解）= 0.92，完成聚类分析。聚类结果表明，暖温带与亚热带之间存在着明显的分界。这条界线是过渡性的，有一定地域宽度。该过渡带在气候区划图上即为Ⅱ区。安徽省所属气候带见表 2–2–1。

安徽省一级气候区域统计表

表 2–2–1

编号	一级区域名称	地　域	指　　标	
			聚类指标	主导、辅助指标
Ⅰ	淮北北部暖温带气候区（简称淮北北部区）	砀山、萧县、亳州市、淮北市，以及界首、涡阳的北部，濉溪、宿州市、灵璧和泗县的绝大部分地区	（1）≥ 10℃积温 （2）≥ 10℃天数 （3）1 月平均气温 （4）平均年极端最低气温	主导指标：≥ 10℃积温＜ 4800℃；≥ 10℃天数 220 天。 辅助指标：1 月平均气温＜ 1.0℃；平均年极端最低气温＜ –11.0℃。
Ⅱ	淮河两岸暖温带与北亚热带过渡气候区（简称淮河两岸过渡区）	界首、太和、涡阳、濉溪和宿州市的南部，临泉、阜阳市、利辛、蒙城，阜南和颍上的北部，凤台的西北部，灵璧和泗县的南端，固镇、五河，凤台和怀远的绝大部分地区，蚌埠市，凤阳和明光市的北部	（1）≥ 10℃积温 （2）≥ 10℃天数 （3）1 月平均气温 （4）平均年极端最低气温	主导指标：≥ 10℃积温 4800–5000℃；≥ 10℃天数 221—230 天。 辅助指标： 1 月平均气温 1.1℃—2.0℃；平均年极端最低气温 –9.0℃至 –11.0℃
Ⅲ	江淮及皖南北亚热带气候区（简称江淮及皖南区）	阜南—颍上—凤台—凤阳—明光市一线以南的广大地区	（1）≥ 10℃积温 （2）≥ 10℃天数 （3）1 月平均气温 （4）平均年极端最低气温	主导指标：≥ 10℃积温≥ 5000℃（大别山区略低）；≥ 10℃天数≥ 230 天（大别山区略少）。 辅助指标：1 月平均气温＞ 2.0℃；平均年极端最低气温＞ –11.0℃。

二级气候区划　据安徽省水分条件以及暑寒特点,计算得到如下九个二级气候副区。见表 2–2–2 和图 2–2–1。

安徽省二级气候区域统计表

表 2–2–2

编号	二级区划名称	主导指标	辅助指标
Ⅰ1	淮北北部区西部副区	年干燥度指数 1.08 ~ 1.11	平均年日最高气温≥ 30℃天 :75.5 ~ 81.0
Ⅰ2	淮北北部区东部副区	年干燥度指数 0.99 ~ 1.03	平均年日最高气温≥ 30℃天 :71.0 ~ 76.0
Ⅱ3	淮河两岸过渡区临阜副区	年干燥度指数 1.05 ~ 1.11	平均年日最高气温≥ 30℃天 :78.4 ~ 81.0
Ⅱ4	淮河两岸过渡区沿淮副区	年干燥度指数 1.00 ~ 1.06	平均年日最高气温≥ 30℃天 :72.9 ~ 76.3
Ⅲ5	江淮及皖南区江淮之间副区	年干燥度指数 0.90 ~ 1.03 暑寒指数 0.68 ~ 0.80	春季降水量占年降水量的 20 ~ 26% 汛期降水量占年降水量的 60 ~ 66%
Ⅲ6	江淮及皖南区大别山副区	年干燥度指数 0.60 ~ 0.70 暑寒指数 0.61 ~ 0.96	春季降水量占年降水量的 26 ~ 30% 汛期降水量占年降水量的 60 ~ 66%
Ⅲ7	江淮及皖南区沿江东部副区	年干燥度指数 0.86 ~ 0.95 暑寒指数 0.79 ~ 0.94	春季降水量占年降水量的 26 ~ 29% 汛期降水量占年降水量的 59 ~ 63%
Ⅲ8	江淮及皖南区沿江西部副区	年干燥度指数 0.70 ~ 0.75 暑寒指数 0.73 ~ 1.00	春季降水量占年降水量的 29 ~ 34% 汛期降水量占年降水量的 57 ~ 67%
Ⅲ9	江淮及皖南区皖南副区	年干燥度指数 0.60 ~ 0.66 暑寒指数 0.90 ~ 1.17	春季降水量占年降水量的 30 ~ 36% 汛期降水量占年降水量的 57 ~ 60%

说明:暑寒指数 = 日最高气温≥ 30℃日数 / 日平均气温≤ 5℃日数

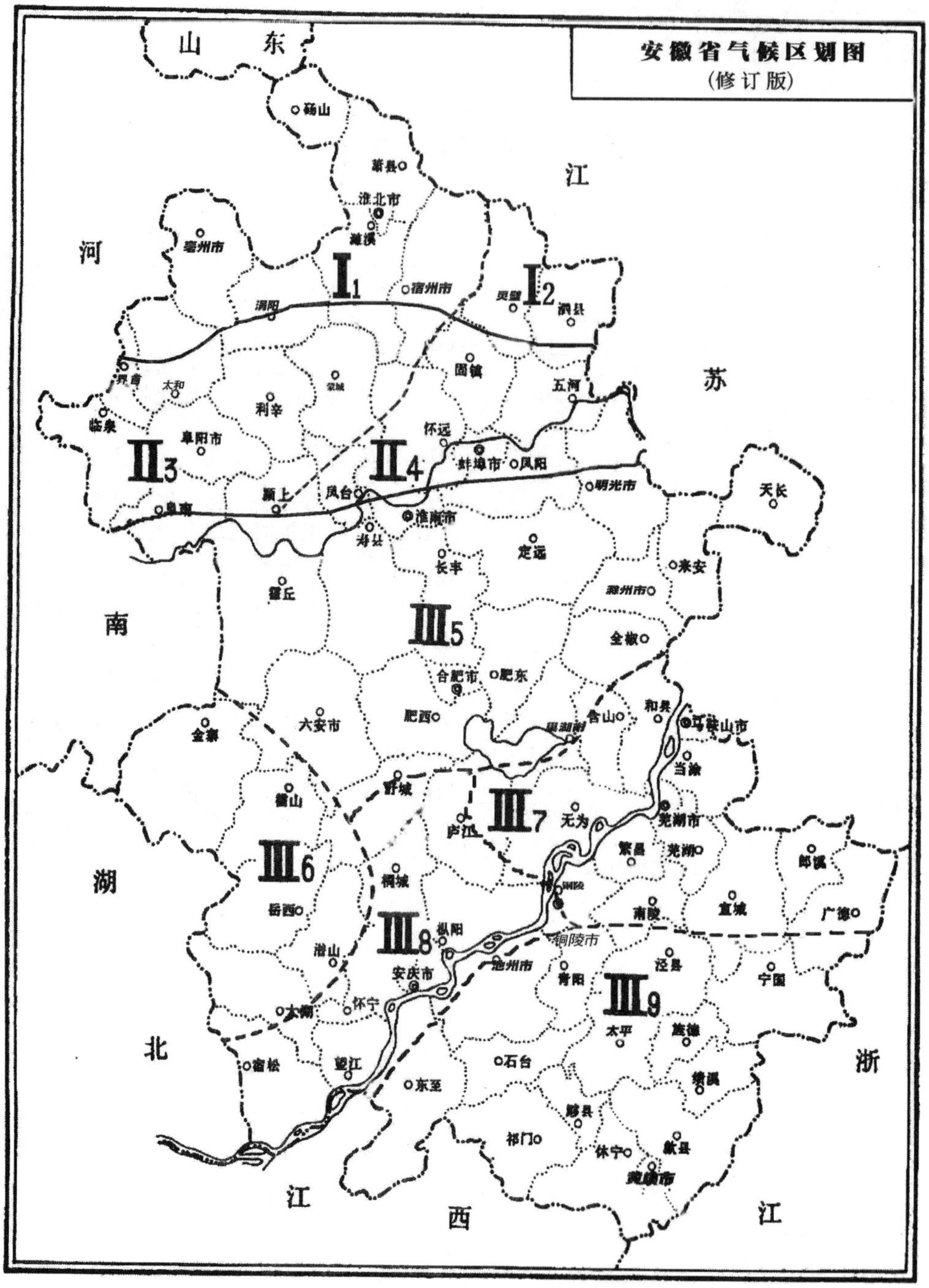

图 2-2-1 安徽省气候区划图

第二节 分区气候特点

淮北北部区（Ⅰ） 淮北北部区处在暖温带气候区内，是全省热量条件最少区域。年平均气温 14.4℃～ 15.6℃，最冷月 1 月平均气温在 0.5℃以下，最热月 7 月平均气温 27℃～28℃。10℃积温不足 4800℃。平均年极端最低气温在 –11.0℃以下。越冬期明显，为 40 ～ 50 天，无霜期 220 天。本区内热量条件北部不如南部，东部不如西部。年雨量 800mm 左右，

6 ~ 9 月雨量占年雨量的 60% 以上，冬春仅占 22% ~ 26%。常有旱涝、霜冻、冰雹及秋季连阴雨危害。就全年而言，本区水分条件支大于入，年干燥度指数在 0.99 ~ 1.11 之间。

Ⅰ 1 副区包括砀山、萧县、淮北市、亳州市，和界首、涡阳的北部，濉溪和宿州市的绝大部分地区。冬冷夏热，易出现春旱和干热风。是全省水分条件最差的区域。年平均气温 14.4℃ ~ 15.6℃，年雨量 730 ~ 840mm；≥ 10℃积温 4690℃ ~ 4800℃，≥ 10℃天数 220 天；1 月平均气温＜ 0.5℃，平均年极端最低气温＜ –11.0℃；年干燥度指数 1.10；平均年极端最高气温 38℃ ~ 39℃，平均年日最高气温≥ 30℃的日数 75 ~ 80 天。

Ⅱ 2 副区包括灵璧和泗县的绝大部分地区。易出现旱涝、霜冻、冰雹等灾害性天气。灵璧是全省冰雹最多地区之一。7—9 月易受台风影响。年平均气温 14.5℃，年降雨量 880 ~ 900mm。≥ 10℃积温 4720℃，≥ 10℃天数 220 天。1 月平均气温 0.5℃，平均年极端最低气温 –11.0℃；年干燥度指数 0.99 ~ 1.03，平均年极端最高气温 38.0℃，年平均日最高气温≥ 30℃的天数 75 天。

淮河两岸过渡区（Ⅱ） 淮河两岸过渡区处在暖温带与亚热带间气候过渡区内，水热条件比Ⅰ区优越。年平均气温 15℃或以上，1 月平均气温 1.0℃~ 1.8℃，7 月平均气温 27.5℃或以上。≥ 10℃积温 4850℃~ 5000℃。平均年极端最低气温 –9.0℃至 –11.0℃。越冬期 28 ~ 40 天，无霜期 225 ~ 230 天。年雨量 850 ~ 950mm，6—9 月降水量占全年雨量的 50% ~ 60%，冬春占 30% ~ 35%。旱涝、霜冻等灾害性天气常有出现。就全年而言，本区水分条件基本收支平衡。

Ⅱ 3 副区包括界首、太和、涡阳、濉溪和宿州市的南部，临泉、阜阳市、利辛、蒙城，阜南和颍上的北部，以及凤台的西北部。年平均气温 15℃或以上，年降雨量 850 ~ 900mm。冬冷夏热，旱涝出现频繁，暴雨强度大。≥ 10℃积温 4900℃~ 4950℃，≥ 10℃天数 225 ~ 228 天。1 月平均气温 1.2℃~ 1.8℃，平均年极端最低气温 –9.0℃或以下。年干燥度指数 1.05 ~ 1.11，平均年极端最高气温 38.0℃~ 39.0℃，平均年日最高气温≥ 30℃的日数 78 ~ 81 天。

Ⅱ 4 副区包括灵璧和泗县的南端，固镇、五河，凤台和怀远的绝大部分地区，蚌埠市，凤阳和明光市的北部。年平均气温 15℃或以上，年雨量 880 ~ 920mm。≥ 10℃积温 4860℃ ~ 5000℃，≥ 10℃天数 225 ~ 230 天。1 月平均气温 1.0℃ ~ 1.8℃。平均年极端最低气温 –9.0℃至 –11.0℃。年干燥度指数 1.00 ~ 1.06，平均年极端最高气温 37.5℃ ~ 38.5℃，年平均日最高气温≥ 30℃的日数 72 ~ 76 天。

江淮及皖南区（Ⅲ） 江淮及皖南区处在北亚热带气候区内，是本省水热条件较好的区域。面积大，地形复杂，各个气候副区间的差异也大。本区年平均气温除大别山区腹地不足 15℃外，均在 15.0℃以上，最高达 16.8℃。1 月平均气温均 2℃ ~ 4℃，7 月平均气温 26℃ ~ 29℃；≥ 10℃积温 4540℃ ~ 5350℃（大别山区腹地略低），≥ 10℃天数 220 ~ 240 天。平均年极端最低气温高于 –11.0℃。越冬期不太明显，无霜期除大别山区腹地和东北端定远、明光一带较短外，大致在 220 ~ 260 天。本区热量条件北部低于南部，山地低于沿江平原，沿江东部低于沿江西部。本区年雨量 900 ~ 1870mm。各季节雨量特点是：冬季降水占全年降水的10%以上，春季占25%～35%，夏季占35%～45%，秋季占10%-20%。有旱涝、低温、冰雹等灾害性天气出现。全年而言，除江淮之间部分地区外，水分收大于支。

Ⅲ5副区包括阜南—颍上—凤台—凤阳—明光市一线以南和巢湖以北地区。年平均气温15.0℃～15.8℃，年降水量900～1000mm。≥10℃积温4800℃～5100℃，≥10℃天数220～233天。1月平均气温2.0～2.5℃，平均年极端最低气温-8.0℃至-11.0℃。年干燥度指数0.90～1.03，暑寒指数0.68～0.80。3—5月降水量占年降水量的20%～26%，汛期（指5—9月，下同）雨量占年降水量的60%～66%。

Ⅲ6副区包括金寨、霍山、岳西，以及舒城西南部，太湖北部，潜山的绝大部分地区。受地形影响，热量条件较低，但雨水丰沛，暴雨及雷暴日数较多。山区地势较高，旱涝较轻，但因地形作用，暴雨强度增大，易出现山洪，山麓地区时有严重涝害出现。年平均气温14.4℃～16.5℃，年降水量1250～1520mm。≥10℃积温4540℃～5250℃，≥10℃天数220～240天。1月平均气温2.0℃～3.5℃，平均年极端最低气温-11.0℃至-7.5℃。年干燥度指数0.60～0.70，暑寒指数0.61～0.96。春季降水量占全年降水量的26%～30%，汛期雨量占年降水量的60%～66%。

Ⅲ7副区沿江东部，以及铜陵—南陵—广德一线以北地区。初夏梅雨季节易涝，雨量以7月最多。7—9月受台风影响，易出现暴雨大风天气。年平均气温15.8℃～16.3℃，年降水量1000mm或以上。≥10℃积温5000℃～5130℃，≥10℃天数230～235天。1月平均气温2.8℃～3.4℃，平均年极端最低气温-7.0℃至-8.5℃。年干燥度指数0.86～0.95，暑寒指数0.79～0.94。春季雨量占年降水量的26%～29%，汛期雨量占年降水量的59%～63%。

Ⅲ8副区沿江西部地区。本副区水热条件是全省最好的区域。梅雨季节降水集中，雨量和暴雨均以6月为最多，易涝害；出梅后，伏秋少雨易旱。年平均气温16.0℃～16.8℃，年降水量1200～1400mm。≥10℃积温5150℃～5350℃，≥10℃天数235～240天。1月平均气温3.1℃～4.0℃，平均年极端最低气温-6.5℃至-8.0℃。年干燥度指数0.70～0.75，暑寒指数0.73～1.00。春季降水量占全年降水量的29%～34%，汛期雨量占年降水量的57%～67%。

Ⅲ9副区包括东至—贵池—铜陵—广德一线以南的广大地区。因山多地势较高，热量条件不如Ⅲ8副区，但雨水丰沛，居全省之首，春雨和夏雨都占全年降水量的30%以上。雨量以6月为最多，暴雨也以6月最多。初夏受梅雨影响，夏秋易受台风影响，梅雨和台风带来的暴雨常引起山洪危害。在梅雨量少而台风影响又少的年份，则易出现伏秋旱。年平均气温15.5℃～16.3℃，年降水量1300～1870mm。≥10℃积温4850℃～5160℃，≥10℃天数230～240天。1月平均气温2.6℃～3.8℃，平均年极端最低气温-7.0℃至-10.5℃。年干燥度指数0.60～0.66，暑寒指数0.90～1.17。春季雨量占年降水量的30%～36%，汛期雨量占年降水量的57%～60%。

第三篇　大气综合探测与通信网络

第一章 常规观测

第一节 地面探测

截至 2005 年年底,安徽省基本建设完成功能较为丰富、布局相对合理的大气综合探测系统。

地面气象观测站 全省有地面气象观测站共 81 个,其中基准站 3 个,基本站 14 个,一般站 64 个。全部地面气象观测站都建成了自动气象观测站,其中, 55 个台站实现了自动气象站的单轨观测。所有台站都开展云、能见度、天气现象、气压、空气的温度和湿度、风向、风速,降水、日照、蒸发、地面温度(含草温)和雪深观测。部分台站开展 E-601B、浅层地温、深层地温、冻土、电线积冰、辐射和雪压观测。其中,压、温、湿、风、降水、地温、蒸发以及极值、极值出现时间实现 24 小时连续自动观测,每分钟一组数据。

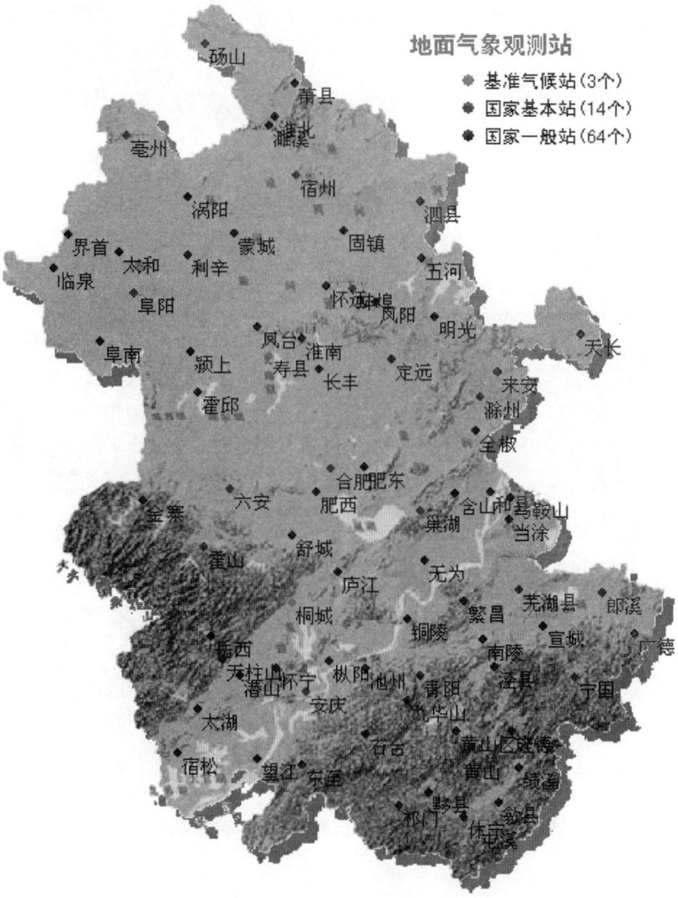

图 3-1-1 安徽省地面气象观测站分布

辐射观测站 安徽省有黄山市和合肥2个站。其中，合肥为二级站，观测项目有太阳总辐射、净辐射。黄山市为三级站，观测项目为太阳总辐射。

农业气象观测站 全省有农气观测站点共22个，其中国家级农试站3个，国家级农气站9个，省级农气站10个。各农气观测站分别开展小麦、大豆、油菜、玉米 茶树、棉花等作物观测，烟草、农田小气候、设施农业小气候、板栗、蔬菜、核桃、湖泊生态等特色及设施农业气象观测。

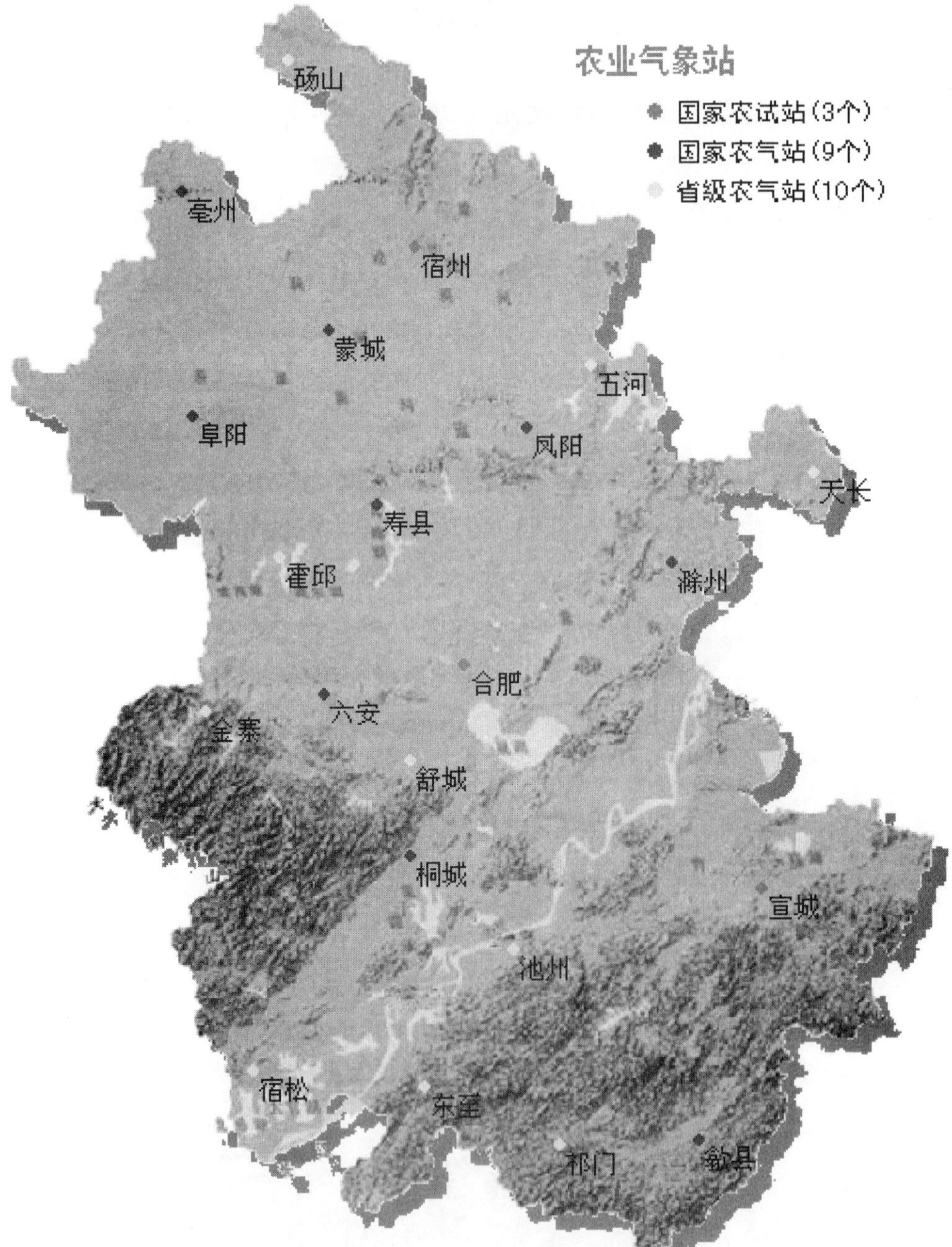

图3-1-2 安徽省农业气象观测站分布

土壤墒情普查站　安徽省土壤墒情普查站共65个。与13个土壤墒情监测农气站一起,构成由78个台站组成的土壤墒情监测网。观测要素包括土壤含水率、土壤相对湿度和干土层厚度。逢3、8观测,每5天一组数据。包括:0～10cm、10～20cm、20～30cm、30～40cm、40～50cm等5个层次。

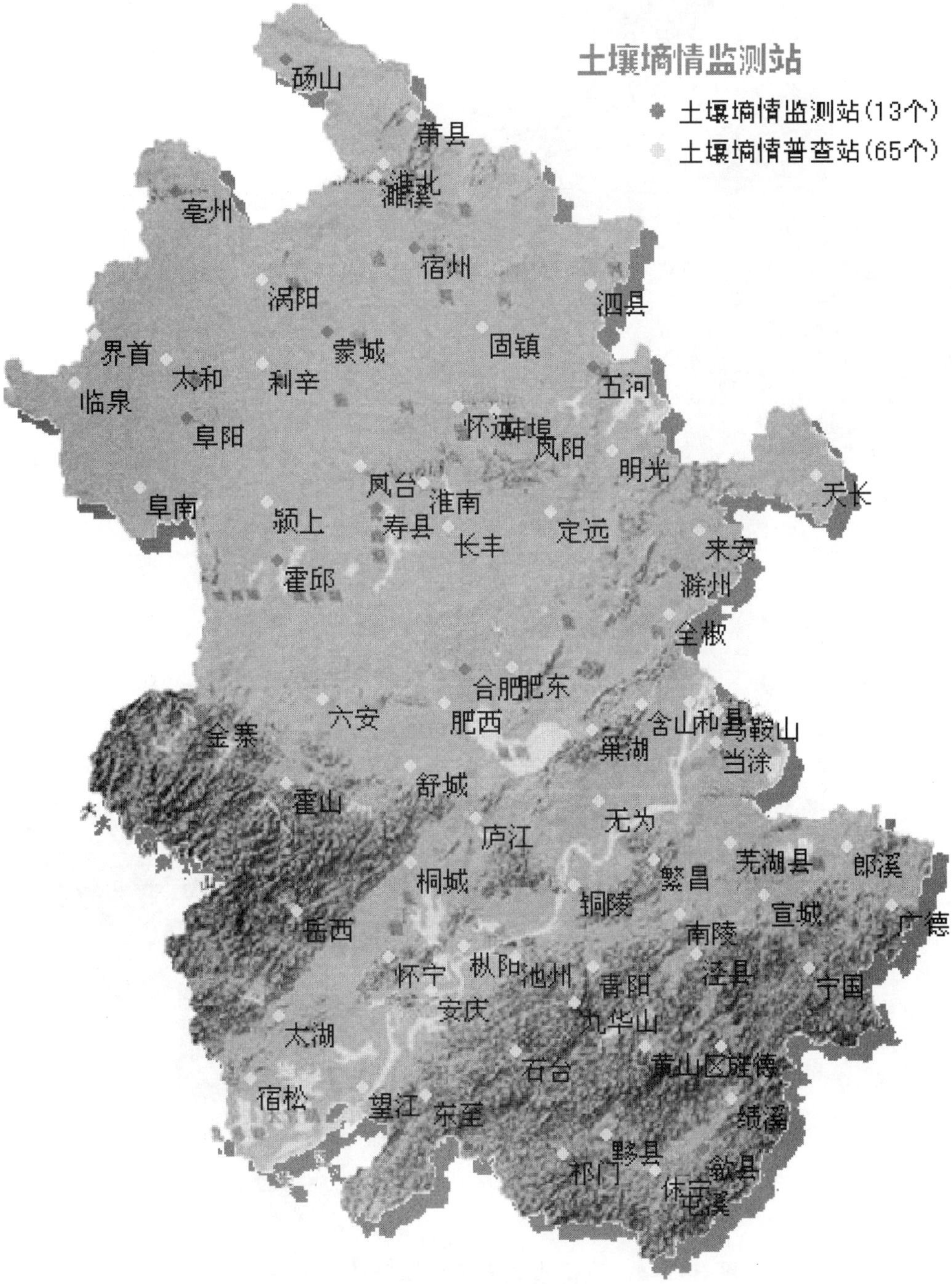

图3-1-3　安徽省土壤墒情普查站分布

高密度自动雨量站 全省单雨量站822个。平均站距小于20公里，所有站点实现了分钟级的实时探测采集和10分钟级的数据传输，有效提高了安徽省气象灾害实时监测的能力，高密度、高时效的雨量信息成为政府决策的重要依据。

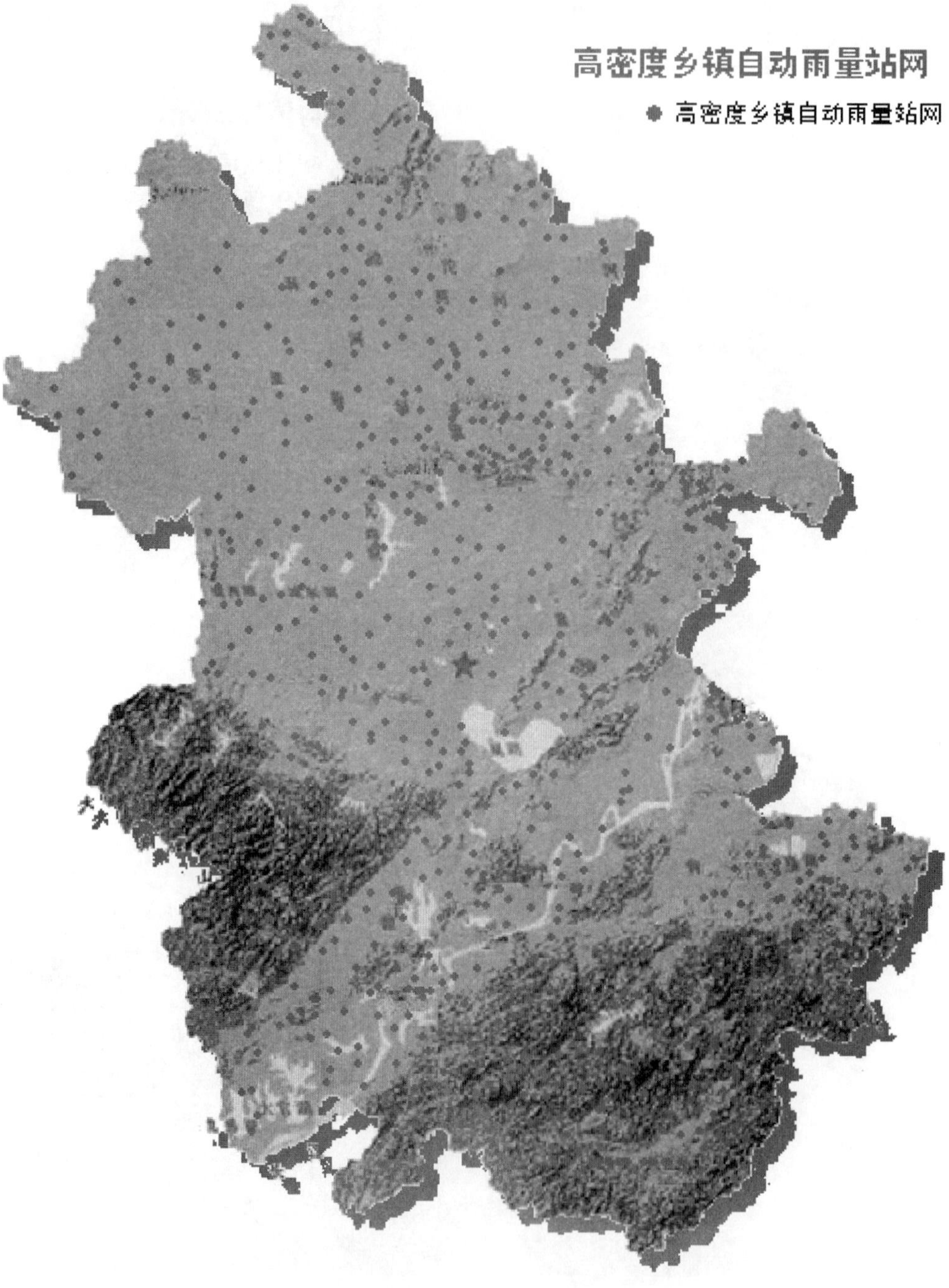

图3-1-4 安徽省高密度乡镇自动雨量站网

第二节 高空探测

高空气象观测站 全省高空探测站点有阜阳、安庆 2 个。其中,安庆原有 59-701 探空系统升级改造为 L 波段二次测风雷达—电子探空仪系统。高空站利用探空气球和探空仪,开展不同高度的气温、相对湿度、风向和风速观测。

酸雨观测站 全省共有 8 个。包括国家级酸雨站点 2 个(合肥、黄山),省级酸雨观测站点 6 个。酸雨观测站开展降水的 PH 值、电导率等要素观测。

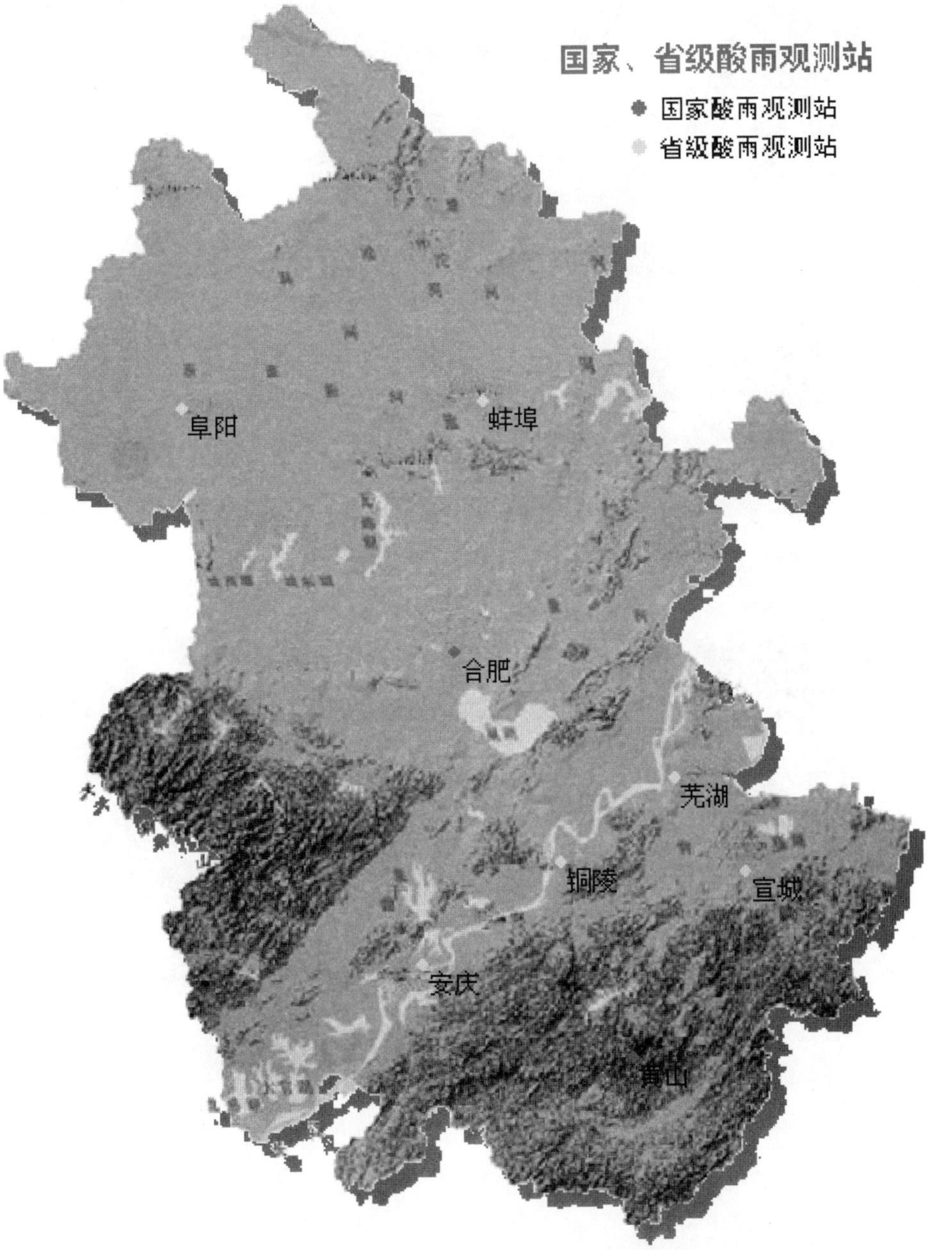

图 3-1-5 安徽省国家级及省级酸雨观测站分布

天气雷达站 全省新一代天气雷达有3部，数字化天气雷达1部。分别为合肥、阜阳S波段天气雷达，马鞍山C波段天气雷达，淮南713数字化天气雷达。基本数据包括：基本反射率、径向速度、谱宽。产品数据包括：组合反射率、回波顶高、垂直累计液态水含量、风暴追踪信息、龙卷结构等20多种产品。新一代天气雷达非汛期10时到15时进行连续观测，汛期24小时连续观测，每6分钟左右一组体扫数据。

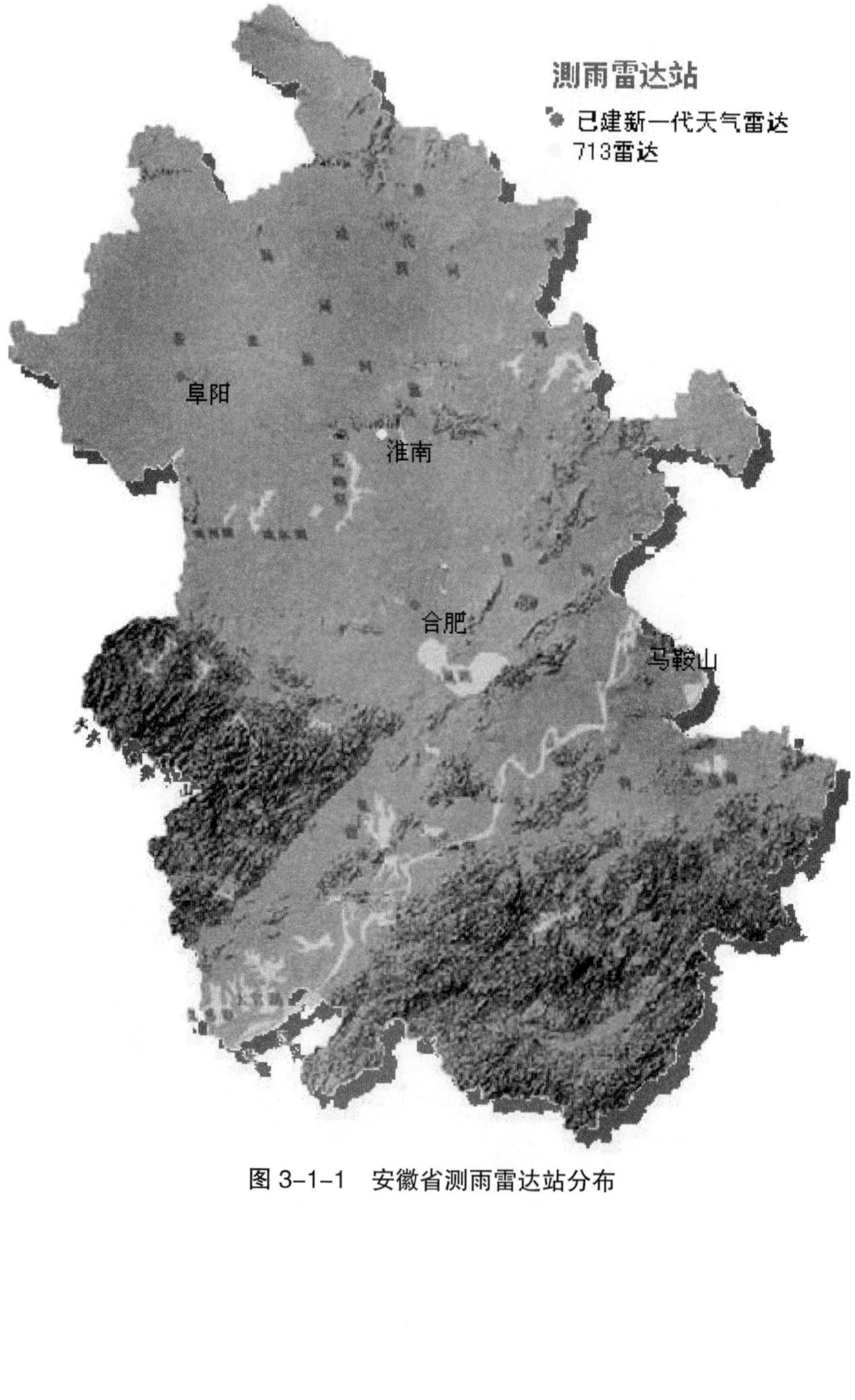

图3-1-1 安徽省测雨雷达站分布

第二章　其他观测

第一节　气象卫星观测

卫星资料接收站　DVB-S 接受站 2 个,分别为合肥和蚌埠。静止气象卫星中规模接收站 4 个,分别为合肥、宿州、芜湖、安庆。

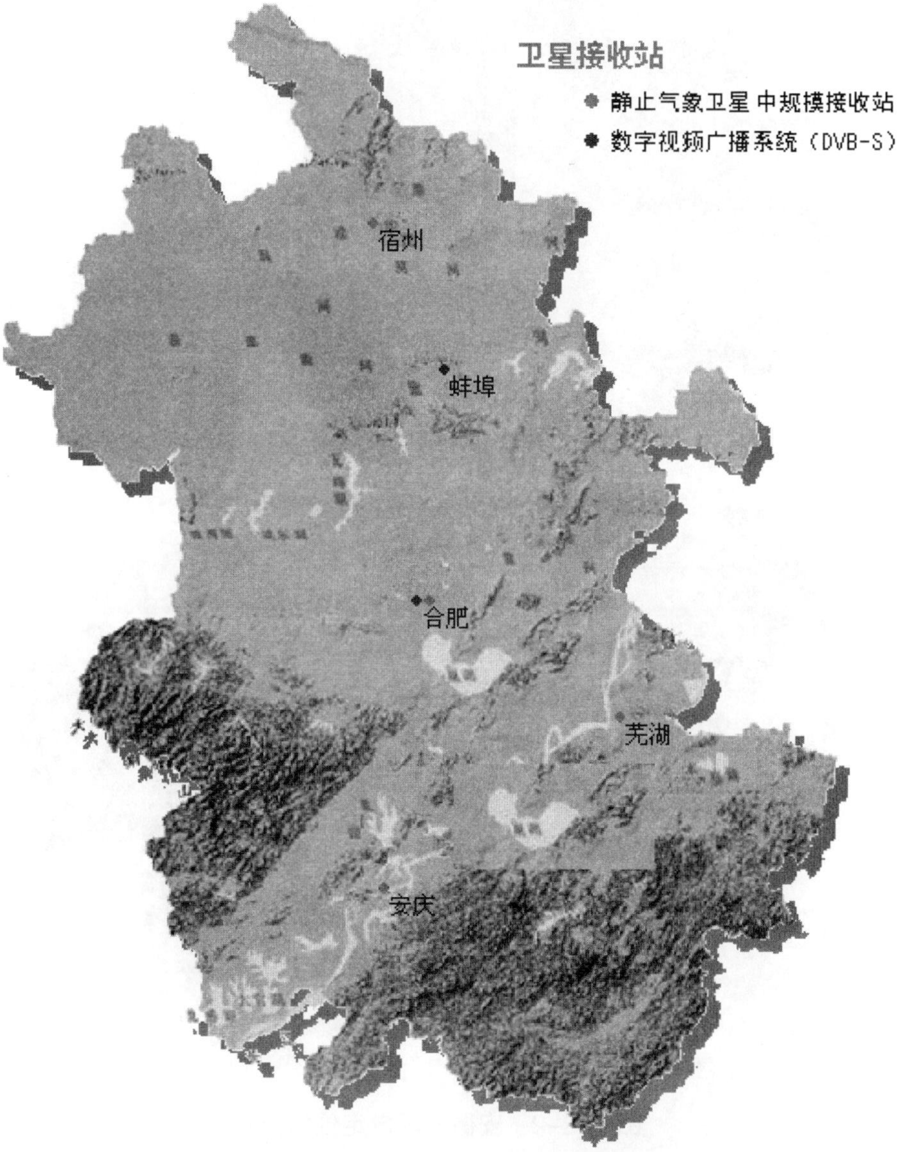

图 3-2-1　安徽省气象卫星接收站分布

第二节　闪电定位监测

全省共有 10 个闪电定位监测子站，1 个中心站。中心站位于合肥，子站分别为六安、阜阳、亳州、淮北、蚌埠、滁州、安庆、铜陵、屯溪、宣城。原始数据和定位数据包括：GPS时间、经度、纬度、电流强度、闪电类型、回击序号、雷电流上升陡度、误差椭圆长轴、误差椭圆短轴、椭圆长轴倾角、原始数据总个数。24 小时连续观测，一个雷击一条记录，一天一个文件（时间精度可达毫秒级）。

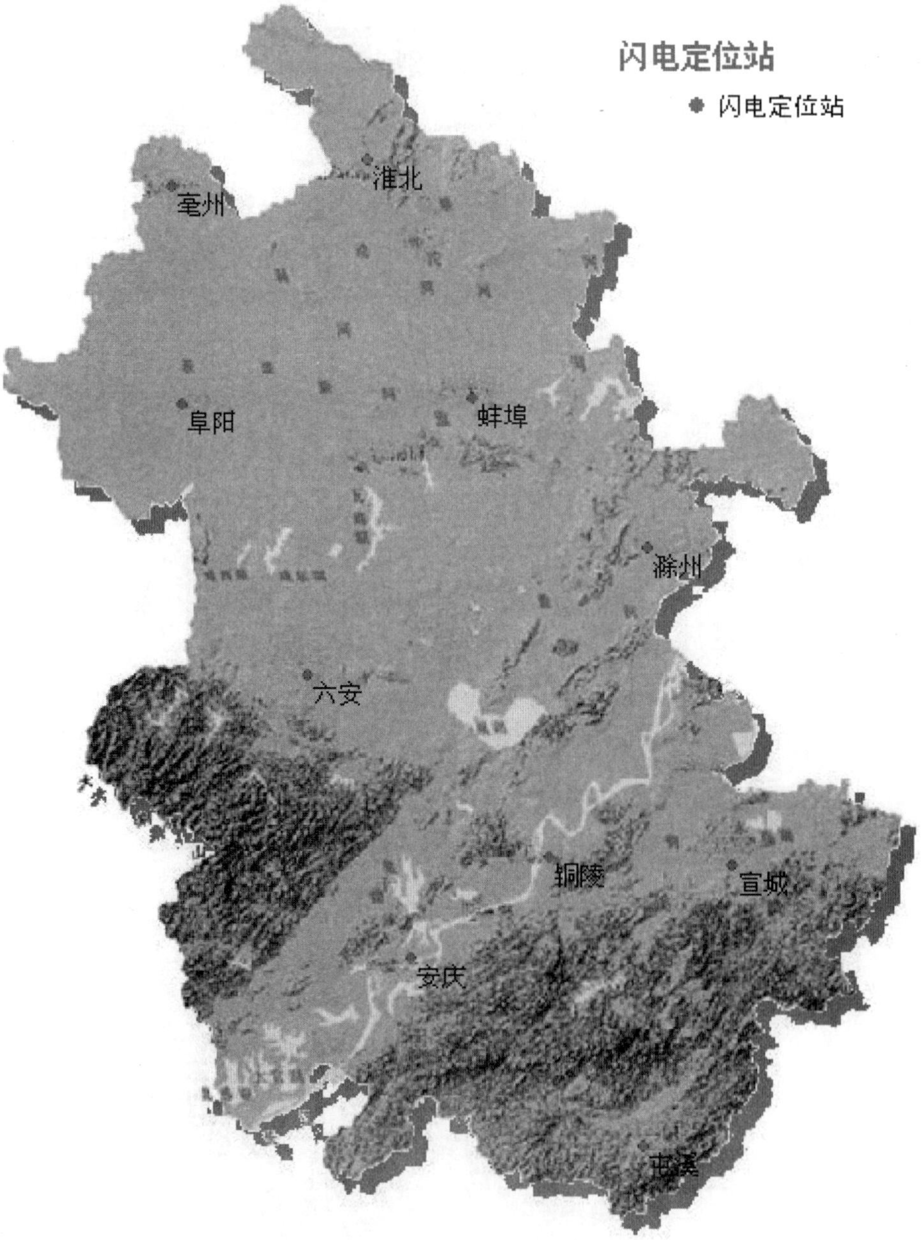

图 3-2-2　安徽省闪电定位站分布

第三节　GPS/MET 观测

全省共有13个GPS/MET观测子站。分别为黄山市、宣城、马鞍山、合肥、铜陵、东至、太湖、桐城、蚌埠、阜阳、金寨、寿县、宿州。观测要素包括L1、L2的C码伪距、P码伪距、相位等。24小时连续观测,每10秒一组数据,每半小时一个文件(可按需求加密至1秒钟一组数据)。

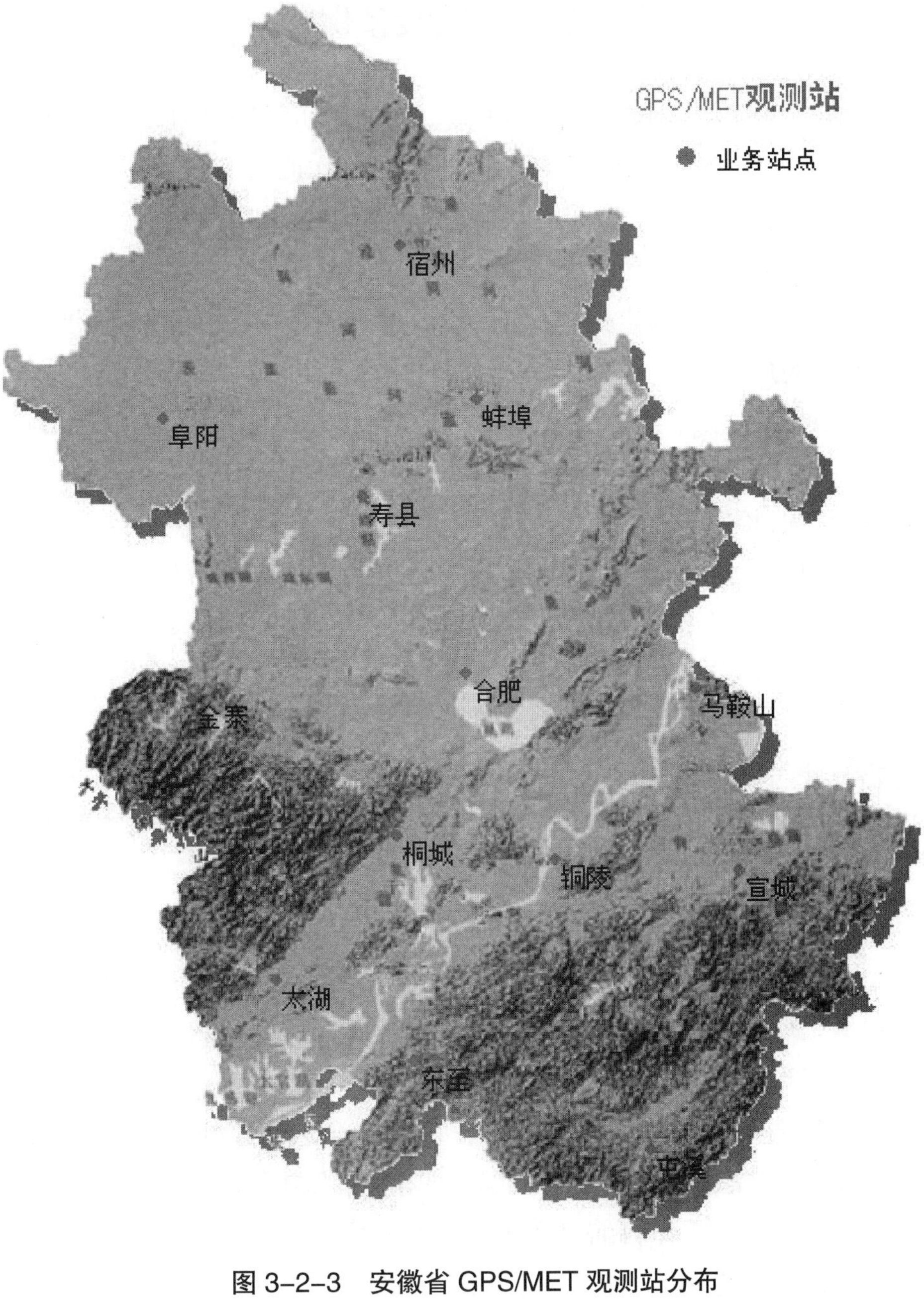

图 3-2-3　安徽省 GPS/MET 观测站分布

第四节　应急气象观测

省级应急观测气象服务系统。系统选用轻型商务客车为载体，配备自动气象站、卫星单收站移动接收系统、GPS 定位仪、常规便携式气象探测仪器等装备，集成现场综合探测显示、Micaps 等应用系统，在应急事件现场气象保障服务中发挥了积极作用。

第五节　气象装备保障

安徽省气象仪器检定工作起源于 20 世纪 50 年代初，是全国最早开展检定工作的省份之一。半个世纪以来，安徽省的气象仪器检定工作取得了长足发展。检定的工作环境得到了很大改观，特别是在新标准的制定、计量标准设备的更新改造以及新技术的引进和计量管理工作方面都做了大量工作。

工作演变　气象仪器的检定是为保证气象仪器测量数据的准确而开展的一项基础性工作，检定工作的质量直接关系到测报工作的质量，关系到预报工作的水平，也关系到气象科研工作的发展。

安徽省的气象仪器检定工作最初开展的只是气象用温度表的检定，20 世纪 50 年代后期到 60 年代初，检定工作的范围开始扩展到了毛发湿度（表）计和水银气压表。初期使用的设备也较为简陋，只有一台当时中央气象局监制的温度表检定槽和一台仿苏的六角木制的湿度检定箱。

到了 60 年代以后，检定工作得到了进一步的发展，检定工作范围也开始扩大到轻便风速表、空盒气压表，并建立了水银气压表的灌装清洗室。

目前主要有针对温度、湿度、气压、测风、自记钟、降水等六个项目二十多个种类的仪器。特别是近几年来随着大气探测二期工程的普遍展开，自动气象站各类传感器的检定逐步列入了日常检定工作的范围。

1985 年，安徽省在全国率先通过了地方行政部门标准考核，并被省技术监督局作为全省第一个授权向社会开展计量专业服务的计量站。随后还在全国专业计量站的抽查评比中得到华北片考核组的好评。

计量工作环境近年来也得到彻底改善。工作室由 20 世纪 50 年代的一两间房，到 70 年代的三四间一直到目前已有近 300 多平方米 。全透明式的实验室，装备有各项计量标准和计量设备，各实验室的温度也做到了四季可调，办公环境焕然一新。

安徽省气象仪器检定工作目前隶属于“安徽省大气探测技术保障中心”，对外全称为“安徽省气象计量检定站”。各项计量标准、计量设备的更新得到了国家气象局和安徽省大气探测技术保障中心的高度重视，现已被列入全国七个试点省份之一。

台站仪器装备的演变　安徽省气象台站常规观测仪器，主要用于各类气象要素的观测和记录。

地面常规观测仪器 温度表:气象台站最初使用棒状温度表和德国产玻璃套管温度表,到20世纪50年代中后期,才由国产玻璃套管温度表取代,主要用于测量气温,最高温度,最低温度,0、5、10、15、20、40、80、160、320cm地温,并通过干球和湿球的温差,查表求出绝对湿度、相对湿度、露点、饱和差等数据。

风向风速仪:气象台站最初使用的是风压板(维尔达),因纯系人为估测,误差较大,后来改用了轻便三杯风向风速表,在20世纪60年代中期,又被El型电接风向风速计取代,主要用于测量风向风速及最大风速等。

自记仪器:气象台站20世纪60年代,逐步配备了国产气压、温度、湿度和风的自记仪器,在湿度计未投入使用前,台站普遍使用的是毛发湿度表,各类自记仪器主要用于取得完整的气压、温度、湿度、风向和风速的连续性资料。

日照计:气象台站最早普遍使用的是乔唐式日照计,在20世纪70年代中期以后,逐步被暗筒式日照计所取代,主要用于测量每日的日照时数。

雨量计:气象台站最早使用的是雨量器,在20世纪60年代中期,又逐步配备了虹吸式雨量计,后在20世纪80年代初期,又在部分台站推广应用了遥测雨量计,主要用于测量连续雨量和一定时段内的最大雨量和雨强。

蒸发器:气象台站在20世纪中后期至今,普遍使用的是口面积为314 cm^2的小型蒸发器,国家基准站和基本站则在20世纪90年代,普遍换配了口面积为3000 cm^2的大型蒸发器。

气压表:用于大气压力测量的水银气压表,因其准确度较高,故一直使用几十年。随着科学技术的快速发展,目前采用的报筒式气压仪及采用温度补偿的硅压阻式传感器将逐步替代水银气压表。

观测用百页箱:气象台站以前普遍使用的是木制百页箱,但在20世纪90年代以来,所有台站都换配了玻璃钢百页箱。

野外观测用仪表:野外观测一直采用手摇干湿表、轻便三杯风向风速表、空盒气压表,在20世纪70年代中后期,手摇干湿表被机动通风干湿表取代。

其他仪表:太阳辐射、雪深、雪压、冻土和电线积冰观测,一直在使用总辐射表、直接辐射表、净辐射表、量雪尺、量雪器、称雪器、冻土器和电线积冰架,部分气象台站在20世纪70年代中后期曾开展过小球测风和实测云高,主要设备为经纬仪、制氢设备等,部分气象台站在20世纪90年代以来,还逐步配备了酸度计、太阳紫外线辐射仪,用于测量雨水的酸度值和太阳紫外线的强度。

目前,安徽省所有气象台站均配备了自动气象站,同时,无线雨量遥测仪,在全省布点800多台,并在部分气象台站配备了中尺度自动气象站,所有气象台站都配备了多台计算机,基本实现了气象数据的自动化处理.

高空常规探测设备 高空探测在20世纪70年代中期以前,采用经纬仪、120#号球皮、制氢缸、01 型探空仪、收发报机等，通过收发报机接收随气球被带上高空的探空仪发回的信号，求得高空各层面的大气压力、温度、湿度信号，同时用经纬仪跟踪气球，以求得每分钟的方位角、仰角、高度，并利用测风绘图板，人工点绘，求得距地高度、风向风速，同时人工记录和计算各规定等压面的大气压力、温度、湿度并绘出其曲线。

20 世纪 70 年代中期，探空站又配备了 701 雷达，用来跟踪气球、接收信号以及与之配套使用的 05 型探空仪，原有的经纬仪现仅用于雷达的方位校正。

20 世纪 80 年代中期，探空站又改用 750g 球皮和电解水制氢（现改为买氢），配备了探空讯号自动记录仪。

20 世纪 90 年代中期，探空站又改用计算机处理数据、信号和编制报表，取代了探空信号自动记录仪和测风绘图板。

目前，更为先进的 L 波段雷达和数字探空仪也已投入使用，探空站同时还配备有用于检定气压、湿度的检定箱以及探空检查仪、通风干湿表等。

通信雷达 从 20 世纪 50 年代以来，安徽省就在所有地市建立起气象通信系统，主要配备有收发报机、传真机等，供填图员在气象图纸上填注，然后再由预报员画出天气图，作为预报分析用，少数市台在后期配备有自动填图仪；20 世纪 70 年代在所有地市配备了 711 测雨雷达。由于通信技术的迅速现代化和计算机网络的使用，在 20 世纪 80 年代以后，上述设备逐步退出了历史舞台。安徽省现已建成了 9210 工程（卫星接收）和一个 713 雷达站、一个 714 雷达站、二个多普勒雷达站，卫星云图接收设备也经历了多次换代。

检定设备 计量检定设备从 20 世纪 80 年代后期才开始逐年进行更新改造，“八五”以前计量检定工作的标准设备还相当落后。那时候使用的主要标准设备是仿苏制的较落后设备，温度表检定设备最早用的零下检定器是用盐冰做冷源，后来用干冰制冷；设备不仅体积大，温度调控制也很原始，那时的检定工作不仅工作劳动强度大，工作效率低，检定工作的质量得不到保证，而且还存在环境污染。到了 80 年代后期，随着我国气象工作的发展，检定工作人员队伍的不断壮大，安徽省的气象检定设备更新，安徽省气象局的气象设备检定工作正式起步。通过努力，规范了检定作业流程，提高了工作效益。

供应管理体制 在 20 世纪 80 年代以前，实行的是省气象局直接供应到县气象站的体制；20 世纪 80 年代以后，改革为省、地（市）两级供应的三级管理体制，即由省气象局把器材供应到地（市），再由地（市）供应到县站；20 世纪 80 年代后期，又改计划供应为“核定指标、计价供应”，大大提高了器材的使用效率，节约了器材经费。

第三章　气象通信网

安徽省气象通信技术从20世纪80年代中期以来，经历了如下几个发展阶段：气象电传电路发展阶段；1984年，全省气象系统开始建立基于VHF和UHF波段频率的超短波通信网，组建气象专用通信网；1994年，全省气象分组交换网开始建立，有了一条稳定高速地面通信网络；1996年，气象卫星综合应用业务系统（9210工程）开始在安徽省建设，1998年基本建成，全省气象通信进入了现代网络化通信时代；2003年，省市县三级基于VPN的气象宽带通信网基本建成；2005年年底，省气象局到国家气象局的宽带通信网正式投入业务运行，安徽省气象通信由窄带通信开始进入了宽带通信时代。

第一节　电传通信及超短波通信

到1986年为止，安徽省气象局的有线电传电路是合肥至上海；同城电传电路为省气象台至合肥市电信局、民航（Ⅰ）（Ⅱ）路，通信速率为75bps。

1987年，合肥至上海采用多路复用技术，采用“三报一话方式”（系指三条报路加一语音电话）实现合肥至上海的数据传输、图像接收和通话。

安徽省气象局超短波通信网从1984年开始建设，到1986年基本完成了省气象台到地市气象台的组网布点，由此沟通了合肥与芜湖、安庆、马鞍山、黄山市、滁州、六安、淮南、蚌埠、阜阳、宿县、淮北市、宣城、黄山气象处以及两个国家气象局布点雷达站（阜阳713、黄山714）通信。该通信网采用VHF波段频率、异频单工制并由四级高山无人中继站连接，称为VHF大网，用于省气象台与各地市气象台的天气会商和天气图传真。

从1986年开始，安徽省气象局采用VHF技术，逐步开始地市气象局到县气象局的地区性小网建设，到1988年底，各地市气象局与所辖站相继建成地区性小网。

1987年6月，黄山714雷达站投入运行，同年11月建成黄山到合肥400MHz专用信道，黄山714雷达的数字化信息的传输用UHF信道。1991年6月，利用水利部门的微波干线加200MHz无线设备组成的混合电路开通了阜阳到合肥的数据传输信道，用于阜阳713雷达的数字化信息的传输。1994年后，随着全省分组交换网的建设，省内超短波通信网逐渐停止使用。

第二节 分组交换网

1994 年,省气象台到地市气象局的公用分组交换数据网(CHINAPAC,简称分组网）开始建设,同年底建成。省气象台业务人员将一台装有 X.25 分组网卡的 486 微机,通过加装支持 X.25 网卡的通信软件将其改装成能同时接收八个用户连接的分组网通信工作站。地市气象局则以同步拨号（161）方式入分组网和分组网通信工作站连接,实现与省气象台的点到点的通信。省气象台分组网的通信速率为 9600bps。

从 1995 年开始,县气象局到省气象台的分组网开始建设,省气象台专门为省到县的气象通信再增加了一条分组网线路、安装了一台新的分组网通信工作站。到 1996 年年底,全省大部分县气象局都已开通了到省气象台的公用分组交换网。

1995 年,省气象台通信业务人员利用普通 486 微机加插两块网卡组装了路由器,增添一条分组网专线,利用 X.25 和 TCP/IP 协议开通了合肥到武汉的气象通信专线。

1996 年,省气象台通信业务人员通过在安徽省省级资料交换服务器（简称安徽服务器）上启用 TCP/IP 协议,地市气象台可以采用异步拨号（162）方式、TCP/IP 协议和 X.25 协议实现了与省级资料交换服务器的直接连接。

1997 年,随着 IBM 2210 专用路由器在省气象台的安装,省气象台通过分组交换网开通了合肥到北京的直接通信,随后合肥到武汉的分组交换线路也切换到 IBM2210 路由器上。同年,大部分地市气象台开始安装路由器,利用电信分组交换网专线,实现了与合肥 24 小时无间断的连接。

1999 年,合肥到上海的异步拨号专线撤消,采用分组交换网实现两地之间的通信。

2000 年省气象台两台分组网通信工作站撤消,原速率为 9600bps 的两条分组网专线也随之撤消。另有一条通信速率为 64kbps 的分组网专线,采用 TCP/IP 和 X.25 协议,通过博达路由器实现省气象台与地市、县气象局之间的通信。同年民航和水文局的异步拨号方式线路也撤消,转移到该分组网线路上来。

2003 年,全省气象部门开通了 VPN 宽带通信网,省气象局到地市、县气象局的 64kbps 线路撤消。2005 年年底,合肥到北京开始采用宽带通信,安徽省分组网通信只保留到武汉的线路。

第三节 卫星通信综合网

“气象卫星综合应用业务系统”工程被列入国家“八五”国民经济建设规划的大中型建设项目,代号 9210 工程。该项目的建设目标是:在地（市）级以上气象部门采用卫星通信、计算机网络、数据库和人机交互处理等先进技术,建设以卫星通信和地面通信相结合以卫星通信为主的现代化气象信息网络和计算机系统,实现气象信息的传输高速化、计算机网络化,从而充分发挥气象部门已建成系统的效益,实现资源共享,从整体上提高气象业务现代化水平,缩小与发达国家的差距,从而更好地为国民经济的发展提供优质服务。

中国气象局在 1992 年完成 9210 工程可行性研究报告并得到批准;1994 年年底,完成 9210 工程的初步设计;1995 年 5 月完成 9210 工程总体功能规格需求书, 12 月完成通信系统、省以上计算机网络等主要硬、软件设备的选型。

1996 年年底, 9210 工程省级站在省气象台完成 VSAT 布局;1997 年 10 月完成省级系统的计算机安装调试;1998 年 3 月基本完成地市级 VSAT 站的布局,年底完成全省地市应用软件的布局, 9210 工程全系统投入准业务运行。1999 年 8 月完成省、地两级 PCVSAT 的安装调试, 11 月完成省级计算机网络系统的升级和单双向站的结合工作。2001 年 1 月 9210 工程正式通过验收,正式投入业务运行。

通过 9210 工程建成了以卫星通信为主、地面通信为辅的新一代气象通信系统和计算机网络系统,主要内容有:

1. 安徽省地市以上气象部门建成了卫星通信专用网和话音通信网,实现了和国家气象局双向数据通信和话音通信。北京主站的出向速率为 512kbps,有效出向信息速率 400kbps。入向速率为 8 个 128kbps（7 用 1 备）和 4 个 64kbps（3 用 1 备）。地市以上气象部门加入邮电部门共用分组交换网（CHINAPAC）作为卫星通信的备份。

2. 建成了气象信息单向广播接收系统（PCVSAT）,省级建成两个单收站,全省各个地市都建有一个,广播速率达 2Mbps,每天接收 500MB 以上的信息。

3. 省级气象局建成了以 IBM RS/6000 小型机和 IBM8277 三层交换网络设备为核心的网络系统,地市级气象局建成了以微机为中心的 10M 以太网的局域网。省级节点机采用 IBM AIX 4.3 版本操作系统,地市节点机采用 SCO_UNIX OpenServer 5.05 版本操作系统。

4. 省级和地市气象台都安装了由国家气象局统一开发的气象信息业务系统软件。

2005 年 12 月,省到国家气象局的宽带网开通,省级气象上行信息主线路切换到宽带网上,卫星线路为上行信息的备用线路。

第四节　宽带通信网

全省 VPN 网的建设　2003 年 5 月,省气象台到市气象台的宽带 VPN 网开始建设,6 月正式建成并在全省气象部门投入业务运行,共享带宽为 100M,省气象台接入设备为华为 NE05 路由器,地市气象台接入设备为华为 2621 路由器,县级台站则通过专用拨号软件上 VPN 网和省气象台、市气象台连接。2004 年 9 月,省级备份 VPN 线路开始建设,共享带宽为 100M,接入设备为华为 2621 路由器,该线路同年年底建成并投入业务运行。

两条 VPN 线路建成后,省气象台可通过两条线路收集全省气象资料,一条线路通过华为2621路由器、光纤从省局东大院连接到电信，另一条线路通过华为NE05路由器、光纤直接连接到电信，两条线路均为在线方式，互为备份，保证了全省上行资料的正常收集。2004年，民航和省水文局等同城用户也相继通过VPN网与省气象局交换资料。

省到国家气象局的宽带网建设 2005年5月27日，安徽省气象局到国家气象局的宽带网开始在省气象台通信科安装，这次安装的设备有上行资料处理机IBM X365机器两台，这两台机器均安装Suse Linux操作系统，两台机器互为备份；华为NE08路由器一台。5月29日安装结束。省到国家气象局2Mbps的宽带线路开通。

2005年6月，全省气象雷达资料开始从宽带网上传到国家气象局。

第五节 计算机通信网

1984年，安徽省气象台开始购进PC—1500机，1985年实现了将PC—1500机和电传机连接，从而直接将PC—1500中的报文送到远方的电传机上打印，取消了以前人工口传、手抄的落后方式，大大提高了传报的时效和准确性。

1990年，省气象台利用改装的长城0540机器，安装NOVELL操作系统，组建了省级气象网络，服务器硬盘容量为180兆字节，该网用细缆连接9台微机：自动转报机、云图处理机、雷达数传接收机、上海综合网终端机、填图机、预报会商室用机、业务工作机、新技术开发机。

1994年，统一购置HP专用服务器和一批486微机，建立了以HP专用服务器为核心的安徽省气象局域网。服务器操作系统为NOVLL 3.11版本，主要完成省级气象资料的交换和共享，简称安徽服务器。局域网网络速度达到10Mbps，以IPX/SPX协议作为网络间通信协议。1996年，在安徽服务器上加载TCP/IP协议支持模块，省级气象通信网络开始支持两种协议。

1996年，9210工程开始建设，省级气象通信网络以IBM 8277交换机作为主交换机，省级气象通信网络主要由两个网段构成，新建的9210工程计算机在172.21.80.0网络（简称外网）上，其他的业务机器在172.21.81.0网段（简称内网）上。

1999年，省级气象通信统一采用联想586微机作为主要业务平面工作机器，以3COM CB9000三层交换机作为主交换机，其他3COM交换机、IBM 8277交换机作为二级交换机，气象局气象通信网段划分为80、81、82、83、84、85、86、87网段。主干通信速率达到1000Mbps、到每个计算机的通信速率为100Mbps，安徽省资料交换和共享服务器由HP Net Server LH3承担，操作系统为本NOVELL 4.11版本，支持TCP/IP和IPX/SPX协议。

2001年，收集全省气象资料的任务从安徽服务器分离，单独由一台安装有Linux操作系统的联想586机器承担。

2004年，安徽服务器操作系统换为Red Hat Linux 8.0版本，IPX/SPX协议停止使用。

第四篇　气象预报预测

第一章　短期天气预报

第一节　省气象台预报

预报范围和项目　安徽省气象台是以国家级数值预报模式通用预报产品为基础，根据本省服务需要，一方面做好国家级数值预报产品的解释应用工作，另一方面利用中国气象局提供的分析场和本地加密观测资料，制作满足某一服务需求的局地模式预报或环境模式预报。

安徽省气象台负责发布大范围天气形势预报、全省区域预报及预警信号的发布。预报区域一般按北、中、南三片区域划分。预报项目包括：

常规要素定点预报：全省 80 个气象台站的天空状况、降水量级、最高气温、最低气温、风向、风速等；

灾害性天气落区预报：暴雨、冰雹、大风、大雪、暴雪等（按国家局制定的标准发布）的落区；

公众预报项目：提供全省分片的天空状况、降水量级、最高气温、最低气温、风向、风速的 48 小时内预报；每天早、中、晚发布三次，通过传真发送给电台；当遇有重大灾害性天气来临之时，将视影响程度和影响时间的早晚，发布报告、消息、预警信号。

预报方法　1987 年以来，安徽省气象台以数值预报产品资料和常规、非常规观测资料为基础，应用 9210 卫星通信系统和人机交互处理系统（MICAPS）为主要工作平台，综合应用天气学、动力学、热力学、能量学和统计学原理，采用权重系数法、逐步判别方法、物理量诊断分析、相似预报方法、统计回归、PP 预报方法和 MOS 预报方法等，在 WINXP/20 操作系统下，建立了各类常规要素客观预报系统、暴雨等灾害性天气落区客观预报系统。最终对外发布的是综合应用了客观预报、各种气象信息的预报员综合预报。

安徽省气象台着重于中尺度数值模式方面的开发和释用，在高性能计算机 IBM690 上业务运行了 MM5、WRF、GRAPES 三种中尺度模式，为短期、短时预报提供更多的数值预报产品，以便预报员参考。

预报系统　暴雨概率预报系统：该系统使用 T213 资料，在 T213 资料的多个预报因子中挑选与暴雨相关性较好的因子，给出这些因子的暴雨阈值，计算某个过程总共达到暴雨阈值的因子数，从而计算出暴雨产生的概率。

大雾分县预报系统：该系统使用 T213 资料，采用 1000 百帕的相对湿度场、925 百帕的风场、925 百帕的温度场、925 百帕与 1000 百帕的温差四个要素值，分县进行相关方程的建立，并确定一些消空阈值，每天输入 20 时的 T213 资料做出 12 小时、36 小时和 72 小时的大雾分县预报。

台风检索系统：该系统集成了 1959 年以来历次台风过程的名称、路径、强度、开始结束时间、中心气压和风向风速资料，在将需要进行检索的台风数据按照指定的格式写成相应文件在界面中显示，然后进行相似检索，系统即将数据库中路径最相似的四次台风过程的具体信息进行显示。

精细化预报显示系统：利用中尺度数值预报场资料，制作全省 79 个站点的降水、最高、最低温度及逐时温度预报产品；同时该系统中还实时给出逐日降水、最高、最低温度的检验结果，为预报员制作分县预报产品提供相关的参考。产品采用图形格式输出，简单直观。

雷暴潜势预报系统：该系统利用 NCEP 资料，逐月逐时次比较各种预报因子在无雷暴、雷暴、强对流三种情况下的最大最小值，选取差异最大的作为消空指标，并最终选定了零度层高度、对流抑制能量、强天气危险指数、地面气压、沙氏指数、K 指数和 1000hPa+925hPa+850hPa 假相当位温七个因子并确定阈值。在消空的基础上，选取沙氏指数、K 指数、1000hPa+925hPa+850hPa 假相当位温、对流有效位能、大气可降水量和 850hPa-500hPa 温度作为预报因子做出雷暴潜势预报。

短时临近预警系统：该系统集成了雷达、自动站和危险天气报资料，根据雷达的反射率、回波顶高和垂直积分液态含水量建立的相关方程计算半小时之内可能出现的强天气，并综合雷达中气旋产品和风暴追踪产品给出强天气预警区域；同时利用自动站和危险天气报给出已经出现的强天气报警，给预报员以警示。

面雨量预报：淮河流域分为淮河水系和沂沭泗水系，该系统将预报面雨量分为 15 个预报子流域，其中淮河水系分为 10 个子流域，沂沭泗水系分为 5 个子流域。利用 JMA、WRF、MM5 以及 GRAPES 等多种数值模式预报中输出的降水预报场，对淮河流域各子流域的面雨量进行计算，得到可供预报员参考的面雨量预报产品。

强冷空气预报：根据安徽省寒潮标准，反查出 1953 年至 2003 年出现强冷空气、寒潮、强寒潮的天气的日期。利用 NCEP 资料，分别找出出现以上三种天气前 0—11 天的 24、48、72 小时的 500 hPa 变高场、锋区， 850 hPa 温度场、锋区，地面变压场、锋区。再用欧洲预报场进行检验，得出 24 ~ 168 小时之内，850T 的变温场预报寒潮效果最好，7 天之外的中期预报时效内，以地面变压场预报效果最好。分别用这两个结果预测短期时效内，全省冷空气降温幅度和中期时效内有无冷空气影响全省。

各类预报预警　分县指导预报：省气象台预报员分别于 5:45、9:45 和 15:15 发布每天三次的 72 小时的常规要素定点预报，包括全省 80 个气象台站的天空状况、降水量级、最高气温、最低气温、风向、风速等要素。

灾害性天气落区预报：省气象台预报员分别于 6:00、16:00 发布每天两次雷暴、大雨、暴雨、冰雹、大风、中雪、大雪、暴雪、强降温等灾害性天气的落区。

公众天气预报：省气象台预报员分别于 6：00、11：00、16：00 发布每天三次的 48 小时内全省公众天气预报。

短时天气预报：省气象台预报员在汛期根据雷达、自动站、卫星等资料每隔 1—3 小时向全省气象台站发布短时临近天气预报。

灾害性天气预警：省气象台预报员在判断有台风、暴雨、冰雹、大雾、暴雪、雷电、大风、寒潮、雷雨大风、霜冻、道路结冰、霾、高温、干旱等灾害性天气发生时，不定时发布灾害性天气预警信号。

地质灾害预报：省气象台与省地质调查院每天一次联合发布全省地质灾害预报，由省台提供全省 24 小时面雨量预报。

预报辅助系统　数值预报检验系统：该系统将欧洲、日本和 T213 的各类数值预报场与实况进行相关性检验，并可以进行相关性比较，给预报员提供预报参考。

灾害性天气预警信号发布系统：该系统给出各类预警信号模板，预报员仅需选择预警信号类别、颜色、签发人即可迅速做出灾害性天气预警信号发布单，大大缩减了预警信号发布时间，提高了时效性和服务效果。

灾害性天气显示系统：自动输入并保存每天的 WS 报和地面报文资料，以图形方式显示最新的灾害性天气实况（共七种灾害性天气：大风、冰雹、雷暴、大雾、积雪、冻雨、霜冻），给预报人员和决策服务人员提供可视化的最新信息。该系统让预报员和决策服务人员快速掌握历史上已发生的和正在发生的灾害性天气概况，提高制作服务材料的准确率和效率。

淮河流域持续性强降水检索系统：该系统总结 1961 年至 2006 年淮河流域 11 次持续性强降水过程的降水分布特征并分型，针对不同雨型，分析环流形势特征及差异，尤其对阻塞高压和副高特征进行详细图文分析，对每一次持续性强降水过程，都配有相应的高低空形势及物理量场特征。此系统对预报淮河流域持续性强降水有重要参考价值。

第二节　市台气象预报与县站气象订正预报

市气象台负责本区范围的天气预报，指导本区所属各气象站的天气预报业务，预报内容及时效同省气象台；短时预报（12 小时以内）根据本站实测实况资料，逐时订正、发布省气象台短时预报。

县气象局主要根据上级气象台的预测、预报和警报产品开展服务工作，同时可根据本地实况资料、信息订正上级（省气象台）预报指导产品开展气象服务。

目前全省形成了省、地、县三级气象台站组成的，各有侧重而又相互补充的天气预报服务网络。省气象台侧重系统性区域性天气预测预报；市县气象台站侧重结合当地气候特殊性的局地天气预报，亦即对省气象台指导产品的补充订正预报。

第二章 中期天气预报与短期气候预测

第一节 中期天气预报

历程与内容 安徽省中期天气预报业务始于1957年初合肥气象台，最早试做的是3～5天天气预报，后改为10天天气预报（旬天气预报）；1972年始，安徽省气象台和各地市气象台有专人负责制作所辖区域中期天气预报；上世纪90年代末，在旬天气预报基础上，汛期每天增加制作未来一周的天气预报，预报要素（天气现象和气温）精细到全省各个气象台站；2004年始，一周天气预报改为全年制作，每日增加制作4～7天的逐站要素预报（天气现象、高温和低温）。

分析资料 20世纪80年代以前，安徽省中期天气预报分析资料主要基于实况探空气象资料、历史气象资料的统计分析。

欧洲中期数值预报中心（ECMWF）1975年建立。安徽省气象台中期天气预报70年代末开始使用ECMWF产品。此后，中期天气预报由自然周期方法和上游天气系统外推方法逐步发展到以数值预报及数值预报产品释用为主。20世纪90年代初，我国全球中期数值预报模式开始投入业务使用，先后建立了T42、T63、T106、T213和T639数值预报模式。与大气科学、计算机技术发展同步，数值天气预报的可用时效也不断延长。以500hPa高度距平相关系数ACC > 0.6界定可用时效，ECMWF 20世纪80年代可用时效为5天，90年代增加到6～7天，2010年已达到10天。目前安徽省气象台以ECMWF 10天预报、我国T639数值预报模式10天预报为中期预报业务的分析资料，其可用时效达到6天。

方法工具 上世纪50年代，安徽省中期天气预报主要通过对历史资料的相关分析来制作。之后，运用自然天气周期方法。20世纪60年代，省气象台和各地市气象台对天气过程进行分类和相关统计分析，对影响安徽的大气环流进行分型，建立了指标站、指标区；基于500百帕侯平均图，分析长波、超长波，了解大范围环流转变，预报对应的天气过程。

1972年起，安徽省先后组织4次全省中期预报会战，对梅雨、春秋季连阴雨、淮北秋季连晴天气等关键性环流特征进行分析，划分出关键区。同年建立了500百帕逐日、逐侯环流指数及其天气系统分析；分析环流指数和长波系统之间的相关。利用环流指数，建立安徽省冷空气活动和降水过程的预报方法。

1977 年，安徽省气象台开发了 500hPa 东经 60° 附近，南北 8 个站点的时间剖面图（简称 65 图）和 500hPa 东经 90° 附近，南北 19 个站点的时间剖面图（简称 95 图），用以监测槽脊活动和环流形势演变，成为省市中期预报的有效工具。

20 世纪 70 年代末起，与中期数值预报产品的业务应用和计算机的发展同步，安徽省中期天气预报方法侧重于数值预报的解释应用。

20 世纪 80 年代，在数值预报的解释应用方面，先后发展了波谱分析方法，完善了 65、95 图的应用。开发了分类拟合预报方法；基于欧洲数值预报的降水、温度相似预报。

20 世纪 90 年代起，开发了历史天气图相似检索系统；2000 年后，开发了副高指数检索，台风路径检索，梅雨检索以及强冷空气预报和中期天气预报系统。

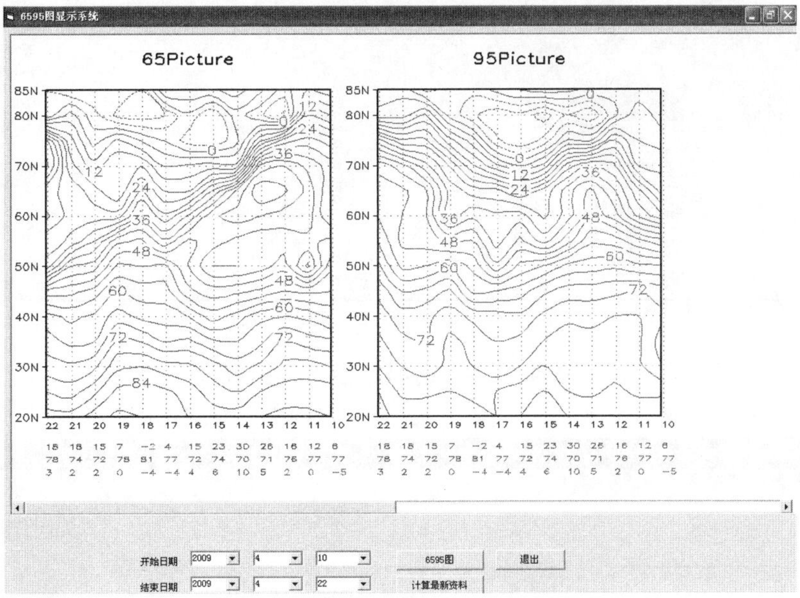

图 4-2-1　6595 图显示系统

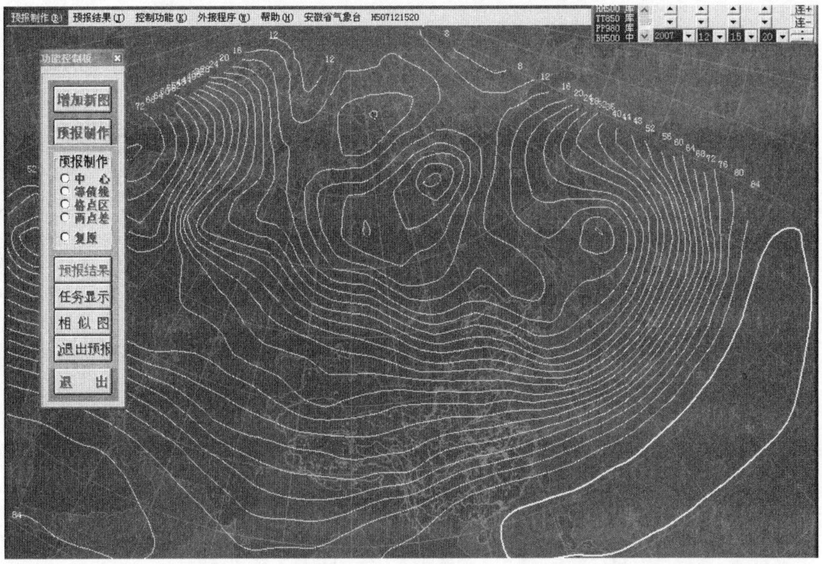

图 4-2-2　历史天气图相似检索系统

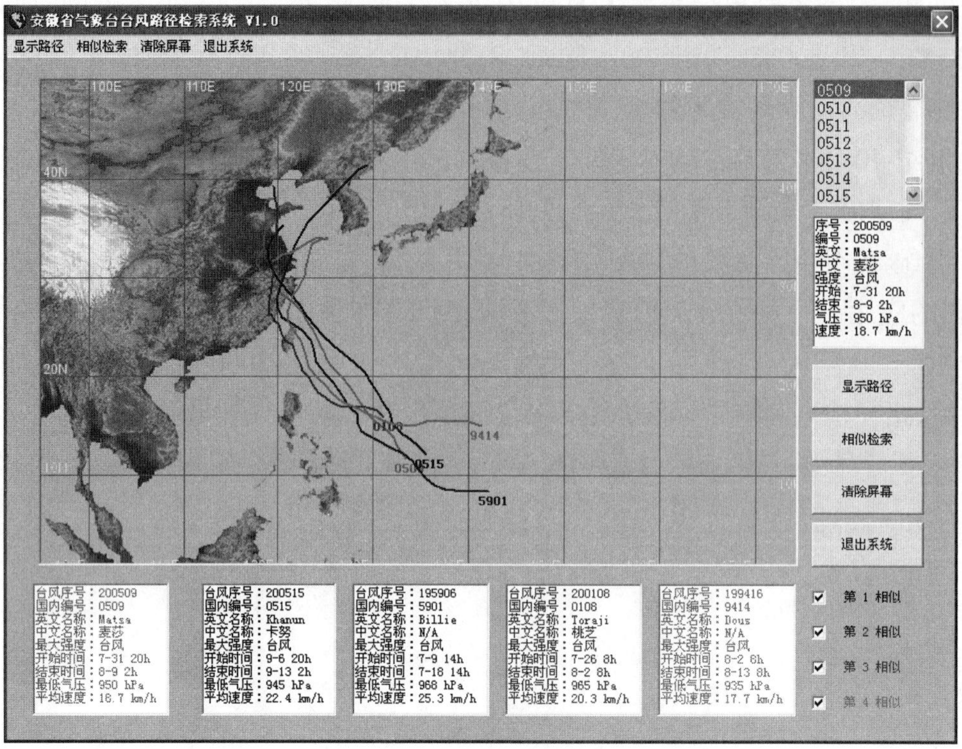

图 4-2-3　台风路径检索系统

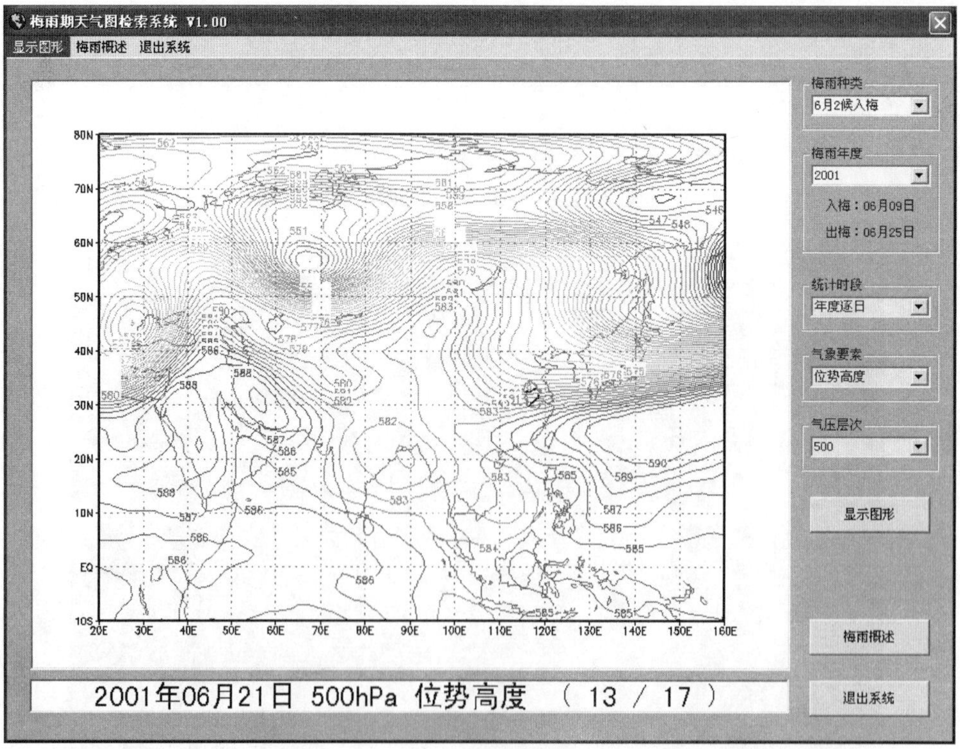

图 4-2-4　梅雨期天气图检索系统

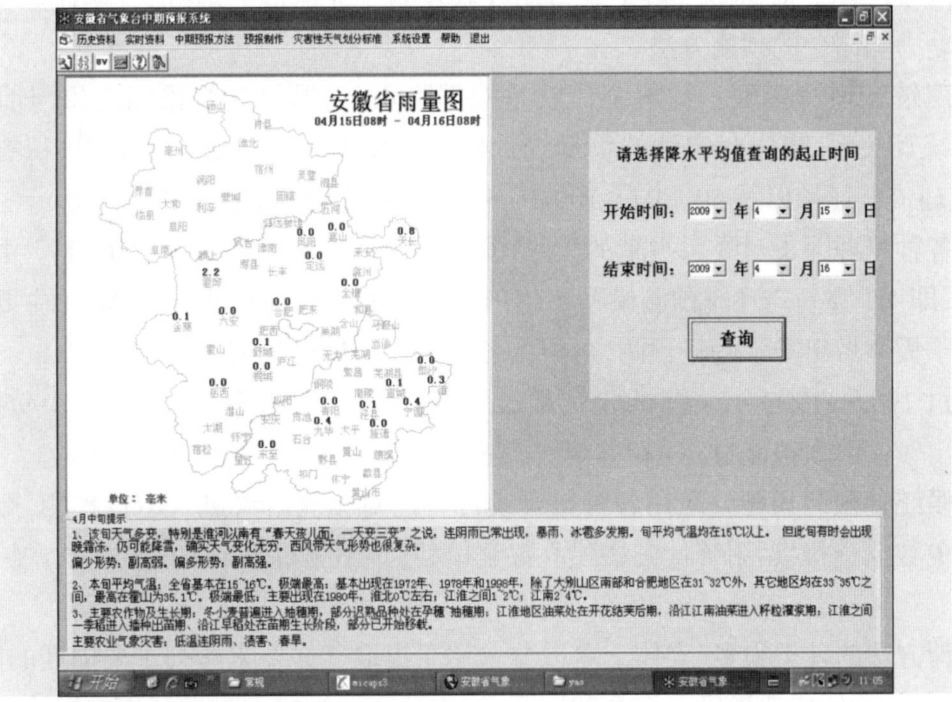

图 4-2-5　　中期预报系统

预报效果　自 20 世纪 70 年代末以来，随着数值天气预报水平不断提高，以及预报工具和方法的改善，安徽中期天气预报质量不断提高。近年来重大转折性、关键性天气基本预报正确。如 2003 年、2005 年、2007 年淮河流域持续性强降水和 2008 年的低温连阴雨雪冰冻天气都提前做出准确预报和服务。

2003 年 6 月 29 日—7 月 4 日淮河流域出现了持续性强降水。安徽省气象台在 6 月下旬和 7 月上旬的旬天气预报中分别指出 6 月下旬旬末和 7 月上旬初北部有大雨到暴雨，沿淮淮北局部大暴雨，并指出此次淮北降水过程降水集中，低洼地区可能出现内涝、洪涝等灾害。

2005 年 7 月 4—11 日安徽淮北地区发生洪涝灾害。安徽省气象台于 6 月 27 日的预报中指出，6 月 29 日后主雨带将北抬到安徽省淮河及以北地区。在 7 月 3 日的预报中着重指出，4 日开始主雨带将位于淮河流域，有关部门应密切关注淮河流域的汛情。

第二节　短期气候预测

短期气候预测就是预测月、季、年时间尺度内降水、平均气温等气象要素偏离常年气候平均值的程度。

目前业务上，短期气候预测的方法主要包括物理统计、数理统计和动力气候模式产品的降尺度应用。安徽省气候中心短期气候预测业务运行中，具备一套有物理依据的统计和动力相结合的预测方法。

物理统计预测模型 物理统计就是根据降水、气温等气候预测对象与前期物理因子的统计关系，建立起定性的物理统计模型。物理因子主要包括海温、积雪、季风、500hPa 环流特征量以及 500hPa、100hPa 和海平面气压的月平均场等。

视各种物理因子对降水贡献的大小，安徽旱涝概念预测模型（AHRYM）由三个子模组成，即 M1 为高空环流预测模型（GHRYM）、M2（地面热状况）、M3（主要因素）。由 3 个子模型做出降水趋势预测，再根据各统计模型做出量值预测。

通过 1992—1997 年预测试验结果表明，对 1992 年、1997 年干旱和 1996 年大涝均显示出较好的预报能力；对 1994 年干旱和部分地区的旱涝预报能力较弱。

气候统计预测模型 运用各种数理统计方法对预测对象进行定量预测，即根据足够的历史数据资料，运用统计方法建立数学模型，对预测对象未来的变化数量特征做出预测。

统计方法的种类很多，大体上可以分为用于提取气候要素序列主要周期的谱分析、小波分析；用于气象要素序列拟合的回归；用于分离气候要素时空结构的经验正交函数（EOF）分解；用于研究物理量场之间关系的奇异值分解（SVD）、典型相关等。

对于单站气象要素的预测可以应用回归，包括多元回归和逐步回归，也可先提取气象要素的主要周期再结合自回归 AR 模型来建立预测方程。近些年来，均生函数（MGF）和最优气候均态模型（OCN）广泛地应用于降水、气温预测。

在实际业务中，气象要素场的预测更具针对性。目前，应用比较多的是典型相关（CCA）和奇异值分解（SVD）。此外，也可先将气象要素场自然正交分解得到主要模态的时间系数，再用回归方程预测主要模态的时间系数，最后将预测的时间系数与空间分布型合成得到预测的要素空间分布。

降尺度方法 大气环流模式（GCM）能相当好地模拟出大尺度环流的平均特征，特别是能较好地模拟高层大气场。但由于目前 GCM 输出的空间分辨率较低，温度、降水等地表气候要素的模拟和预测技巧很低，需要利用模式预报技巧较高的大尺度信息给出降水、温度等预报，这种方法称为降尺度法（downscaling technique）。

目前应用的降尺度法共有三种：一是动力降尺度法；二是统计降尺度法；三是统计与动力相结合的降尺度法。这三种降尺度法的共同点就是都需要 GCM 模式提供大尺度大气环流信息。统计降尺度就是利用多年历史资料建立大尺度气候状况（主要是大气环流）和区域气候要素（如降水、温度）之间的统计关系，并用独立历史资料检验这种关系，最后把这种关系应用于 GCM 输出的大尺度气候信息来预测区域气候要素。统计降尺度法有三条假设条件：大尺度气候场与区域气候要素场之间具有显著的统计关系；大尺度气候场能被 GCM 模式很好地模拟；建立的统计关系能有效地应用在变化的气候情景下 。

第三章 高性能计算机的应用

针对安徽省处在我国南北方气候过渡带、天气气候灾害频繁的事实，为防灾减灾和进一步提高气象预报准确率，由安徽省政府拨款支持，2004 年 11 月安徽省气象台添置一台高性能计算机，至今其运转效能良好。

第一节 几种数值预报模式

GRAPES 模式 全球/区域同化和预报系统（GRAPES，Global/Regional Assimilation and Prediction Enhanced System）是新中国成立以来最完整的气象数值预报模式。GRAPES 是以多尺度通用模式为核心的、以统一编程软件标准为平台的新一代数值预报模式系统，主要包括大气动力模式框架、适用于中期数值天气预报的物理过程参数化方案、适用于中尺度天气预报的物理过程参数化方案。

安徽省气象局使用的高性能计算机是 IBMP690，配备了 32 个 CPU（1.7GHz Power4+），64G 内存。目前安徽省气象台业务运行的是 GRAPES 模式 2.1 版本，模式试验采用非静力方案，微物理过程采用 NCEP 3-class 简单冰相方案，积云参数化采用 Kain-Fritsch（new Eta）方案。模式的背景场和侧边界使用的是国家气象中心 9210 下发的 T213 L31 预报场，其水平分辨率为 1o×1°，时间间隔为 6 小时，垂直方向共 13 层，还加入常规地面、高空观测资料对初始场做一次三维变分。模式取安徽省及其邻近地区为计算区域，计算范围为：25 ~ 43°N，108 ~ 126°E，水平分辨率为 0.1125°×0.1125°，共 164×164 个格点，每天输出每 3 小时间隔的温、压、湿、风和雨量的 72 小时预报。

AREM 模式 AREM 模式是在 LASG η 坐标暴雨数值预报模式（REM）的基础上改进的有限区域暴雨预报数值模式。从 1999 年以来，在分辨率、模式标准化、侧边界条件、模式物理过程参数化和模式初值生成等方面得到了巨大的发展和更新，建立了一个较先进的有限区域 η-坐标暴雨数值预报系统。这是一套基于目前业务数据平台 Micaps/9210 系统，完全自动化运行（可无人值守）的包含三维变分分析的中尺度暴雨数值模式预报系统。预报系统以 INTERNET 网为平台，实现了软件化，可对整个系统实行远程监控、远程调阅预报结果，同时，系统结果输出与 Micaps/9210 绘图系统结合，方便业务预报员使用。

安徽省气象台以 AremV2.3 为基础，建立了集资料通信收集、模式运行、产品发布为一体的业务模式系统。模式以 T213 的 12 小时预报场为背景场,同时加入观测资料进行客观分析,形成模式初始场,模式每天运行两次,预报时效 48 小时。

从多年以来,包含三维变分分析的暴雨预报系统在湖北、安徽、上海等省市气象局及总参气象局等相关单位进行了业务试运行。到目前为止,从业务试运行单位(如湖北、安徽省气象局)的反馈情况综合分析该暴雨模式系统预报结果和实况,总体评价是:

汛期主雨带位置有较好的预报指导作用;

对汛期主雨带位置南北摆动预报有较高的准确性、连续性、稳定性;

对主雨带暴雨发生时间、暴雨落区预报有较好的指导作用,对按量值计算的暴雨雨量有一定的预报指示意义,但暴雨中心强度偏弱。

MM5 模式 MM5 是美国国家大气研究中心（NCAR）和宾夕法尼亚州州立大学（PSU）开发研制的第五代中尺度气象模式，MM5V3 是这一模式系统中的第三版本，也是目前最新的版本,该模式成为国内外一些从事中尺度天气现象研究和中尺度天气预报研究的科研人员的有力工具。过去,该模式主要是在大型计算机（如 CRAY 机）和工作站上运行,随着微机（PC）性能的不断提高,现在它的所有模块都可以在微机上运行了。

2004年12月,IBM P690在安徽省气象局落户,首先安装调试了MM5 V3。2005年起,MM5 和 GRAPES 模式每天利用 T213 的 8 时和 20 时资料为初值分别积分两次,已实现正常业务运行。最初通过反算对 2003 年 6—7 月淮河流域暴雨进行 MM5 预报检验,2005 年开始，MM5 预报检验实时进行,实现了业务化。

第二节 应用与检验

模式 Arems973 和 MM5 的预报水平检验:选择 2003 年 6 月 29 日、7 月 1 日和 2005 年 7 月 5—11 日连续强降水过程来检验模式的预报水平。

1. 2003年6月29日8时至30日8时,受中低层暖式切变线和后期弱气旋波的影响,这一段降水主要集中在淮河流域。其间,长江下游,即安徽省中北部、沿江东部地区有 21 个县市暴雨、4 个县市大暴雨,江苏中北部也出现了部分地区暴雨、大暴雨。Arems 和 MM5 都报出了这次暴雨,但淮北的雨区都比实况小，MM5 沿江的雨区报得偏大。

6 月 30 日副热带高压突然增强北抬,导致主要雨带转入淮河流域,安徽省出现 16 个县市暴雨、2 个县市大暴雨。

2. 2003 年 7 月 1 日 8 时至 2 日 8 时，7 月 1 日 20 个县市暴雨，1 个县市暴雨。对这次暴雨，Arems 和 MM5 都预报得偏小，Arems 预报的东—西走向的雨带与实况更一致。

3. 2005 年 7 月 5—11 日，5 日 8 时至 6 日 8 时，Arems 和 MM5 都预报出了的东—西走向的雨带,Arems 报得偏小,MM5 虽然报出了 50mm 的暴雨中心,但位置略偏北。

6 日 8 时至 7 日 8 时,对这次暴雨过程，MM5 预报的形势与实况更一致,不仅报出了安徽省的暴雨、大暴雨 ,而且分布位置相近。

7 日 8 时至 8 日 8 时,安徽省淮河以北出现暴雨、大暴雨，Arems 模式报出了强降水的位置,但雨量中心略偏西。

8 日 8 时至 9 日 8 时,淮河以北暴雨区范围扩大到江淮之间北部，Arem 模式预报的雨量与实况较接近,但暴雨区位置略偏北 0.5 个纬度。

9 日 8 时至 10 日 8 时，Arems 模式较准确地报出了东—西走向的强降水带,雨带位置和西强东弱的趋势与实况较一致。不足之处仍是中心雨强略弱于实况。

10 日 8 时至 11 日 8 时,通过对 2003 年梅雨期和 2005 年主汛期淮河流域几次暴雨过程预报的比较发现，Arems973 对主雨带雨量中心预报系统性偏弱,但对汛期主雨带发生时间、落区预报和变化趋势仍有一定的指示意义。

发现与 Arems973 相比，MM5 能较好地预报出中纬度地区常见的冷暖锋、气旋、切变线等系统带来的暴雨过程,降水强度预报量值和落区基本能符合实际。

第四章 应用气象预报

第一节 航空气象

民航气象沿革 航空飞行与航空气象密不可分。首先是因为空气的存在,使航空器在空中飞行成为可能。其次,空气中产生的各种物理现象,如风云雨雪,闪电雷鸣等,又对航空飞行产生诸多不利的影响,据统计,在不利于飞行的气象条件下造成的飞行事故占总飞行事故的30%,仅次于“飞行机组”及“飞机设计”原因,但这些不良的影响可以通过改进航空气象服务和航空运输企业及空中交通管制部门对航空气象产品的有效利用加以避免或降低其影响。

工作基本内容与机构设置 《中国民用航空气象工作规则》中明确规定了航空气象服务机构以及航空气象工作的基本内容和职责。

民用航空气象服务机构包括机场气象站、机场气象台、气象监视台、民用航空地区气象中心、民用航空气象中心和其他从事民用航空气象服务的机构。民航合肥气象台为机场气象台,同时也是华东地区确定的10个低空气象监视台之一。

民用航空气象工作的基本内容包括探测、收集、分析和处理气象资料,制作发布航空气象产品,及时、准确地提供民用航空活动所需的气象情报。

民航安徽空管分局气象台（民航合肥机场气象台）

安徽航空气象始于1929年,至1955年,安徽航空气象没有单独的组织机构,只有相关部门派员参与航空气象保障。1956年,随着合肥航空站的成立,安徽省气象部门在合肥航空站设立了气象哨。1958年5月1日,民航安徽省管理处成立,航空站气象哨改为气象台。1986年6月—2002年1月在原民航安徽省管理局航行科(航务管理站）设气象台建制,其间,韩广志、李陶贵、王志宝先后任气象台长。2002年1月,随着民航合肥空管中心的成立,气象台建制撤消,分设气象预报服务室、气象探测服务室、综合技术设备室,均归属航务管理部管理,其间,王本革、朱子平先后为负责人。

黄山航站机场气象台

1985年至1989年4月,屯溪机场停航扩建。1989年5月,民航屯溪站复航后,组建了航行科,屯溪航站气象哨升格为气象台,归属航行科管理。1989年7月,经民航总局批准,民航屯溪站更名为民航黄山站,民航屯溪站气象台也随即改称民航黄山航站气象台,邓明月任气象台副台长。1997年3月,民航黄山站航管科改为航务管理站,管辖气象台，历任台长有邓明月、沈大庆。

阜阳民航局机场气象台

1997年阜阳民航局组建气象台，隶属阜阳民航局航管站管理，气象台下设预报、观测、设备3个室。胡智勇为气象台负责人。

安庆民航局机场气象台

1992年12月，安庆市政府在安庆市大龙山空军机场安庆民航站，组建了航务科，下设航行调度室、气象预报室、气象观测室、电子航填室、电话室。周建帮为负责人。

合肥机场气象保障业务。1988年，"气象自动填图系统"在合肥机场气象台研制成功并获得华东管理局科研成果三等奖，该系统的应用实现了计算机收发报文和填图自动化，共在30多家单位推广使用。

1990年，根据上级有关规定，取消了因天气原因关闭机场或航路的制度。同年1月1日起，合肥骆岗机场气象台观测由24小时例行观测更改为13小时例行加供航观测。

1992年，民航总局颁布新版《国际航空气象服务（国际民用航空公约附件三）》。1992年，气象台研制的"观测资料自动处理系统"获民航安徽省局QC一等奖，推广到13家单位使用。该系统的研制成功。结束了手工制作观测月、年总簿的历史。

1993年，根据民航总局有关文件要求，改变中、低空航路天气预报提供方法，气象情报传输实现自动化。

1994年，气象台研制成功的"气象数据网"将预报、观测、雷达、卫星、填图等资料综合处理，实现网络化服务，较大地提高了气象服务质量。

1995年，根据《关于FC预报有效时间标准划的通知》要求，FC航站预报有效时间统一为9小时。同年5月1日起执行总局、海、空军联发司气字第25号文《专机飞行气象保障协同规定》。遇到复杂天气过程以及重要飞行任务时，为提高预报质量，确保飞行安全，气象台开始利用电话与空军气象台、省气象台及其他民航气象台进行天气会商。1995年，新建716测雨雷达投入使用。气象资料增加了GMS—3卫星云图资料和民航气象卫星传真广播接收系统（简称621系统）资料，并从省气象局接入MICAPS系统资料和多普勒雷达资料。

1997年，根据华东空管局《关于施行以传真预告图代替航路预报的通知》有关规定，11月1日零时正式执行，即每天两次接收重要天气预告图和高空风、温度预告图；绘制中、低空重要天气及风、温度预告图。

2000年6月13日，华东地区确定10个低空气象监视台，合肥名列其中。2000年6月30日，根据有关发布低空重要气象情报的规定，开始按照天气情况编发。

2001年，民航总局业务主管部门下发《重要天气预告图评估办法（试行）》，颁布《航空器机场运行最低标准的制定与实施规定》。开始综合运用各类气象资料发布气象预报，气象文件逐步由手工制作转变为自动制作，提高了工作效率和内容的准确性。2000年，AWOS2000系统试运行，经上级业务主管部门批准，2001年开始对外提供RVR

观测资料。

2002 年，民航总局空发 168 号关于印发《民用航空机场特殊天气报告标准与规定》的通知要求，用于本场外的特殊天气报告（SPECI）采用国际民航公约附件三——《国际航空气象服务》标准的统一数值，与国际标准接轨。

2003 年 11 月起，由民航合肥空管中心、安徽省气象局共同投资，对民航气象观测场地进行扩建，扩建后的观测场地面积为 25×30 米，更换了新的观测设备和仪器，增加了地方气象观测所需的各种观测仪器和设备。全国唯一的民航与地方共建的大气探测基地于 2003 年年底通过了有关部门的验收，并于 2004 年 1 月 1 日起正式启用。

2005 年 8 月，根据上级业务主管部门要求与各航空气象用户重新修订了气象服务保障协议（含灾害性天气服务协议）。

1986—2005 年，民航合肥气象台坚持经验总结，开展技术革新，取得大小科研成果 16 项，其中一项气象自动填图系统推广到 30 多家单位使用。合肥民航气象台的业务人员在《安徽气象》等科技刊物和上级业务工作经验交流会上积极发表论文，在工作上严格管理，严格要求，严格规章制度，确保了正常航班、中外专、包机的正常和安全飞行，从未因气象保障原因而发生过飞行等级事故和严重工作差错，并涌现出多名省部级劳动模范。1996—2005 年合肥本场共安全保障空军和民航专机近 80 架次，协助黄山（屯溪）、安庆、阜阳等航站保障专机数十架次。

预报项目与效果 根据领导部门相关规定和行业标准，目前合肥机场气象台预报服务的职责是分析各种气象资料，制作和发布合肥机场的机场预报、着陆预报、起飞预报、机场警报和风切变警报；制作发布指定高度层的区域预报和航路预报；监视合肥机场的天气情况，制作发布机场预报；负责有关气象资料的处理与保存，开展培训和技术研究与开发工作。

航空气象服务用户主要有航务部门和飞行机组、空中交通管制部门、机场运行管理部门、搜寻和救援部门、航行情报服务部门、通用航空飞行部门以及其他与民用航空活动有关的部门。

民航合肥气象台负责安徽航空区域内 3000 米（含）以下的低空气象预报和本场天气预报与咨询服务。航空气象预报服务的质量评定目前主要依据的法规和标准主要是《民用航空飞行气象情报发布与交换办法》《重要天气预告图评估办法（试行）》《航站重要天气预报评定办法》以及民用航空行业标准《民用航空气象第二部分：预报》来进行评定。同时也在不断尝试结合形式多样的用户调查和走访来进行预报效果评估。目前，行业标准规定的重要天气预报准确率不低于 75%。1986 年以来，合肥民航气象台的重要天气预报准确率平均在 84% 以上，远高于行业规定标准。

合肥民航气象预报对外服务主要有：

航站预报：分为 9 小时（FC）和 24 小时（FT）。9 小时航站预报每隔 3 小时发布 1 次重叠航站预报，固定发布 2106、0009、0312、0615、0918、1212、1524 七份 9 小时预报，视飞行活动情况加发 1803 时的 9 小时预报；24 小时预报每隔 6 小时发布 1 次重叠航站预报，主要用于国际交换，固定发 0024、0606、1212、1818 四份 24 小时预报。航站预报发布的气象要素主要有风、能见度、重要天气现象、云、温度（根据需要）。

低空航路预报（ROFOR）：根据航空气象业务规定和航班情况发布低空航路预报，发布的气象要素主要有重要天气现象、云、颠簸强度、积冰、高空风和温度。

趋势着陆预报：趋势着陆预报的发布气象要素同航站预报。

机场天气警报：依据航空气象行业工作部门的布署，合肥民航气象部门与机场、航空公司、空中交通管制部门等航空气象用户以签订气象服务协议的方式进行航空气象服务与咨询，其中机场天气警报服务为其重要的服务项目。

第二节　地质灾害气象预报

地质灾害是由于自然或人为作用，多数情况下是二者协同作用引起或诱发的破坏人类生命财产和生存环境的岩土体移动事件，主要是指崩塌（含危岩体）、滑坡、泥石流、地面沉降、地裂缝和地面塌陷等。它们一般起因于自然或人为作用导致地壳表层地质结构的剧烈变化，且对人类生存和社会发展产生突发性或直接的危害，其在成因上具备自然演化和人为诱发的双重性。

安徽省地形多样，气候多变，降雨时空分布不均，洪涝灾害频繁，成为安徽省经济社会发展的重要制约因素。安徽省大别山区和皖南山区地形坡度大，地貌条件复杂，滑坡或泥石流都是较常见的地质灾害。泥石流主要分布于皖南山地和皖西山地，显然与集中大强度降水激发有关。滑坡（含崩塌）主要分布于皖南山地、皖西山地和江淮丘陵地区，其分布范围较广，危害最为严重。

地质灾害风险等级预报共划分为 5 个等级：1 到 2 级发生地质灾害的可能性较小；3 级到 5 级发生地质灾害的可能性较大。

从 2003 年开始，省气象局与省国土资源厅合作，在研究易形成地质灾害的区域与降水的关系的基础上，建立地质灾害发生、发展、成灾与降水因子的概念模型和统计分析模型，结合山体的地质、地貌特点，初步确定诱发地质灾害的降水等级和监测预警指标，根据中短期降水预报结果，发布降水诱发山洪灾害等级预警。对于地质灾害气象风险等级 3 级及以上等级的区域和预报，将通过网络、电视等媒体发布降水诱发地质灾害等级预警服务。

第三节　森林火险气象预报

11 月 1 日至次年 4 月 30 日为安徽省森林防火期（春节至清明为森林防火戒严期）。防火期内，空气干燥，落叶、杂草等地被物增厚，是森林火灾的多发季节。科学研究表明，森林火灾与适宜的气象条件密切相关。

从上世纪 80 年代后期开始，每年冬半年（11 月 1 日至次年 4 月 30 日）省气象部门每天向省林业厅防火办提供第二天火险等级预报。在上世纪，主要是利用当天的实况资料结合第二天天气形势预报做出火险等级预报。

安徽省森林火灾每年 11 月至次年 4 月为高发期，特别是 2 到 3 月尤其严重。森林火灾基本集中位于安徽省江淮南部到江南地区。每年发生森林火灾 15 次以上的地市主要有安庆、黄山、芜湖、六安和马鞍山。合肥以北的地市基本没有出现森林火灾。这是因为主要林区基本上位于安徽省南部，有皖南和大别山林区和江淮丘林林区。最多出现在安庆市，而黄山市是安徽省森林火灾重点防范区，虽然林区面积较大，但发生次数却低于部分地市位居第 5。

2004 年安徽省安装了 DVB-S 高速广播接受系统，每日下发的资料中有遥感气象和资源卫星资料，为安徽省利用卫星监测林火提供了很好的工作基础。应用气象卫星林火监测具有范围广、时间频率高、准确度高等优点，既可用于宏观的林火早期发现，也可用于对重大林火的发展蔓延情况进行连续的跟踪监测制作林火报表和林火态势图，进行过火面积的概略统计和火灾损失的初步估算及地面植被的恢复情况监测、森林火险等级预报和森林资源的宏观监测等工作。

火险等级预报系统主要利用安徽省台分县要素预报产品，查找与火险有关的要素预报产品，其中有过去几天的降水实况、地面温度、地面相对湿度、近地面的风速等预报因子，最终建立一套分县的火险等级预报系统。在制作森林火险等级预报时主要使用了地面温度、地面相对湿度、地面风速和降水量预报资料。按照《全国森林火险天气等级》标准进行计算出森林火险天气指数，最后换算成森林火险天气等级。

全国森林火险气象等级划分、命名表

表 4-4-1

级别（FFDR）	名称	危险程度	易燃程度	蔓延扩散程度	指数范围	表征颜色	预防措施和预报服务用语
一级	最低火险	最低	难	难	≤ 10	绿	森林火险气象等级低，一般防范
二级	低火险	较低	较难	较难	[11，25]	兰	森林火险气象等级较低，一般防范
三级	中等火险	中度	较易	较易	[26，45]	黄	森林火险气象等级高，须加强防范
四级	高火险	高度	容易	容易	[46，59]	橙	森林火险气象等级较高，须严密防范，加大森林巡查力度，林区须控制火种
五级	极高火险	极度	极易	极易	>59	红	森林火险气象等级极高，须严密防范，加大森林巡查力度，林区禁火种，宜开展人工增雨作业，降低火险

第四节　空气质量与生活气象指数预报

空气污染指数　空气污染指数（AIR POLLUTION INDEX，简称 API）是一种反映和评价空气质量的方法，就是将常规监测的几种空气污染物的浓度简化成为单一的概念性数值形式、并分级表征空气质量状况与空气污染的程度。

根据中国空气污染的特点和污染防治工作的重点，目前计入空气污染指数的污染物项目暂定为：二氧化硫、氮氧化物和总悬浮颗粒物。我国目前采用的空气污染指数（API）分为五个等级，API 值小于等于 50，说明空气质量为优，相当于国家空气质量一级标准，符合自然保护区、风景名胜区和其他需要特殊保护地区的空气质量要求；API 值大于 50 且小于等于 100，表明空气质量良好，相当于达到国家质量二级标准；API 值大于 100 且小于等于 200，表明空气质量为轻度污染，相当于国家空气质量三级标准；API 值大于 200 表明空气质量差，称之为中度污染，为国家空气质量四级标准；API 大于 300 表明空气质量极差，已严重污染。

空气污染指数及对应的空气质量级别表

表 4-4-2

空气污染指数（API）	空气质量级别	空气质量状况	对健康的影响	对应空气质量的适用范围
0 ~ 50	Ⅰ	优	可正常活动	自然保护区、风景名胜区和其他需要特殊保护的地区
51 ~ 100	Ⅱ	良	可正常活动	城镇规划中确定的居住区、商业交通居民混合区、文化区、一般工业区和农村地区
101 ~ 200	Ⅲ	普通（轻度污染）	长期接触，易感人群症状有轻度加剧，健康人群出现刺激症状	特定工业区
201 ~ 300	Ⅳ	不佳（中度污染）	一定时间接触后，心脏病和肺病患者症状显著加剧，运动耐受力降低，健康人群中普遍出现症状	
>300	Ⅴ	差（重度污染）	健康人除出现较强烈症状，降低运动耐受力外，长期接触会提前出现某些疾病	

生活气象指数　生活气象指数是气象部门根据有关的气象资料，并结合当地的地理位置气候环境特点，再通过计算机系统进行分析、计算后得出来的未来 1 到 3 天内与生活密切相关的各项气象指数。生活气象指数的预报，主要是给人们的着装、出行或户外活动提供一个气象参考，尤其针对那些对天气变化反应敏感的人群和患有季节性疾病的人群。目前与人们生活密切相关的生活气象指数多达 50 多种，除了穿衣指数、晨

练指数外，还有钓鱼指数、游泳指数、啤酒指数、划船指数、洗车指数、中暑指数、感冒指数、空调开启指数等等。

穿衣指数：给人们每日着装提供参考的一种生活气象指数，它共分 8 级，级数越大，衣服保暖性就应越强。如穿衣指数为 1 时，就应准备穿短、薄型的衣服；指数为 8 时，最好选择保暖性能极佳的棉及羽绒制品。

人体舒适度指数：能反映出户外活动情况下，不同气象条件对人体裸露部位不同程度的影响。当指数级别从 1 级向 4 级递增时，人体对热的感觉相应递增；级别从 –1 级到 –4 级递减时，人体对冷的感觉相应递增；当级别为 0 时，人体感觉最为舒适。

晨练指数：是在综合了早晨 4∶00 ～ 8∶00 间天空状况、风、温度、湿度、污染状况因素后，向人们做出的是否适合晨练的预报。它共分为 5 级，从 1 级非常适宜晨练开始递增，3 级为较适宜晨练，当晨练指数达到 5 级时，就根本不适宜晨练了。

健康预报：也可称之为医疗气象预报，主要是根据未来天气形势的演变及人体疾病与气象要素的联系，提示人们当天的气象条件可能具有引发某种疾病的倾向，应注意做好预防工作。在空气污染重时，就应做好预防呼吸道疾病的准备，外出时戴口罩；湿度大、温度低的天气，要注意预防感冒和肠胃炎的发生。

第五篇　公共气象服务

第一章　电视天气预报服务

第一节　电视天气预报开播

为“改进电视天气预报节目，努力创一流气象服务”，1994年夏，省气象局决定由省气象台牵头，抽调6名从事天气预报和计算机应用的老、中、青技术人员成立了电视天气预报节目筹备组。

7月21日，筹备组一行赶赴北京，经过多日的调研，初步熟悉了电视制作设备的基本构成，并在国家气象中心声像室录制了有主持人的安徽省电视天气预报样带。

7月25日，筹备组乘飞机赶回合肥，26日省政府常务会议通过了对样带的审阅，并同时提出“节目要尽快上电视”的要求。筹备组工作人员发扬艰苦创业的精神，自己动手，在当时气象台七楼的两间房子里，铺上地毯，从省黄梅戏剧团借来演播室灯光，搭建了一个简易演播厅。

1994年9月7日，安徽省电视天气预报正式开播，首播气象小姐朱献献亮相电视屏幕。历时48天圆满完成电视气象节目创办任务。

安徽气象影视中心成立。1994年11月28日上午，在省气象台会议室内举行了“安徽气象影视中心”揭牌仪式。

参加揭牌仪式的除省级分管领导以及出席安徽气象条例宣传会议的全体代表外，还有安徽省广播电台、安徽省电视台及中国气象报等新闻单位的记者。中央气象台电视天气预报节目主持人宋英杰也受国家气象中心的委托，参加了揭牌仪式。

经过多年的努力与拼搏，安徽气象影视中心取得了骄人的业绩。为宣传影视中心全体人员的顽强拼搏，敢为人先，争创一流的精神，《中国气象报》和《安徽气象》杂志都开辟了专栏，专题报道《安徽气象影视中心发展纪实》。1997年3月5日，省气象局党组在省气象部门发出向安徽气象影视中心学习的通知。

2003年11月，安徽气象影视中心从安徽省气象台剥离，隶属省气象局科技开发中心。

下设办公室、制作部、总编室、广告部。

第二节 服务栏目

安徽省电视天气预报制作系统 1996年5月8日,在安徽省科委的主持下,由安徽省政府、南京大学、南京气象学院、北京气象学院、安徽省和合肥市电视台、国家气象中心、安徽省气象局的9位专家组成的鉴定委员会,对“安徽省电视天气预报制作系统”进行了鉴定。专家们一致认为:该系统立题科学、合理,实施过程效率高,资料齐全,经费使用得当,整个系统设计、节目表现形式和服务内容属省级天气预报电视节目制作和服务的国内领先水平,有推广应用价值。

2001年3月至2002年12月,建设完成安徽省新一代电视天气预报制作系统,首次引进非线性编辑系统。

气象专题片及服务栏目 2003年3月,安徽影视中心拍摄和制作的气象专题片《黄山云海》在中央电视台第10套（CCTV-10）“今日气象”栏目中播出。2004年元月,该作品被安徽省气象学会授予“第一届全省优秀气象科普作品”奖。

2004年5月,完成新一代数字化演播室改造,实现模拟信号向数字信号转变。对多媒体、非线性编辑、虚拟布景等新技术的广泛应用,极大地丰富了节目的表现形式和表现手段。

安徽电视天气预报始终坚持“全心全意为人民服务”的宗旨,把气象服务的领域扩大到社会生活的方方面面,预报服务的内容不仅包括晴雨、温度、风,还涉及森林火险、雾、空气质量、气象与保健等和人民生活密切相关的内容。开辟了众多的服务栏目,如《气象小知识》《气象与健康》《气象与农业》《上周天气回顾》《下周天气展望》《二十四节气》《天气趋势分析》《假日天气》《节日天气》等。

获奖情况 刘彬，1996、1998和2000年曾三次代表安徽省气象局参加第一、二、三届“华风杯全国气象节目观摩评比”,荣获个人主持艺术一、三、二等奖和节目综合艺术一、二、三等奖。

汤振宇，2002年10,他代表安徽省气象局参加了在北京举行的全国电视天气预报节目观摩评比,荣获主持艺术二等奖和节目综合艺术三等奖。

1996年10月,第一届全国电视天气预报比赛中,安徽气象影视中心荣获“综合艺术”一等奖。

1998年,孙健、高桂新和顾和英编著的《电视气象之声》一书,由气象出版社出版发行,该书融气象知识与科普知识于一体,通俗易懂,生动活泼。

1998年,《安徽省电视天气预报研究》项目获安徽省科学技术进步三等奖。

1998年10月,在第二届全国电视天气预报比赛中,安徽气象影视中心荣获“综合艺术二等奖”。刘彬获“主持艺术三等奖”。

2000年10月,第三届全国电视天气预报观摩评比,安徽气象影视中心获“综合艺术三等奖”。

2002 年 10 月,第四届全国电视天气预报观摩评比,安徽气象影视中心获“综合艺术三等奖”。

2005 年 5 月,在中纪委举办的“反腐倡廉”公益广告大赛上,安徽气象影视中心制作的公益广告再创佳绩。电视公益广告《拒绝腐败——给孩子一个温暖的家》获得铜奖,四格漫画《言对行的背叛》获优秀奖。

服务效益　安徽气象影视中心制作的电视天气预报节目一直稳居全省收视率排行榜前三名,安徽卫视电视天气预报节目的收视率达到 10% 左右,成为观众喜爱的“黄金节目”。

1994 年 5—8 月份,省气象局在合肥等 15 个地市进行了一次公众气象服务问卷抽样调查。被调查的对象中,城镇居民占 62.3%,乡村居民占 33.7%。调查统计表明,公众每人每天收看电视天气预报节目 2 次以上,省台和地方台的收视率分别为 52.8% 和 60.6%。在调查对象中,有 77.7% 的人认为晚上七点半是最理想的收看天气预报时间。在调查中发现,公众收听收看天气预报主要用途有:指导防灾抗灾、安排生产、建筑施工、交通运输、防疫防病、组织商品供销、安排生活、旅游活动等。

在做好电视天气预报节目的同时,气象影视广告也取得长足进步。气象广告从无到有,在气象同行中名列前茅。2003 年、2004 年、2005 年被安徽省工商局授予“广告经营诚信单位”称号。

第三节　业务活动

1994 年 7 月,安徽气象影视中心开始筹备。9 月 7 日,电视天气预报节目在安徽省电视台一套正式播出。1994 年 11 月 28 日上午,在省气象台会议室内举行了“安徽气象影视中心”揭牌仪式;11 月 29 日,中央气象台著名气象节目主持人宋英杰作为特邀主持人,主持了安徽省本月 29、30 日两天的电视天气预报节目;12 月 3 日,第一批招聘的五名主持人走上屏幕与观众见面。

1995 年 10 月,广告部正式成立,签约并执行了第一份广告合同。

1996 年 5 月 8 日,课题“安徽省电视天气预报研究”通过专家鉴定。中央电视台主持人裴新华来省气象台主持了节目并播出;6 月 1 日,安徽电视台 25 频道开播了电视天气预报节目;10 月 5 日在北京举行的第一届全国电视天气预报比赛中,影视中心荣获“综合艺术”一等奖。

1997 年 5 月,省气象台机构改革,广告科并入影视中心;10 月 1 日增加了安徽电视台早间气象服务节目和安徽有线电视台电视天气预报节目。

1998 年 6 月,省影视中心正式对外注册成立法人机构,并独立经营广告业务;10 月省影视中心获“第二届全国电视天气预报比赛综合艺术二等奖”。同年开播了合肥市有线台电视天气预报节目。

1999年，合肥生活频道开播了电视天气预报节目。省气象影视中心编导部获省直机关“巾帼文明示范岗”称号。

2001年，在合肥电视台新闻频道18:30增加了环保气象节目。同年中央电视台10频道开播了“今日气象”栏目，影视中心积极参与向CCTV-10“气象聚焦”节目传输气象新闻图像资料的工作。

2002年10月，安徽经济频道早、中、晚电视天气预报节目开播。影视中心在第三届全国电视天气预报观摩评比，获“综合艺术三等奖”。

2003年9月，安徽气象影视中心主办了全省电视天气预报节目制作培训班。

2004年4月，安徽气象影视中心被省工商局评为“广告诚信单位”，位列所有单位第四名。同月安徽气象影视中心专业委员会成立。同年5月，十楼新演播室完工并投入使用。2004年8月，安徽气象影视中心主办了本省第一届“电视天气预报主持人”培训班。同年9月，安徽公共频道天气预报节目正式开播。同年11月，安徽气象影视网开通。2004年4月，安徽省气象学会成立了气象影视专业委员会。2004年8月，举办了安徽省第一届“电视天气预报主持人”培训班，同行之间进行了广泛的学术交流。

2005年1月，新一代数字演播室投入使用。2005年5月，在中纪委举办的“反腐倡廉”公益广告大赛上，安徽气象影视中心制作的公益广告再创佳绩。电视公益广告《拒绝腐败——给孩子一个温暖的家》获得铜奖，四格漫画《言对行的背叛》获优秀奖。

第二章　气象短信与气象语音查询服务

第一节　气象短信

2003年安徽省气象局决定建立《安徽省气象防灾减灾短信息服务系统》——“气象短信”服务系统，服务宗旨是“立足个性化服务，兼顾公益服务，加强决策服务”。通过与电信运营商密切合作，以短信方式将天气预报信息及时地在第一时间传送到社会公众手中，从而走出了一条全民防灾、减灾的新路子。

服务内容和开通的城市　服务内容：城市天气（定制和点播）：基本内容是每日下午发布未来24、48或72小时城市天气预报，以及趋势预报、特殊预警、气象小知识或其他生活提示等，每天1次于17：00—19：00点发送，突发性天气警报随时增加发送。

早间气象（定制）：基本内容是每日早晨发布的24或48小时城市天气预报，以及趋势预报、特殊预警、气象小知识或其他生活提示等，每天1次于7：00—8：00点发送，突发性天气警报随时增加发送。

节假日天气（点播）：基本内容是节假日、周末城市天气预报，以及气象小知识、出行提示等，提供时间从节假日、周末的前一天开始，目前开通城市合肥。

安徽省开通城市天气、早间气象的79个地名表

表5-2-1

合肥	芜湖县	宿松	黄山区	泗县	蒙城	宣城	池州	庐江
长丰	繁昌	望江	淮南	阜阳	利辛	广德	九华山	六安
肥东	南陵	枞阳	凤台	阜南	滁州	郎溪	青阳	霍邱
肥西	安庆	黄山市	马鞍山	颍上	凤阳	旌德	东至	寿县
蚌埠	岳西	黄山	当涂	界首	定远	绩溪	石台	舒城
怀远	桐城	歙县	宿州	太和	天长	宁国	巢湖	霍山
固镇	太湖	休宁	砀山	临泉	全椒	泾县	无为	金寨
五河	潜山	黟县	萧县	亳州	明光	淮北	含山	
芜湖	怀宁	祁门	灵璧	涡阳	来安	铜陵	和县	

开通旅游天气的国内41个城市一览表

表5-2-2

国内省会、旅游城市								
北京	西安	贵阳	天津	上海	长春	哈尔滨	西宁	南宁
重庆	郑州	银川	香港	澳门	济南	杭州	拉萨	
广州	呼和浩特	福州	沈阳	台北	长沙	南昌	兰州	
南京	乌鲁木齐	武汉	成都	石家庄	太原	昆明	海口	
桂林	天柱山	三亚	大连	深圳	青岛	厦门	秦皇岛	

发展历程

业务发展基本情况　2003年4月23日，成立安徽省气象信息中心，将气象服务短信平台定位为“安徽公众气象灾害预警短信息服务系统”（简称气象短信）服务品牌；在省气象局党组和各单位的大力支持下，筹集资金100万建立气象短信平台，2003年5月，与安徽移动签署了战略合作协议，同年6月18日，率先开通移动气象短信服务；同年年底，收费用户发展到32万，信息费收入98万元。

2003年8月和2004年4月，专业气象台的“121”和环境评价业务及人员相继并入信息中心。2004年5月与联通签订合作协议，50万联通小秘书用户号码从9月份开始陆续转移到“安徽气象”服务平台；2004年7月中旬与电信签署合作协议，年底发展到8万多用户。2005年年底，移动、联通和电信“小灵通”气象短信用户达150万（收费用户达81万）。

建立组织机构与合作伙伴：据皖气党组发〔2003〕14号文，2003年4月23日宣布任命徐春生同志为安徽省气象局信息中心主任（正处级），主要工作是组建安徽省气象信息发送平台，开展手机气象短信工作；抽调3人于5月初正式筹建“安徽省气象信息中心”；并对与电信运营商的合作谈判、短信平台建设和相关技术、工商、税务注册登记、电信增值许可证申报等相关工作进行了分工。

2003年5月23日，刘月成副局长代表省气象局、聂晶副总经理代表省移动通信公司在安徽合肥共同签署了合作协议；6月11日联合下发《关于联合开展气象信息服务等相关合作的通知》，从此安徽省气象局和安徽移动通信有限责任公司建立了战略合作伙伴关系。6月18日，“安徽省气象防灾减灾短信息服务系统”正式开通，在安徽省气象台多谱勒雷达楼广场举行了开通仪式。短信平台9时18分首次向参加“安徽省气象防灾减灾短信息服务系统”开通仪式的所有人员发送当天的天气预报短信息。

在2003年与移动公司合作开通气象短信后，2004年7月15日，安徽省气象局与中国联通安徽分公司签署合作协议，7月29日联合下发《关于联合开展气象信息服务的通知》,联通气象短信业务正式开通。2004年7月22日,省气象局与安徽电信有限公司签署合作协议并联合下发《关于联合开展“小灵通”气象短信息服务工作的通知》;8月双方通过协商确定“小灵通”气象短信业务推广方案,首先选择宣城、六安两个地市作为试点,将能够接收短信的“小灵通”手机免费两个月试用气象短信;11月转为收费用户保留的用户在5万左右。

积极对外合作,探讨业务促销方案。短信息服务系统开通以来,省气象信息中心加强与移动、联通、电信公司的沟通,规范业务运作,有效地提高了双方合作的信任度。安徽省移动、联通、电信与安徽气象真正建立了紧密业务合作伙伴关系,分别将气象短信业务区别于一般的SP业务,作为重点业务发展,为气象短信业务的发展和天气预警信息的及时、广泛发布,提供了有利的条件。

2005年10月18日,安徽省联通公司下发《关于开展“气象短信”业务促销活动的通知》(联通皖营函〔2005〕226号),要求到年底前尚未开展“气象短信”专项促销活动的地市分公司积极与当地气象部门联系,因地制宜选择适合的促销方法,开展专项促销活动。

2005年3月19日召开全省气象信息服务工作研讨会,省移动公司相关业务负责人参加了会议。会后信息中心根据会议精神调整业务发展思路,推出新入网用户体验方案、用户协议体验方案和电话回访业务促销方案。

统一管理上下联动,建立营销服务网络。2003年9月18日在合肥举办全省气象短信业务推广培训班(研讨会),对地市负责气象短信的业务人员进行业务培训;2003年8月起,每周一份气象短信周报通知;从2005年4月起在气象局办公网上增发各地业务方案实施和用户增长情况通报。2005年省局将气象短信列入地市业务目标考核内容,并下发年度业务目标任务数。

2005年11月15日到16日,信息中心在黄山组织召开《全省“气象短信”业务拓展工作研讨会》,重点研讨联通气象短信的业务拓展问题,全面启动了联通“气象短信”业务促销工作。

社会效益和经济效益

开展天气预警信息服务,减少气象灾害损失。2004年7月21日开始逐步在全省79个市县级气象台站开通气象信息虚拟服务平台,负责本地区的天气预警和决策气象服务工作。2005年汛期承担各地决策气象服务用户9900个,全省130个地质灾害隐患点的防御责任人用户1360个。

2005年汛期,对出现的几个重要天气过程、突发性天气和8月5—8日9号台风“麦莎”、9月1—4日13号台风“泰利”影响天气过程进行跟踪服务,及时对移动短信用户预警信息。汛期期间群发天气警报41次,发送用户160万人次。对于大风降温、霜冻和大雾交通预警等,提醒人们对突发性天气做好防范准备,在减少因气象灾害所造成的损失方面起到了较大的作用。

政府支持和用户的赞扬。2005年汛期利用气象短信开展的天气预警服务工作，受到各级政府、社会公众的关注和高度赞扬。

安徽省副省长赵树丛对气象和移动在汛期主动为社会公众提供预警服务工作给予了很大的鼓励，2005年7月7日批示："气象局工作主动，大局意识强，责任心强，各个部门合作得好，防办要推动气象、移动公司的这种负责的、主动的精神，即为我省减灾做出贡献。"

滁州2005年6—9月的决策预报服务方便快捷，为党政及有关部门领导，应对突发性短时强对流天气和灾害性天气的预防效果很好，受到市委书记的赞誉。

气象部门产生的直接经济效益。全省移动气象短信定制用户数2003年33万、2004年58万到2005年达到了115万，占有率19%；联通和电信"小灵通"从2004年开展短信发布业务，联通2004年发展1.8万户，2005年达到65万户，用户占有率21%。短信定制用户的不断扩大对安徽省气象事业的发展起到积极的促进作用。

第二节 电话自动答询服务

发展历程 "121"电话自动答询系统是利用电话，以语音自动播出的方式向公众提供气象信息服务。1995年，省局引进北京市气象局先导公司研制的"121"系统，设置一个信箱循环播出，最多可以有8条中继线路，在安徽省市县推广应用。1996年，安徽省自行研制出数字式"121"自动答询电话服务系统，可以设置99个信箱30条中继线路。1997年，安徽省79个市县气象局与电信公司合作全部开通了"121"天气预报电话自动答询服务系统。2003年后，相继与移动、联通公司合作开通了移动"121"电话自动答询系统。2004年9月份开始"121"升位为"12121"，9、10两个月并轨运行，11月份正式升位为"12121"电话。"96121"各市从开通的当日起恢复信息费代收费工作。随着语音业务的调整，在合作模式上也发生了改变。

服务信箱设置内容 服务信箱一般设置10个，可以根据业务拓展需要设置二级信箱或更多。0号信箱为专家话题，由气象专家分析天气趋势，介绍相关知识及生活提示；1号信箱为本地天气预报；2号信箱为上下班天气预报；3号信箱为全省天气预报；4号信箱为旅游景点天气预报；5号信箱为全国主要城市天气预报；6号信箱为节假日天气预报；8号信箱为出生日天气查询；9号信箱为特殊天气等生活气象信息。

答询系统的市场和效益 气象部门通过多年的市场宣传和精心培育，"121"已成为社会知名品牌，也成为气象的象征，是社会公众及时获取气象信息的重要渠道之一。近几年随着电子通讯技术的快速发展，人们获取信息的渠道迅速增加，对"121"的用户拨打量产生较大影响。为了吸引用户使用"121"，各市县气象局不断开拓思路，通过加大宣传，丰富服务内容、增加信箱数量以及针对农村和城市住宅等低端用户采取包月等方式，培育长期使用客户。

第三章　专业专项气象服务

专业专项气象服务，泛指气象部门除了向当地政府、社会公众提供决策气象服务及公共气象服务外，根据各行各业的具体需求，利用现代科技手段提供针对性、实用性的气象服务。

自1985年国务院批准气象部门开展专业气象有偿服务和综合经营以来，省气象部门先后开展了电视天气预报、防雷检测、“12121”自动咨询电话、移动通信“气象短信”等专业专项气象服务，服务范围涉及各行各业，技术手段和服务水平迅速提高。

第一节　行业服务

20世纪80年代后期，省气象台首先开始了专业有偿气象服务工作。气象人员走乡串户、走街串巷，宣传气象信息对各行各业的重要作用。随后，省台成立了专业服务科，由专人从事市场开拓，由科技人员兼职提供气象产品。当时的专业气象服务项目和内容包括气象预报、资料查询、大气环境评价、防雷检测、停供电信息、释放气球、推广预警接收机等，平均每年签订气象服务合同数十至上百份。服务领域涉及新闻媒体、农业、水利、仓储、建材、建筑、交通等。其中，砖瓦生产一度成为专业气象服务的主体用户，信息传输主要依靠警报（小广播）系统以及电话、传真、邮寄等。

1994年以前的专业气象服务处于艰苦创业、积极探索阶段。其后的发展经验表明，专业专项气象服务只是气象科技服务社会经济的组成部分之一，只有在大力加强决策服务、公共服务的基础上，研发更多的专业气象服务产品，使气象服务惠及各行各业，才能使专业专项气象服务步入持续发展的健康之路。

安徽省专业专项气象服务发展概况一览表

表5-3-1

年　份	1985—1990	1991—1995	1996—2002	2003—2005
机构名称	省台服务科	省台服务科	省台专业台	省气象信息中心市场部
从业人员数	5 ~ 8	10 ~ 15	20 ~ 25	6 ~ 10

续表 5-3-1

年　份	1985—1990	1991—1995	1996—2002	2003—2005
主要项目	天气预报（资料）、天气预警、高频电话（组网）城市防火供水及内河导航服务等	天气预报（资料）、天气预警、停供电信息、城市防火供水及内河导航服务等	天气预报（资料）、电力气象和森林火险预报、生活指数预报、气象专刊、商业和建筑预报、“121”自动电话及气象历书等	天气预报（资料）、电力气象和森林火险预报、气象专刊、商业和建筑预报等
主要服务方式	小广播、电话、邮寄等	小广播、电话、传真、邮寄等	电话、传真、邮寄、计算机终端、自动答询等	网络传输、计算机终端、电子显示及传真等
年均合同数	30 ～ 150	50 ～ 100	50 ～ 80	30 ～ 50
涉及主要部门及领域	农业、建材、报业、电（视）台、企业、电力、公安消防、卫生防疾及无线电管理等企事业单位	建材、报业、电（视）台、寻呼台、农业、林业、保险、电力、公安消防、卫生防疾及无线电管理等企事业单位	报业、电台、农业、林业、植保、企业、保险、电力、寻呼台、移动和联通、社会信息台、交通、建筑、大型商业企业、环保、卫生防疾及图书发行部门等	报业、电台、农业、林业、植保、保险、电力、交通、建筑、大型商业企业、卫生防疾及宾馆等

第二节　各专项气象服务预报

20 世纪 90 年代中期以来，专业专项气象服务迅速发展，服务手段日趋多样，服务方式发生巨大变化。如 1994 年省台电视天气预报正式开播，不久便成立了影视中心；1996 年，安徽省自行研制的“121”自动答询电话服务系统投入运行，已是广大民众随时获取气象信息的知名品牌。2003 年后，一种新型的气象信息传播载体—“气象短信”，开拓了气象服务新领域。2004 年年底，省气象信息中心正式推出新版“天天气象”网站，为广大公众提供了新的服务平台。该网站除了提供全球、全国及全省公众气象信息外，还有各类气象咨询栏目，努力适应公众需求。目前“天天气象”网站还是专业专项气象服务的发布平台，所有新闻媒体、商业企业、电力、建筑、保险业等所需的气象信息，都能从该网站低偿获取，高端手机用户还可通过该网站自行下载气象图文视屏及特种服务信息。据统计，自 2004 年 12 月 31 日“天天气象”网站推出新版以来至 2006 年 1 月一年多的时间里，总访问量已达 138435 人（次），平均月访量 1 万多人（次），平均日访量 343 人（次）；最高月访量 17911 人（次）（2005 年 9 月），最高日访量 1042 人（次）（2005 年 8 月 7 日），最高时访量 139 人（次）（2005 年 8 月 5 日 15 时）。

在气象服务需求的引导下，专业专项气象服务逐步得到了加强。2000—2005 年期间，一部分气象预报、网络技术等专业科技人员积极参与专业气象服务队伍，使技术力量及服务能力有了明显提高。服务产品不仅包括省台发布的常规天气预报，还有专门研制的森林火险等级预报、电力气象预报、生活气象指数预报、商业及建筑气象预报等。

与主流媒体合作　多年来，省气象部门一直与《合肥晚报》《新安晚报》《安徽商报》等媒体保持长期的业务联系。开始阶段,主要在报眼刊登短期天气预报;20世纪90年代后期,与《合肥晚报》《安徽商报》《安徽旅游报》开办“江淮气象”“今日天气”“旅游与气象”等专栏或专刊。近年来,伴随人们对气象信息的日益关注、新闻媒体竞争日趋激烈,具有服务功能的气象信息已成新闻媒体竞争的重要手段,越来越多的报纸创办了“气象新闻”版或“气象专刊”。安徽省《江淮晨报》《安徽商报》《安徽市场报》等,除有每天报眼上的天气预报外,也创办了周五的《气象专刊》,增加了上周天气回顾、下周天气展望及生活气象知识等。20世纪90年代以来,省广播电台始终是气象信息的长期用户。目前省广播电台、经济台、交通台、农村台等每天都有多次天气预警广播节目。

提供森林火险等级预报 从1997年起,每逢冬春防火季节(10月至次年4月),安徽省气象部门每天定时制作发布全省各林区的森林火险等级预报,并向省林业厅及时传送,为森林防火指挥部门及时组织防火和扑救提供重要参考。

省气象信息中心多年使用的森林火险等级预报系统是由安徽省气象台研制的。主要利用当日(起报日)及次日(预报日)的温度、露点、降水、风等实况资料及预报数据,以及当日及次日地面形势、天气实况数据等,将全省林区分为皖东林区、大别山林区、皖南林区和沿江林区,并选取相应气象站资料进行火险等级预报。2005年起,省气象台又开始研制一套新的火险等级预报系统。该系统主要利用数值预报产品制作全省区域性火险等级分布图,由计算机自动完成,无需人工订正。

对省电力公司的气象预报 电力企业与气象行业有密切关系,科学利用气象信息指导电力营运,是发展电力企业的重要环节之一。每天的用电量除与时间、用户生产活动有关外,还与季节变化、最高及最低气温、天气状况等气象条件密不可分。自1999年起,安徽省电力公司与省气象局建立了业务联系。从2002年起至今,省气象信息中心每天向省电力部门提供3至5天温、压、湿、风等气象要素预报及用电量趋势预报,为电力部门科学指导生产营运提供了科学依据和参考。省气象信息中心建有专门的电力气象服务系统,通过数据通讯网络向电力调度通讯中心提供相关信息。电力调度部门也有专门的气象信息接收平台,从气象服务网页上可以随时获取各地气象要素实况和预报信息的填图、表格、时间序列图及灾害性天气报警信息等。几年来,由于提供的气象信息准确及时,对电力调度有很好的指导作用和参考价值,因而受到电力部门的高度重视,电力气象预报信息已经成为安徽省电力企业生产营运不可或缺的重要参数。

提供生产生活的指数预报 由于环境意识大大增强,人们对生活质量给予更多关注,生活气象指数预报应运而生。安徽省气象部门每天对外发布的指数预报主要有:人体舒适度指数、风寒指数、穿装指数、中暑指数、紫外线强度指数、晾晒指数、火险等级、晨练指数、空气质量预报等。20世纪90年代末至21世纪初,生活气象指数曾是电视天气预报及报纸气象专刊的重要内容之一。近年来,主要通过电视、“12121”“气象短信”“天天气象”网站向广大公众提供服务,已成为公众服务的重要内容。随着社会经济发展的需要，还需研制更多的生活气象指数预报，为广大公众提供更多的生活指导。商业、建筑气象预报主要向商场、公路建设等部门及单位用户定时提供中、长期天气预报，并有市场分析及建筑施工建议等。

第四章　雷电灾害防御

第一节　发展历程

1986年，安徽省滁州市气象局在拓展气象服务领域过程中，因部分用户单位的需要，开始利用接地电阻测试仪为有关单位进行避雷网接地电阻进行测试。这是安徽省向社会提供雷电灾害防御技术服务的最初形式。

1988年，安徽省气象局开始与合肥市劳动局、合肥市保险公司等部门联合，专门下发了《关于雷雨季节对避雷装置进行安全检测的通知》，就雷雨季节开展避雷装置安全检测提出了要求，开始了在合肥开展试点和探索，至此，合肥市范围内每年一次的避雷装置安全检测制度也由此形成。

1991年，安徽省气象局联合安徽省安全生产委员会、中国人民保险公司安徽分公司下发了《关于对全省避雷装置进行安全检测的通知》，首次对全省的避雷装置安全检测进行了规定。与此相配套，安徽省财政厅、安徽省物价局、安徽省气象局也联合下发了《关于我省避雷装置安全检测收费的通知》，首次就安徽省避雷装置安全检测收费做了规定，至此，每年一次的避雷装置安全检测制度在全省范围内形成。

避雷装置安全检测工作切合经济社会发展的需要，因此很快就作为最具有社会影响价值的项目在全国气象部门推广。从20世纪90年代初开始在全国气象部门大规模开展，得到了长足的发展。安徽省各级气象部门也开始成立专门的检测机构和队伍开展检测工作，当时合肥的检测工作开始由业务处划归省气候资料室负责，市县气象局有的是以业务科的名义、有的是以研究所的名义开展本地区的防雷装置检测业务。

随着雷电灾害的增多和工作的逐步深入，雷电防护工程的建设需求也越来越多。1996年，安徽省气象局开始组织力量开展雷电防护工程建设及其相关的技术服务工作，在原安徽华云新技术开发公司的基础上，专门成立了安徽省防雷中心（企业建制，无职级），全省市县级气象部门也都相继成立了防雷中心、研究所或科技服务中心等专门从事与雷电防护工程设计、施工有关的技术服务机构。这也是安徽省最早一批从事雷电防护工程设计、施工或建设的技术服务队伍，雷电灾害防御的技术服务工作开始走向前台。

安徽省人民政府专门下发了《关于加强全省防雷安全管理工作的通知》，就防雷装置的管理、维护以及年度安全检测工作及其管理做了规定，首次就雷电防护设施的设计、施工、建设和管理以及计算机信息的防雷安全工作提出了要求，首次对雷电防护工程的设计、施工和建设单位提出了相应的要求，首次对新建项目的防雷配套工程的建设和管理提出了要求（即设计审核、施工检测和竣工验收）。与此相适应，安徽省物价局、安徽省财政厅、安徽省气象局联合下发了《关于调整气象科技服务收费标准的通知》，对收费标准和财务管理提出了要求。

安徽省马鞍山市气象局率先在全国挂出了马鞍山市防雷减灾局的牌子，实行两块牌子一个机构，雷电灾害防御的管理工作开始就位。与此同时，安徽省气象局开始与安徽省公安厅就加强计算机信息系统防雷安全工作专门下发了《关于加强全省计算机信息系统防雷安全管理工作的通知》，计算机信息网络系统领域内的雷电灾害防御工作由此开始。1996 年，新建项目防雷安全设施的设计审核、检测和验收管理也开始逐步摆上了议事日程，安徽省气候资料中心专门就此项工作开始了与合肥市建筑业管理局的接触。

1997 年，安徽省气候资料中心与合肥市建筑业管理局、合肥市建筑工程质量监督站专门就合肥市的新建项目的防雷安全设施的设计审核、检测和验收管理工作联合下发了文件，合肥市的新建项目防雷配套工程建设的设计审核、施工检测和竣工验收工作开始逐步纳入业务范围。由于早期全省各市县气象局都根据当地实际情况做了实际的努力和准备，新建项目的防雷安全设施的设计审核、检测和验收管理工作也就自此开始逐步纳入安徽省雷电灾害防御工作的业务范围。

1998 年 9 月 1 日，《安徽省气象管理条例》颁布实施，气象部门“组织雷电灾害天气规律及其预防措施的研究和管理”的职责自此基本得到了法律的确认，雷电灾害防御与技术服务工作的政策和法律基础进一步得到巩固。与此同时，省局开始将原先由气候资料中心代管的合肥防雷检测中心并入先前组建的安徽省防雷中心（仍属企业建制，无职级，由产业处代管），自此，年度安全检测、新建项目避雷装置设计审核、施工检测和竣工验收以及雷电防护工程等多项业务以及相应的管理工作开始统一纳入安徽省防雷中心管理。

2000 年 1 月 1 日《中华人民共和国气象法》的颁布实施，使安徽省的雷电灾害防御与技术服务工作的政策和法律基础进一步得到巩固。2001 年，中国气象局的 135 号文件下发后，安徽省从事雷电防护工程设计、施工的企业、单位或个人的资质管理，开始纳入业务范围。截至该年年底，全省有 12 个市气象局、30 个县气象局成立了防雷减灾局，所有的市县气象局成立了防雷中心，统一了管理和技术服务机构名称，从此，安徽省的雷电灾害防御与技术服务工作开始步入快速稳定的发展轨道。

2002 年，安徽省物价局、安徽省财政厅、安徽省气象局联合下发的《关于调整防雷审核收费的通知》，提高了防雷减灾服务工作的收费标准。同时，安徽省气象局提出了建设“安徽省省级防雷综合业务系统”的规划要求，安徽省防雷中心作为安徽省气象局正处级直属事业单位的申请在年底得到了中国气象局的明确批复。此后，市县局也都根据省局的要求在本地防雷减灾机构的设置上做了相应的调整。自此,安徽省开始尝试把雷电灾害防御与技术服务工作纳入基本气象业务的范畴进行管理,安徽省的雷电灾害防御与技术服务工作也从此步入了快速发展时期。

2005年5月1日,安徽省人民政府颁布实施了《安徽省防雷减灾管理办法》,这是安徽省历史上首部专门的防雷法规,使得雷电灾害的防御管理和技术服务工作的法律和政策环境更加完善。与此同时,安徽省气象局也及时组织建设了全省的雷电监测网络,开发了省级雷电综合业务系统,组织开展了全省的雷电灾害预警预报技术的相关研究,使得全省的雷电灾害防御工作的保障能力、服务能力和技术手段有了很大提高。不仅如此,在气象事业发展"十一五"规划中,安徽省气象局专门就雷电轨道业务建设的任务和远景目标做明确阐述,提出了建立现代雷电灾害防御保障体系的要求,全省雷电灾害防御和技术服务工作的内涵、组织形式和管理模式开始有了质的变化,步入全面发展时期。

随着新一轮业务技术体制改革的深入,全省各级气象部门都在进行雷电灾害防御的业务建设,着手构建安徽省的现代雷电灾害防御保障体系。全省雷电灾害防御与技术服务工作的内涵正在发生着深刻的变化,集雷电灾害防御的组织管理、雷电研究、雷电防护技术服务和雷电监测、预警及预报于一体的现代雷电灾害防御保障体系正在逐步形成。

第二节　人员与装备

经过20多年的发展,雷电灾害防御与技术服务工作已经成为全省各级气象部门新的业务服务内容和各级地方气象事业的有机组成部分,全省已经初步形成了雷电灾害防御的组织管理(依法履行政府赋予的行政管理职能)、雷电监测预警预报业务与防雷技术服务(防雷检测、设计审核、竣工验收、防雷工程设计与施工等)三大块齐头并进的格局,各级气象部门都建立了专门防雷减灾管理机构、业务运行机构、技术服务机构和专门的人才队伍,从事防雷管理和技术服务工作的队伍迅速扩大。

目前全省从事雷电灾害防御与技术服务的工作人员总数达395人,其中专职人员215人,占全省在职职工总数的13%左右;兼职人员180人,占全省在职职工总数的11%左右;外聘人员51人。人员的年龄结构和知识结构也在前几年的基础上有了很大变化,由原来的仅仅从事一般检测的服务人员,扩展到气象、防雷、电子、建筑等专业的本科(大专)毕业生,素质有了较大的提高,工程师以上职称约占一半,从事科研活动人员100人,其他相关的从业人员约500人。

从业人员的教育培训也得到了全面发展。通过与南京气象学院和省信息工程学校合作,共安排培养在职防雷专业专科生17人,本科生7人。并根据防雷管理和技术服务的需要,多次举办不同类型的防雷管理和技术培训班。20年来,累计培训人次近万。

安徽省信息工程学校还专门开设了防雷专业专科班（高职班），几年来雷击培养防雷专业人才近百名，目前这些毕业生正陆续步入工作岗位，使一线人员的管理能力和技术水平有了显著提高，各项工作都得以顺利开展。

在业务系统建设和装备的现代化等方面，近20年来先后投入近500万元进行检测技术装备更新和新型业务系统的研究与开发，特别是最近几年科技经费投入增长较快。2003年，全省各级防雷机构用于科技活动的经费支出为52万元，比上年增长50%。其中用于研究与发展经费约24万元，增长60%。随着服务收入的逐年增加，2004年、2005年，全省在科技经费投入方面基本是以每年30%的速度大幅度增长。

全省相继建成了有10个基站组成的全省雷电实时监测网络，开发了省级雷电综合业务系统和市级防雷综合业务系统，正在组织开展全省的雷电灾害预警预报技术研究，一线防雷检测装备已经全部得到更新换代和升级。目前，省级防雷中心基本配备了先进的接地测试仪器，建立了简易的产品测试平台，基本具备了频域测试和时域测试分析的能力，可以开展电力质量综合测试分析、产品性能的测试试验、防雷装置的验收测试等所有的测试业务，市县级防雷中心也大多配备了先进的接地测试、电类的时域测试分析和简易的产品测试仪器，基本具备了防雷装置测试的所应有的手段与能力。

防雷科学研究和技术开发也不断取得新成果。近几年来，全省累计共获得地、厅级以上科技成果4项。主要有：安徽省市级防雷减灾业务管理系统、安徽省雷暴监测预警与服务系统等。安排科技攻关计划5项，科技专项计划3项，软科学计划1项，计划建立省级防雷产品实验室1个，企业技术中心2—3个。

第三节 防雷效益

近20年来，安徽省各级气象部门在完善防雷法制、强化安全管理、健全防雷组织、建设防雷业务、完善技术服务、规范防雷市场、加强防雷宣传等方面做了大量工作，特别是自从1996年以来，不仅每年的5—7月份都相继组织在全省开展“防雷检测月”“防雷宣传月”等多种形式活动，而且每年都积极与电视台、广播电台、报纸、网络、电信等媒体合作，开通了防雷热线，广泛宣传防雷安全知识，使得全社会的防雷意识全面得到提高，百姓的积极参与意识大大增强，雷电灾害防御工作取得了巨大的社会效益。

组织建设的全省雷电监测网络、防雷业务管理系统和开展的雷暴监测预警系统研究，使安徽省指导雷电灾害防御的技术手段和能力得到提升，有效地指导了全省的雷电灾害防御工作，几年来累计开展雷击环境评估、灾害鉴定业务数十起，有效地指导了关键领域里的重点工程建设。

通过强化管理、规范技术服务来不断拓展新的业务服务领域，认真做好已建项目的服务工作。据不完全统计，仅自2001年以来，全省气象部门共审查防雷设计图纸近3万多套，检测各类重要场所的防雷装置近60000个，提出整改建议18000余条，参与人次达10万余次，其中大部分整改建议得到及时整改，防雷安全措施的不合格率由2001年以前的80%左右下降到2006年的约25%，极大地减少了防雷安全隐患，有效地减少了因雷击可能造成的国家财产和人民生命安全的损失，社会经济效益十分显著。

第五章　安徽农村综合经济信息网

1998年年初，针对农产品卖难、农村市场信息滞后、农民增收缓慢等问题，安徽省委、省政府决定利用气象部门的网络技术资源和垂直管理体制，建立为“三农”（农业、农村、农民）服务的安徽农村综合经济信息网（简称“安徽农网”）。

安徽农网在中国气象局和安徽省委、省政府的大力支持下，不断探索服务“三农”的新途径，先后实施了“信息入乡”和“五路并进”，有效地推进了信息“进村、入户、到企”。

在搭建信息服务体系的同时，安徽农网又以开拓创新为先导，以巩固发展为目标，不断完善信息服务质量，拓宽信息服务渠道，连年荣获省政府“优秀政府网站特别奖”、中国兴农网“最受网民欢迎奖”等多项表彰。

安徽农网开通以来，坚持立足服务“三农”，提升水平、完善服务，全面推进农业信息化建设。截至目前，安徽农网促成网上交易超过60亿元，日均访问量超过23000次，被广大农民誉为“致富金桥”。

第一节　发展历程

搭建符合省情的农产品市场信息服务体系

确立“政府主管、农委牵头、气象主办”的建设模式。结合国外农村信息化建设成果和安徽省情，“安徽农网”建设采取“政府主管、农委牵头、气象局主办”的模式，建成了一个统一开放、纵横结合、层次清晰的综合信息网，而且实现了投资少、见效快的目标。

实施“信息入乡”工程，组建四级服务网络。2000年1月，安徽农网在全国率先启动“信息入乡”工程，工程建设采取物理网络与服务组织同步延伸的新做法，在建立了1个省级信息中心、17个市级信息服务中心、61个县级信息服务中心的基础上，按照“四个一”标准（一个人、一间房、一条专线、一套设备），采用“以奖代补”方式，在全省1800多个乡镇全部建成信息服务站，形成了省、市、县、乡四级组织网络和服务体系，探索出一条适合我国国情的农村信息服务新模式。

“五路并进”，推动信息“进村入户”。为解决农村信息服务“最后一公里”难题，安徽农网利用因特网、广播网、电视网、固定电话网、移动通信网等手段，采取农业、气象、宣传、通信多部门合作，以“五路并进”的方式（即“信息报刊”“信息电话”“手机短信”“电视栏目”“信息广播”），开展送农业信息“进村、入户、到企”活动。以政府引导、大户自愿、财政补贴的方式，在全省建成村级（大户）信息点8200多个，注册会员57000多个，全省涉农企业上网率达90%；农网信息报、农网信息电话、农网电视栏目和农网致富短信也相继推出使用；在乡村基层组织则利用传统的大喇叭、小广播、明白纸和信息赶集、信息点播的方式，向广大农户传递农业信息，从而形成了独具特色的农村信息化立体服务体系，大大提高了安徽农网信息覆盖面和使用率。

贴近农民需求，筑实“三农”信息服务平台

定位免费服务，解决农民生产经营难题。安徽农网始终坚持“免费为农民服务”的宗旨，减轻农民负担，帮助农民解决生产经营中遇到的难题。

一是开设“专家在线”专栏。结合全年农时、农情及农民所关心的问题，组织有关专家，举办“专家在线”，通过音频、视频和热线电话进行现场答疑。

二是设立“有问有答”栏目。聘请中外专家顾问79人，对农民提出的疑难问题，在网上及时给予解答。

三是开通“致富短信”系统。安徽农网与移动、联通公司合作，开通了农网致富短信。通过订制、点播、互动、问答等多种服务方式，向农民朋友提供专家问答、农业快讯、农事气象、市场信息、农业科技、劳务信息等30多项服务。

四是开辟“供求热线”专栏。围绕“帮助农民销出去”，开通网上农产品绿色通道，帮助农民上网发布农副产品供求信息，吸引国内外客商。

采取部门合作，提高网络资源利用效率

按照“资源整合、信息共享”的原则，安徽农网利用现有资源，注重与涉农、科技、通信、科研等部门的密切合作，积极探索“一网多用”。

安徽农网相继开发了“县乡电子政务办公系统”，与省委组织部联合创办安徽省党员干部现代远程教育“先锋网”，与省科技厅联合创办“中国星火计划网·安徽站”，承担科技部“茶网·中国”的建设，创办“安徽省农村劳动力技能在线培训网”。

创新发展手段

合力打造致富短信，提供个性化服务。安徽农网与移动安徽分公司和联通安徽分公司通过广泛调研认为，手机短信具有方便快捷、费用低廉、贴身服务的特点，将运营商的通讯资源和安徽农网的信息资源有效整合，共同打造农网致富短信服务项目，陆续开发了农网信息致富系列服务系统。致富短信开通不到一年时间就发展用户两万多个，取得了良好的社会效益和经济效益。新华社、《农民日报》、《安徽日报》等媒体进行了报道。

“先锋在线（农民网吧）”农民致富新天地。省委组织部和省气象局联合依托乡镇、街道党员电教工作站和《安徽农网》信息服务站，建立“先锋在线工作站”，依托村、社区党员电教固定播放点，建立“先锋在线信息点”，对推动信息“进村、入户”，统筹安徽省城乡发展和经济社会协调发展具有重要意义。

综合多媒体技术，提升“三农”服务水平。为更好地服务“三农”，安徽农网利用流媒体与数据库技术，自行开发了农网网视、农网广播和农网视频在线。农网网视是把省远程教育网、农村劳务培训网与安徽农网上的视频课件、专家在线视频内容全部集中在一起，供用户在线收听收看，并可在线观看中央七套电视栏目。

农网广播是与安徽农村广播电台、安徽广播电台金色园田栏目合作共同打造的。农网广播主要收集整合有关三农的科技、经济与生活方面的广播信息并统一放到网站上，供用户随时在线收听。

建设农业招商新平台。为加大龙头企业招商引资力度，加快推进农业产业化经营，安徽农网受安徽省农业产业化工作指导委员会的委托，利用安徽农网平台，开发出“安徽省农业招商网”。

以信息支撑劳务经济加快发展。为了实现省委省政府“把劳务经济真正做成一个富民强省的大产业”的战略要求，安徽农网积极开展网上劳务培训工作，在网站开设了“农村劳务技能培训专题”进行宾招、餐饮、物业管理、缝纫工艺、科学育儿、电子操作等方面培训，受到了外出务工人员和农民的欢迎。根据安徽省农村劳动力转移培训阳光工程指导小组《关于进一步做好农村劳动力转移培训阳光工程有关工作的通知》精神，安徽农网采取有力的措施，充分发挥网络和资源优势，积极组织实施“阳光工程”。一是在安徽农网网站首页显著位置链接“安徽省农村劳动力转移培训阳光培训网”，及时转发国家和省“阳光网”的最新信息。二是在安徽农网网站常年开设“农民工专题”，集中报道省内及外省有关农民工方面的政策、招聘、培训等信息，仅2004年前8个月就发布相关信息2000多条。

信息进村入户到企。深入开展信息进村、入户、到企活动，有效地推动了社会和经济效益的提高。马鞍山市围绕信息进村、入户、到企活动，全市所有的村都建立了信息服务点，形成了市、县（区）、乡（镇）、村四级农业信息服务网络体系，成为农民增收的重要信息渠道。2004年，全市村农网信息服务点上网次数达8.7万多次，发布供求、招商等信息2800多条，下载各类信息3万多条，网上成交额达6亿多元。滁州市通过开展信息进村、入户、到企活动，有效地服务了农村经济发展，促进了农民增收。2005年，滁州农网已发布下载农业信息4000多条，网上交易额近亿元，网上发布农业招商项目200多个。

第二节　人员与装备

装备　安徽农网有8台独立的服务器用于网络交换和数据交换，3个数据库资源，8个交换机，所有交换机可提供的交换接口总数共192个（一个有24个接口），计算机共60台，20台为方正品牌机，40台处理器均为Intel p4的兼容机，联网比重100%，接入 Internet 带宽是 102400kB（100MB）。课件制作设备齐全：视频采集卡 4 个、卫星接收设备一套、视频制作软件一套、视频服务器一台、流媒体直播系统一套、摄像机一台、数码相机 4 台。拥有三台打印机，两台激光打印机、一台喷墨打印机。拥有复印机一台、扫描仪 3 台。

安徽农网有独立开发研究场所，具有省、市、县、乡、村五级功能完善的组织体系和服务体系，配备计算机人均一台。中心配备 10 名专职信息服务员，负责信息咨询、采集和发布，他们都为计算机相关专业，具有计算机和农学相结合的复合型知识。

科技人员　中心按照信息产业发展需求进行人员安排，配有专职人员 15 人，流动技术人员 25 人，其中有 2 名博士，5 名硕士，本科或大专以上 25 人，高中或中专信息员 8 人，其中，25% 人员为计算机相关专业，50% 人员具有计算机和农学相结合的复合型知识结构，25% 为农学人员。

信息资源能力　安徽农网有农业和农村科技数据库三个，总数据量为 92160MB（90GB），多媒体课件 8000 多个，数据库信息每天更新约 5000 条，能充分满足信息服务的需要。基地专职信息员负责对信息采集，校正、审核，把握及时性和准确性的原则，合理编辑后发布，从采集到发布信息，每个信息员都做到以身作则，和农业科技专家保持联系，以便咨询信息的准确性、实效性。基地有自己独立的基于数据库管理的因特网网站，可以实现网上定购、交易，农网分有信息部、技术部、宣传部、市场部、综合部，技术部负责网站的管理和维护，信息部负责信息更新，宣传部负责全省农网业务管理工作，市场部负责探索市场行情变化，找出更有效的发展方向，综合部负责人员调配、财务和日常管理工作。

第三节　服务效益

拓宽销售渠道，促进农民增收　安徽农网为农民提供及时准确的信息和热情周到的服务，拓宽了农产品销售渠道，访问用户遍及 36 个国家和地区，促进了农民增收。几年来，共实现网上交易额达 45 亿元。

普及农业科技，实现农业增效　安徽农网在普及农业科技的基础上，注重农民通过网络直接与农业科技专家沟通，及时解决生产中遇到的难题。几年来，共为农民答疑解惑 2 万多条，加快了农业科技在乡村的普及与应用，实现了农业科技的有效转化，促进了农业增效。

开展劳务培训，实施远程教育　安徽农网开设的远程“农村劳动力技能在线培训”拥有 800 多个教学课件，在宾馆餐饮、物业管理、家政服务、缝纫工艺、科学育儿、电子操作、种植养殖、建筑技术等方面进行免费培训。栏目自开办以来，已累计培训 18400 多人次。“安徽省农村远程教育网”填补了远程教育在农业知识和农村教育方面的空白。网站拥有课件 3000 多个，教学资源丰富，主要针对农作物种植技术、畜牧水产业的养殖技术、农民非农就业技能等方面进行培训教育，每年培训农业从业人员 8000 多人次，被誉为“不下课的教室、不休息的老师”。

加强部门合作，力求资源节约 利用安徽农网现有网络资源和服务体系，结合党员干部先进性教育活动与省委组织部联合建设的“党员干部远程教育先锋网”自开通以来，网站访问量逐步上升，培训党员干部万余人，党建宣传效果显著，对提高基层党员素质，加强基层党建工作起到了重要作用。利用农网平台在全国率先开通的县乡电子政务办公系统，实现公文无纸化传输和网上视频会议，提高了办公效率，推进了政务公开，节约了办公经费。按一个县每年节约办公经费 20 万元计算，全省 105 个县（区），可节约办公经费约 2000 多万元。与科技厅合作建设的科技星火网，目前已连通到全省大部分市县。安徽农网“一网多用”的做法，有效避免了资源浪费、减少了重复投资，仅网络建设就一次性节约经费近 3000 万元。

第四节 农网经验

政府推动和准确定位是安徽农网快速发展的强大动力。安徽农网的成功在于：建立了由“政府主管、农委牵头、气象主办”，亦即政府、信息网络、服务三位一体，行之有效的运行管理模式。各级政府积极推动，各部门齐抓共管，保证了安徽农网快速发展。安徽省政府把安徽农网定位为服务“三农”的公益事业，免费服务农民，发挥信息在农村经济中的导航作用，激发了农民使用信息的热情和兴趣，为安徽农网的建设和发展注入了强大动力。

“三农”需求和信息可用是安徽农网持续发展的重要保证。在农村经济发展的新阶段，农民需要信息，领导需要信息，基层干部需要信息，而安徽农网正是顺应这一需求，实施“信息入乡”和“进村入户”工程，为农民架起一座致富的“金桥”。

资源整合和力求节约是安徽农网稳定发展的有效手段。安徽农网与涉农部门、电信行业、科研院所等相关部门通力合作，将横向部门孤立的信息资源进行有效整合，实现各部门信息资源共享。力求资源节约，推行“一网多用”，立足服务“三农”，在农村信息化建设方面实现了政府倡导节约型社会的目标，成功探索出一条投资少、见效快、效益高的中国特色农业信息化服务的新路子。

特色服务和求实创新是安徽农网蓬勃发展的不竭源泉。安徽农网以特色服务占领安徽农村信息化阵地，成为农民心中的“第一品牌”，主要取决于提供及时准确的信息和与众不同的服务。安徽农网坚持求真务实，增强创新意识，不断创新思想观念、业务技能和服务机制；紧密围绕农业增效、农民增收和农村发展这一主题，对信息资源进行深层次加工，整合并增值信息资源，开发指导生产与经营实用性强的信息产品，极力满足农民朋友的需求。

安徽农网成功地探索出一条投资少、见效快、效益高，具有中国特色的农村信息服务新路子，在全国起到了示范作用。在 2004 年 11 月召开的“2004 中国信息化推进大会暨信息化应用案例展览会”上，安徽农网的建设被国务院信息化办公室和信息产业部以农业信息化的“安徽模式”向全国推荐。

第六章　气候资料与服务

第一节　新中国成立前安徽省气象资料站点

1949年以前，安徽省有气象资料的站点55个，其中芜湖始于1880年的气象资料为全省历史最早气象记录；桐城（南塘）1912—1919年及凤阳（临淮关）1915—1916年的月、年降水资料位列其次。但新中国成立前，安徽省站点的气象资料大多属降水资料，且不连续。见表5-6-1。

新中国成立前安徽省气象资料站点一览表

表5-6-1

站点	资料年代	资料项目	观测时次	资料来源
芜湖	1880—1937	温度、气压、降水、天气状况、风、膨胀、蒸发	1886—1903年每天4次，其它年份每天8次	中国气象局气象档案馆
安庆	1931—1937.11；1942；1944.12—1945.1	温度、地温、气压、降水、天气状况、风、云、能见度、蒸发、日照时数	1942年及以前为每天3次，1944年后为每天6次	中国气象局气象档案馆
安庆（马山）	1929.2—1942	月及年降水量	不详	安徽省水利电力厅《安徽省水文手册》1958.10印
阜阳	1932—1933；1942—1946	温度、降水、风	不详	中国气象局气象档案馆
	1921—1937；1944；1947—1948	历时降水	不详	安徽省水文局档案资料
寿县	1932—1933；1942—1946	温度、降水、风	不详	中国气象局气象档案馆
	1921—1923；1931—1948	月及年降水量及日数、历时降水	不详	安徽省水文局档案资料
六安	1932—1933；1942—1946	温度、降水、风	不详	中国气象局气象档案馆
	1922—1923；1931—1938	月及年降水量及日数、历时降水	不详	安徽省水文局档案资料
太平	1932—1933	温度、降水	不详	中国气象局气象档案馆

续表 5-6-1

站点	资料年代	资料项目	观测时次	资料来源
太平（城厢）	1932—1934;1936	月及年降水量	不详	安徽省水利电力厅《安徽省水文手册》1958.10 印
蚌埠	1918—1923;1925—1928 1931—937;1946—1948	月及年降水量及日数	不详	安徽省水文局档案资料
宿州	1921—1923;1933—1937	月及年降水量及日数、历时降水	不详	安徽省水文局档案资料
合肥	1946—1948.12	气压、温度、湿度、风、云、日照、降水	每天 3 次	安徽省气象档案馆
	1934;1942—1948	月及年降水量	不详	安徽省水利电力厅《安徽省水文手册》1958.10 印
祁门（荣场）	1945	温度、湿度、风、降水、天气现象	每天 3 次	安徽省气象档案馆
屯溪	1948.8—1949.4	气压、温度、湿度、风、能见度、降水、天气现象	每天 8 次	安徽省气象档案馆
萧县	1931—1936	月及年降水量	不详	安徽省水文局档案资料
砀山	1931—1934，1936	月及年降水量、历时降水	不详	安徽省水文局档案资料
亳州	1922—1923;1931—1937	月及年降水量及日数、历时降水	不详	安徽省水文局档案资料
涡阳	1943—1945	月及年降水量及日数、历时降水	不详	安徽省水文局档案资料
蒙城	1931—1939;1947	月及年降水量及日数、历时降水	不详	安徽省水文局档案资料
颍上	1942—1945;1947—1948	历时降水	不详	安徽省水文局档案资料
太和	1931—1937;1943—1945	月及年降水量及日数、历时降水	不详	安徽省水文局档案资料
界首	1942—1944;1946—1947	历时降水	不详	安徽省水文局档案资料
霍邱（三河尖）	1906.3—1911; 1935—1944;1946	月及年降水量、历时降水	不详	安徽省水文局档案资料
凤台	1948	月及年降水量	不详	安徽省水文局档案资料
怀远	1948	月及年降水量	不详	安徽省水文局档案资料
凤阳（临淮关）	1915—1916;1948	月及年降水量	不详	安徽省水文局档案资料
五河	1931—1937;1948	月及年降水量及日数	不详	安徽省水文局档案资料
霍山	1935—1937	月及年降水量及日数、历时降水	不详	安徽省水文局档案资料

续表 5-6-1

站点	资料年代	资料项目	观测时次	资料来源
金寨（墩塘村）	1940—1946	月及年降水量	不详	《安徽省历年水文统计》1972.7 印
定远	1931—1937	历时降水	不详	安徽省水文局档案资料
嘉山（明光）	1931—1937；1947—1948	历时降水	不详	安徽省水文局档案资料
泗县	1921—1923；1926；1931—1937	月及年降水量及日数、历时降水	不详	安徽省水文局档案资料
固镇	1948	月及年降水量及日数	不详	安徽省水文局档案资料
怀宁（杨家套）	1936—1938.5	月及年降水量及日数	不详	安徽省水利电力厅《安徽省水文手册》1958.10 印
青阳	1932—1946（不连续）	月及年降水量	不详	同上
铜陵（大通）	1936—1937；1949.7—1949.12	月及年降水量	不详	同上
繁昌（狄港）	1936—1937；1934（城关）	月及年降水量	不详	同上
含山	1934	月及年降水量	不详	同上
和县	1936	月及年降水量	不详	同上
宿松	1932—1934；1936；1942—1945	月及年降水量	不详	同上
太湖（花凉亭）	1930—1933	月及年降水量	不详	同上
东至（至德）	1934	月及年降水量	不详	同上
东至（东流镇）	1936	月及年降水量	不详	同上
石台（石埭）	1942.6—1942.12；1943.2、5、6月	月及年降水量	不详	同上
潜山（梅城）	1934	月及年降水量	不详	同上
桐城（南塘）	1912.7—1913.5；1914—1919.4；1920—1922；1932.3—1934；1936；1942	月及年降水量	不详	同上
舒城（梅岭）	1934	月及年降水量	不详	同上
庐江（棋盘）	1936	月及年降水量	不详	同上
无为	1932—1934；1936	月及年降水量	不详	同上

续表 5-6-1

站点	资料年代	资料项目	观测时次	资料来源
泾县	1932—1934	月及年降水量	不详	同上
南陵	1932—1934;1936; 1947.1—1948.8	月及年降水量	不详	同上
宁国	1942.4—1943.4	月及年降水量	不详	同上
广德	1932—1934	月及年降水量	不详	同上
郎溪	1934	月及年降水量	不详	同上
宣城（水阳）	1931—1933	月及年降水量	不详	同上
当涂（太平口）	1934;1936	月及年降水量	不详	同上
祁门	1932—1935;1942; 1944—1946	月及年降水量	不详	同上
歙县	1932—1934	月及年降水量	不详	同上

另外，中国气象局气象档案馆存有安徽省如下气象资料：安徽省各县 1932 年雨量温度统计表；安徽省各县 1933 年雨量统计表；安徽省 1942—946 年水利历象简编。

第二节　气象资料收集整理

收集　气象资料是指各级气象主管机构组织收集并存档的各种气象观（探）测记录，以及由这些记录加工处理而成的各类气象数据集、各种气候统计值、图像和数值分析资料等，具有长远的利用价值。气象资料收集是气象科技档案最重要环节。

安徽省气候资料室负责气象资料整编和气象科技成果收集等，并指导和管理全省各气象台站的资料工作；负责收集本省所属各气象台站的各类气象记录原始报表及数据文件、灾害性天气报告和图像资料，以及省气象台天气图、雷达、卫星探测等资料。

1992 年之前的高空和农业气象资料由安徽省气象局业务处承担收集和质量控制，每半年向安徽省气候资料室和中国气象档案馆报送存档。1992 年以后，高空和农业气象资料收集和质量控制移交安徽省气候资料室负责。国家基本（基准）站、辐射站、酸雨站、国家级农业气象站的报表收集和质量控制工作由安徽省气候资料室承担。

地级市气象局负责本区的资料收集、管理和资料服务，并指导和管理本区所管辖的气象台（站）资料工作。县气象站是直接获取气象资料的基层单位，按月编制气象记录月（年）报表、月简表，上报省和地区气象局；对本站的原始报表、自记记录纸、气簿以及上级业务部门下发的有关整编资料、气象科技成果进行整编和管理，并开展资料服务工作。

整理 1985 年，国家气象局配备了 CCS-400 型微机和磁带机后，安徽省气象局抽调技术力量开发了信息化纸带进入 CCS-400 型微机和从微机转存到磁带机上的有关软件。上世纪 80 年代中期，安徽省气象局气候资料室在大力开展地面气象资料信息化的同时，不失时机地开展在微机上编制地面月报表、地面年报表和高空月报表软件的研制工作，其中地面气象测报软件 AHDM1.0-5.0 率先研制成功并在全国推广应用。

从 1987 年开始，全国气象台站利用安徽省研制的地面气象测报软件形成了观测数据 D 文件。开始用盒式录音磁带作为 D 文件报送媒介，后用外存储器，再后用 X.25 与 Internet 网络的形式上报到省气象局资料处理部门。

1989 年，安徽省气象科技人员，在现行的 59-701 探空技术体制下，设计了新的探空业务自动化处理技术方案，建立了与之相适应的业务流程，并研制成功了《高空气象探测数据自动处理技术业务软件》，实现了高空气象要素自动采集、质量控制、计算编报、上网传输、报表编制等过程自动化。其中包括探空电码译码纠错，探空曲线模拟，等压面、特性层、零度层选取，各种特殊记录处理和实时、非实时资料提取等自动处理技术，使高空探测数据处理的质量和时效大幅度提高，高空报表资料也由原先收集纸质报表资料改变为纸质报表资料和信息化资料同时收集存档的模式。2003 年开始，安徽省高空测报软件转换为中国气象局推广的杭州气象局研制的高空气象测报业务软件，但省级高空气象可视化报表和质量控制一直使用由安徽省自主开发的业务软件。

从 1999 年开始，17 个基本（准）站开始逐步建立了自动气象站，截至 2005 年，安徽省所有 80 个地面气象站全部实现了自动站观测业务。台站存档资料也全部通过安徽省气象办公网进行收集和报送。

从 2005 年 1 月起，安徽省停止 AHDM5.0 使用，开始使用中国气象局推广的 OSSMO 软件，地面气象观测数据 D 文件格式也改为 A 文件格式，资料收集也转变为只接收台站报送的 A 文件。这期间，安徽省气象科技人员又与国家信息中心气象资料室联合研制出《省级地面气象观测数据质量控制业务系统》—CDQC 软件，它可以对地面气象站所产生的 A、J、R、Y 文件进行格式检查和质量控制。CDQC 软件在业务上的使用，减轻了审核员的工作负担，极大地提高了资料审核质量和工作效率，并在全国推广使用。

第三节　气象档案

气象档案是指国家机构、社会团体或个人，在气象科技领域活动中所形成的，具有保存利用价值并属于规定归档范围的各种形式的历史记录。按照规定进行归档保存的气象资料，就是气象记录档案。气象记录档案是气象档案的主体，是国家重要的科技档案之一。它是气象业务、服务和科研工作的基础资料,也是国家经济建设、国防建设和科学研究的重要信息资源。

1986 年 1 月 1 日正式成立了安徽省气象档案馆,主要负责集中统一管理全省汇交的各类气象科技档案和全国各地交流的气象资料;负责全省国家基本(准)站的地面、高空、日射、农气、酸雨等气象记录报表的收集、传输、加工处理、质量控制等。档案馆收集了以气象资料为主体的气象科技档案 6 余万册,包括地面、高空、日射、农气、天气图、卫星云图、整编资料、科学试验、气象科研、会计、基建和解放前资料等。

根据国家气象局 1986 年颁发的《气象科技档案分类法》,将气象科技档案共分为气象科技管理档案、气象记录档案、气象业务和服务档案、气象科学研究档案、气象仪器设备档案、气象教育档案和气象基建档案等七个大类。同年 10 月,安徽省各级气象台站根据上述分类法,正式开展气象科技档案的分类和整编工作。随着业务工作的不断发展,档案管理逐步向标准化、规范化、现代化迈进。1997 年,安徽省气象档案馆升为气象科技档案管理国家二级。

1997 年后,安徽省所有气象台站通过分组交换网向安徽省气侯资料中心(省气象档案馆)传输地面气象观测资料,改变以往一直通过邮局邮寄气象记录报表的落后办法。并通过 X.25 专线,向上海至北京传送全省 17 个基本(准)台站的地面气象月报表资料,并与华东、华中等周边省市合作,实现区域内气象记录档案的数据共享。

从 2001 年 1 月起,全省地面气象台站停止向安徽省气候资料室报送纸质地面月(年)报表。安徽省气候资料室也停止纸质地面气象月报表打印存档工作,地面气象资料采用硬盘、光盘作存储载体归档。截至 2005 年,全省 80 个气象台站建站以来的地面气象观测记录已分别以 A 系列文件、D 文件或 W 文件形式存贮在计算机软、硬盘和光盘上,完全实现了信息化数据代替纸质报表作为气象档案存档方式。

安徽省气象档案馆(安徽省气侯中心)在 1998 年 6 月与安徽省气象台合并,成立安徽省气象防灾减灾中心, 2002 年档案馆库房由合肥市芜湖路 220 号搬迁至史河路 16 号气象科技园多普勒雷达楼内。

第四节　资料整编与加工处理

整编　气候资料阶段整编是气象部门的一项基础业务,整编成果对经济建设、国防建设、社会发展和人民生活十分重要,对未来的天气预报研究分析,对防汛抗旱、防灾减灾等都有重要作用。

安徽省的气候资料整编分为日常性整编、专业整编和阶段整编。

日常性资料整编主要是根据业务、科研和服务工作的需要而定。整编的内容有:安徽省气温、降水的逐日和统计值项目以及暴雨、寒潮、旱涝等灾害性天气资料。此外,还定期整编气象记录累年值、地面气象年报和地面气象异常年报。

专业资料整编根据某项特殊任务或用户的特殊需要而定。2000年以后,每年为安徽省统计局整编全省气温和降水资料。此外为编写台风年鉴、安徽省精细化农业气候区划,以及为环保、水利、工业、交通、电力和科研等部门提供专业性整编资料。

阶段整编是按照中国气象局的规定和要求进行的地面气候资料整编。

1991—1995年,安徽省进行了新中国成立以来的第五次阶段整编,是按世界气象组织（WMO）关于进行1961—1990年标准气候段气候值的统计要求,根据中国气象局1990年1月颁发的《全国地面气候资料（1961—1990）统计方法》规定的项目和统计方法,使用上海市气候中心研制的《全国地面气象资料整编程序》整编而成。输入数据为全省各台站的地面气象标准数据（W文件）。整编有气温、降水、湿度、日照、风等19个气象要素，111个基本整编项目和71个自选整编项目。本次整编出版的资料为中国气象局规定的12个气象要素41项累年统计值。其他未出版的整编资料,均存于计算机和光盘中,可供调用。整编结果内容丰富,数据准确。

2001年开始,进行第六次阶段整编。此次整编继续按照1991年的整编要求和升级改进的整编软件进行整编。首先对全省80个气象台站（南溪站87年撤站除外）1970年6月至2001年6月的信息化资料进行完整性普查,及反复格式检查和质量检查,对照月报表记录修改出错的信息,直到正确。历经一年多时间,完成了新30年（1971—2000年）气候资料阶段整编工作。此次整编成果没有出版,而是以数据文件的形式保存在硬盘和光盘中存档和提供服务。

加工处理　安徽省地面气象资料信息化工作始于20世纪70年代末和80年代。到1990年年底,完成了17个国家基本（基准）站、63个一般气象站自建站到1990年除了自记观测资料之外的全部历史资料信息化任务。

安徽省从1987年1月起,国家基本（基准）站开始进行地面观测资料机制报表工作。到1991年7月,全省80个台站全部实现机制报表和观测数据信息化D文件的存档上报,测报软件也是从最初DOS版本的AHDM1.0到AHDM4.11,升级到Windows版本的AHDM5.0到AH2002。这些D文件与A0文件相比,包含了地面测报的所有观测资料以及封底封面文字信息（V文件）,信息内容更加丰富,特别是包含有A6（A7）文件中的自记资料部分（逐时自记降水、逐时自记风、逐时日照等）,是非常珍贵的信息化历史气候资料。

1989年开始,高空气象月报表开始信息化并停止手抄报表,用信息化文件打印机制报表。1989—2002的高空月报表为GK文件格式，2003—2005的高空月报表分别为F（高表风）、G（规定层）、T（特性层）文件格式。

1993年开始,地面气象年报也开始信息化,分别形成了1993—2000年的年报NB文件;2001—2003年的年报V文件;2004—2005年的年报Y文件。

2003年开始,开展了降水自记纸的数据化处理工作,至2005年底,基本完成了国家局规定的安徽省17个国家基本（准）站降水自记纸图形图像气象资料信息化处理工作,形成了全省国家基本（准）站1961—2000年间的自记降水曲线和自记降水强度数据集。

2005年1月1日起,全省所有气象观测站的地面气象测报业务中使用中国气象局统一规定的测报软件OSSMO处理地面气象观测资料。

2005年开始,按照中国气象局预测减灾司《关于做好预测减灾业务服务专项能力建设工作的通知》中子项目——历史资料存储介质转存工作的要求,制定了安徽省历史资料存储介质转存工作方案,抽调人员专门负责做此项工作。2005年5月底,完成了全省81个气象观测台站地面、高空、辐射等历史资料及1991年以后至2004年年底新增资料的普查摸底和资料分类工作。2005年6月份开始对上述资料进行清理、检查,对少数由于各种原因损坏的数据进行重新录入,将所有D文件格式转换处理为A系列文件格式。在此基础上,对所有数据文件中重新进行质量检查,对发现的问题,进行了再纠正。该次资料转存和备份共涉及各类文件约9.8万个,总信息量约4.1GB。2005年10月份基本上完成了地面、高空、辐射和科学试验等信息化资料的备份与转储存档工作。

第五节　气候分析与服务

分析研究　安徽省各级气象台站把气候分析研究列入正常业务之一,普遍进行单站气候分析、区域气候分析和全省气候分析。

在安徽各台站1951—1980年第一次30年气候资料整编成果基础上,由张成、王善型主编的《安徽气候》1983年9月公开出版发行,获1988年省科技进步成果二等奖;安徽省气象局主编,由龚里明、窦崇秀为主要参加者的《安徽省气候图集》1986年4月出版发行,获1988年省科技进步成果四等奖;1986年由王善型、王效瑞等人完成的“安徽省农业气候资源分析与区划”,获1986年省科技进步成果二等奖。

在安徽各台站1961—1990年第二次30年气候资料整编成果基础上,气候分析与研究成果不断涌现。1990年前期,完成了“皖北国土气候资源分析”“安徽省国土气候资源规划”;1996年完成了“安徽省气象灾害遥感调查”（见《安徽省国土资源遥感应用研究》第五章第一至第四节）;2000年王效瑞、田红完成了“气候资源”（见《中国农业全书》（安徽卷）第一章第二节）。“九五”期间,“我国短期气候预测系统的研究”被列为国家重中之重科技项目,项目编号96-908,安徽省气象台气候监测预测科承担其子专题“安徽农业发展的降水气候预测应用系统”,项目编号96-908-05-06-11,其技术报告于2000年9月形成电子版。另外,许泽均、王效瑞编著的《马鞍山气侯》于1999年出版。

在安徽各台站1971—2000年第三次30年气候资料整编成果基础上,由翟武全、王效瑞主编的《安徽气候总论》一书于2006年10月完成电子版。该书涵盖了全省及国内外气候学的最新研究成果。

信息服务 气候资料的日常服务主要基于印刷出版的安徽省各气象台站1951—1980年30年气候资料整编、以及电子版形式的1961—1990年30年气候资料整编和1971—2000年30年气候资料整编，以满足各级政府部门、各行业在气象信息咨询、气候参数提供和应用气候分析等方面的需求。

安徽省气象局自1982年起，各地、市、县气象局自1984年起，将“气候影响评价”列为其日常业务工作之一，每年内部印刷一期，对外提供服务。其内容包括当年气温、降水、日照的特征，重大气候事件，以及主要气象灾害与影响。

应用分析 在诸如洪涝、干旱、冰雪、低温、大风等重大气象灾害发生时，对其所形成的成因分析、灾害评估、保险业赔付以及受损或新建重大工程项目气象参数的修订等问题，省气候中心向政府机构、企事业单位或个人提供所需上述专项应用气候分析产品。

20世纪80年代中期，省气候中心应邀对发生在宣城市洪桥的高压输电线塔因局地强风倒塌一事派员前往实地勘察，并完成强风风力等级评估报告。其后，应合肥市一些企业和保险业的需求，省气候中心提供了多份涉外气象资料查询、索赔时段气象资料等。

第七章　大气质量环境影响评价

第一节　业务宗旨与评价技术程序

大气质量环境影响评价工作是气象事业的重要组成部分,也是拓展气象业务服务领域的有效途径和联系环境保护的纽带。随着大气质量环境影响评价工作的拓展和深入并取得明显的社会经济效益,进一步提升了气象部门在经济社会发展中的地位和影响,加强了气象部门参与综合决策的能力。

大气质量环境影响评价是从保护环境的角度出发,通过适当的评价方法和模式计算,搞清建设项目在建设施工期和建成后生产期排放的主要气载污染物对大气环境可能带来的影响程度和范围,为制定大气污染防治措施,确保环境质量符合规定指标要求提供科学依据,为优化项目选址、确定合理的生产规模提供决策依据,为环保工程设计提供指导意见。

大气质量环境影响评价技术程序大致可分为四个阶段:准备阶段、现场调查与测试阶段、影响评价预测阶段和报告书编写阶段。这四个阶段中,第一、第二阶段是整个评价的工作的基础,主要包括踏看现场、了解工程设计、编写评价大纲、收集获取和分析处理各种基础资料及数据。第三阶段是评价工作的关键,主要是对大气环境质量现状进行评价,根据排放源的特性,选定、建立和验证大气扩散模式,进而对各类情况(不同排放状况、不同气象条件)下大气污染浓度做出定量预测,按照相应的大气环境质量标准(目标值),对预测结果做出正确评价和分析。第四阶段是整个评价工作的重点,因为大气评价的主要工作成果最终都集中体现在报告书编写的质量上,在编写环境报告书时,应对建设项目的可行性提出建议,提出改善和减免环境污染的防治措施。

第二节　发展与业绩

20 世纪 80 年代初,随着我国改革开放的日益发展,国家经济建设规模不断扩大,建设项目不断增加,为防止、减轻工业污染和生态环境受到破坏,在国家和各级政府相应政策推动下,环境影响评价工作进入了建设项目的管理程序,由科研试点逐步变为日常工作。作为大气质量环境影响评价的技术支持单位和中坚力量,安徽省气象部门从起步阶段就进入了环境影响评价领域,开展大气质量环境影响评价工作。

1984年秋，安徽省气象科学研究所及安徽省气象局农业气候区划办公室与安徽省环境保护研究所协作，承担安庆石化总厂丙烯晴新建、扩建工程的环境影响评价工作。首次组织专业气象队伍进行外场作业、施放探空气球与平衡气球，进行风场和温度场测试，进而计算扩散参数，选取扩散模式，预测大气污染浓度和编写专项评价报告书。这次评价工作历时一年，受到省内外专家、环保行政主管部门、工程建设单位的好评。

随后，省气象科学研究所、省气候资料室、省气象学校、省气象台等直属单位亦先后获得大气环境影响评价专项评价资格证书并相继开展专项评价项目工作。"七五"期间，先后主持或参与完成马鞍山硫酸厂、铜陵水泥厂、芜湖、巢湖电厂、淮南洛河电厂、田家庵电厂、合肥二电厂等大型建设项目的环境影响评价，气象部门已成为环境影响评价工作中的重要力量，省气象局各单位从事环境评价工作的高、中级技术人员总数达20余人。

"八五"期间，环评工作进一步深化细化规范化，各行各业都建立了本部门的评价机构，评价单位逐渐增多。其间，安徽省气象局进一步加强了对环评工作的管理和领导，为了整合全省气象部门环境影响评价资源，集中优势力量，拓展环境影响评价领域，配合环保部门对环境影响评价证书单位的考核换证，1992年9月，省气象局党组研究决定，设立"安徽省气象局环境保护室"，隶属省气象科学研究所领导。以省气象科学研究所（省气象局环境保护室）名义申请乙级环境影响评价证书并统一对外承接评价项目。1993年1月成立"安徽省气象局环境影响评价专家组"协调相关事宜，提高环评质量和专业技术水平。1993年5月省环境保护局向省气象研究所正式颁发了环境影响评价乙级证书。从此，安徽省气象局由多单位分别承担建设环境影响专项（气象预测专项）评价任务，发展到独自承担建设项目环境影响评价任务。

"九五"期间，省气象研究所进一步调整了环评机构，充实了技术力量，直接从事环境影响评价的专业技术人员共有8人，其中高级职称2人，博士生1人，中级职称5人。主持和参加了池州、宣州电厂，合肥陶瓷釉砖工程等十余项工程的环境影响评价工作。1998年在省环境保护局组织的全省乙级环评持证单位的考核中，安徽省气象局环境保护室荣获全省总分第一名，1999年顺利地通过了国家环境保护局的审批，重新确认为乙级环评持证单位。此次审批全国气象部门只通过了2个甲级环评持证单位，15个乙级环评持证单位。

"十五"期间，是进入21世纪的第一个五年计划，气象业务、服务又有了很大的发展，省气象部门的环境影响评价工作已从原来的大气污染专项评价扩展到对地表水、地下水、噪声、固废、生态、电磁辐射、核辐射及社会经济等项目的评价，其行业类别涉及机械、电子、建筑、水利、电力、农林牧渔和社会服务等的各个领域及各个方面。2004年3月，随着气象服务领域不断地拓宽，气象业务体制和机构的进一步改革，"安徽省气象局环境保护室"整建制地从省气象研究所调整到省气象信息中心。

"十五"期间，特别在环评机构调整以后，安徽省气象环境影响评价机构在专业人才队伍建设方面有较大的发展，持证上岗的环评专业技术人员已达到16人。省气象局信息中心又利用安徽省部分科研院所改制的机会，从外单位引进非气象专业环评学科科技带头人，逐步形成了工程分析、大气环境、水环环境、声环境、生态环境、固体废物、环境工程、环境经济分析等各项人才的合理布局，提高了环评队伍的整体水平，为气象部门环评工作的进一步发展奠定了人才基础。2004年，王兴荣成为安徽省内两位国家环保总局及人事部免试认定的环境影响评价工程师之一。2005年，环评机构顺利通过国家环境保护总局考核，并获准增加建筑、市政公用工程评价范围；2005年，许农同志顺利通过国家环境影响评价工程师资格考试。

"十五"期间，由安徽省气象局环境保护室主持完成的环评报告书（表）达数十份之多，其中报告书9个（省环境保护局审批），报告表62个，大气专题评价9个，共发表环评学术论文11篇，评价项目大幅度增加，经济效益成倍增长。

第八章 人工影响天气服务

人工影响天气是指通过影响云和降水的微物理过程使某些大气现象、大气过程发生改变的一些技术和方法。如人工增加降水、人工防雹、人工消雾方法等。或者说，人工影响天气是人类为了避免或减轻气象灾害，合理利用气候资源，在适当的天气条件下，根据人们的意愿，通过科学技术手段对局部大气进行人为的影响。

安徽是最早开展人工影响局部天气的省份之一。自开展人工影响局部天气以来，先后进行过飞机人工造云、消云、人工降水；地面（高炮、火箭）人工防雹、人工增雨、地面人工防霜、地面局部增温等试验、研究及业务工作。

第一节 机构人员与任务

1958 年，成立安徽省人工控制天气委员会（在省科委），下设办公室，由省气象局和省科委有关人员组成。主要任务是，科学试验和解决安徽省经常出现的旱灾问题。

1962 年，安徽省人工控制天气委员会及其下设办公室（人工降雨办公室）撤消。

1973 年，江淮丘陵地区干旱严重，省革命委员会责成省气象局在肥东、肥西和长丰三县进行人工降雨抗旱。省气象局临时恢复人工降雨办公室。

1974 年，省革命委员会向全省下发正式文件，布置人工降雨工作；省编委批准成立省人工降雨办公室，编制 10 人。主要任务是人工降雨抗旱。

1975 年，有七个地区 25 个县开展人工降雨，并有 6 个县首次开展人工消雹。省革命委员会成立了省人工降雨、人工消雹领导小组，管辖省人工降雨办公室；主要任务是：负责全省人工抗灾的规划、组织、联络、指挥等工作。

1976 年，为了抗灾支农的需要，根据《关于加强人工抗灾组织机构和人员编制的报告》，省编办同意省人工降雨办公室下设人工抗灾作业队、后勤联络站、火箭工作队、雷达站等 4 个机构，并增加 20 名事业编制，经费从气象事业费中解决（当时气象部门领导体制在地方，气象事业费由地方财政划拨）。

1980 年，省人工降雨办公室并入省气象科学研究所，在所内设立人工影响局部天气研究室，主要任务是科学研究。

1983 年，机构调整，人工影响局部天气研究室撤消。

1987 年，随着全国人工影响局部天气工作的发展，省气象局成立了人工降雨办公室筹备组，主要任务是调研、筹备飞机人工降雨抗旱工作。1988 年 7 月 4 日，首次恢复开展了飞机人工降雨抗旱作业。

1996 年，根据《国务院办公厅转发中国气象局关于加强人工影响天气工作请示的通知》以及省八届人大四次会议和省政协七届四次会议有关代表提出的关于切实加强安徽省人工影响天气工作的议案，省政府成立了安徽省人工降雨防雹领导小组。

1997 年 7 月 19 日，省编委正式批准成立安徽省人工降雨防雹办公室，属省气象局直属事业单位，县级建制，全额预算；核定办公室事业编制 30 名，其中省气象局内部调剂事业编制 15 名，省列编事业编制 15 名（人员经费从省财政列支）。领导职数 3 名（1 正 2 副）；主要职责是：在省人工降雨防雹领导小组的领导下，负责全省人工降雨防雹工作的规划计划、组织协调、管理指导等项工作。

2001 年 9 月 15 日，安徽省人工降雨防雹领导小组更名为安徽省人工降雨防雹联席会议，下设办公室（在省气象局）。

2001 年，根据中国气象局印发的《安徽省国家气象系统机构改革方案》的通知精神，原安徽省人工降雨防雹办公室更名为安徽省人工影响天气办公室，自 2002 年 2 月 1 日正式启用新公章。

第二节　作业装备与管理

飞机装备　1958 年 11 月至 1959 年 9 月，使用空军某部飞机，机型：里 2、C-46；主要任务是科研与抗旱；起降机场为南京；使用催化剂为干冰、盐粉、盐水和石灰粉。

1979 年 7 月至 1980 年 8 月，使用武空 13 师飞机，机型：C-46；主要任务是抗旱与科研；起降机场为合肥；使用催化剂为盐粉、尿素。

1988 年 6 月至 1990 年 8 月，使用南空 10 师飞机，机型：里 2、伊尔 -14；起降机场为肥东；主要任务是抗旱；使用催化剂为盐粉、尿素。

1992 年 7 月至 2005 年 7 月，租用武空 13 师（后改为广空 13 师）飞机，使用机型：安 -26；主要任务是抗旱；起降机场为安庆、蚌埠；使用催化剂为干冰、AgI 丙酮溶液、液氮；使用播撒装置为 AgI 丙酮溶液发生器（宁夏气象科学研究所生产，自购）、杜瓦罐（北京生产，自购）。

高炮（单（双）管 37mm 高炮）装备　1973—1981 年前，无偿调用有关部队或有关工厂民兵的高炮 358 门次。

1996—1997 年，由蒙城县气象局借用省军区高炮 2 门，首先恢复了高炮人工增雨。

1998—2002 年，由各地政府出资先后购进高炮 77 门，分布在全省 13 个市（区）、50 个市、（区）县。由各地自己保管。年检由省人影办每年组织省军区军械所进行。

火箭装备　1974—1979 年，土火箭（黑火药、复合推进剂），由有关地区气象局自己研制、保管、使用；

1997 年，由蒙城县气象局首次购进新型的 WR–B 型火箭架及火箭弹（西安，41 所生产），并于 1997 年 6 月 19 日首次进行了人工增雨。此后，陆续购进该型系列火箭共 32 套，分布在淮南、阜阳、六安、巢湖、亳州、合肥、淮北、蚌埠等 8 市。

2001—2005 年，陆续购进 BL 型系列火箭 23 套及火箭弹（江西 9394 厂生产）。分布在滁州、黄山、宿州、马鞍山、合肥、蚌埠、铜陵、宣州 8 市及九华山管理处。

2002—2005 年，陆续购进 QF3 型系列火箭架 5 套及火箭弹（内蒙 556 厂生产）。分布在阜阳、亳州、淮北 3 市。

目前，安徽省共拥有 77 门单、双管“37”高炮和 60 套火箭架，分布在全省各市以及黄山管理处和九华山管理处，在历年安全检测修理后，合格率均达到 100%。

高炮、火箭及其弹药的购置由各地政府出资，省人影办统一采购、分发。省人工影响天气办公室对全省的人影作业装备及弹药实行统一管理和调配，其中，高炮、火箭的管理由当地气象局管理，火箭弹及炮弹则存放在有关军区弹药库或当地人武部的弹药库，其他装备和设备全部集中在省人工影响天气办公室进行管理。

2004 年开始，省人影办初步建立了安徽省人工影响天气管理系统网站，对各市县进行网络管理。

2005 年，逐步完善安徽省人工影响天气管理系统网站。

第三节　云物理试验与研究

初期试验　1958—1959 年在安徽合肥、巢湖、芜湖、黄山等地利用干冰、盐粉、盐水和石灰粉等催化剂进行人工降水及云物理试验 34 次，得出结论：人工降雨目前不但可能，而且在适当条件下能产生较大的降雨；干冰催化冷云比其他催化剂（如盐粉、盐水和石灰粉）更有效，并且用量与云厚有密切关系，否则产生云消；盐粉、盐水催化暖云效果比较明显，用量大约 10 kg/km ~ 20kg/km；在高空湿度达到 60% 以上时，人工造云是可行的。

恢复试验　1979—1981 年，利用人工降雨飞机在江淮地区进行了大气盐核观测研究，初步得出江淮地区大气盐核平均浓度为每升 2.5 个，低层浓度大，高层浓度小，有 80% 以上的盐核集中在 1500 米以下，且以大核为主等结果；在庐江县白湖农场利用双经纬仪对积云单体生成、发展、消亡进行了观测研究；对高炮人工降雨效果进行了随机试验研究，并研究了梅雨锋降水的雷达、雨滴谱等宏微观特征。该项成果获 1982 年度省气象科技成果三等奖。

1982—1983 年，在安庆市继续开展梅雨锋降水的雷达、雨滴谱等宏微观特征研究。

试验研究成果　1981—1988 年，与南京气象学院合作进行了梅雨锋降水的云系结构和降水特征研究。该项成果获 1989 年度南京气象学院科技进步三等奖。

1988—1990 年，进行了黄山云雾考察，考察结果如下：黄山已受到酸雨的影响，污染源主要来自局地环境污染。黄山云雾形成特征，除天气系统影响外，主要受局地地形及植被的影响，而局地雾消散形成的云，午后虽能发展，但一般不能形成降水。黄山大气气溶胶浓度具有日变化特征，且浓度变化与相对湿度和云雾影响有关。该研究成果获 1991 年度安徽省科技进步四等奖。

1989—1992 年，进行了安徽省飞机人工增雨效果及效益的试验研究。该研究分析了飞机人工增雨的天气条件和最佳作业时段，并对飞机人工增雨的效果和效益进行了评估，为后来的飞机人工增雨作业提供了依据。

1994—1996 年，进行了安徽省旱季云的基本特征及人工增雨的条件研究。该项研究通过对 30 个气象站的 30 年资料统计分析，得出了安徽省旱季自然云（主要指低云）的时空变化特征，提出安徽开展人工增雨的最佳时间。为适时指挥飞机、高炮人工增雨提供了依据。

1997—1999 年，进行了安徽省不同季节云的人工增雨潜力研究。开发了一套与 MICAPS 系统接口的客观分析与物理量计算系统，建立了有关数据库，提出了一种降水潜力的计算方法。

1999—2001 年，进行了安徽省人工影响天气指挥作业系统的研究和试验。该研究是安徽省新一代气象综合业务系统的一个子系统。该系统主要由资料处理、综合分析、指挥决策、产品分发等几个部分组成。

2000—2002 年，进行了省级高炮火箭人工影响天气作业指挥系统的研究。该研究成果获 2001—2003 年度安徽省气象科研与开发二等奖。目前，该系统还在进一步完善。

2000—2002 年，参加了中国气象局《人工增雨成套技术预研究》之第四专题《南方夏季对流云人工增雨潜力区识别技术研究》。在此基础上，2001 年经省局批准进行了《安徽省夏季对流云人工增雨潜力区识别技术研究》。该研究成果获 2001—2003 年度安徽省气象科研与开发三等奖。

2003 年，建立了江淮地区夏季对流云人工增雨示范基地。在基地建设中以双多普勒雷达为主，并包括卫星遥感、加密探空、稠密地面雨量站网等一系列的人工增雨综合监测技术系统。

2005 年，承担了中国气象局气象新技术推广项目：基于新一代天气雷达的省级人影业务系统。

第四节　业务发展与服务

业务发展　20 世纪 80 年代前，主要利用高炮进行人工降雨抗旱、防雹减灾服务，通信主要采用二类电话。

1988—1996 年，主要利用飞机人工增雨作业进行抗旱减灾服务，通信主要采用直拨电话和甚高频电话。

1997—2005年，采用飞机、高炮、火箭进行人工增雨、防雹作业进行抗旱减灾服务，通信主要采用直拨电话、高频电话、手机、互联网等。

中国气象局在“十五”计划中提出了加强灾害性天气监测预警系统建设和大力开发空中水资源的建设任务；安徽省在《安徽省国民经济和社会发展第十个五年计划纲要》中提出要“做好气象、水文预测预报工作”及“加强农业节水、灌溉配套和防旱、抗旱设施建设，综合利用和节约水资源，增强抗旱能力”的要求。“十五”期间，启动了“安徽省空中云水资源开发利用工程”。

2005年建成了现代化的安徽省人工影响天气决策指挥中心，初步建立了基于新一代天气雷达的省级人影业务系统，为全省人影作业提供了技术支撑。在安徽省空中云水资源开发利用工程中，同时启动了淮北地区人工增雨防雹作业示范基地、江淮分水岭人工增雨示范基地、大别山库区蓄水人工增雨示范基地以及皖南山区人工增雨森林防火灭火示范基地建设。

业务服务 1973—1979年，全省开展人工降雨的县市累计达到200个，炮点377个，动用三七高炮354门次，参加人员达到4590人，共计作业3240次。1975—1980年，全省开展人工防雹的县、市累计达到44个，炮点104个，动用三七高炮108门次，参加人员达到1660人，共计作业155次。

1988—1998年，飞机人工增雨62架次，增雨量约10亿吨，全省累积受益面积约4600多万公顷（次），直接经济效益约4870万元。

1999年，自3月6日开始及时组织开展高炮、火箭人工增雨减灾作业。全省共有8个市、地，20个县40多个作业点，共发射炮弹1506发、WR-1B型火箭弹210枚，作业53次，受益面积6040平方公里，增雨总量8.75亿吨，产生直接经济效益8750多万元。5月，在淮北市、宿州市（特别是泗县、灵璧）实施了高炮人工防雹作业，共发射炮弹161发，使533.4平方公里地区免遭冰雹灾害，产生的经济效益达3000万元。

自1999年8月17日至9月3日，在旱区共进行飞机作业9架次，耗用催化剂碘化银丙酮溶液360升，累计作业时间13.5小时，作业目标区面积达8万平方公里。据估算，飞机作业共增雨7.5亿吨，直接经济效益7500万元。

2000年，安徽省遭受了历史上罕见的严重干旱。根据省委、省政府的指示精神，各地人降办在各级政府的直接领导下，先后于5月5—6日、8—9日、11—15日、24—25日，在江淮分水岭及其以北地区的合肥、淮北、宿州、蚌埠、阜阳、六安、滁州、安庆、淮南、亳州等10个市及所辖34个县（区），连续开展了大范围的高炮火箭人工增雨抗旱作业，共动用高炮40门，火箭18套，在106个作业点相继开展作业，累计作业343次，增雨总量达10亿多立方米，使本省当年小麦增产30亿斤。2000年7—8月，淮河以南的11个市及所辖的40个县（市、区）又组织开展了高炮、火箭人工增雨抗旱作业，共动用35门高炮、11套火箭，在108个作业点相继作业，累计作业372次。2000年8月4—24日，利用广空13师787飞机在淮河以南的12个市范围内成功飞行作业13架次，累计飞行 31 个航时，总航程 14200 公里。2000 年 7—8 月，全省人工增雨立体抗旱作业为旱区增雨约 45 亿立方米。

2000 年，省人工降雨办公室被中国气象局授予“2000 年重大气象服务先进集体”光荣称号。

2001 年 4 月 10 日至 12 月 5 日，近 8 个月时段的 62 个作业日内，组织合肥、宿州等 16 个市及所辖的 61 个县（市、区），动用高炮 70 门、火箭 38 套实施了大规模、大范围的高炮、火箭人工增雨作业 954 点次。省人工降雨办公室还分别在 6 月和 10 月组织实施了两次飞机人工增雨抗旱救灾作业，共飞行 11 架次，作业 25 小时 03 分，航程 12500 余公里。当年采用立体人工增雨作业方法，累计增雨 26 亿立方米，使 11.4 万平方公里的干旱地区受益。

2002 年，组织合肥、宿州、亳州、阜阳、六安、蚌埠、滁州、淮北、淮南等市及所辖的 40 个县（区、市）实施了高炮火箭人工增雨作业 402 点次，受益面积达 4.2 万平方公里。4 月以后，组织宿州、阜阳、亳州、淮北、蚌埠、滁州等市及所辖 15 个县（区、市），分别于 4 月 4 日、4 月 15 日、5 月 27 日、6 月 16 日、7 月 18 日五次冰雹天气过程实施了 58 点次高炮火箭人工防雹作业，受益面积达 2.3 万平方公里。在秋播秋种的关键时刻，根据省领导的指示，组织实施了飞机人工增雨作业，飞行 4 架次，累计作业 8.3 小时，受益面积达 7 万平方公里。

2003—2004 年，组织实施人工增雨、防雹作业，趋利避害，防灾减灾，共开展高炮、火箭人工增雨 1049 点次，累计受益面积达 13.8 万平方公里；人工防雹作业 26 点次，累计受益面积达 1.4 万平方公里。二年增雨约 21 亿吨，效益 21000 万元；防雹效益约 3000 万元。

2005 年，相继开展了人工增雨、防雹、水库蓄水、森林防火、土壤增湿保墒，风景区人工增雪、森林灭火等作业。全省共有 17 个市、2 个风景区管理处、63 个县开展人工增雨 174 点次，消耗炮弹 1097 发，消耗火箭弹 180 枚，作业受益及影响面积约 20 万平方公里；全省北部地区共开展人工消雹作业 22 点次，消耗火箭弹 5 枚，消耗炮弹 575 发，作业受保护面积约 1.5 万平方公里；飞机人工增雨作业 4 架次，飞行约 8 小时，航程约 3200 公里，作业受益面积 3.5 万平方公里，耗用 AgI 催化剂约 3.6 千克。全省飞机、高炮、火箭人工增雨增加降水约 112 亿吨，产生经济效益 11200 万元，全省防雹减少损失约 3000 万元。

服务领域拓展　在中国气象局提出的新时期人工影响天气工作要“从防灾减灾为主的作业向防灾减灾，缓解水资源短缺，改善生态环境等多目标、多功能的作业转变”等指导思想下，全省人工影响部门在开展常规人影服务的同时，积极开拓人影作业服务的种类和内容。

2002 年 1 月 25 日，淮南市气象局在淮河防护林建设工程现场实施人工增雨增湿保苗作业；2 月 20 日，宿州、六安和滁州等市开展了人工增雨土壤增湿保墒和水库蓄水作业;4月28日,滁州市气象局为“中国滁州·醉翁亭文化旅游节”开幕式和大型文艺演出活动的顺利举行进行了人工消雨作业试验;10月份,黄山风景区开展了人工增雨森林防火作业,使森林火险指数由4级以上降为1级,有效地降低森林火灾的发生机率。

2005年,为了更好地为“三农”服务,人工影响天气工作不断拓宽服务领域。年初,在黄山景区降水量异常偏少情况下（比历史同期少83%）,为确保黄山冬游的持续、顺利发展,保护景区的生态环境,黄山气象管理处人影办于1月21日实施了地面高炮人工增雪作业。此次作业,效果显著,降雪量达2.5mm,新增积雪深度8厘米。4月5日,清明节期间,黄山区、滁州凤阳县、马鞍山当涂县等林区多处出现森林大火。黄山气象管理处、滁州市、马鞍山市人工影响天气办公室分别组织实施人工增雨作业,在作业区形成有效降水,降低了森林火险等级,解除森林火灾。安庆市人工影响天气办公室于8月22日在花凉亭水库周边集中8门高炮适时开展人工增雨蓄水作业,省人影办组织军械专家实施全程保障服务。作业后,据“花凉亭电站”23日08时统计，24小时平均入库流量为每秒41.5立方米,总入库存容量达400万立方米。入汛以后,六安市气象局在大别山水库开展水库蓄水人工增雨试验，4次试验作业增雨量达43.59毫米,平均增雨率19.61%,经济效益估算为131万元,投入产出比为1:37。

第九章 地方财政支持

第一节 地方财政支持

“七五”期间地方财政开始支持气象事业 气象部门从1983年体制收回中国气象局后，经费主要由中国气象局下拨，但服务地方政府是气象部门工作的一个主要方面，多年来，地方各级政府对气象部门所做出的服务都给予一定的经费支持，在“七五”和“八五”期间，主要经费支持是开展人工影响天气工作。

落实双重财务体制 1992年根据《国务院关于进一步加强气象工作的通知》，安徽省气象部门的双重计划财务体制才开始建立；1997年安徽省政府《关于进一步加快发展我省地方气象事业的通知》等文件再次对气象部门建立双重计划财务体制予以规范和肯定，使安徽省地方气象事业费逐年增长。“七五”期间，地方财政投入资金合计167.7万元。“八五”“九五”“十五”每一个五年计划地方财政投入资金均以成倍的速度增长，到2005年一年的地方经费已近4000万元，整个“十五”期间地方财政投入总计增长到17442.3万元。

实行政府采购工作 随着财政体制改革的不断深入，政府采购工作逐步受到了重视，2004年5月，安徽省财政厅下发了《关于进一步加强省级政府采购预算执行工作的通知》，对政府采购工作的预算执行工作进行了明确的规定，为提高政府采购工作效率提供了依据。

第二节 基础设施建设

投入力度加大 在地方财政的支持下，安徽省气象部门完成大量基础设施的建设工作。

合肥多普勒雷达是由安徽省政府和中国气象局共同投资建设的第一部中美合作生产的S波段多普勒天气雷达，1996年准备，1997年开设建设，面积7155平方米，总投资4440.1万元。其中中央投资2115.8万元（其中1997年800万元，1998年1315.8万元）雷达主体设备，地方财政投资预算1771.6万元（基础设施建设），自筹552.7万元，于2000年正式投入使用。

阜阳S波段多普勒天气雷达，2003年开始投资建设，中国气象局投资1973万元，地方政府1910万元，省计委安排800万元，总投资4683万元，于2004年年底通过中国气象局验收合格，正式投入使用。

在省委、省政府、省财政厅和省计委的高度重视下，2004年8月投资300万元，为安徽省气象现代化建设购置了一台高性能计算机，它提升了本省气象现代化水平，为数值预报和提高预报准确性起到积极的作用。

蚌埠新一代天气雷达项目总投资4157万元，其中中国气象局投资2177万元，地方政府投资1980万元。2005年中国气象局一期拨款1377万元，项目正在建设中。

自2003年开始，省气象局在各级政府的支持下，通过地方财政的投入、国家气象局支持和气象部门自筹资金已建成了822个自动雨量站，组成全省自动地面气象探测站网。它对高密度地采集、传输、发布本省范围内的天气信息和降水信息提供了大量的数据资料，同时也为提高预报服务的准确性和及时性提供科学分析数据。

第六篇　农业气象

第一章　农业气象观测

第一节　观测网点

目前,安徽省农业气象观测站有22个,其中国家级农业气象试验站3个(合肥为国家一级农业气象试验站,宿州、宣城为国家二级农业气象试验站)、国家级农业气象观测站9个(阜阳、亳州、蒙城、六安、寿县、滁州、凤阳、桐城、歙县),这12个国家级农业气象站的地域分布为:淮北5个,江淮之间5个,江南2个。省级农业气象观测站10个(砀山、五河、天长、金寨、霍邱、舒城、宿松、池州、东至、祁门)。

1986年起,为配合全国北方13个省(市、自治区)开展冬小麦气象卫星遥感估产,安徽省气象局在砀山、宿州、阜阳、亳州、蒙城、泗县、寿县、阜南、怀远9个气象台站开展冬小麦全生育期地面观测。

全省22个农业气象观测站的布局是20世纪90年代初基于稻、麦、油等大宗农作物而设定的,与当时的农业生产实际和农业气象服务格局基本吻合,但未充分考虑气候生态特征,在地域分布上也不尽合理。气候资源丰富、生态环境复杂的沿江、皖南与大别山区农业气象观测站点稀少。随着农业生产的发展和农业生产结构的不断调整,蔬菜、瓜果、花卉、林草、畜牧、水产养殖以及其他一些设施农业和特色农业等农业气象服务所急需的农业气象观测项目也少有涉及。

2009年,中国气象局根据农业种植结构变化及业务服务需求,对农业气象观测站网和任务进行了调整优化,撤销了舒城、金寨2个农业气象观测站,调整霍山、巢湖为农业气象观测站。22个农业气象观测站分别为:砀山、亳州市、蒙城、宿州市、五河、阜阳市、霍邱、寿县、凤阳、滁州市、天长、六安市、霍山、桐城、合肥市、巢湖市、宿松、东至、池州市、宣城、祁门、歙县。其中宿州、宣城为农业气象试验站,与亳州、滁州、凤阳、阜阳、合肥、六安、蒙城、寿县、桐城、天长等组成12个一级农业气象观测站,其余10个站点为二级农业气象观测站。一级农业气象观测站地域分布为淮北4个、沿淮2个,江淮之间5个、沿江江南1个;二级农业气象观测站主要分布在合肥以南。

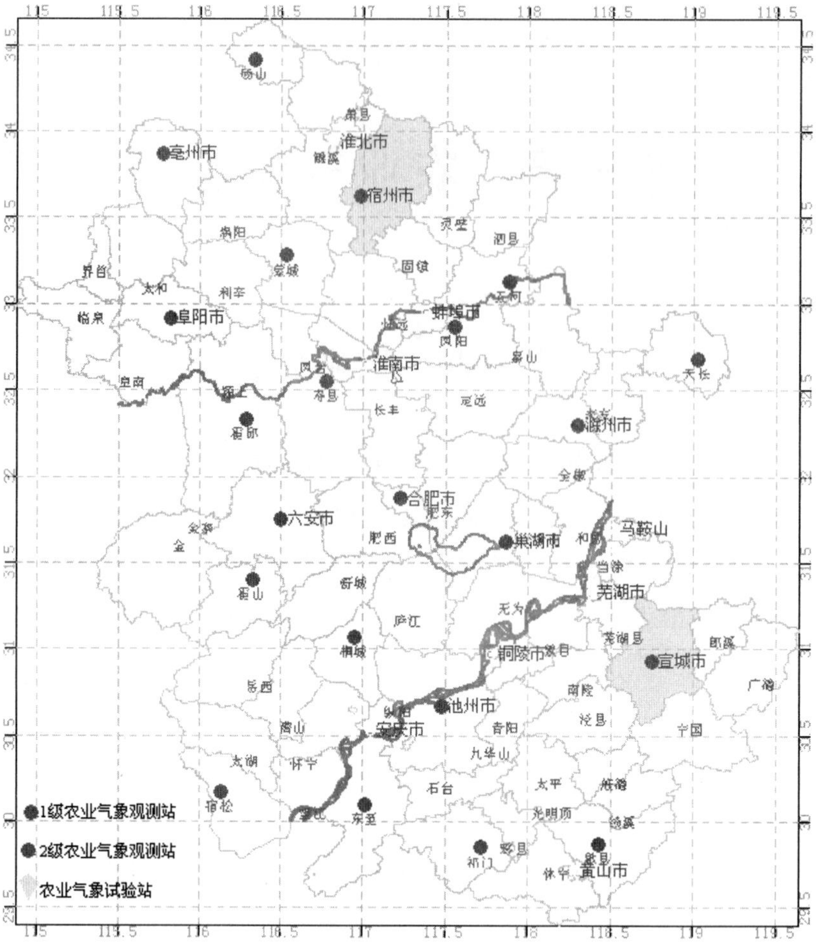

图 6-1-1 安徽省农业气象观测站分布图

目前，安徽省气象局致力于对现有农业气象观测任务及站网进行优化调整，以形成较为完善的现代农业气象观测体系，使农业气象观测站网布局更加科学，观测任务合理、明确，基本能够满足本省农业和农村经济发展、国家粮食安全及农业气象业务和服务工作的需求。

土壤水分观测方面，安徽省农业气象观测站中有 13 个站点开展作物地段与固定地段土壤水分观测，观测深度为 10 厘米、20 厘米 30 厘米、40 厘米、50 厘米共 5 个层次。部分站点固定地段观测深度达 1 米。2004 年 7 月起，安徽省气象据进行土壤墒情普查网建设，所有气象观测台站除岳西、光明顶、九华山等个别高山站外都新增土壤水分观测任务，全省有 78 个台站每旬逢 3、逢 8 均通过人工取土进行土壤水分观测，为本省农业旱涝监测预警、防汛抗旱服务等提供了科学依据，取得了良好的业务服务效益。2009 年，安徽省气象部门在粮食主产区与易旱区建立了 30 个自动土壤水分站，分别是砀山、淮北市、亳州市、涡阳、界首、太和、临泉、阜南、阜阳市、利辛、蒙城、宿州市、固镇、灵璧、泗县、颍上、霍邱、寿县、淮南市、凤阳、怀远、明光、定远、滁州市、长丰、五河、萧县、六安、天长、合肥。

第二节　观测项目

农业气象观测内容　目前,安徽省22个农业气象观测站分别对作物发育期、长势、灾情调查和田间管理等进行系统观测。观测项目主要有水稻、冬小麦、玉米、大豆、油菜、棉花、甘薯、茶树、梨树、蔬菜、烟草、林木等,其中,沿淮淮北主要为小麦、大豆、玉米等旱作物,江淮及其以南地区主要为水稻、油菜、棉花,皖南和大别山区主要为茶树、森林,同时在果树、烟草、蔬菜等集中产区增设相应的观测项目(表6–1–1)。

安徽省农业气象观测站观测项目表

表6–1–1

站点	级别	中国局管理项目	各省(区、市)管理项目		
			作物观测	物候观测	特色观测
亳州	1	冬小麦、夏玉米、大豆		动物、木本、气象水文	
滁州	1	冬小麦、单季稻、油菜		动物、木本、气象水文	
凤阳	1	冬小麦、大豆		动物、木本、气象水文	
阜阳	1	冬小麦、大豆	甘薯	动物、木本、气象水文	
合肥	1	冬小麦、单季稻		动物、木本、气象水文	
六安	1	单季稻、油菜		动物、木本、气象水文	
蒙城	1	冬小麦、大豆		动物、木本、气象水文	
寿县	1	冬小麦、单季稻		动物、木本、气象水文	
桐城	1	单季稻、油菜		动物、草本、木本、气象水文	
天长	1	冬小麦、单季稻、油菜		动物、木本、气象水文	
宿州	1	冬小麦、夏玉米、大豆		动物、木本、气象水文	
宣城	1	早晚稻、油菜		动物、木本、气象水文	烟草
池州	2	早晚稻、油菜		动物、木本、气象水文	
歙县	2	油菜		动物、木本	
砀山	2	冬小麦		动物、木本	梨树
东至	2	单季稻、棉花		动物、木本	
霍邱	2	冬小麦		动物、气象水文	
五河	2	冬小麦、单季稻		动物、草本、木本、气象水文	
祁门	2	油菜		动物、木本	茶叶
宿松	2	早晚稻、油菜		动物、木本、气象水文	
巢湖	2	单季稻、油菜		动物	
霍山	2	森林			茶叶、蔬菜

农作物生育状况观测 安徽省观测的项目中除个别台站对茶树、梨树、蔬菜、森林等特色项目进行观测外，大部分台站对水稻、冬小麦、大豆、油菜、玉米、甘薯、烟草等农作物进行观测。观测内容包括农作物各个主要生育期、植株高度、密度、生长状况、主要田间工作和产量分析等。越冬作物要进行秋季和春季检查。

各台站农作物生育状况观测内容见表 6–1–2。

安徽省农作物生育状况观测内容表

表 6–1–2

台站	作物	农作物生育期观测	农作物生长状况观测					作物生长量观测	产量结构分析	主要田间工作记载
			高度测定	密度测定	生长状况评定	产量因素测定	大田生育状况观测调查			
亳州	冬小麦	√	√	√	√	√	√		√	√
	夏玉米	√	√	√	√	√	√	√	√	√
	大豆	√	√	√	√	√	√		√	√
滁州	冬小麦	√	√	√	√	√	√		√	√
	单季稻	√	√	√	√	√	√		√	√
	油菜	√	√	√	√	√	√		√	√
凤阳	冬小麦	√	√	√	√	√	√		√	√
	大豆	√	√	√	√	√	√		√	√
阜阳	冬小麦	√	√	√	√	√	√		√	√
	大豆	√	√	√	√	√	√		√	√
	甘薯	√		√	√				√	√
合肥	冬小麦	√	√	√	√	√	√	√	√	√
	单季稻	√	√	√	√	√	√	√	√	√
六安	单季稻	√	√	√	√	√	√		√	√
	油菜	√	√	√	√	√	√		√	√
蒙城	冬小麦	√	√	√	√	√	√		√	√
	大豆	√	√	√	√	√	√		√	√
寿县	冬小麦	√	√	√	√	√	√		√	√
	单季稻	√	√	√	√	√	√		√	√
桐城	单季稻	√	√	√	√	√	√		√	√
	油菜	√	√	√	√	√	√		√	√

续表 6-1-2

台站	作物	农作物生育期观测	农作物生长状况观测					作物生长量观测	产量结构分析	主要田间工作记载
			高度测定	密度测定	生长状况评定	产量因素测定	大田生育状况观测调查			
天长	冬小麦	√	√	√	√	√	√		√	√
	单季稻	√	√	√	√	√	√		√	√
	油菜	√	√	√	√	√	√		√	√
宿州	冬小麦	√	√	√	√	√	√	√	√	√
	夏玉米	√	√	√	√	√	√	√	√	√
	大豆	√	√	√	√	√	√	√	√	√
宣城	早稻	√	√	√	√	√	√	√	√	√
	晚稻	√	√	√	√	√	√	√	√	√
	油菜	√	√	√	√	√	√	√	√	√
	烟草	√	√	√	√				√	√
池州	早稻	√	√	√	√	√	√		√	√
	晚稻	√	√	√	√	√	√		√	√
	油菜	√	√	√	√	√	√		√	√
歙县	油菜	√	√	√	√	√	√		√	√
砀山	冬小麦	√	√	√	√	√	√		√	√
东至	单季稻	√	√	√	√	√	√		√	√
	棉花	√	√	√	√	√	√		√	√
霍邱	冬小麦									
五河	冬小麦	√	√	√	√	√	√			√
	单季稻	√	√	√	√	√	√			√
祁门	油菜	√	√	√	√	√	√		√	√
宿松	早稻	√	√	√	√	√	√	√	√	√
	晚稻	√	√	√	√	√	√	√	√	√
	油菜	√	√	√	√	√	√	√	√	√
巢湖	单季稻	√	√	√	√	√	√	√	√	√
	油菜	√	√	√	√	√	√	√	√	√

农作物生长状况观测　农作物生长状况观测的目的在于鉴定气象条件对农作物生长的影响和提供产量预报资料。

作物产量形成后期，在田间通过对有关产量因素的测定，以获取产量预报的早期信息。统一规定测定的作物有：水稻、小麦、玉米、棉花、大豆、油菜。

生长状况测定内容包括生长高度、密度、产量因素、生长状况评定、大田生育状况观测调查。

作物生长量观测 作物生长量测定是在间隔一定时间（或发育期）后，剪取一定数量具有代表性的植株，测定其单位土地面积上的叶面积和植株干物质重量。

作物产量是单位面积土地上生物产量中的经济产量部分。因此，测定生长期间叶面积和所积累的干物重的动态变化，作为分析产量变异的因子，将生理因果关系作为研究因素，比单纯根据产量因素有更大的优越性。

产量结构分析 产量结构分析是对构成产量各因素之间的相互组合进行分析测定，以便综合分析鉴定全生育期中农业气象条件对作物生长发育及产量形成影响的利弊程度。观测作物均需进行产量结构分析。在作物成熟后，收获前在观测地段 4 个区取样。先进行数量和长度测定，然后晾晒、脱粒，及时进行重量分析，在一个月内完成。

田间工作记载 通过一系列的栽培技术措施，改善作物生长发育的环境条件，避免不利气象条件的影响。因此，要详细记载地段上作物从播种前的整地到作物收获晾晒，所采用的各项农业技术措施的名称、数量、质量及效果。其目的主要是评定农业生产措施对作物生长发育产量形成的影响和鉴定农业气象条件对田间栽培措施的影响。

农业气象灾害观测 农业气象灾害是指在农业生产过程中所发生导致农业减产、耕地和农业设施损坏的不利天气或气候条件的总称。包括气象灾害观测和病虫害观测。安徽省通常观测记载的气象灾害有霜害、冻（寒）害、低温冷害（秋分寒）、连阴雨、高温、干热风、冰雹、暴雨、风沙、大风等。并要记载受害部位（叶、茎、花、果实等）、受害征状（烂种、烂秧、茎折断、花蕾脱落等）、受害程度；病虫害观测一般在农作物生育状况观测地段上及时进行，主要观测记载病虫害的发生、蔓延及对作物（牧草或林木）的危害情况。

土壤水分状况观测 土壤水分状况观测包括农作物生育状况观测地段、墒情普查地段和固定地段的土壤湿度测定、有关农业水文常数（田间持水量、凋萎湿度、土壤容重等）的测定、地下水位、干土层、降水渗透深度的测定等。

土壤湿度在每旬第 8 天进行测定。1986 年前，土壤湿度的测定深度改为：农业气象试验站的固定地段仍为 0 至 100 厘米；一般农业气象站点为 0 至 50 厘米（5、10、20、30、40、50 厘米共 6 个层次）。

2004 年，全省土壤墒情普查网的建立，土壤湿度的测定改为每旬两次（逢 3、逢 8）测定，测定深度一律为 0 至 50 厘米（10、20、30、40、50 厘米共 5 个层次）。

地下水位深浅测定与土壤湿度测定同时进行。

干土层厚度 3 厘米时，每次测定土壤湿度时，要同时作干土层的测定和记载。

降水渗透深度是在干旱期上层土壤出现干土层时，每次降雨大于或等于 10 毫米（安徽省规定）后进行观测。

田间持水量、凋萎湿度的测定，仍然依照 1986 年前的测定值（详细见 1990 年 3 月第一版的“气象志”第170—171页所示）。

1996年5月，中国气象局发文《关于加测编报土壤湿度的通知》明确要求安徽省气象局目前逢8测定土壤湿度的站点，在每年3—6月和9—11月每旬逢3以及干旱时期5毫米以上（含5毫米）降水过程结束后的当天加测一次土壤湿度。

自然物候观测　安徽省自然物候观测工作始于1964年2月21日。期间停顿。1982年恢复自然物候观测工作。从1986年以来，自然物候观测一直延续至今（详细见1990年3月第一版的“气象志”第171 ~ 172页所示）。

农牧业自然灾害观测　自然灾害的观测包括天气灾害观测和病虫害观测。安徽省通常观测记载的灾害天气有霜害、冻（寒）害、低温冷害（秋分寒）、连阴雨、高温、干热风、冰雹、暴雨、风沙、大风等。并要记载受害部位（叶、茎、花、果实等）、受害征状（烂种、烂秧、茎折断、花蕾脱落等）、受害程度。

农田小气候观测　自1986年起，随着农业气象观测项目调整，农田小气候观测主要集中在合肥、宿州、宣城3个农气试验站开展，观测项目主要有气温、地温、主要有气温、地温、土壤湿度、相对湿度、光照、不同高度风的状况、大气中二氧化碳（CO_2）浓度。

第二章　农业气象情报预报

第一节　农业气象情报预报网点

1986年，安徽省有36个气象台站向省气象局拍发农业气象旬（月）电报。1997年6月起，根据中国气象局“关于加测编报土壤湿度的通知”（气候发〔1996〕31号）文件要求，全省土壤湿度发报站将加测土壤湿度编报并发送中国气象局。

2004年7月起，为配合土壤墒情普查，全省78个气象台站每旬逢3、逢8向安徽省气象局加发土壤湿度报。

第二节　农业气象情报服务

1992年，安徽省气象局成立省农业气象中心（挂靠在省气象科学研究所），安徽省农业气象中心承担省级农业气象情报预报服务工作。其主要工作内容是负责全省性的农业气象情报预报服务，为市县等制作指导产品和提供相关的技术指导，向国家级农业气象情报预报服务部门上报安徽省农业气象情报预报服务信息。

各市、县气象局负责当地的农业气象情报服务以及负责收集整理和上报本区域内农情、灾情等相关的基本信息资料。

农业气象情报服务产品：包括旬报、月报、季报和年报。基本内容包括根据当年气象要素值与历年同期和典型年份比较，来反映农业气象条件正常与异常状况，评价对各种作物生长发育的利弊影响和程度。同时还包括灾害的种类、强度、程度、受灾症状和范围等，以及有关对策和建议。

旬报　全面反映过去一旬天气气候条件、土壤墒情对农事活动和各种农作物生长的利弊影响，使农户宏观地了解过去一旬内全省（全地区、市、县）范围内农业生产概况，及时掌握变化的信息。一般设有五个栏目：①本旬天气；②作物与气象；③主要农业气象灾害；④下一旬天气趋势及农事建议；⑤主要气象要素、农业气象要素、土壤墒情等分布图（表）。

月报　让用户了解过去一月内天气气候条件对农业生产的影响。内容也包括五部分，基本同旬报。

季报、年报　分别编制上一季度和一年中农业气候变化对农事活动和各种主要作物生长发育和产量的影响。具体编写分为：①内容提要；②气候概况；③农业气象条件评述；④农业气象灾害；⑤光、温、水三要素逐月一览表。

专题服务　有明确的服务专题或具体的服务项目。如各种作物的专题分析，包括作物各个发育时段受气象条件的影响、产量丰歉趋势，年景评价等综合分析，为反映和评估农业生产形势提供依据。另一种是监测结果直接为用户服务，如农情报、温情报、雨情报、墒情报、灾情报等。第三种是根据领导机关和用户单位的特殊需要而编写的专项报告。

咨询服务　参加省、地（市）、县政府决策部门召开的农业生产形势分析会，参加本部门职能单位召开的“气象与农情分析会”、某种作物的“生产形势分析会”、会商会以及灾情汇报会等。

农业气象情报服务方式　充分利用气象部门的设备、技术和人才优势，在安徽省内形成了省、地（市）、县三级农业气象服务网。互通信息、共享资源，集科研、业务、服务为一体，建立一个实时性强、有相应软硬件支持的三级农业气象情报、预报综合服务系统，并且依靠该系统开展了卓有成效的服务工作。主要通过（1）编制出版各种简报。以《呈阅材料》《送阅材料》《农业气象信息》《××农业气象》等书面材料形式，直接为各级领导和生产部门提供各种农业气象情报和预报服务。同时与兄弟单位共同发布材料（如与植保部门共同发布的农业病虫害预报）。（2）利用新闻媒介开展社会公益服务。借助报纸、广播、电视等新闻媒介，面向社会开展公益服务。这种服务时效性快，针对性强、服务面广。（3）通过互联网、安徽农村综合经济信息网（即“安徽农网”）、手机短信平台发布农业气象情报信息。

第三节　农业气象预报

自1986年以来，中国气象局加强了对全国农业气象预报工作的管理，1987年4月，中国气象局发布了“关于开展农业气象预报业务服务工作的通知”，安徽省开展水稻（早稻、一季稻、晚稻）、小麦、玉米、棉花、大豆、油菜的产量预报（包括单产、总产）。

1997年3月，中国气象局发文“关于颁发执行《农业气象观测质量考核办法（试行）等三个农业气象质量考核办法的通知》中，制定了“农业气象产量预报业务质量考核办法（试行）”，并明确规定安徽省气象局发布冬小麦、中稻、棉花、粮食总产等产量预报。

农作物产量预报　主要有夏收作物（包括冬小麦、油菜）产量预报，一季稻、棉花、秋粮和全年粮食产量预报等。在开展产量预报的同时还提供气象条件对相关作物生长发育影响的分析评估的服务材料。从作物生长发育和产量与天气气候条件的相互关系入手，研制各种相应的气象模式、农学模式、卫星遥感模式等，对安徽省的水稻、小麦、大豆、玉米、甘薯、棉花、油菜、烟草、茶叶等作物，进行分阶段、分区域地跟踪预报服务。

作物产量预报已成为安徽省各级部门为农业服务的一个重要依据。它有时效长、尺度大、较客观、快速和经济（省力、省时）等优点，特别是其可排除主观因素的干扰，是指挥和调度生产的一种不可缺少的科学依据和参考资料，已得到了各级领导机关的肯定。

其他预报服务 包括土壤水分预报和农作物病虫害发生发展气象条件预报等。

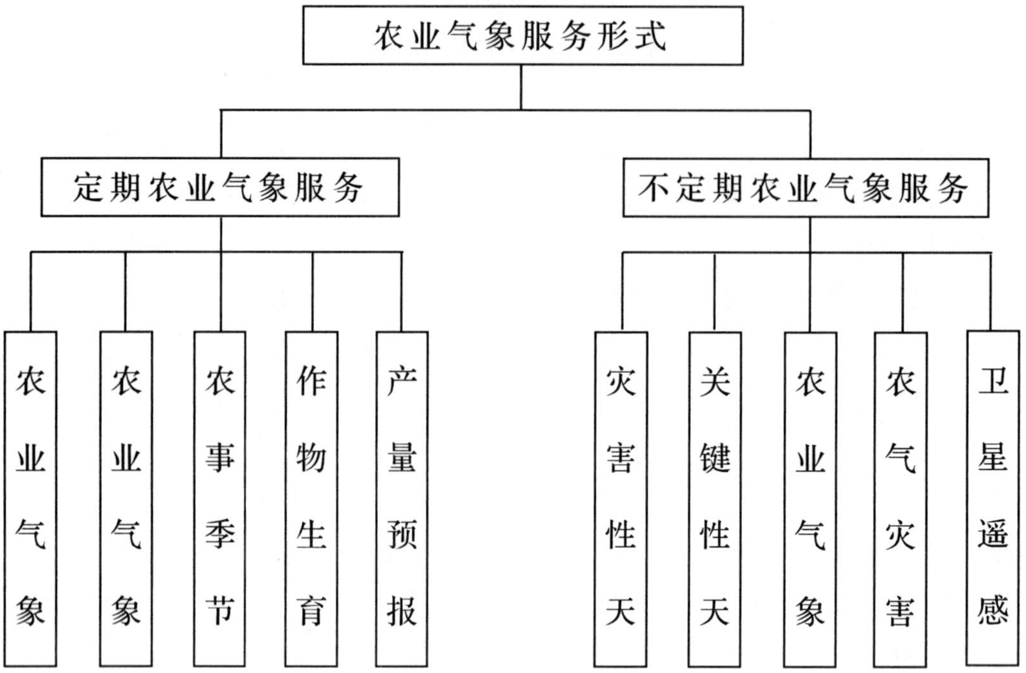

图 6-2-1 农业气象服务框图

第三章　气象卫星遥感监测服务

当前接收的气象卫星资料来源包括:静止卫星和极轨卫星。静止卫星:中国 FY2C;日本 MTSAT(卫星传感器为多光谱扫描辐射仪);极轨卫星:中国 FY1D(高级甚高分辨率辐射计 CAVHRR);美国 NOAA 系列 12/14/15/16/17/18(高级甚高分辨率辐射计 AVHRR 和垂直探测器 TOVS);美国 EOS 系列 AM1/PM1(中分辨率成像光谱仪 MODIS)。

常规监测产品包括植被类型、苗情长势、作物估产、干旱、热异常(火情)、洪涝、巢湖污染、积雪、大雾等资料。除定期《卫星遥感监测简报》报中国气象局外,不定期选取其中有典型代表意义和重大灾情情况材料,收集灾情实地情况,制作服务产品,向省内外相关部门汇报。

第一节　业务发展及机构变迁

开始筹建　1971 年,安徽省开始筹建气象卫星云图设备,配置 71 型卫星云图接收设备;1972 年 8 月,省气象台成立"卫星云图接收组",正式接收卫星云图资料,并投入预报业务和科研使用。当时只有可见光低分辨率 8-11KM(APT)模拟云图;1973 年 5 月又增加接收红外通道的低分辨率云图。

1984 年年初,增加 WT-1A 型高分辨率卫星云图接收设备,开始接收极地轨道卫星高分辨率云图,但仍局限于模拟图片。1984 年省气象台云图、雷达、机修合并,成立"机务科"。1985 年 6 月 13 日,通过对上海无线电厂生产的 121 型传真收片机进行改造,同时利用 WT-1A 型接收机开始接收日本 GMS-1 多通道静止卫星云图。1988 年 3 月,日本 GMS 系列气象卫星将原模拟信号改为展宽数字资料播发。为适应这一要求,1989 年购建了 WT-5 静止卫星接收设备,并投入业务使用。

筹建极轨卫星云图接收设备　1990 年开始筹建极轨卫星数字化云图接收设备,将 WT-1A 型接收机升级到 WT-7 型接收机,并于 1991 年正式投入业务使用。在当年的抗洪防灾气象服务中,利用接收到的美国 NOAA 数字云图准确地监测了安徽省受灾面积,并及时提供给有关领导和有关部门服务,取得了良好的社会经济效益,受到各级领导的一致好评。

成立气象遥感中心　1993 年成立气象遥感中心(隶属省气象台)。遥感中心开发的静止气象卫星接收处理和应用系统在省内外进行了广泛的推广，取得了较好的社会经济效益。同年遥感中心开发的“两类气象卫星的研究应用”获得省科技进步二等奖。1994年引进南京大桥机器厂静止卫星接收设备，接收日本GMS系列（葵花）卫星展宽高分辨率云图资料。

1995年经省科委批准，成立“安徽省气象卫星遥感中心”。1996年7月机构调整，安徽省气象卫星遥感中心由省台调整到安徽省气象科学研究所。1998年9月，安徽省科技厅批准依托安徽省气象科学研究所成立安徽省大气科学与卫星遥感重点实验室，列为省部共建。

卫星接收机升级 2001年对WT-7型卫星接收机更新升级，更换接收软件、场放大器、高频接收机、电机、角机等，并迁址至合肥市史河路气象科技园。2001年4月，静止卫星接收设备更换为中国华云技术开发公司HY-1A静止卫星接收处理系统，用于接收GMS展宽高分辨率云图和FY-2B展宽高分辨率云图。

2004年12月25日，极轨卫星接收机迁址至骆岗机场合肥市气象观测场。2004年8月16日，建设完成DVB-S数字视频广播用户端系统，开始利用通信卫星接收国家卫星气象中心转发的NOAA、FY1、EOS系列卫星资料。

2005年3月，中国气象局“风云二号02批静止气象卫星展宽数字资料接收处理系统”布点，在省气象台、蚌埠、安庆三地布设北京星地通卫星应用系统工程技术有限责任公司静止卫星接收设备，用于接收FY-2C展宽高分辨率云图。

第二节 主要成果及获奖情况

科研开发和服务情况 1985年开展冬小麦气象卫星遥感综合测产研究，获国家科技进步二等奖。1988年正式开展冬小麦苗情和产量的气象卫星遥感监测预报业务服务工作。1990年建成极轨气象卫星接收处理系统，并投入安徽省的卫星遥感业务服务工作。1991年在安徽省发生洪涝灾害和森林火灾期间，业务服务人员积极开展了洪涝和火情的遥感监测服务工作，并受到一致好评。1993年科研成果“极轨和静止两类气象卫星遥感信息开发应用研究”获省科技进步二等奖，并在全国部分省市推广。1996年开展干旱遥感监测业务服务工作，以及生态环境方面的遥感监测研究开发工作。1998年开展“安徽省气象卫星遥感综合业务服务系统”的研发工作。1998年国家高技术863-308主题项目“用NOAA-K作云和降水研究”。1999年自主开发的安徽省气象卫星遥感综合业务服务系统开发完毕，并获省科技进步三等奖。此外该系统还由国家气象局组织推广到28个省市。针对安徽省巢湖出现的富营养化，1999年开展了中国气象局科学技术研究项目“内陆大面积湖体气象卫星遥感监测研究”，该项目获安徽省科学技术三等奖。2000年起开展安徽省九五重点项目“安徽旱涝灾害气象卫星遥感监测预报方法研究”。2001年开发完成“市地农业气象与卫星遥感综合业务系统”，推广到全省。同时向市气象局提供遥感初级产品和技术指导；2001 年开展极轨气象卫星在安徽省重大农业气象灾害监测中的应用研究；2001 年起与华云公司联合开发 EOS/MODIS 处理系统软件，并商业推广。2003 年开展中国气象局气象事业新技术应用推广项目“EOS/MODIS 数据的地表环境监测应用研究”。2006 年安徽省科技攻关项目“巢湖富营养化卫星遥感监测及预警”。

获奖情况　1985 年国家科技进步二等奖：“冬小麦气象卫星遥感综合测产研究”；1993 年安徽省科技进步二等奖：“两类气象卫星的研究应用”；1999 年安徽省科技进步三等奖：“安徽省气象卫星遥感业务系统”；2001 年安徽省科学技术三等奖：“内陆大面积湖体气象卫星遥感监测研究”。

第七篇　气象科技与教育培训

第一章　气象科研

第一节　科研机构与队伍

机构及其职责　安徽省气象科学研究所承担安徽省气象科学研究、技术开发、以及重大科研成果的业务转化试验工作，承担省级生态与农业气象、大气成分以及气象卫星遥感应用研究和业务服务工作。

2004年，安徽省气象科技教育中心（安徽省气象科技创新基地）撤销，科研管理职能并入安徽省气象科学研究所，增加组织拟定和实施全省气象科研计划规划，组织管理科研项目、气象科研成果的鉴定和奖励及推广，归口管理气象科研专利、情报及气象科技扶贫等工作。

安徽省气象科学研究所目前内设农业气象研究室、卫星遥感研究室、天气气候研究室、环境气象研究室、开放研究室和综合办公室等6个科级机构。

2005年，经安徽省科技厅批准在安徽省气象科学研究所设立安徽省大气科学与卫星遥感重点实验室。截至2005年年底，全所共有正研级高级工程师1名，高级工程师7名，工程师5名，助理工程师5名。博士研究生2名，硕士研究生4名。

队伍　截至2005年年底，全省气象系统在职职工为1619名，其中正研级高级工程师3名，高级工程师87名，工程师607名，初级专业技术职务921名；具有博士研究生2名、硕士研究生32名、大学本科533名、大专450名。

科技带头人与中青年科技骨干　为贯彻党中央、国务院关于加速科学技术进步的精神，加速安徽省气象现代化建设，提高安徽省气象部门科技水平，实现安徽省气象事业快速发展，促进优秀科技人才脱颖而出，努力选拔一支具有良好政治素质、结构合理、高效精干的气象科技带头人和中青年科技骨干队伍，省气象局党组决定，结合中国气象局的气象业务发展规划，根据安徽省气象部门的实际，有计划、有步骤地选拔科技带头人和中青年科技骨干。自1996—2000年分三批共选拔科技带头人16名，中青年科技骨干35名，建设一支专业结构比例合理的跨世纪科技人才队伍。

人才分层　“十五”期间，为全面贯彻实施“人才强局和科技兴气象战略”，建立有利于人才成长和优秀人才脱颖而出的机制，努力培养造就一批具有较高学术造诣、具有世界眼光、具有较高知名度和竞争力的科技人才，根据《安徽省气象部门优秀科技人才选拔管理暂行办法》，省气象局党组决定，在安徽省气象系统内选拔科技带头人、中青年科技骨干、基层台站青年技术骨干，并实行优秀人才特殊津贴及科技带头人和中青年科技骨干工作经费制度。经选拔，2004 年共选拔科技带头人 12 人、中青年科技骨干 31 人、基层台站青年技术骨干 31 人。

2004 年选拔安徽省气象部门优秀科技人才一览表

表 7-1-1

名　称	天气气候专业	大气探测专业	大气物理化学专业	应用气象专业	信息科学与技术专业	教育与教学专业
科技带头人	5 人	2 人		3 人	2 人	
中青年科技骨干	13 人	2 人	1 人	6 人	8 人	1 人
基层台站青年技术骨干	6 人	16 人		3 人	6 人	

人才层次统计　经国务院、人事部及安徽省人民政府批准，自 1990 年以来安徽省气象局共有 9 人享受政府特殊津贴、2 人获突出贡献的中青年科学、技术、管理专家称号。

1990—2004 年安徽省气象部门享受津贴及有突出贡献科技人才一览表

表 7-1-2

年份	享受政府特殊津贴	有突出贡献的中青年科学、技术、管理专家	批准单位
1990 年		1 人	安徽省人民政府
1992 年	4 人		国务院
1993 年	4 人		人事部
1997 年		1 人	人事部
2004 年	1 人		安徽省人民政府

人才开发资金资助　安徽省人才开发资金是根据省委、省政府《关于加强人才工作若干问题的决定》（皖发〔2001〕1 号）而设立，是省委、省政府用于高层次人才开发专项资金。经安徽省人才工作领导小组批准，2002 年、2005 年安徽省气象局科技带头人刘勇主持的《交互式预报辅助制作系统》、科技带头人张爱民主持的《安徽省农业气象灾害卫星遥感定量监测技术研究》科研项目先后获得安徽省人才开发资金资助。

“百千万人才工程”入选　为进一步做好培养跨世纪气象科技人才工作，根据中国气象局《关于推荐跨世纪优秀年轻科技人才问题的通知》精神，在推荐的基础上，经中国气象局人事劳动司确认，1999 年安徽省气象局共有 8 人为气象部门“百千万人才工程”第三层次人选。

第二节　主要气象科研项目

1986—2005年的20年间，被列入省气象局科研经费支持的主要气象科研项目138个，其中天气预报业务技术方面的45个，占总科研项目的33%；计算机软件开发及其应用的30个，占22%；气候及其资源利用的25个，占18%；农业气象研究的20个，占14%；信息通信、卫星遥感、雷达监测、气象仪器及环境保护等方面的18个，占13%。参见表7-1-3。

1986—2005年安徽省主要气象科研项目一览表

表7-1-3

项目名称	研究起止时间	完成单位	主要完成人	组织鉴定单位	成果登记号
安徽省暴雨预报专家系统	1985.12—1986.5	安徽省气象台	杨金锡、刘孝昌、高桂新、刘勇、叶永培	安徽省气象局	
合肥市气候及其改善途径的研究	1982.7—1986.3	安徽省气象局区划办、安徽农学院	王相文、宛志沪、吴宝忠、严平	安徽省科委	
微机异型机联机通讯	1986.3—1986.11	安徽省气象科学研究所	边富昌、相韶华	安徽省气象局	
CCS-400汉字输出程序	1986.1—1986.5	安徽省气象科研所	华君器	安徽省气象局	
ARSI-自动扫描中控制器	1987.2—1987.6	安徽省气象局通信处	武大安、窦炜明	安徽省气象局	
JWC-Ⅰ型冷库温度巡测仪	1986.1—1986.10	安徽省气象科学研究所	华君器、华维凯、相韶华	安徽省气象局	
内陆台风及其预报	1986.6—1987.2	安徽省气象科研所	梁慧平、谢重阳、丁太胜	安徽省气象局	
FM-2516、FM4016锁相环振荡制电路和频率编制	1987.3—1987.9	安徽省气象局通信处	窦炜明	安徽省气象局	
安徽气候	1978.8—1983.1	安徽省气候资料室	张成、王善型、宣春生、徐锁兆、严连南	安徽省气象局	87464
安徽省气候图集	1981.1—1985.12	安徽省气候资料室	龚里明、窦崇秀	安徽省气象局	87439
长期天气预报自动化系统	1985.7—1987.6	安徽省气象台	古德、朱德生	安徽省气象局	87202
中期天气预报自动化系统	1986.1—1987.6	安徽省气象台	古德、陈焱、尚瑜	安徽省气象局	87203
KEYGRP键盘屏幕绘图软件	1986.5—1987.3	安徽省气象台	古德	安徽省科委	87204

续表 7-1-3

项目名称	研究起止时间	完成单位	主要完成人	组织鉴定单位	成果登记号
微机前后台收报系统	1987.2—1987.7	安徽省气象台	吕刚、史兆平	安徽省科委	87205
GW-LP 气象自动填图软系统	1987.5—1987.11	安徽省气象科学研究所	周嘉瑜、王志升、董阎、叶爱华	安徽省气象局	87206
短时天气预报方法研究	1985.10—1987.11	阜阳行署气象台	徐杰、朱万里、李金成	安徽省气象局	87207
安徽省 10℃积温变率与积温变化周期的研究	1986.10—1987.12	安徽省气候资料室	王效瑞	安徽省气象局	87208
云图实时、连续、动画同步显示	1987.3—1987.11	安徽省气象台	孔庆欣、徐春生	安徽省气象局	87209
省台模式预报应用	1984.12—1986.12	安徽省气象台	张明玉、刘勇、郭玉宁	安徽省气象局	87210
翠峰良种茶树的引种及其气候生态适应性研究	1983.5—1987.10	安徽省气象局区划办、安徽省气象学校	王相文、苏士勤、芮泽清、袁德忠、叶银芳、张久可、杨维时、唐克俊、王太平、杨成贵	安徽省气象局	87213
全省主要农作物产量预报业务化程序	1987.1—12	安徽省气象科学研究所、宣城行署气象局	张爱民、王周青、王稳成	安徽省气象局	87214
安庆地区强对流天气的形成特点及短时预报	1983—1984	安庆行署气象局	李云飞	安徽省气象局	87215
地面气象观测记录审核专家系统	1986.10—1987.12	安徽省气象科学研究所、徽州行署气象局、蚌埠市气象局、安徽省气象局	边富昌、江斌、赵文龙、陆国璋、程德文	安徽省气象局	87216
安徽省 APPLE-II 机上实现的地、市级气象台暴雨预报专家系统	1986.4—1987.11	安徽省气象局业务处、安徽省气象台、徽州地区气象台、安庆地区气象台、阜阳地区气象台	王新生、刘勇、程铁军、孙承珣、孙刚	安徽省气象局	87217
运用雷达强对流天气短时预报研究课题管理	1983—1987.6	安徽省气象局、江苏省气象局、江西省气象局、浙江省气象局、上海市气象局、空军气象学院、南京气象学院	司瑞祥、林宗鸿、蔡致元、金寿良、郭绍荣	国家气象局	87218
地区气象台客观集成预报业务	1986.5—1987.10	安徽省气象局业务处，徽州、安庆、滁县、六安地区气象局，省气象台	王新生、程铁军、鲍文中、董义德、杨亚江、孙键	安徽省气象局	88130
运用一层中尺度数值模式研究复杂地形对天气的影响	1986.7—1988.10	安徽省气象研究所	李国杰	安徽省气象局	88131

续表 7-1-3

项目名称	研究起止时间	完成单位	主要完成人	组织鉴定单位	成果登记号
安徽省土壤湿度测站的合理布局研究	1985.3—1987.10	宿县地区气象局	唐守顺、戚尚恩、蒋跃林	安徽省气象局	88132
安徽省冬小麦遥感综合测产方法研究	1985.1—1987.10	安徽省气象科学研究所、安徽省农业气象试验站、阜阳行署气象局	王稳成、张爱民、包正擎、盛绍学、李国师、刘典昱	安徽省气象局	88133
歙县冬季温度场小网格分布及柑桔适生区探讨	1985.10—1988.10	安徽省气象局总工办、省气象学校	王善型、苏士勤、包正擎、王相文、袁德忠	安徽省气象局	88134
安徽省气象业务综合评价目标管理方案	1986.1—1988.4	安徽省气象局业务处	邓剑华、王建初、盛家荣、魏维宽、林宗鸿	安徽省气象局	88194
高空探测资料处理系统	1988.3—1988.11	安徽省气象局业务处	李栋、程德文、刘清珍	安徽省气象局	88129
气象服务自动化系统	1988.3—1989.3	安徽省气象台	古德、孙健、顾和英、吕刚	安徽省气象局	89103
安徽省灾害性天气灾情检索系统	1988.4—1989.3	安徽省气候资料室	梁邦云、王宗琇	安徽省气象局	89104
安徽省风能资源的开发和利用	1986.1—1989.6	安徽省气候资料室	徐锁兆、王效瑞、吴必文	安徽省气象局	89105
铜陵工业区污染气象条件与环保对策的研究	1988.3—1989.8	安徽省气候资料室	徐锁兆、王效瑞、翟武全、窦崇秀、谢明、王宗琇、曲良梅、龚里明、梁邦云	安徽省气象局	89106
安徽沿江地区雾形成的条件分析和预报	1989.1—1989.10	安庆市气象局	李厚楹、鲍文中	安徽省气象局	89214
安徽省农业气象灾害兼研究方法的探讨	1986.11—1989.12	安徽省气象学校	李德旺、翁霞珍、苏士勤	安徽省气象局	89215
灾害性天气分析与预报	1981—1984	安徽省气象局业务处	邓剑华、梁慧平、魏淮宽、高桂新、王兴荣、王子君、谢重阳、陆佐伯、周鸣庆、陆志全、张宗亮、刘兴华	安徽省气象局	89216
安徽省气象台站历史沿革档案	1988.4—1989.10	安徽省气象局科教处	程振然、张国良、夏榕华、姚燕峰	安徽省气象局	89282
西太平洋副高数据库的建立、检索及气候分析	1986.11—1989.2	安徽省气候资料室	窦崇秀	安徽省气象局	90031
安徽省大别山亚热带丘陵山区农业气候资源及其合理利用	1982.6—1989.12	安徽省气象局农业气候区划办公室	王善型、王相文、苏士勤	安徽省科委	90032

续表 7-1-3

项目名称	研究起止时间	完成单位	主要完成人	组织鉴定单位	成果登记号
实用气候服务手册	1986.11—1989.9	安徽省气象学校、安徽省气候资料中心	孙立勇、徐锁兆	安徽省气象局	90083
安徽省强对流天气短时客观预报业务系统	1986.12—1990.12	安徽省气象局、安庆地区气象台	冯志娴、李云飞、薛兰、李柏、许明荣、宣霞芬、张曙辉	安徽省气象局	90318
切变线形势下中尺度地形对安徽天气影响的数值研究	1990.1—1990.12	安徽省气象台	杨金锡、王东勇	安徽省气象局	90319
天文潮汐、地形合寒潮	1987.1—1990.7	安徽省气象科学研究所	王兴荣	安徽省气象局	90320
湿热地区商品贮存气象条件的研究	1988.5—1990.2	安徽省气象学校	孙立勇	安徽省气象局	90321
蔬菜塑料大棚最低气温出现规律及其预测	1989.11—1990.5	阜阳行署气象局、阜阳市科委	李国师、刘兴华、杨守邦、刘霞	安徽省气象局	90322
卫星遥感资料在城市热岛效应研究中的应用	1988.7—1990.12	安徽省气象科研所、国家气象局卫星气象中心	吴可军、王兴荣、赵雯、严芳娟、潘钟跃	安徽省气象局	90323
强对流天气概念模式及短时预报程序	1986—1990	安徽省气象科研所、安徽省气象台、六安地区气象台	梁慧平、丁太胜、薛兰、杨亚江、侯瑞燕、徐跃华	安徽省气象局	90324
长江中上游“成洪暴雨”出现规律及3–5天分量级预报，3–7天趋势预报	1987.10—1990.12	安徽省气象科研所	李国杰、郑兰芝、刘慧敏、王玉兰、徐东明、谢重阳、严学峰	安徽省气象局	90325
省地短期MOS预报系统	1988.6—1990.12	安徽省气象台	张明玉、陈晓红、孙健、刘勇	安徽省气象局	91019
《安徽省农业气象服务手册》	1986.12—1990.12	安徽省气象科学研究所、宿县、安庆、阜阳地区气象局、安徽省气象局业务处	王稳成、张伯忍、唐守顺、芮庆宝、李国是由、戚尚恩、刘芷湘、包正擎、张爱民、盛绍学、袁学所、王良朝、姚洪儒、李素玉	安徽省气象局	91117
灾害性天气甚短期警报系统业务化试验	1988.3—1990.9	安徽省气象局业务处、宿县、黄山市、滁县气象局	王建初、刘凤舞、程铁军、董义德、宋子忠、刘恒才	安徽省气象局	91258
淮北地区夏播期间灾害天气对策的试验研究	1989.1—1990.12	宿县行署气象局	唐守顺、戚尚恩、李瑞翔	安徽省气象局	91259

续表 7–1–3

项目名称	研究起止时间	完成单位	主要完成人	组织鉴定单位	成果登记号
玉米夏播制种高产稳产的农业气象条件研究	1989.5—1990.12	宿县行署气象局、宿县地区农科所、萧县皇藏区农技推广站	张伯忍、戚尚恩、陈洪俭、王化理	安徽省气象局	91260
吴芋引种扩种的农业气象实用技术研究	1989.3—1991.10	安徽省宣城地区气象局	周贤鲁、何建国、刘跃元	安徽省气象局	92026
西南低空急流的气候特征和个例诊断	1990.7—1991.7	安徽省气象科学研究所	丁太胜、矫梅燕、任敏、徐耀华	安徽省气象局	92027
淮北区域旱涝规律分析和预测系统	1989.9—1990.12	淮北市气象局	汪付华、张宗亮、吴德明、张屏、陈玉琪	淮北市科委	92028
火灾与气象条件关系的探讨	1990.3—1991.3	安徽省气象学校、安徽省气候资料中心	孙立勇、吴必文	安徽省气象局	92127
淮河流域的防汛气象服务辅助通信网研究	1990.5—1991.7	安徽省气象局通信处	武大安、窦炜明、方亚民、徐春生、李国庆、冯皖平	安徽省气象局	92152
MODEM 在省－地 UHF 通信网中的综合业务应用	1990.6—1991.8	安徽省气象局通信处	窦炜明、武大安、喻红新、冯皖平、方亚明、李国庆	安徽省气象局	92153
NOVELL 网应用及开发	1991.2—1991.10	安徽省气象局	杨金锡、古德、吕刚、郭玉朝	安徽省气象局	92173
市内电话网 9600 比特 / 秒数据传输应用	1991.4—1991.12	安徽省气象台	杨金锡、古德、吕刚、郭玉朝	安徽省气象局	92209
安徽省气象短时预报工作站	1990.2—1992.5	安徽省气象台	薛兰、冯志刚、李柏、郑媛媛、许明荣	安徽省气象局	92428
安徽省 T42 短期客观预报方法	1991.5—1992.12	安徽省气象台	张明玉、许桂芳、孙键、陈晓红	安徽省气象局	93035
淮北地区根层土壤水分变化对作物产量的影响及对策研究	1991.3—1992.12	安徽省气象科学研究所	王稳成、马晓群、包正擎、刘典昱、戚尚恩	安徽省气象局	93036
两类气象卫星遥感信息开发应用研究	1990.1—1992.12	安徽省气象台	孔庆欣、许桂芳、冯志娴、孙国棋、郭玉朝、郭萍、胡雯、邹晓宏、丁以英、程秀婷、包玉华、闵晓红	安徽省气象局	93037
安徽省淮北地区中低产田增产潜力的气象论证	1990.4—1992.10	安徽省气象局、阜阳地区气象局、宿县地区气象局	王效瑞、王善型、田红、李国师、张伯忍	安徽省气象局	93190

续表 7-1-3

项目名称	研究起止时间	完成单位	主要完成人	组织鉴定单位	成果登记号
极轨卫星遥感图像用 TVGA 卡显示程序研制	1991.3—1992.12	安徽省气象台	杨金锡、郭玉朝、胡雯、郭平、钱锦	安徽省气象局	93192
春季连阴雨、连晴天预报及决策研究	1992.1—1992.12	安徽省气象台	朱德生、董玉兰、唐政虎、王周青	安徽省气象局	93324
不同打印机编制地面气象观测记录月报	1992.3—1992.12	安徽省气象局业务处、阜阳地区气象局、安徽省气候资料室	陆国璋、程德文、姚鹏义、梁邦云	安徽省气象局	93393
安徽省气象防灾减灾数据通信网	1994.1—1994.10	安徽省气象局通信处、安徽省气象局业务处、安徽省气象台	盛家荣、武大安、孙健、王建初、吕刚、马红、周晓林、华连生、范贤和、邹晓宏、鲍文中、何中朝、徐春生、窦炜明、胡守海、周先春、王永中、冯皖平	安徽省科委	94471
梅雨、副热带高压活动与进点月位相的关系	1991.2—1994.6	安徽省气象科学研究所、安徽省气象台	王兴荣、时珍玲、严学峰、尚瑜	安徽省气象局	94510
安徽省岳西县粮食自给问题的气象论证与适宜种模式试验研究	1990.12—1993.12	安徽省气象局农业气候区划办公室、安徽省气候资料中心、岳西县气象局	王效瑞、王善型、田红、项明娟、胡效文	安徽省气象局	94511
静止卫星高分辨云图资料的定量处理及其在副高和梅雨期降水演变规律方面的应用研究	1993.1—1994.12	安徽省气象台	杨金锡、冯志娴、顾和英、郭萍	安徽省气象局	94512
大别山贫困地区农业气候资源与粮食作物布局多目标规划研究	1992.1—1994.12	安徽省气象科学研究所、六安地区气象局、岳西县气象局、霍山县气象局、金寨县气象局	刘文俊、马晓群、张可久、蔡国华、张恩霞、杨咸贵	安徽省气象局	94513
芜湖市短期分县指导预报业务系统	1991.6—1994.6	芜湖市气象局、安徽省气象科学研究所	矫梅燕、汪克付、季洪平、周述学、周先春	安徽省气象局	94558
安徽省农业气象周年服务方案系统研究	1993.3—1994.11	安徽省农业气象中心、安徽省气象局业务处	王稳成、包正擎、杨太明、刘芷湘	安徽省气象局	94559
地面综合有线遥测站（Ⅱ）型和长期自记气候站业务软件	1993.5—1994.5	安徽省气象局业务处	陆国璋、汪勇进、姚鹏义、杨彬、边富昌、孔俊松、汪高杰、程琳、张斗胜	安徽省气象局	94563

续表 7-1-3

项目名称	研究起止时间	完成单位	主要完成人	组织鉴定单位	成果登记号
结合动力和热力诊断分析预报暴雨技术和概念模型研究	1992.6—1995.11	安徽省气象科学研究所	丁太胜、梁慧平、吴永健、刘勇、任敏、侯瑞燕、徐耀华	安徽省气象局	95442
安徽省旱涝趋势预测及预报方法的研究	1990.9—1994.9	安徽省气象局农业气候区划办、安徽省气候资料中心、安徽省气象台、安徽省气象科学研究所	王善型、王效瑞、王伏生、张爱民、朱德生、王稳成、田红、张诗玉、时珍玲、刘锦云、钱锦	安徽省气象局	95443
淮河致洪暴雨研究	1992.5—1995.12	安徽省气象科学研究所、淮委水情信息中心、安徽省气象台、河南省信阳地区气象局、河南省气象科学研究所、蚌埠市气象局	李国杰、陈产贤、马红、郑永泉、李俊亭、谢重阳、徐东明、徐胜、张业文、宋德祥、徐建勋、冯庆合、何勇、汪宏荣	安徽省气象局	95444
WJE-I 型温度计检定槽	1991.12—1996.12	安徽省气象局仪器中心、合肥市三华自动化仪器仪表研究所	王良友、周昌文、王秀然、王杏芬、叶崇高、朱秉荣	安徽省气象局	96509
安徽省电视天气预报研究	1994.7—1995.10	安徽省气象台	汪百川、孙健、徐春生、周晓林、高桂新、许明荣、李理、朱凯、顾和英	安徽省科委	96153
高层建筑气候应用问题的开发研究	1993.3—1995.7	安徽省气象科研所	王兴荣、刘惠敏、王玉兰、于承安、矫梅燕、吴可军	安徽省气象局	96213
卫星云图数值资料在安徽省降水的定量估算和短时预报中的应用	1992.1—1995.10	安徽省气象台	冯志娴、郑媛媛、郭平	安徽省气象局	96464
气象条件对降水酸度影响研究及其潜势预报	1994.12—1996.11	芜湖市气象局、安徽省气象局科教处、安徽省气象局业务发展处	周述学、徐竞平、许桂芳、杨彬、俞兴国	安徽省气象局	96465
安徽省暴雨落区的动力统计模型研究	1991.2—1995.12	安徽省气象台	杨金锡、张明玉、陈焱、袁野、王曙东、沈伟	安徽省气象局	96466
内陆台风降水问题的诊断研究	1994.3—1996.12	安徽省气象学校、芜湖市气象局	王本富、汪克付、刘应松、叶金印、张坚	安徽省气象局	96468
应用天气雷达测定淮河流域降水量系统	1995.1—1997.3	安徽省阜阳市气象局	刘娟、宋子忠、刘东风、贾昌明、徐胜	安徽省气象局	97312
安徽省气候变化及对农业发展影响与对策的研究	1992.1—1995.12	安徽省气候中心、安徽省气象局区划办	王效瑞、田红、王善型、吴必文、窦崇秀	安徽省气象局	97102

续表 7–1–3

项目名称	研究起止时间	完成单位	主要完成人	组织鉴定单位	成果登记号
高空气象探测数据自动处理业务技术方案	1991.7—1993.12	安徽省气象局	李栋、姚鹏义、徐光清、程正飞、刘清珍、吴可军、窦炜明、路伟彬	安徽省气象局	98143
用不稳定能量触发机制来探讨突发性灾害	1996.4—1998.4	安徽省气象科研所	王兴荣、陈晓平、石春娥、荀尚培、王德育	安徽省气象局	98151
安徽淮北平原气象灾害与作物布局最优决策研究	1995.1—1997.12	安徽省气象科学研究所	刘文俊、马晓群、杨太明	安徽省气象局	98245
热带海温变化与江淮地区旱涝关系的研究	1995.1—1996.12	安徽省气象科学研究所	矫梅燕、严学锋、谢重阳、包玉擎、严芳娟、吴永键	安徽省气象局	98276
气象决策服务系统	1996.6—1998.8	安徽省气象防灾减灾中心	袁野、沈伟、华连生、吴丹娃、江双伍、张明玉	安徽省气象局	98301
淮南市主要农业灾害性天气预报服务系统	1997.1—1997.12	淮南市气象局	刘正本、孙献革、黄远山、张家生、邱明燕	淮南市科委	98393
皖西北近五十年旱涝研究	1996.1—1998.5	阜阳市气象局	刘兴华、李国师、项阳、王海东、李亚玲、刘瑞雪、张英镇	阜阳市科委	98394
皖西南区域性强风暴预报方法研究	1995.3—1998.7	安徽省安庆市气象局	张苏、李云飞、李厚楹、王甲生、王龙学	安徽省气象局	99411
江淮地区24h~72h暴雨落区预报试验	1994.5—1996.12	安徽省气象台	陈焱、沈伟	安徽省气象局	99247
强冷空气中期预报系统	1994.5—1996.10	安徽省气象台、江苏省气象台	陈焱、沈伟、朱正心	安徽省气象局	99248
《电视天气预报解说词》撰写、研究、荟萃	1998.1—1998.10	安徽省气象台影视中心	高桂新、顾和英、孙健、胥树英、朱凯、许明荣、李理、吴丹娃	安徽省气象局	99431
人事信息目录管理系统	1998.7—1999.12	安徽省气象局人事劳动处、安徽省气象中心	周永祥、刘勇、彭慕平、王贤珍、王兴	安徽省气象局	99432
安徽省气象卫星遥感业务系统	1997.1—1998.12	安徽省气象科学研究所	胡雯、荀尚培、孔庆欣、张爱民、盛绍学、王玉兰、邵鸿飞、马晓群	安徽省气象局	99484
安徽省农业气象业务系统	1996.1—1998.12	安徽省气象科学研究所	张爱民、杨太明、马晓群、盛绍学、刘文俊、陈晓艺、赵建勇	安徽省气象局	99485

续表 7-1-3

项目名称	研究起止时间	完成单位	主要完成人	组织鉴定单位	成果登记号
蚌埠市气象灾害分析及其防御对策研究	1997.6—1999.6	蚌埠市气象局	范庆丽、张晓红、柴化全、袁爱华	蚌埠市科委	99445
合肥市局地大气污染潜势及舒适度预报研究	1998.5—1999.10	安徽省气象科学研究所	石春娥、王兴荣、陈晓平、翟武全、程小泉、吕升亮	安徽省气象局	99447
江淮汛期旱涝长期预报研究	1996.1—1999.1	安徽省气象台	时珍玲、薛兰	安徽省气象局	99448
预报业务考核系统	1998.3—1999.6	安庆市气象局、安徽省气象局业务处、安徽省气象台	张苏、王新生、王龙学、汪勇进、王东勇、吴林林	安徽省气象局	99463
中国第一台新一代多普勒天气雷达（CINRAD）系统环境与技术研究	1997.5—1999.10	安徽省气象防灾减灾中心	刘志澄、冯皖平、邢克溥、吴长春、李柏、陈双喜、张玉、陈建国、陈国武、江昶、夏有才、盛文俊、金涛、舒天义、马明骏	安徽省气象局	99584
市、县级气象科技综合服务系统	1998.9—2000.9	阜阳市气象局、阜南县气象局	刘兴华、孙钢、王海东、郭新才、李珏、杜方、项阳、杨静、张彪	阜阳市科委	00262
安徽省旱涝灾害卫星遥感监测和预报方法研究	1997.12—1999.12	安徽省气象科学研究所	丁太胜、张爱民、胡雯、马晓群、盛绍学、刘惠敏、荀尚培、孔庆欣	安徽省科技厅	00272
数值预报产品解释应用技术集成	1997.1—2000.12	安徽省气象局、芜湖市气象局、安庆市气象局	王新生、汪克付、周先春、吕娟、张苏、周述学、汪茜林、张坚	安徽省气象局	01118
内陆大面积湖体气象卫星遥感检测研究	1997.12—2001.3	安徽省气象科学研究所	孔庆欣、翟武全、胡雯、荀尚培、张爱民、吴英厚、吴文玉、杨太明、杨世植、邵鸿飞、王玉兰	中国气象局科教司	01140
安徽省农气观测报表制作及管理软件	1999.1—2000.12	安徽省气象科研所	杨太明、马晓群、江胜国、张中平、张爱民、吴可军、屈秀国	安徽省气象局	01036
安徽省新一代气象综合业务系统开发研究与应用	1997.9—1999.12	安徽省气象局	刘志澄、矫梅燕、瞿武全、窦炜明、李栋、张爱民、刘勇、袁野、胡雯、华连生、孔俊松、吴必文、杨太明、徐光清、吴汪毅	安徽省科技厅	01097

续表 7-1-3

项目名称	研究起止时间	完成单位	主要完成人	组织鉴定单位	成果登记号
安徽省决策气象服务信息系统	1999.1—2000.10	安徽省气象防灾减灾中心	袁野、孙健、边富昌、张苏、刘忠平、江双五、席志富、葛国庆、杨太民、荀尚培、华连生	安徽省气象局	01008
有关副热带高压中期数值预报产品误差的分析研究	1994—2000.8	安徽省气象科学研究所、安徽省气象中心	王兴荣、姚叶青、尚瑜、程小泉、陈晓萍、率爱梅	安徽省气象局	01011
抗洪抢险预警服务系统研究	1997.10—1999.12	芜湖市气象局	叶金印、于龙兴、周述学、徐竟平、丁皖陵、邓晓喜、邵霞芳、张丽、吕方华、程文杰	安徽省科技厅	01016
马鞍山气候	1999.6—2000.6	马鞍山气象局	许泽均、王效瑞、李子芳、周俊、王继真、姚友林、谢卫东、蒋双静	马鞍山市科委	01042
地面资料多功能应用系统（SDMAS）	1997.4—1998.12	安徽省气象台	古德、葛国庆、陈焱、杨志明、华乐生	安徽省气象局	01479
数值预报图 RTE 客观预报系统	1996.7—1999.8	安徽省气象台	古德、孙健、葛国庆、刘勇、周晓林、率爱梅、尚瑜、张小惠	安徽省气象局	01480
防雷减灾综合业务管理系统	1998—2000.12	池州市气象局、池州市防雷减灾局	吴照宪、鲍文中、齐建华、周述学、潘维良、王巧玉、王自如、左宗国、王旋、韦玮、房厚林、王有德、张淑军、许勇、许斌、施其信、殷世明、丁惠敏、张志良、周取胜	安徽省科技厅	02023
省级高炮火箭人工影响天气作业指挥系统的研究	2000.5—2002.12	安徽省人工影响天气办公室、安徽省气象台	申宜运、吴汪毅、蒋年冲、陈晓红、管金胜、袁野、杨光、陆大春、钟如棠、朱翚、王成章、刘学香、冯静夷、朱海波、赵光	安徽省气象局	03052
安徽农网建设与应用	2000.5—2002.5	安徽省气象局	刘志澄、孙键、刘月成、章晓今、吕刚、翟宇波、苗开超、万小明、赵少平、张曙辉、孟建东、夏虹、曾小伟、席志福	安徽省科技厅	03197

续表 7-1-3

项目名称	研究起止时间	完成单位	主要完成人	组织鉴定单位	成果登记号
安徽省夏季对流云人工增雨潜力区识别技术研究	2001.3—2002.12	安徽省人工影响天气办公室、安徽省气象台、安徽省气象科学研究所	申宜运、蒋年冲、胡雯、吴必文、吴汪毅、陆大春、时珍玲、管金胜、黄勇、徐光清、钟如棠、朱翚、谢重阳	安徽省气象局	03330
基于卫星云图和数值模式释用的短时定量降水预报研究	2001.6—2003.6	安徽省气象局	丁太胜、陈焱、刘惠敏、周后福	安徽省气象局	03333
从中尺度位涡不守恒条件探讨突发性灾害天气	2002.4—2004.4	安徽省气象科学研究所、安徽省气象台、中国科学院大气物理所、南京大学大气科学系	王兴荣、郑媛媛、胡雯、高守亭、周玉淑、魏鸣、周昆、姚叶青、刘惠敏、吴可军、陈晓平、石春娥、荀尚培	安徽省气象局	04383
基于 CINRAD 雷达和卫星的淮河流域致洪暴雨研究	2001.1—2003.12	安徽省气象科学研究所、安徽省气象台	张爱民、郑媛媛、胡雯、郑兰芝、石春娥、王东勇、黄勇、陈焱、孔庆欣、吴林林、谢重阳、谢亦峰、吴文玉、王兴荣、朱红芳、刘惠敏	中国气象局	04339
利用数值预报产品制作安徽省分县大雾预报	2002.3—2003.4	安徽省气象台	陈晓红、王东勇、方翀、朱红芳	安徽省气象局	04150
阜阳网上气象台的研制与开发	2002.6—2003.10	阜阳市气象局	鲁家永、孙钢、王海东、姚鹏义、郭新才、项阳、卢海、李胜	阜阳市科技局	04091
基于数值预报产品的 0—7 天精细天气预报系统	2002.10—2004.7	安徽省气象台	王东勇、朱红芳、刘勇、周昆、徐敏、陈焱	安徽省气象局	05338
长江中下游梅雨锋暴雨外场科学试验、分析与应用	2001.1—2004.12	中国气象科学研究院、湖北省气象局、中国科学院大气物理研究所、国家卫星气象中心、北京大学、上海市气象局、江苏省气象局、浙江省气象局、江西省气象局、湖南省气象局	倪允琪、翟武全、柯怡明、刘志澄、刘黎平、高梅、孙建华、张小玲、王仁乔、陶祖钰、覃丹宇、徐光清、徐向明、接连淑、王德英	安徽省科技厅	05351
安徽省伏旱的短期气候预测研究	2003.3—2005.3	安徽省气象台	田红、徐敏、彭延昌	安徽省气象局	06029

项目名称	研究起止时间	完成单位	主要完成人	组织鉴定单位	成果登记号
安徽省特种气象观测业务自动化及省级WEB数据库应用系统	2004.2—2005.3	安徽省气象局业务科技处、安徽省气象局气象信息中心	张苏、胡雯、汪腊宝、张亚、翟宇波、孔俊松、江大纯、陈龙虎、杨毅红、曹琦萍	安徽省气象局	06063
安徽省重大农业气象灾害定量监测评估与防御对策研究	2001.7—2005.10	安徽省气象科学研究所、安徽省气象台	张爱民、马晓群、杨太明、盛绍学、黄勇、陈晓艺、吴文玉、陈金华、徐敏、荀尚培、张宏群、柳军、李彪、张中平、石磊、张建军	安徽省科技厅	06107
MODIS在作物长势监测中的应用及与AVHRR的比较分析	2003.4—2005.1	安徽省气象科学研究所	刘惠敏、黄勇、荀尚培、马晓群、吴文玉	安徽省气象局	06004

第三节　安徽省气象科学技术获奖成果

1986—2005年的20年间，安徽省气象科技成果获得安徽省科技进步奖项共计99个，其中获省科技进步一等奖2个；省科技进步二等奖15个；省科技进步三等奖17个；省科技进步四等奖64个；省科技进步五等奖1个。见表7–1–4。

1986—2005年安徽省气象科学技术获奖成果一览表

表7–1–4

获奖年度	项目名称	完成单位	主要完成人	奖励类别	等级
1986	地面测报—月报表自动化系列技术	安徽省气象科学研究所、安徽省气象局技术发展办公室、六安行署气象局、徽州行署气象局、蚌埠市气象局	周嘉瑜、边富昌、芮斌、江斌、赵文龙、吴德明	省科技进步奖	2
	安徽省农业气候资源分析与区划	安徽省气象局区划办公室	王善型、李倬、宛志沪、王效瑞	省科技进步奖	2
	AGZ—Ⅱ甚高频电话自动中转控制器（盒）及组网技术	安徽省气象局技术发展办公室	徐春生、方亚明、胡守海、张同明、罗授武	省科技进步奖	3
	异常天气长期预报方法—84117特大雪灾长期预报	巢湖地区气象台	袁国正、吴英厚	省科技进步奖	4
	APPLE—Ⅱ微机通用统计预报程序库	芜湖市气象局	汪茜林、弗秋英	省科技进步奖	5

续表 7-1-4

获奖年度	项目名称	完成单位	主要完成人	奖励类别	等级
1987	合肥市气候及其改善途径的研究	安徽省气象局区划办、安徽农学院	王相文、宛志沪、吴宝忠、严平	省科技进步奖	2
	安徽省暴雨预报专家系统	安徽省气象台	杨金锡、刘孝昌、高桂新、刘勇、叶永培	省科技进步奖	2
	微机异型机联机通讯	安徽省气象科学研究所	边富昌、相韶华	省科技进步奖	4
	AGJ-Ⅱ甚高频警报电话两用机	安徽省气象局通信处	方亚明、李国庆	省科技进步奖	4
	PC-1500计算机数据压缩程序加密技术	安徽省气象台	古德	省科技进步奖	4
	CCS-400汉字输出程序	安徽省气象科研所	华君器	省科技进步奖	4
1988	《安徽气候》	安徽省气象局气候资料室	张成、王善型、宣春生、严连南、徐锁兆	省科技进步奖	2
	长期天气预报自动化系统	安徽省气象台	古德、朱德生	省科技进步奖	3
	微机前后台收报系统	安徽省气象局	吕刚、史兆平	省科技进步奖	4
	KEYGRP键盘屏幕绘图软件	安徽省气象台	古德	省科技进步奖	4
	安徽省APPLE机上实现的地、市级暴雨预报专家系统	安徽省气象局业务处、安徽省气象台	王新生、程铁军、刘勇、孙承珣、孙岗、孙健	省科技进步奖	4
1988	中国天气预报自动化系统	安徽省气象台	古德、陈焱、尚瑜	省科技进步奖	4
	省台模式预报应用	安徽省气象台	张明玉、陈晓红、刘应松	省科技进步奖	4
	ARSI-自动扫描中控制器	安徽省气象局通信处	武大安、窦炜明	省科技进步奖	4
	翠峰良种茶树的引种及其气候生态适应性的研究	安徽省气象局区划办、安徽省气象学校	苏土勤、芮泽清、袁德忠、叶银芳、张可久、杨维时	省科技进步奖	4
	JWC-Ⅰ型冷库温度巡测仪	安徽省气象科学研究所	华君器、华维凯、相韶华	省科技进步奖	4
	全省主要农作物产量预报业务化程序	安徽省气象科学研究所、宣城地区气象局	张爱民、王周青、王稳成	省科技进步奖	4
	短时天气预报方法研究	阜阳地区气象台	徐杰	省科技进步奖	4
	安庆地区强对流天气的形成特点及短时预报	安庆行署气象局	李云飞	省科技进步奖	4
	《安徽气候图集》	安徽省气候资料室	龚里明、窦崇秀	省科技进步奖	4

续表 7-1-4

获奖年度	项目名称	完成单位	主要完成人	奖励类别	等级
1989	FM-2516、FM4016锁相环振荡制电路和频率编制	安徽省气象局通信处	窦炜明	省科技进步奖	4
	内陆台风及其预报	安徽省气象科研所	梁慧平、谢重阳、丁太胜	省科技进步奖	4
	运用雷达作强对流天气短时预报科研协作管理	安徽省气象局	司瑞祥、林宗鸿、蔡致元、郭绍荣、金寿良	省科技进步奖	4
	安徽省歙县冬季温度场小网络分布及柑桔适生区探讨	安徽省气象局、安徽省气象学校、歙县气象站	王善型、苏士勤、包正擎、王相文、陈光中、袁德忠	省科技进步奖	4
	地区气象台客观集成预报业务	安徽省气象局、徽州地区气象台、安庆地区气象台、滁县地区气象台、六安地区气象台	王新生、程铁军、鲍文中、董义德、孙健、杨亚江	省科技进步奖	4
	安徽省冬小麦遥感综合测产方法研究	安徽省气象科研所、安徽省农业气象试验站、阜阳行署气象局、宣城农业气象试验站	王稳成、盛绍学、张爱民、包正擎、李国师、刘典昱	省科技进步奖	4
1989	安徽省冬小麦遥感综合测产方法研究	安徽省气象科研所、安徽省农业气象试验站、阜阳行署气象局、宣城农业气象试验站	王稳成、盛绍学、张爱民、包正擎、李国师、刘典昱	省科技进步奖	4
	运用一层中尺度数值模式研究复杂地形对天气的影响	安徽省气象科研所	李国杰	省科技进步奖	4
	安徽省土壤湿度测站合理布局研究	宿县地区气象局	唐守顺、戚尚恩、蒋跃林	省科技进步奖	4
	安徽省气象业务综合评价目标管理方案	安徽省气象局业务处	邓剑华、盛家荣、王建初、魏维宽	省科技进步奖	4
1990	安徽省大别山区亚热带丘陵山区农业气候资源及其合理利用	安徽省气象局农业气候区划办公室	王相文、王善型、苏士勤	省科技进步奖	2
	灾害性天气分析与预报	安徽省气象局业务处、安徽省气象台、安徽省气象科学研究所	邓剑华、梁慧平、魏维宽、高桂新、王兴荣、王子君	省科技进步奖	3
	实用气候服务手册	安徽省气象学校、安徽省气候资料室	孙立勇、徐锁兆	省科技进步奖	3
	气象服务自动化系统	安徽省气象台	古德、孙健、顾和英、吕刚	省科技进步奖	4
	安徽农业气象灾害-兼研究方法的探讨	安徽省气象学校	李德旺、翁霞珍、苏士勤	省科技进步奖	4

续表 7-1-4

获奖年度	项目名称	完成单位	主要完成人	奖励类别	等级
1990	安徽省沿江中、西部地区雾形成条件分析和预报	安庆市气象局	李厚楹、鲍文中	省科技进步奖	4
	安徽气象台站历史沿革档案管理与检索	安徽省气象科教处	程振然、张国良、姚燕峰、夏榕华	省科技进步奖	4
1991	黄山云雾考察	安徽省气象科研所、南京气象学院大气物理系	蒋年中、陈金荣、周文贤、夏增义、王学良、朱殿彩	省科技进步奖	4
	切变式下中尺度地形对安徽天气影响的数值研究	安徽省气象台	杨金锡、王东勇	省科技进步奖	4
	天文潮汐地形和寒潮	安徽省气象科学研究所	王兴荣	省科技进步奖	4
	湿热地区商品储存气象条件的研究	安徽省气象学校	孙立勇	省科技进步奖	4
	蔬菜塑料大棚最低气温出现规律及其预测	阜阳行署气象局、阜阳市科委	李国师、刘兴华、刘霞、杨守邦	省科技进步奖	4
1991	强对流天气概念化模式及短时预报程序	安徽省气象科研所、安徽省气象台、六安地区气象台	梁慧平、丁太胜、薛兰、杨亚江、侯瑞燕、徐跃华	省科技进步奖	4
	长江中上游成洪暴雨出现规律与预报	安徽省气象科学研究所	李国杰、郑兰芝、刘惠敏、王玉兰、徐东明	省科技进步奖	4
	省地短期 MOS 预报系统	安徽省气象台	张明玉、陈晓红、孙健、刘勇	省科技进步奖	4
	安徽省农业气象服务手册	安徽省气象科学研究所、宿县行署气象局、阜阳行署气象局、安庆市气象局	王稳成、张伯忍、唐守顺、芮庆宝、李国师、戚尚恩	省科技进步奖	4
1992	淮北区域旱涝规律分析和预测系统	淮北市气象局	汪付华、张宗亮、吴德明、张屏、陈玉琪、魏则安	省科技进步奖	3
	市内电话网 9600 比特/秒数据传输应用、NoVell 网应用及开发	安徽省气象台	杨金锡、古德、吕刚、郭玉朝	省科技进步奖	4
	长江中下地区低空急流气候特征和数值分析	安徽省气象科学研究所	丁太胜、矫梅燕、左敏、徐跃华	省科技进步奖	4
	淮北地区夏播期间灾害天气对策的试验研究	宿县地区气象局	唐守顺、戚尚恩、李瑞祥	省科技进步奖	4
	宣城地区森林火险天气分析和预报	宣城行署气象局	唐守顺、吴有训、杨保桂、王周清	省科技进步奖	4
	玉米夏播制种高产稳产的农业气象条件研究	宿县地区气象局	张伯忍、戚尚恩、陈洪俭、王化理	省科技进步奖	4

续表 7-1-4

获奖年度	项目名称	完成单位	主要完成人	奖励类别	等级
1993	极轨卫星遥感图像用 TVGA 卡显示程序研究	安徽省气象台	杨金锡、郭玉朝、胡雯、郭平、钱锦	省科技进步奖	1
	两类卫星遥感信息开发研究	安徽省气象台	孔庆欣、许桂芳、冯志娴、孙国琪、郭玉朝、郭平、胡雯、邹晓宏	省科技进步奖	2
	城市大气污染源优化布局研究	安徽省气象科学研究所	王兴荣、张业雯、严芳娟、赵雯	省科技进步奖	3
	安徽省 T42 短期客观预报方法	安徽省气象台	张明玉、许桂芳、孙健、陈晓红、申宜运	省科技进步奖	4
	安徽省短时预报工作站	安徽省气象台	薛兰、冯志娴、李柏、郑缓缓、许明荣	省科技进步奖	4
	安徽省淮北地区中低产田增产潜力的气象论证	安徽省气象局区划办公室、安徽省气候资料中心	王效瑞、王善型、田红、李国师、张伯忍	省科技进步奖	4
1994	春季连阴雨、连蜻天预报及决策研究	安徽省气象台、安徽省宣城地区农业气象试验站	朱德生、董玉兰、唐政虎、王周青	省科技进步奖	4
1995	地面有线综合遥测站（2）型和长期自记气候站业务软件	安徽省气象局业务处、桐城县气象局、阜阳地区气象局	陆国章、汪勇进、姚鹏义、杨彬、边富昌、孔俊松、汪高杰、程琳	省科技进步奖	2
	静止卫星高分辨云图资料的定量处理及其在副高和梅雨期降水演变规律方面的应用研究	安徽省气象台	杨金锡、冯志娴、顾和英、郭萍	省科技进步奖	3
	安徽省气象防灾减灾数据通信专用网	安徽省气象局	盛家荣、武大安、孙健、王建初、吕刚	省科技进步奖	4
	安徽省岳西县粮食自给问题的气象论证与适宜种植模式试验研究	安徽省气象局农业气候区划办公室	王效瑞、王善型、田红、项明眉、胡效文	省科技进步奖	4
1996	淮河致洪暴雨研究	安徽省气象科学研究所、淮委水情信息中心、安徽省气象台、河南省信阳地区气象局、河南省气象科学研究所、蚌埠市气象台	李国杰、陈产贤、马红、郑永泉、李俊亭、谢重阳、徐东明、徐胜	省科技进步奖	2
	结合动力和热力诊断分析预报暴雨技术和概念模型的研究	安徽省气象科学研究所	丁太胜、梁慧平、吴永健、刘勇、任敏	省科技进步奖	4

续表 7–1–4

获奖年度	项目名称	完成单位	主要完成人	奖励类别	等级
1996	安徽省旱涝趋势预测及预报方法的研究	安徽省气象局、安徽省气候资料中心、安徽省气象台、安徽省气象科学研究所	王善型、王效瑞、王伏生、张爱民、朱德生	省科技进步奖	4
1998	高空气象探测数据自动处理业务技术方案	安徽省气象局业务处、安徽省气候中心、阜阳市气象局	李栋、姚鹏义、徐光清、程正飞、刘清珍、吴可军、窦炜明、洛传彬	省科技进步奖	2
	安徽省电视天气预报研究	安徽省气象局、安徽省气象台	汪百川、孙健、徐春生、周晓林、高桂新、许明荣	省科技进步奖	3
	高层建筑气候应用问题的开发研究	安徽省气象科研所	王兴荣、刘惠敏、王玉兰、于承安、矫梅燕、吴可军	省科技进步奖	3
	淮南市主要农业灾害性天气预报服务系统	淮南市气象局	刘正本、孙献革、黄远山、张家生、邱明燕	省科技进步奖	4
	气象决策服务系统	安徽省气象防灾减灾中心	袁野、沈伟、华连生、吴丹娃、江双五	省科技进步奖	4
	气象条件对降水酸度的影响研究及其潜势预报	芜湖市气象局、安徽省气象局科教处、安徽省气象局业务发展处	周述学、徐竞平、许桂芳、杨彬、俞兴国	省科技进步奖	4
	应用天气雷达测定淮河流域降水量系统	安徽省阜阳市气象局	刘娟、宋子忠、刘东风、贾昌明、徐胜	省科技进步奖	4
	安徽省暴雨落区的动力统计模型研究	安徽省气象台	杨金锡、张明玉、陈焱、袁野、王曙东	省科技进步奖	4
1999	中国第一台新一代多普勒天气雷达（CINRAD）系统环境与技术研究	安徽省气象防灾减灾中心	刘志澄、冯皖平、邢克溥、吴长春、李柏、陈双喜、张玉、陈建国	省科技进步奖	2
	湿空气动力学若干问题的探讨	安徽省气象科学研究所	王兴荣、吴可军、石春蛾	省科技进步奖	3
	安徽省气象卫星遥感业务系统	安徽省气象科学研究所（安徽省卫星遥感中心）	胡雯、荀尚培、孔庆欣、张爱民、盛绍学、王玉兰	省科技进步奖	3
	江淮地区24h—72h暴雨落区预报试验	安徽省气象台	陈焱、沈伟	省科技进步奖	4

续表 7-1-4

获奖年度	项目名称	完成单位	主要完成人	奖励类别	等级
1999	中高山区水稻低产田的改造暨抗灾增产模式的试验研究	安徽省六安地区气象局、六安地区霍山县气象局	张中平、张可久、庄文华、张恩霞、史林斌	省科技进步奖	4
	江淮汛期旱涝长期预报研究	安徽省气象台	时珍玲、薛兰	省科技进步奖	4
	安徽省农业气象业务系统	安徽省气象科学研究所	张爱民、杨太明、马晓群、盛绍学、刘文俊	省科技进步奖	4
2000	安徽省新一代气象综合业务系统开发研究与建设	安徽省气象局	刘志澄、矫梅燕、翟武全、窦炜明、张爱民、李栋、刘勇、袁野、胡雯、华连生	省科技进步奖	1
	安徽省旱涝灾害气象卫星遥感监测和预报方法研究	安徽省气象科研所	丁太胜、张爱民、胡雯、马晓群、盛绍学、刘惠敏	省科技进步奖	3
	抗洪抢险预警服务系统研究	芜湖市气象局	叶金印、余龙兴、周述学、徐竞平、丁皖陵、邓晓喜	省科技进步奖	3
	安徽省决策气象服务信息系统	安徽省气象防灾减灾中心	袁野、孙健、边富昌、张苏、刘忠平、江双五	省科技进步奖	3
2001	内陆大面积湖体气象卫星遥感监测研究	安徽省气象科学研究所	孔庆欣、翟武全、胡雯、荀尚培、张爱民、吴英厚	省科技进步奖	3
	数值预报图 RTE 客观预报系统	安徽省气象台	古德、孙健、葛国庆、刘勇、周晓林、率爱梅	省科技进步奖	3
2002	安徽农网建设与应用	安徽省气象局	刘志澄、孙键、刘月成、章晓今、吕刚、翟宇波、苗开超、万小明	省科技进步奖	2
2003	GSM 无线雨量遥测仪研究开发	安徽省气象局	吕刚、方亚明、华连生、钱毅、芮斌、宋皖平、陈斌、吴奇生	中国气象局研究与技术开发奖	2
2004	安徽农网建设与应用	安徽省气象局	翟武全、刘月成、孙健、章晓今、罗荣选、赵少平、田红、韦成彦、苗开超、徐建鹏、万小明、徐建、张淑静、周鹿扬、徐成怀	中国气象局研究与技术开发奖	2
2005	基于 CINRAD 雷达和卫星的淮河流域致洪暴雨研究	安徽省气象科学研究所、安徽省气象台	张爱民、郑媛媛、胡雯、郑兰芝、石春娥、王东勇	省科技进步奖	3
	地面气象测报业务系统软件	中国华云技术开发公司、安徽省气象局、湖北省气象局	杨志彪、孙蓟旅、杨彬、陈为超、刘安平、张本正、朗淑鸽	中国气象局成果应用奖	2

第四节　计算机应用

气象数据资料采集　2003年，安徽省气象局研制了智能数据采集与无线数据传输于一体的自动雨量站。自动雨量站通过中国移动或中国联通的GSM网络进行数据通信，不受地域限制，可广泛用于防汛雨情实时监测、人工增雨作业评估、气象水文业务研究、农业生产指导、城市环境监测等领域。在多次抗击洪水中，自动雨量站有重要作用。

从2005年开始，本省启动了四要素加密自动气象站网的建设，通过无线数据网络的支持，实时采集遍布全省各地的四要素加密自动气象站的温度、降水、风向、风速的监测结果，直接用于气象预报和服务。并于2007年启动了全省多要素加密自动气象站建设，新建包含气压、湿度传感器在内的六要素加密自动气象站。

目前，全省已建成1100多个由四要素、六要素自动气象站和加密雨量站构成的全省加密观测网，可提供分钟级的多种气象要素实时观测数据。

气象信息网络传输　全省气象部门于2003年全面展开了VPN宽带网建设。省气象局建成了两条连接因特网的100M光纤，全省所有气象台站以10M光纤接入因特网，形成了全省气象部门VPN宽带网，大大提升了全省地面气象通信网的传输能力，促进了因特网技术在气象部门内的广泛应用。同时，为省内3个新一代天气雷达站所在地市开通了2M SDH数字电路，提高了通信备份水平。

2003年，全省所有市级气象台站配备了华为视频会议终端View Point 8020Plus，建成了双向可视视频会商系统。同时，基于“流媒体”广播技术建立了全省会商直播系统，实现了声音和图像信息的实时广播。全省气象台站可实时收看省气象台天气会商和省气象局会议。经过安徽省气象局多次对现有的视频会商系统的升级完善。目前已将参加双向视频会商的用户范围延伸至县气象局，同时系统提供的桌面共享、多点协作等功能可直接改善天气预报会商效果。该系统不仅实现了安徽省内省－市－县三级气象台站双向视频和数据的互通，还利用“背靠背”互联技术实现了与中国气象局预报会商系统的对接。

气象资料加工处理能力　2002年，安徽省气象局引进并安装了峰值运算速度达到每秒2876亿次的IBM P690高性能计算机，用于建立可以实时运行的安徽省中尺度数值天气预报系统，以提高中小尺度天气预报的准确率，增强防灾减灾的气象服务能力。目前，该系统每天实时运行，提供了安徽省及周边地区高时空分辨率的气象预报产品。

2003年起，为配合全省加密自动雨量站的建设，引入GIS图形显示技术开发了气象资料实时显示平台，通过不断完善扩充，该平台可实时查看全省1000多个气象监测站的每10分钟温度、降水、风向、风速资料，在用户界面、系统功能、应用架构等方面形成了一批在国内具有示范意义的成果。

气象信息传播渠道　2003年，安徽省气象局自主研制开发了09121和0999气象短信制作、发布平台，并与省移动通信有限公司合作，推出手机短消息气象信息服务、语音气象信息服务。在灾害性天气发生之前，通过手机短信向用户发布天气警报，减少和避免灾害性天气所可能产生的不良影响。随着该项业务的不断拓展，参与合作的运营商涵盖了电信和联通，服务用户数逐年提高。为了提供有针对性服务，安徽省气象部门对不同用户实施个性化服务，对省、市、县党政领导，主要发布短期短时天气预报、旬月天气预报、5天滚动预报、土壤墒情、降雨实况、灾害性天气预警信号，对乡镇负责人，增发各乡镇雨情；对防汛抗旱责任人，增发设防水位时河道各站点雨情；对地质灾害防御责任人和学校责任人，发布降雨实况、灾害性天气预警信号、气象地质灾害预报。

为更好地向不同人群传播气象预警信息，全面提高全社会防御气象灾害的能力，成功研制出会说话的气象预警电子显示屏、气象预警专用接收机、专用调频接收机以及气象信息卫星发布系统，其中有三项产品申报了国家专利。目前，已在全省农村社区、村镇和学校安装预警信息显示屏、接收机1000多台，扩大了气象信息在农村的覆盖面，为解决气象预警信息传递的“最后一公里”进行了有效尝试。

第二章　教育培训

第一节　职工培训

1986—1995 年职工教育培训

学历教育　中专，1986 至 1995 年,全省中专层次送培 124 人,其中社会招生 65 人;在职中专 37 人;中专专修 22 人;全省社会招生 16 人;在职中专毕业 33 人;中专专修 22 人。

大专，1986 年至 1995 年,全省大专层次送陪 82 人,其中气象函授大专 49 人;气象 2 人;干部专修 11 人（全脱产）;社会各类大专 15 人。获大专专业证书 7 人。全省气象函授大专毕业 12 人;气象干部专修 4 人;社会各类大专 15 人;获大专专业证书 13 人;计算机结业 1 人。

本科，1986 年至 1995 年,全省本科送培 13 人,其中计算机 2 人;党校 11 人。全省计算机本科毕业 2 人,党校毕业 6 人。

继续教育　1986 年至 1995 年,共派出 65 人参加北京气象学院、成都气象学院、北京东方外语学院和地方党校进修培训,培训内容为:数值预报、卫星资料应用、VSAT 小站、英语、日语、计算机、NOVELL 网络、科技管理、现代管理科学和政治理论。

岗位培训　1986 年至 1995 年,全省举办各类短期业务技术培训班 56 期,培训 1965 人次。培训内容为预报、测报、应用气候、农业气象、气象卫星、气象仪器检定检修、计算机、文秘档案、综合经营（市场经济）、文化补习等。

1986—1990 年安徽省气象职工教育培训一览表

表 7-2-1

项目		1986	1987	1988	1989	1990
学历情况	中专				2 人	29 人
	大专	1 人	5 人	5 人	7 人	4 人
	本科	1 人		1 人	3 人	2 人
毕业情况	中专					
	大专					13 人
	本科					1 人

续表 7-2-1

项目＼年份	1986	1987	1988	1989	1990
短期培训（人次）	9 期	7 期	3 期	5 期	4 期
	373	234	165	178	165
外出进修				2 人	3 人

1991—1995 年安徽省气象职工教育培训一览表

表 7-2-2

项目＼年份		1991	1992	1993	1994	1995
学历情况	中专	23 人	29 人	17 人	14 人	10 人
	大专	16 人	16 人	11 人	13 人	4 人
	本科	1 人	2 人	1 人		2 人
毕业情况	中专	17 人	2 人	11 人	13 人	17 人
	大专	9 人	10 人			12 人
	本科		3 人	1 人	3 人	
短期培训（人次）		7 期	4 期	5 期	6 期	6 期
		190	129	169	175	187
外出进修		15 人	10 人	16 人	11 人	8 人

制度与政策　1986 年 11 月，制定下发《关于报考硕士学位研究生的暂行规定》，修订《安徽省气象系统在职教育“七五”规划》。

1987 年 3 月，召开《全省气象科技教育工作会议》，总结交流全省职工教育工作情况，讨论修改《安徽省气象系统职工教育管理暂行规定》和《安徽省气象部门科技人员继续教育实施办法》。

1988 年，与省高等教育自学考试委员会协商决定：自 1988 年下半年起，安徽省首次组织开考高等教育“气象专业”自学考试，省局制定并下发《安徽省气象部门高等教育气象专业自学考试暂行规定》。

1990 年，根据中国气象局《气象成人中专专修班试点办法》，6 月 30 日组织全省气象专业成人中专专修班学员入学考试，考试内容：语文、数学，全省符合参加中专专修班学习生源 60 人（一年制专业证书班）。参加考试 60 人，第一批入学 17 人。

1991 年根据全省气象业务综合评价目标管理方案，制定并下发《教育管理工作考核标准》。

1992 年拟定《安徽省气象局“八五”后三年干部培训计划》。

1996—2005年职工教育培训

学历教育　中专:1996年社会招生16人,毕业65人(社会定向招生)。

大专:1996年至2005年,全省送培大专层次247人,其中南京气象学院气象专业全脱产送培3人,气象函授大专送培214人;地方大学无线电专业、财会、计算机、幼儿教育、党校送培30人。全省大专毕业93人,其中气象全脱产毕业3人;气象函授毕业67人;党校及地方大学毕业23人。

本科:1996年至2005年,全省送培本科层次167人,其中南京气象学院大气科学专升本送培70人,计算机专升本送培29人;南京大学环境工程专业专升本送培8人;地方大学计算机、自动化、财会专业专升本送培12人;党校专升本送培48人。

全省专升本:毕业48人,其中环境工程专业毕业8人;计算机专业毕业36人;财会专业毕业3人;自动化毕业1人。

硕士:1996年至2005年,全省送培9人,其中中国科技大学公共管理科学(MPA)送培2人;安徽大学法律专业送培1人;南京气象学院大气科学、雷达、气候专业送培6人。南京气象学院大气科学、气候专业硕士生毕业3人。

博士:1996年至2005年,全省送培3人,其中中国科技大学大气科学送培2人,南京气象学院雷达专业送培1人。中国科技大学气象学博士生毕业1人。

研修班:1996年至2005年,全省送培67人,其中与南京大学联合举办大气科学研究生课程进修班送培45人;南京气象学院奥运人才培养气象专业送培3人,中国科技大学奥运人才培养计算机专业送培3人;合肥工业大学科学技术管理专业送培1人,工程管理专业送培5人,土木建筑专业送培1人;安徽省委党校研究生进修班送培9人。南京大学大气科学研究生课程进修班结业29人;南京气象学院奥运人才培养气象专业结业3人。

继续教育　1996年至2005年,共派出236人参加中国气象局培训中心、南京气象学院、成都气象学院、地方党校进修培训,培训内容为:中尺度数值预报、卫星资料应用、天气雷达、天气气候预测、英语、计算机网络、科技管理、现代管理科学和政治理论等。

岗位培训与学术讲座　1996年至2005年,全省举办各类短期业务技术培训班103期,培训4913人次,

培训内容为预报、测报、应用气候、农业气象、气象卫星、气象仪器检定检修、气象自动站、人工增雨、环境监测、计算机网络、科学管理、气象行政执法、文秘档案等。

组织举办7期远程教育培训,培训823人次,培训内容为:人工增雨业务技术、自动气象站操作使用、测报业务系统软件、计算机应用基础、气象卫星图像和雷达资料的应用。

1996年至2005年,举办各类学术讲座64期,参加学习2405人次。

1996—2000 年安徽省气象职工教育培训一览表

表 7-2-3

项目		1996	1997	1998	1999	2000
学历情况	中专	15 人				
	大专	15 人	5 人	32 人	4 人	16 人
	本科	3 人	1 人	11 人	3 人	
	研究生			1 人	3 人	
	博士生				1 人	
	研修班		1 人		4 人	3 人
毕业情况	中专	16 人	9 人	15 人	10 人	15 人
	大专	3 人	12 人	1 人	15 人	4 人
	本科		2 人	3 人		
	研修班					
外出进修		27 人	19 人	23 人	11 人	8 人
短期培训（人次）		4 期	8 期	6 期	7 期	4 期
		244	236	177	384	152
学术讲座（人次）		1 期	2 期	6 期	3 期	
		68	38	205	62	

2001—2005 年安徽省气象职工教育培训一览表

表 7-2-4

项目		2001	2002	2003	2004	2005
学历情况	中专					
	大专	3 人	54 人	26 人	66 人	26 人
	本科	6 人	39 人	28 人	46 人	31 人
	研究生			2 人	2 人	1 人
	博士生	1 人				1 人
	研修班	29 人	4 人	9 人	15 人	2 人
毕业情况	中专					
	大专	37 人			21 人	
	本科	11 人		1 人	3 人	28 人
	研修班			30 人	1 人	1 人

续表 7-2-4

项目＼年份	2001	2002	2003	2004	2005
外出进修	30 人	26 人	26 人	30 人	36 人
短期培训（人次）	9 期	20 期	24 期	7 期	21 期
	380	613	1823	334	1393
学术讲座（人次）	2 期	9 期	10 期	15 期	16 期
	82	293	619	536	502

制度政策与大事记　1996 年,安徽省气象学校实行招生“并轨”制度。根据中国气象局关于开展计算机知识普及培训文件要求，1996 年下半年至 1997 年年底,省局组织三期共有 1467 人参加的计算机知识普及培训,组织了 1209 人参加中国气象局科教司组织的全国计算机知识的普训统考（笔试和上机考核)。

在全国气象部门第一批普训工作的综合评比中,安徽省因领导重视、普训组织管理有特色、普训工作总结材料齐全、认真荣获三等奖,得奖金 800 元。

1997 年 6 月,中国气象局内部情况通报第 26 期中,给予了通报表彰。1999 年,根据中国气象局《关于开展省地气象台短期预报岗位培训的意见》精神,省局分三批组织了全省气象台短期预报人员的岗位培训,参训 92 人。取得岗位合格证书 92 人。2000 年补充修订《安徽省气象部门干部职工教育管理办法》;拟定《安徽省气象科研、教育“十五“发展计划建议草案》。2001 年,与南京大学联合举办一期“大气科学研究生课程进修班”,组织参加考试 50 人,录取 30 人,参加学习 29 人,结业 28 人。

2001 年至 2002 年上半年,组织完成中国气象局下达的县级单收站 69 人的岗位培训、统考、颁证工作。

2002 年,组织完成省市气象台短期预报人员岗位后续培训、考试、颁证工作,全省参训 44 人。

2002 年 8 月 4—24 日,安徽省气象局第一次邀请世界气象组织培训中心主任 Jakob Lomas 先生和农业气象专家 Moshe Mandelj 先生来皖进行“极端天气条件对农业生产的影响”的讲学与交流活动,安徽省气象局邀请了中国气象局、江苏省气象局、河南省气象局、湖北省气象局、湖南省气象局、安徽省农业大学专家和技术人员 40 人次参加了研讨交流和培训。

2003 年，修订印发了《安徽省气象部门在职职工教育管理办法》,制定印发了《安徽省气象科技服务与产业人员教育培训办法》,完成了中国气象局科技司下达组织《人工影响天气岗位培训》远程教育培训工作。

全省参加培训 320 人,参加考试 297 人,合格 287 人。参加补考 16 人,补考合格 13 人,取得岗位合格证书 291 人。

省局组织了全省处级干部科学管理知识培训班，培训对象是：各市局、局直单位、省局机关副处及以上干部 119 人。

培训时间：2003 年 9 月 24 日至 12 月 10 日的每星期三下午和星期六全天，总学时为 100 学时。

培训方式：在肥单位的处级干部在西门气象雷达楼学术厅集中听课，各市局处级干部则采用流媒体教学，即在本局集中收看流媒体同步转播的课堂讲学。

2003 年 9 月省局第二次聘请了世界气象组织培训中心主任 Lomas 先生和农业气象专家 Mnes 先生安徽讲学，主题是“气候与农业信息服务研讨班”，参加学习培训有 88 人次。

2003 年至 2005 年年底，为全面贯彻落实安徽省气象人才战略实施方案，拓宽服务领域，加速气象事业的发展。安徽省气象局面向全国高校招收了一批非气象专业本科毕业生，为使其尽快熟悉掌握气象专业知识和业务技能，由省局人事教育处组织，安徽气象培训中心具体承办，分期举办了三期本省和一期中国气象局委托安徽气象培训中心承办的“非气象专业本科生气象专业知识培训班”，培训本省 79 人，外省 13 人，培训结果得到了中国气象局人教司的认可。另外，选送 20 人参加中国气象局组织的南京大学、南京气象学院、兰州大学、成都信息工程大学“气象基础知识培训班”的学习。

2004 年继续与南京大学合作，联合举办了第二期大气科学研究生课程进修班，通过考试录取 17 人，按时报到学习 15 人。完成中国气象局下达的人工增雨岗位人员的培训、考试、颁证工作。

2005 年省局委托中国气象局培训中心举办了为期 20 天的“安徽省气象部门县局长综合知识培训班”，培训班学员都是经过考试择优选拔确定的，在中国气象局培训中心精心组织和学员们的努力下，圆满完成培训任务，受到中国局培训中心好评与表扬。

2005 年 6 月重新修订印发《安徽省气象部门在职教育培训管理办法》，使教育培训管理更加规范化和制度化。

第二节　安徽省气象培训中心

安徽省气象培训中心（安徽省信息工程学校）始建于 1957 年，前身是安徽省气象学校。其间，经过多次搬迁和变革，1979 年搬迁到合肥西郊五里墩，1991 年在气象院校布局结构调整中，停止招收气象专业学生，开始面向社会办学。1999 年经省政府批准同意更名为安徽省信息工程学校。办学以来，学校已经培养各类人才近 5 万人，毕业生分布于全国各省市的气象系统以及企事业单位。

安徽省气象培训中心总占地面积 6.67 公顷，建有多功能直播教室、图书馆、体操房、教师电子备课室、大型投影教室、多媒体网络教室、分屏教室、电子阅览室、网络中心机房、校园计算机网络等现代化教学设施。2001 年建成了具有省内先进水平的校园网络，并通过光纤与国际互联网建立了10M宽带连接；拥有数码摄像机、幻灯机、投影仪等先进设备和多媒体计算机实验室、计算机网络实验室、计算机维修与组装实验室。

安徽省气象培训中心共有教师73名，其中高级职称、副教授27名，讲师27名，助理讲师、无职称19名；博士5人，硕士34人，大学本科26人。同时，来自省内各高校、企、事业单位的36名高素质的专业人才与培训中心签订了聘用协议，其中研究生和博士生28人。

安徽省气象培训中心通过整合、优化教育培训资源配置，充分利用本省气象部门在大气探测方面的装备和人才优势，充分发挥合肥新一代天气雷达站、桐城和屯溪国家气候观象台三个实习基地作用，以雷达原理及应用、装备保障技术培训为专业特色，构建“一个中心三个基地”的省级气象教育培训组织体系。积极开展局、校（中国科技大学、南京信息工程大学）合作，开展符合区域气象事业发展的新业务、新技术、新知识等特色能力培训。

近年来，安徽省气象培训中心的气象教育培训工作在培训规模、培训范围、培训方式和培训层次上，都有了较大进展。常设班型稳步发展，如全国气象基础知识培训班、管理部门各类专项培训班、新业务新技术培训班、大气探测岗位培训班、防雷岗位培训班、应用气象研究生课程进修班、气象成人学历教育等较成熟的培训班型的培训规模、培训范围及培训层次都有所提高。重点班型、特色班型初步稳定，如全国气象部门县局长综合素质轮训班、县局长党风廉政建设专题暨综合管理知识培训班、新任预报员岗位培训班、气象装备技术保障及探测环境保护技术培训班、应用气象研究生课程进修班等，其培训规模由2005年达5000人·天，并不断发展、扩大；培训范围由以上海区域为主，发展到目前已经覆盖全国31个省、市、自治区；培训层次由往年以市、县对象为主发展到各省、市、县及中国气象局业务人员均有参加。

在完成各类中短期在校培训任务的同时，安徽省气象培训中心还注重拓展培训空间，继续发挥气象远程教育培训系统二级站的作用，配合中国气象局培训中心远程培训部完成各类远程培训班的管理工作，使得现代气象远程教育与在校培训相结合，理论与实践相结合，跨越了时间、空间，提高了培训质量，降低了培训成本。

第三章 安徽省气象学会

第一节 宗旨、业务与组织机构

安徽省气象学会（英文译名 AnHui Meteorological Society，缩写 AMS），是由安徽省气象部门及其他相关部门的气象科技工作者（或单位）自愿加入并依法登记注册的非营利性、群众性、公益性的学术法人社团组织；是安徽省科学技术协会的组成单位；其社团登记管理机关为安徽省民政厅。

宗旨及业务 安徽省气象学会坚持以马克思主义、列宁主义、毛泽东思想、邓小平理论、“三个代表”、“科学发展观”重要思想为指导，团结和动员广大气象科技工作者，以经济建设为中心，坚持科学技术是第一生产力的思想，实施科教兴皖战略和可持续发展战略；促进气象科学事业的繁荣和发展，促进气象科学技术的普及和推广，促进气象科技人才的成长和提高，促进气象科学技术与经济的有机结合；为社会主义物质文明和精神文明建设服务；遵守国家法律、法规和社会公德；反映气象科学技术工作者的意见，维护气象科学技术工作者的合法权益，为气象科学技术工作者服务。

主要业务范围 开展气象科技学术交流活动，促进气象科技发展，提高气象学术和业务技术水平；弘扬科学精神，普及气象科学知识，传播科学思想和科学方法，捍卫科学尊严，推广先进科学技术应用，提高公众科学文化素质；为科技、经济、社会间的协调发展提供与气象有关的决策咨询、政策建议和技术服务；接受有关部门委托，提供气象科技政策、规划、科研项目的论证和评估；承办气象科技成果的鉴定、评奖及技术职务（称）资格的评审和科技标准的审议等；举办气象科技展览，推动科技成果转化，依法兴办与气象科技有关的实体，增强学会经济活力；开展气象科技的继续教育，进行技术培训，帮助会员充实和更新知识；开展青少年气象科技活动，配合教育部门开展相关教育活动；推动气象科技交流、协作，组织气象技能竞赛，发挥学会在气象行业内外的纽带作用；加强同兄弟学会间的联系，促进相关交叉学科之间的组织协作；开展气象科技国际学术交流活动，发展同国（境）外有关科学技术团体和科学技术工作者的友好交往；编辑、出版、发行气象技术刊物和科普刊物及相关音像制品；向有关部门反映气象科技工作者的意见和要求，维护会员的合法权益；举办为气象科技工作者服务的各类科技活动；举荐人才，表彰奖励取得优秀成绩的会员和气象科技工作者；提倡并鼓励会员和广大气象科技工作者遵守科学道德，发扬协作精神，推动安徽气象文化建设。

组织机构 安徽省气象学会成立于 1961 年 11 月 30 日。会员由最初的 100 人发展到目前的900多人。

秘书处　根据中央气象局党组(82)中气党字第004号及中共国家气象局党组(85)国气党字第035号文，1985年安徽省气象学会成立秘书处（正处级事业单位),配备学术、科普秘书（科级）各一人,在安徽省气象局党组领导下进行日常工作,接受安徽省科学技术协会、中国气象学会、安徽省民政厅的指导与管理。主要承担以下职责：

负责省气象学会的日常工作;对本省市级气象学会的工作进行指导;对口联系中国气象学会及其他各级各类学会组织;牵头组织相关学科学述交流;负责省气象局科学普及领导小组办公室的日常工作,并牵头组织气象科普宣传;负责期刊《气象与减灾》的编辑工作;据中国气象局2004年8号令、9号令,负责对全省防雷工程专业技术人员和从事施放气球作业人员的培训、资格认证及管理工作;负责安徽省气象志等史、志书的编纂工作;完成省气象局党组、省科协、中国气象学会、省民管局交办的其他有关工作。

2003年11月,省气象学会根据工作需要提出申请，2004年年初,省气象局人事处下文在学会秘书处设置学术交流部:组织相关学科学术交流;科学普及部:组织气象科普宣传和全省雷电防护工程个人资格证件认定和施放气球证件的办理和管理,雷电防护工程资质证件的发放;期刊编辑部:编辑出版“气象与减灾”期刊。

理事会　理事会是学会的领导机构,四年一届,由会员代表大会选举产生。

第四届理事会（1990年1月至1993年9月）

安徽省气象学会第四届理事会理事32人,经过通信选举产生,报安徽省科学技术协会批准、中国气象学会备案。

理事长:司瑞祥;副理事长 :王善型、李　倬、邓剑华;秘书长:盛家荣（兼）;副秘书长 :黄明德;

常务理事:司瑞祥、盛家荣、王善型、李 倬、邓剑华、杨金锡、李国杰、王相文、徐锁兆、陶善昌、黄明德。

专业委员会:A、学术交流委员会;B、科学普及委员会;C、《安徽气象》编辑委员会;D、青年科技工作委员会。

第五届理事会（1993年9月至1998年12月）

1993年9月17日,安徽省气象学会第五次会员代表大会在中国科学院合肥分院光学精密机械研究所召开。第五届理事候选人（3人因公外出请假）和第三、四届理事会领导、特邀代表54人出席会议,安徽省政府副秘书长张锋生到会祝贺。大会选举产生了第五届理事会和各专业委员会,选举产生了常务理事、理事长、副理事长、秘书长。

理事长:汪百川;秘书长:黄明德;常务理事 :汪百川、李 倬、胡欢陵、盛家荣、王相文、邓剑华、矫梅燕、陶善昌、王建初、黄明德、杨金锡、李国杰、王效瑞、王本富、李陶贵。

专业委员会:A、学术交流委员会;B、科学普及委员会;C、《安徽气象》编辑委员会;

D、青年科技工作委员会；E、科技咨询部；F、软科学专业委员会（1996年11月成立）。

第六届理事会（1998年12月至2004年3月）

1998年12月24—26日，安徽省气象学会第六次会员代表大会暨理事会全体理事会议在合肥召开。会议选举产生气象学会第六届理事会。

理事长：刘志澄；名誉理事长：汪百川；副理事长：胡欢陵、陶善昌、王相文、查良松、韩广志；名誉副理事长：李 倬、杨金锡、李陶贵、邓剑华、王本富；

常务理事：刘志澄、矫梅燕、胡欢陵、陶善昌、王相文、李国杰、韩广志、查良松、周军、傅云飞、韩从尚、郁家成、黄明德、王效瑞、许桂芳、刘孝昌、王建初、李 栋。

秘书长：黄明德（于2000年元月退休，由金有章接任）。

专业委员会：A、天气专业委员会；B、大气物理专业委员会；C、气候专业委员会；D、大气遥感专业委员会；E、农业气象与气象适用专业委员会；F、气象科学普及工作委员会；G、《安徽气象》编辑委员会；H、大气探测与气象仪器专业委员会。

2003年7月30日，安徽省气象学会六届二次常务理事会议在合肥召开。因原理事长刘志澄工作调离，会议审议通过安徽省气象局局长孙建当选六届常务理事会理事长；并审议通过了新增设的3个专业委员会：气象影视与广播技术专业委员会、雷电防护技术专业委员会、农村信息服务技术专业委员会。

第七届理事会（2004年3月至2008年5月12日）

2004年3月24日，召开安徽省气象学会第七次会员代表大会选举产升了气象学会第七届理事会。安徽省气象学会第七届理事会参加单位除气象部门外，还有省直相关厅局、水文、环保、高等院校、科研机构、高科技公司、部队等。利用气象学会这个平台，广泛合作，密切联系，发挥各理事单位的作用，互相支持，共谋发展。

名誉副理事长：陈维席、战秋萍；理事长：孙 健；副理事长：王英俭、傅云飞、韩江洪、刘永春、程中才、吴晓明、杨先静、方 晨、姚大全、孙广成、翟武全、张万新、徐 慧。

秘书长：褚万江

常务理事：周 军、饶瑞中、郁家成、任保华、安 列、庄东飚、吴贞堂、李令臣、林完红、何金良、张世友、李 忠、张忠孝、朱文根、吕金宝、苏宇光、洪建平、孙正东、李兆玉、李祝安、陶方启、舒志民、刘月成、韩广志、韩从尚、陈宇卫、刘 英、高仲辉、方文贵、刘 勇、张爱民、朱 键、胡 雯、褚万江。

专业委员会：A、天气专业委员会；B、气候专业委员会；C、农业气象与气象适用技术委员会；D、大气探测与气象仪器专业委员会；E、大气物理专业委员会；F、大气遥感与电子技术委员会；G、气象科学普及工作委员会；H、《安徽气象》编辑委员会；I、气象法规与软科学委员会；J、气象影视与广播技术专业委员会；K、雷电防护技术专业委员会；L、农村信息服务技术专业委员会。

第二节　学术交流与气象科普

学术交流　气象科技学术交流是气象学会的主导性工作之一，是学会能力建设的基础与核心，是为会员服务的最基本形式。通过组织各类学术活动，引导学科发展和学科建设，发现和培养人才，倡导正确的学风和优良的学术道德；为会员和气象科技工作者提供参与学术交流的平台，满足其日益增长的对科技新信息、新成果、新发展、新趋势的需求。

全国学术交流　安徽省气象学会推荐优秀科技人员（3人）并携优秀论文参加了中国气象学会1962年年会。

1986年，省气象学会推荐气象科技人员参加了暴雨预报、统计预报、中期预报、卫星云图和微机应用等全国性学术会议。

1990年，经专家无记名投票，推荐3名科技人员参加“中国气象学会第二届全国优秀青年气象科技工作者学术研讨会”。

中国气象学会2003年年会上，安徽省气象学会有15人参加，10人在年会分会场进行交流。安徽省气象台、省气象科学研究所、省部分市气象局、中国科技大学、中国科学院安徽光机所、水利部治淮委员会共27篇论文被全文或摘要录入年会论文集。

作为常态，2004年及以后，省气象学会都组织或推荐气象科技人员投稿参加中国气象学会年会，都有论文编入年会论文集。

国际学术交流　1994年10月中旬，由中国气象局国际合作部负责人陪同，美国气象学会代表团一行5人来安徽省参观访问。这是安徽省气象学会首次接待国际间气象代表团，学会理事长汪百川接待并陪同到黄山光明顶等气象台站参观交流。

2003年，省气象学会各专业委员会共举办各类培训班20期，其间邀请美国、以色列等外国专家作学术讲座9次。

省际学术交流　海峡两岸学术交流。1994年10月14日，省气象学会接待首批台湾气象界参访团来安徽省黄山光明顶气象站交流观光。

1997年8月25日，以刘广英教授率领的台湾中国文化大学9人师生参访团到黄山光明顶气象站参观、交流观光。

苏皖两省制度化学术交流。安徽省气象学会和江苏省气象学会联合举办召开的“苏皖两省大气探测、环境遥感与电子技术学术研讨会”已成为国内气象界学术交流的首创“品牌性”研究会。自2001年开始，每两年召开一次，分别由两省气象学会轮流组织。

1992年10月，在苏州召开“华东区域气象科技兴农学术研讨会”。安徽省12篇论文入选和交流。安徽省气候区划、大别山气象扶贫开发项目受研讨会的高度重视。

2001年11月3—5日，第一届“苏皖两省大气探测、环境遥感与电子技术学术研讨会”在江苏省苏州市举行。会议收到67篇论文，涉及大气探测、环境遥感基础理论、方法和技术，卫星、雷达探测资料的处理和分析，遥感资料在天气分析、灾害监测及生态环境等方面的应用，以及计算机通信、气象电子仪器高技术产品的开发与应用等。从中评出优秀论文18篇。

2003年10月19—21日，第二届“苏皖两省大气探测、环境遥感与电子技术学术研讨会”在安徽省池州市召开。会议收到论文138篇，大会交流6篇，分组讨论52篇，从中评出优秀论文40篇。

2005年9月24—25日，第三届“苏皖两省大气探测、环境遥感与电子技术学术研讨会”在江苏省连云港市召开，114名来自江苏、安徽两省部队和地方的气象科技人员及相关院校、公司科技人员与会。研讨会共收到216篇论文（安徽省80篇），153篇入选大会论文集（安徽省71篇）；大会交流91篇（安徽省46篇），其中2篇为大会专题报告，大会交流6篇，三个分会场交流83篇；研讨会评出优秀论文43篇（安徽省20篇）。

省内学术交流　1986年3月22日，“气候、干旱、沙漠化”学术研讨会在合肥召开。安徽省农业、林业、水利、气象、环保、院校等单位的领导、专家、教授、学者出席会议。会议就气候变化对全省工农业生产的影响提出了科学对策，并形成书面建议提交省委和省政府。

1986年4月21—23日，在合肥召开“安徽省青年气象科技工作者学术交流会”。50名青年气象科技人员参加会议。精选60篇稿件，以摘要形式编纂论文集。会议邀请国家气象局参加中国首次南极气象考察的陈善敏作南极气象考察报告。

1988年，举办一期55人参加的安徽省大气探测学术交流会，组织两次学术报告会，约150人次参加会议。

1989年11月8—11日，安徽省气象学会和安徽省气象局在黄山市召开“安徽省第二次大气探测学术会议”。全省地面、高空测报人员和各级管理人员50人参会。会议主题为：大气探测新技术发展及现代化管理。11月21—22日，“安徽省气象适用技术方法、学术交流会”在滁州召开。安徽省气象科研所、安徽省气候资料室、大别山气象科技扶贫基地、部分市（县）气象科技人员和安徽省农学院气象专业的代表30人参会。会议收到47篇论文，其中，卫星遥感监测作物生长、卫星遥感产量评估技术方法为国内气象技术方法首创。

1990年元月，在安庆召开安徽气象“首届计算机应用技术经验交流会”。会员单位代表38名出席。进行论文交流和计算机软硬件现场开发演示。《安徽气象》之“微机应用专辑”参加全国交流。1990年4月，举办“安徽省第二届青年气象科技论文书面交流会”。从58篇投稿论文中，评审出优秀论文24篇，二等奖3篇，三等奖14篇，鼓励奖7篇。推荐优秀青年气象科技骨干王东勇、娇梅燕、袁学所出席在西安召开的全国“第二届优秀青年气象科学工作者学术研讨会”。

1991年1月21—22日，安徽省灾害防御协会和安徽省气象学会联合在合肥召开“安徽省自然灾害（气候变化部分）对社会经济影响及其对策研讨会”。省政府和有关单位领导及气象、水文、地震等部门的科技人员94人出席，时任省政府副秘书长陈者香参加会议。大会收到论文67篇编辑出版“安徽气候变化对社会经济影响及其对策研讨会”论文集。

1992年4月，在明光市召开“县气象局为农业服务技术方法经验交流会”。38位农业气象科技人员与会。《安徽气象》开辟为农服务专栏，刊登会议交流的经验和方法。

1992年10月，省气象学会组织专家撰写安徽省农业及“三高”农业气象论文4篇，受到省政府领导及有关方面的高度重视。

1994年11月9—11日，在合肥召开“安徽省气象学会青年科技工作委员会会议暨学术交流会”，46人参会，收到论文18篇，论文摘要3篇。

1995年5月9日，省气象学会在合肥召开“安徽1994年干旱评估研讨会”。20名相关专业专家和科研人员与会，会议对2004年安徽省的干旱做出了科学评估。

1996年11月，在淮北市召开“安徽省部分地（市）局长气象事业可持续发展研讨会”，编辑印制《气象事业可持续发展研讨论文集》。

1997年11月，在淮北召开“安徽省气象软科学研讨会”，收到论文38篇，编印《安徽省气象规范化建设与管理》论文集。

2001年12月3—4日，在合肥举办“安徽省暴雨灾害监测、预报学术研讨会”，是由安徽省科学技术协会、安徽省人事厅、安徽省科学技术厅联合举办的首届安徽自然科学学术年会12个分会场之一。50人参会，25人在会上交流了论文，评出优秀论文8篇。会议邀请国家重点基金研究发展规划项目（973）和《我国重大天气灾害形成机理和预测理论研究》首席科学家、中国气象科学院原院长倪允琪教授，中国气象科学研究院和国家卫星气象中心的两名博士作学术报告。研讨会最后形成“定时、定点、定量暴雨监测，加快防洪保安气象保障系统建设”的专家进言材料向政府进言。

2002年12月23日，在合肥召开“安徽省农村信息化高层研讨会”，是安徽省科学技术论坛省级学会20个分会场之一，为2002年重点学术活动项目。会议邀请国家经济信息中心梁优彩秘书长、农业部信息中心李维克副主任、农业部信息工程技术研究中心赵春江主任作学术报告。83人参会，收到论文50篇，从中评选出43篇论文编辑成册。安徽省人大副主任、安徽省科学技术协会主任王秀智为论文集题字。会议形成“进一步推进安徽农村信息化建设”专家进言，受到安徽省委和安徽省政府的重视。

2003年10月15—16日，召开“2003年淮河流域致洪暴雨监测预报服务技术研讨会”，也是第二届安徽省自然科学学术年会分会场：“重大灾害性天气过程总结及预报技术经验交流会”。北京大学和中国科技大学的两名教授作学术报告。会议收到论文109篇，大会交流15篇，录入论文集55篇。

截至2003年12月，省气象学会共组织召开各种学术会议10多次，共计交流论文近500篇；近1000人次科技人员参加了相关的学术交流；编辑学术交流论文集6册。

期刊《安徽气象〈气象与减灾〉》

期刊及栏目

1958年，创刊《安徽气象》，为油印版，1966年停刊；1982年3月3日复刊，为铅印版。

1982—2003年，《安徽气象》每年发行四期，为季刊，每期48个版面。

2004年《安徽气象》更改为双月刊，每期48个版面。

2005年2月，《安徽气象》更名为《气象与减灾》，为双月刊，每期48个版面。

《安徽气象〈气象与减灾〉》的栏目：学术研究、气象现代化建设与应用、台站交流园地、工作研究、减灾论坛、灾害分析、灾害预测、灾情实录。每期印制1000本；发放范围以安徽本省气象系统为主，赠送各省气象局。

《安徽气象〈气象与减灾〉》是安徽省气象界唯一被省政府批准注册的省一级气象科技学术期刊，是安徽省气象科技学术交流重要园地。1986—2005年《安徽气象〈气象与减灾〉》论文发表篇数：

天气分析与预报类（含学术研究）	249篇
气候和长期预报类（含气候应用、预测）	126篇
微机应用类（含计算机应用）	123篇
农业气象类	132篇
应用气象类（含应用气候、应用气象研究）	11篇
世界气象日	10篇
气象译文	46篇
气象专题讲座（含国外气象情况介绍）	13篇
各式青年优秀论文选类	10篇
大气物理类（含人工影响天气、其他）	5篇
观测与仪器类（含观测、仪器、资料、测报管理等）	108篇
气象服务类（服务、效益、适用技术、科技服务）	36篇
气象科普类	62篇
气象通信类	13篇
气象情报类	11篇
台站交流类	101篇
学术研究（含课题研究、气象影视、应用气象研究）类	67篇
气象现代化建设与应用类	26篇
防雷减灾（避雷检测）类	7篇
每季天气评述	12篇
专论专稿类	6篇
与专家论减灾	1篇
灾害分析、实录类	23篇

灰色系统理论的应用　　4篇

地市业务系统　　5篇

另:印制专刊12期、增刊4期。

1993年1月7日,省气象学会召开《安徽气象》复刊10周年座谈会。学会在肥理事、各专业委员会委员、《安徽气象》编辑委员会委员、气象局领导、气象科技人员参会。

2003年11月3日,《安徽气象》正式以电子版形式刊登在安徽省气象局局域办公网上。

气象科普　在公众中进行气象知识科学普及是气象学会又一主要职能。《中华人民共和国科学技术普及法》明确规定了气象学界承担的科普义务。气象科普宣传的定位理念是"公共气象、安全气象、资源气象";气象科普宣传的目的:提高社会公众科学素养,提高气象科技知识应用水平。

气象科学普及的组织　省气象学会下设气象科学普及部,配专职科普工作人员一人;学会设气象科学普及专业委员会;省气象局设气象科普办公室。

全国常规性科普活动　"3·23"世界气象日:每年3月23日,根据世界气象组织(WMO)拟定的纪念主题,均组织各种形式的纪念活动。活动形式主要为与相关单位联合召开纪念大会、请省领导发表电视讲话、召开专题纪念会、进行学术研讨交流,组织气象科技人员走上街头巷尾、进入单位和社区工地、深入乡镇农村田间地头宣讲气象科普知识,开展气象科技咨询,在报纸、广播、电视等媒介上宣传等。

1985年"3·23"世界气象日,主题是"气象与公共安全"。组织撰写宣传稿件10篇在安徽日报、合肥晚报、安徽人民广播电台发表。是日,中共安徽省委、省人民政府,有关部、委、厅、局和民航、新闻单位及在肥的气象科技人员1000余人在安徽省人民政府礼堂隆重举行了"3·23"世界气象日纪念大会。当天,"安徽日报""合肥晚报"分别以"气象与公共安全""3·23"世界气象日为题发表纪念文章。

科技周和科普日　从2001年开始,每年5月第三周为科技活动周;从2005年起,每年9月第三周的公休日为全国科普日。根据国务院和中国科协每年确定的科技活动周和科普日活动主题,筹划组织实施气象科学知识普及宣传咨询活动。

活动的主要形式有:气象专家科技讲座、组织学术交流和气象科技人员走上城市街头、走进学校、政府机关、车站机场、工矿企业,组织大篷车到农村、乡镇,进行气象科技知识宣传、咨询;开放合肥气象科技园和气象台业务平台,宣传普及气象知识;在报纸、电视、广播、公共场所大型银屏上宣传讲解气象科技知识。

2003年5月17—23日科技周,正值"非典"流行期,学会及时在"安徽农网"上开设《抗击非典特别报道》栏目。利用其覆盖面大、知名度高的优势,进行抗击"非典"的科普宣传,以助消除人们恐慌情绪。并在《安徽科技报》刊登《气象与非典》专版,宣传科学防治"非典",了解气象与健康的关系。

每次开展气象科普活动都出现市民、农民、学生排起长队伍索要气象科技宣传资料、咨询气象知识的现象。常常是数万份气象科普宣传材料很快就发放完。

气象夏令营　组织气象夏令营，引导和培养孩子们从小热爱气象科学、学习气象科学是气象科普的常规活动形式。自1985年开始，每年都组织1～2次气象夏令营活动。活动形式主要是参加中国气象学会每年举办的全国气象夏令营，和有关外省学会联合举办夏令营，自己独立举办全省夏令营。

1985年，安徽省首次举办气象夏令营活动，活动全称为：全国青少年气象夏令营安徽分营，夏令营营员老师计73人。开营式于7月10日在合肥市条件设施最好的江淮大戏院举行。省顾问委员会袁振主任、省政府王厚宏副省长、安徽省人民代表大会张祚荫副主任、省政协王济农副主席、国家气象局章基嘉副局长及合肥市政府、省教育厅、共青团安徽省委、省气象局的领导出席。合肥市各学校部分师生等1300余人参加了开营式。夏令营期间，营员们参观了省气象台，观看了微机操作表演，进行了山地气象观测，参观了空军机场和革命烈士纪念碑。经过短短8天的活动，营员们撰写了53篇小论文，开展了优秀营员、优秀小论文的评选活动。

1986年8月2—13日，举办全国青少年气象夏令营安徽分营活动。120余名来自合肥、六安、滁县地区中小学生参加了活动。安徽省电视台四名记者随营采访，以一个小营员自述形式，拍摄制作了夏令营电视专题片《立下凌云志》在中央广播电台和安徽省电视台黄金时段连续播放数次。

2004年与省科协、省青少年科技活动中心联合开展了“防灾减灾与气象科技知识青少年传播行动”，全省数10万中小学生参加了为时5个多个月的学习、参观、听专家气象科普报告会等活动。由每个市选出的优胜代表，汇集在合肥举行了2004年安徽省“气象手机短信”夏令营暨“四创杯”全省青少年气象科学防灾减灾知识决赛。芜湖、巢湖、安庆选派参赛的学校还规定，在竞赛中荣获第一名的同学可以在学分中加分。在全省青少年中引起强烈反响。时隔3年之后，芜湖参赛学校还电话建议举办类似夏令营活动。

建立气象园地　1985年，在合肥六中、七中和合肥工业大学附属中学建立了气象园地，进行课外小气象哨活动。无偿提供必须的气象观测仪器，组织气象人员义务帮助建设观测场地，并辅导气象哨的老师和学生进行观测培训、学习。还组织三校的部分教师赴上海、浙江、江西等省市学习参观开展校园小气象哨的经验。举办两期合肥市地理教师气象观测理论技术学习班。

科普文章与科普知识竞赛　1988年“3. 23”世界气象日纪念活动期间，编写《气象与宣传媒介》一书，全省发放10000余册。

1990年12月，在安徽省教育委员会和合肥市教育委员会的协助下，在合肥、淮南、铜陵三市选拔800名青少年参加华东地区中学生《气象与健康》知识竞赛，取得团体一等奖3个、二等奖6个、三等奖9个，个人一等奖6个、二等奖10个、三等奖18个、鼓励奖57个。

1991年,气象学会组织科技人员在全国性期刊《气象知识》(1991年 第6期)上发表文章《安徽省抗洪救灾专集》。其中有46篇融科技、趣味、通俗为一体的短篇连载和16幅抗洪、灾情图片实况,配有30多种插图的记实报道,引起国内外读者的强烈反响,该刊也因此获行业内评比一、二等奖。

1992—1993年11月,为“国际洪涝学术讨论会”、“首届中国科技成果展示交流会”拍摄安徽省大别山科技扶贫专题电视片二部,题为“贫困山民的致富之路”和“盛开的科技扶贫之花”。后者获首届中国气象局气象科技电视专题片二等奖(二等奖共评出二篇),为2005年前安徽省气象部门唯一获得全国性电视专题片比赛大奖的电视片。

1998—2004年,安徽省每年都有100篇气象科普作品在省部级报刊杂志上发表,在地市一级报刊杂志上发表的气象科普作品每年有300篇以上。在气象出版社、安徽科技出版社出版发行《谈天说地》《气象影视之声》《天与人》三本科普图书。

气象科学普及教育基地 1998—2004年3月,创建国家级气象科学普及教育基地2个,省一级气象科学普及教育基地1个。气象科普教育基地——合肥气象科技园成为合肥市“科教一日游”活动地点之一。在请气象科技人员讲解的同时,还编印了图文并茂“气象一日游”趣味画册,供参观人员了解气象科技知识。

每年平均有数百篇气象科学普及作品发表在省、市一级刊物上。《谈天说地》《气象影视之声》《天与人》等气象科普作品相继由气象出版社、安徽科技出版社出版发行。

在第六届全国气象科学普及工作大会上,黄山气象管理处被评为全国气象科普工作先进集体,一名同志被评为全国气象科普先进工作者,《科学战胜迷信》获全国优秀气象科普作品二等奖。

第三节 其他职能及先进表彰

防雷技术人员资格培训 根据《国务院关于第三批取消和调整审批项目的决定》,中国气象局办公室下发了《关于防雷专业技术人员和施放气球作业人员资格认定转变管理方式的通知》规定,由原气象主管机构负责承担的防雷专业技术人员资格和施放气球作业资格认定工作转变管理方式,不再作为行政审批项目,由行业组织和中介机构自律管理,从2004年7月1日起,防雷专业技术人员资格(包括防雷检测技术人员资格和防雷工程技术人员资格)认定,由省(区、市)和计划单列市气象学会实行自律管理,施放气球作业资格认定由省级和设区的市级气象学会实行自律管理。

安徽省气象局政策法规处下发了《关于做好防雷专业技术人员和施放气球作业人员资格认定的通知》,通知要求,全省防雷专业技术人员资格(包括防雷装置检测技术人员资格和防雷工程技术人员资格)认定,由省气象学会组织考前培训(自愿参加)和资格考试,考试合格后,由省气象学会颁发防雷装置检测技术人员资格和防雷工程技术人员资格证。全省施放气球作业资格认定,由各市气象学会组织考前培训(自愿参加)

和资格考试。考试合格，由省气象学会颁发施放气球作业资格证。对施放气球作业人员暂不具备进行培训和资格考试条件的市级气象学会或有其他特殊情况的，由省气象学会代为组织考前培训和资格考试。

防雷装置检测技术人员、防雷工程技术人员和施放气球作业人员资格证由国务院气象主管机构统一样式，实行全国统一编号，在全国范围内有效，并于2004年10月1日起正式启用。取得资格证的人员应接受年检，并定期参加安全和技术培训。根据国务院、中国气象局、安徽省气象局的文件精神及提出的要求，安徽省气象学会认真组织实施。先后制定下发了《安徽省防雷专业技术人员资格考试办法》《安徽省防雷专业技术人员资格管理办法》《安徽省施放气球人员资格管理办法》等文件。在每次防雷专业技术人员资格考试前，均根据其志愿参加的原则，举办培训班，并制定复习大纲和学习重点。请省气象局法规处领导、大学教授、从事雷电防护工作的专家和技术人员等，讲授有关雷电防护工作的法律、法规、雷电防护理论知识、雷电防护技术等。在资格考试中，严格执行有关规定，通过学习、讲座、实地考察等，提高从事防雷工作人员的技术水平和实际工作能力，为全省雷电防护、减少雷击带来的经济损失和人员伤亡做出贡献。目前（2010年年底），全省已有703人取得防雷工程资格证，369人取得防雷装置检测资格证，261人取得防雷图纸审核资格证，485人取得施放气球人员资格证。年检达4000多人次。

先进表彰　1987年，安徽省气象学会参与的安徽省气象局大别山科技扶贫组荣获中国气象局、中国气象学会“1987年气象科技扶贫工作奖”。

1987年12月25日，安徽省气象学会在合肥召开从事气象工作35年以上科技工作者表彰大会。全省106名科技人员受到了表彰。

1989年2月，省气象学会组织科技专家对“安徽省气象学会优秀气象科技作品奖励办法（试行）”进行补充和完善，成为省气象学会对优秀气象科技作品评比和奖励的法规性文件。

1988年11月25日，正式颁布安徽省气象学会1986和1987年度优秀气象科技作品评审结果。从34篇初审通过作品中评出13篇优秀作品，其中优秀气象论文10篇，优秀气象科普作品3篇；从全省学会会员中评出6名优秀气象学会会员和4名优秀气象工作者。

在第六届全国气象科普工作先进集体（工作者）和优秀气象科普作品评奖活动中，省局黄山气象管理处被评为全国气象科普工作先进集体。一名同志被评为全国气象科普工作先进工作者，科普文章《科学战胜迷信》获全国优秀气象科普作品二等奖，科普图书《电视气象之声》《谈天说地》获全国优秀气象科普图书三等奖。

1989年，省气象学会左其伟荣获1984—1988年度全国气象科普先进工作者称号。

1990年中国气象学会会员代表大会表彰了从事气象科技工作50周年的老一辈气象科技工作者。安徽省气象学会会员侯齐之荣获这一殊荣。

1991 年 11 月 29—30 日，安徽省气象学会成立三十周年纪念大会。时任安徽省副省长汪涉云、中国气象学会副理事长章基嘉等领导出席会议。安徽省科学技术协会、安徽省气象局时任领导、历届安徽省气象学会理事长、理事、在合肥各会员单位、各市气象学会会员代表 120 人参会。会议表彰了 261 名在安徽省气象科学领域连续工作 30 年以上的老科技工作者；汇编了 30 年来在国内外刊物上发表的优秀气象论文 180 篇；《安徽气象》1991 年第 3 期为纪念专刊。

1994 年和 1998 年，省气象学会组织科技人员参加中国第四、第五届气象科普评奖。滁州气象学会获第四届中国气象科普先进集体。一人获气象科普先进个人。《足球与气候》等四篇科普文章获优秀短篇作品三等奖。安徽省气象影视中心获第五届气象科普先进集体，一人获气象科普先进个人《旱涝灾害触目惊心》等两篇文章获优秀短篇作品三等奖。

1994 年 3 月，在学会五届二次理事会上颁布 22 人获“安徽省第三届优秀青年气象科技论文奖”。一等奖 4 名，二等奖 7 名，三等奖 11 名。

2000 年，在安徽省第三届自然科学优秀学术论文评选活动中，省气象学会推荐的论文获奖 11 篇，其中获一等奖 1 篇，二等奖 2 篇，三等奖 8 篇。

2003 年，在安徽省第四届自然科学优秀学术论文评选活动中，省气象学会推荐的论文获奖 14 篇，其中一等奖 1 篇，二等奖 3 篇，三等奖 10 篇。

2003 年，安徽省气象学会被安徽省科学技术协会评为“1998—2002 年安徽省科学技术协会系统先进集体”，颁发铜奖牌一块。

2004 年，安徽省气象学会在参加中国气象学会年会暨中国气象学会成立 80 周年纪念大会的工作中精心组织，成绩突出，被中国气象学会授予“中国气象学会 2004 年年会最佳组织奖”。

2005 年，荣获中国科协“学会之星称号”。

其他学术活动　1986 年 5 月 9 日至 13 日在黄山气象站召开华东地区气象学会秘书长联席会议。会上交流了工作经验；研究了华东地区气象学会联合召开学术会议、开展省际间学术交流问题；讨论了联合开展气象科技咨询服务和联合举办气象夏令营等问题。

1987 年 11 月 16—18 日，中国气象学会、中国地理学会和南京大学大气科学系在安徽省绩溪县召开全国局地气候学术会议和“全国天气预报专家系统技术会议”，中国气象局章基嘉副局长参加会议。

1988 年 6 月 16—17 日，省气象学会召开全省各市气象学会专职和兼职秘书长会议，传达 1988 年全国气象学会秘书长会议精神；研究省气象学会第四届理事会选举问题；讨论学会工作等问题。

1988 年 11 月，学会选派一名专职人员参加中国气象学会举办的声像技术培训班，为安徽省气象影视服务专业的建立奠定了基础。

1989年10月20—24日，省气象学会协助中国气象学会在黄山召开“1989年全国气象学会秘书长会议”。中国气象学会副理事长、中共国家气象局党组副书记、中国气象局副局长章基嘉全程出席会议并作了重要报告。

1989和1990年，省气象学会配合安徽省气象局组织专家对大别山区进行考察，在抱儿山等地建立扶贫基地，开展科技扶贫、扶贫科技奖励活动。

1989年12月14—16日，华东福建、安徽、浙江、江西、山东省，上海、宁波市等气象学会在福建南平市召开协调组会议，确定了华东各省（市）气象学会既加强联合活动又各自独立活动的大区活动原则。

在1990年召开的中国气象学会会员代表大会上，安徽省气象学会会员、中国科技大学姚克亚教授当选为中国气象学会第二十二届理事会理事。

1990年3月28—30日，在铜陵市召开全省气象学会秘书长会议。传达全国气象学会秘书长会议精神，布置中国气象学会二十二届理事会选举工作，讨论会章实施条例、会籍管理、表彰奖励办法等。

省气象学会常务理事、安徽省气象台总工程师杨金锡高级工程师当选第八届中国人民代表大会代表，1993年赴北京参加第八届全国人民代表大会。

1997年10月11—18日，首届全国大气电学和雷电监测防护科学讨论会在合肥召开。来自中国科学院、电业研究单位、部队系统、大专院校、全国气象部门的专家、教授、科研人员60人与会。会议由中国气象学会大气物理学委员会主任胡志晋研究员主持。会议交流主题：我国及国际大气电学研究、人工引发雷电、雷电监测、雷电防护原理、技术的进展。会议对雷暴活动和雷击灾害的研究起到推动作用，并对全面改进雷电天气预报预警、雷电防护工程的重要性起到积极作用。

1999—2003年期间，“数字气象”“安徽农网”和“气候资源开发与利用”分别被写进安徽省“数字安徽”和“生态安徽”建设方案。省气象学会积极促进与省国土资源厅合作，进行了地质灾害气象预警预测；实现了与水利、水文、民航、大专院校的气象资源共享；合肥、宿州、安庆等12个城市新增了酸雨、紫外线、土壤墒情速测、花粉浓度等特种观测业务；宿州开展了设施农业小气候观测与研究。

2005年，安徽省气象局领导决定“史志编写办公室”设在省气象学会，进行日常工作。《安徽省志·气象志（二轮志）》编写大纲几经修改，并进行专家论证，已定稿。

第八篇　气象事业管理

第一章　管理机构

第一节　机构设置

安徽省气象局继续实行以气象部门为主与地方政府双重领导的管理体制。以2005年年底为准,全省气象部门的机构设置如下:

机构　安徽省气象局机关

省气象局机关内设机构(8个):办公室(行政管理处、外事办公室)、业务科技处、计划财务处、人事教育处、政策法规处、监察审计处(与党组纪检组合署办公)、机关党委办公室(精神文明建设办公室)、离退休干部办公室。

安徽省气象局局直属处级事业单位(9个):

安徽省气象台(安徽省气候中心、安徽省气象防灾减灾中心)

安徽省气象科学研究所

安徽省信息工程学校(安徽省气象干部培训中心)

安徽省人工影响天气办公室

安徽省气象技术装备中心

安徽省防雷中心

安徽省气象开发中心

安徽省气象局后勤服务中心

淮河流域气象中心(淮河流域气象业务服务协调委员会办公室)

市(地)级气象局:

全省设合肥、淮北、亳州、宿州、蚌埠、阜阳、淮南、滁州、六安、马鞍山、巢湖、芜湖、宣城、铜陵、池州、安庆、黄山等17个地级市气象局和黄山、九华山气象管理处,机构规格为正处级。

县(市)级气象局:

全省设62个县(区、市)气象局,机构规格为正科级。

地方批准成立的安徽省农村综合经济信息中心设置在省气象局。

主要职责　安徽省国家气象系统各级管理机构,在上级气象主管机构和本级人民政府领导下,根据授权承担本行政区域内气象工作的政府行政管理职能,依法履行气象主管机构的各种职责。安徽省国家气象系统各级气象机构设置如下:

省气象局:根据《中华人民共和国气象法》和中央机构编制委员会印发的《地方国家气象系统机构改革方案》的有关规定,安徽省气象局的主要职能是:

制定地方气象事业发展规划、计划,并负责本行政区域内气象事业发展规划、计划及气象业务建设的组织实施;负责本行政区域内重要气象设施建设项目的审查;对本行政区域内的气象活动进行指导、监督和行业管理;按照职责权限审批气象台（站）调整计划;组织管理本行政区域内气象探测资料的汇总、分发;依法保护气象探测环境;管理本行政区域内涉外气象活动;在本行政区域内组织对重大灾害性天气跨地区、跨部门的联合监测、预报工作,提供气象灾害防御措施,并对重大气象灾害进行评估,为本级人民政府组织防御气象灾害提供决策依据;管理本行政区域内公众气象预报、灾害性天气警报以及农业气象预报、城市环境气象预报、火险气象等级预报等专业气象预报的发布;制定人工影响天气作业方案,并在本级人民政府的领导和协调下,管理、指导和组织实施人工影响天气作业;组织管理雷电灾害防御工作,会同有关部门指导对可能遭受袭击的建筑物、构筑物和其他设施安装的雷电灾害防护装置的检测工作;负责向本级人民政府和同级有关部门提出利用、保护气候资源和推广应用气候资源区划等成员的建议;组织对气候资源开发利用项目进行气候可行性论证;组织开展气象法制宣传教育,负责监督有关气象法规的实施,对违反《中华人民共和国气象法》有关规定的行为依法进行处罚,承担有关行政复议和行政诉讼;统一领导和管理本行政区域内气象部门的计划财务、机构编制、人事劳动、科研和培训以及业务建设等工作;会同地级市人民政府对所辖气象机构实施以部门为主的双重管理;会同地方党委和人民政府做好当地气象部门的精神文明建设和思想政治工作;承担中国气象局和安徽省人民政府交办的其他事项。

省气象局各直属事业单位的主要任务,由省气象局根据本省气象工作实际确定。

地级市气象局:其内设机构与直属业务单位的具体设置,由省气象局按照实施方案的有关规定审批。

县（市）气象局（站）:依法履行县级气象主管机构的各项职责并承担气象业务、服务工作,其具体职责由省气象局制定。

加强的职能。根据《中国气象局业务技术体制改革总体方案》,结合安徽省国家气象系统实际,在《安徽省国家气象系统机构改革方案》（气发〔2001〕147号）和《关于成立淮河流域气象中心的批复》（气发〔2005〕51号）的基础上,安徽省气象局现阶段要加强的职能:

加强气象综合观测业务运行的监控和质量控制工作,提高综合观测数据质量、数据汇集、评价和观测产品制作水平;加强多轨道预报预测业务工作,不断丰富预报产品,提高业务指导能力;加强气象灾害防御应急职能。负责编制气象灾害防御规划;强化重大气象灾害的灾前预评估、灾中跟踪和灾后恢复评估工作;强化气象灾害应急管理,完善联动机制;加强气象公共服务。改善服务手段、拓宽服务领域、增加服务产品、提高服务质量，扩大气象信息的公众覆盖面，建立畅通的气象信息服务渠道，提高公共气象服务的时效性；加强探测技术、装备、信息网络等方面的技术支持和保障工作，加快气象信息共享平台建设；加强气象科技创新和气象职工教育培训工作；加快气象科技创新体系建设，开展与多轨道业务及现代化建设相适应的新知识、新技术培训。

第二节　省气象局历届领导班子成员

自1983年8月起，安徽省人民政府气象局改称为安徽省气象局。

局　长：张锋生（1983年8月8日至1990年5月）
汪百川（1990年12月23日至1995年11月6日）
刘志澄（1995年11月6日至2003年2月26日）
孙　健（2003年2月26日至2005年3月16日）

副局长：司瑞祥（1983年8月8月至1990年5月）
肖永生（1983年8月8日至1989年4月）。
盛家荣（1989年6月20日至1995年3月8日）
汪百川（1990年5月9日至1990年12月23日）
王相文（1990年5月9日至1997年2月4日）
朱祥瑞（1995年10月至1996年10月8日）
矫梅燕（1996年3月3日至2001年3月27日）
杨　枫（1997年3月至2001年3月6日）
孙　健（1998年8月31日至2003年2月26日）
刘月成（2001年2月26日）
翟武全（2001年6月11日）
王邦中（2003年2月17日至2004年4月

局长助理：王允财（1993年6月15日至1994年10月14日）
矫梅燕（1994年12月7日至1996年3月25日）
杨　枫（1996年4月至1997年3月）
孙　健（1997年3月至1998年8月31日）
翟武全（2000年2月25日至2001年6月11日）

纪检组长：汪百川（兼）（1991年8月13日至1996年3月25日）
洪明慧（1996年3月25日至2003年12月23日）
翟武全（兼）（2003年12月23日至2005年4月8日）
向世团（2005年7月5日）

党组成员：王允财（1993年6月7日至1993年6月15日）
胡　雯（2004年12月23日）

非领导职务：

助理巡视员 章晓今（1999年12月6日）

巡视员 洪明慧（2003年12月23日至2004年12月）

第二章　台站管理

第一节　气象业务管理

1985年，安徽省气象局内设业务发展处，负责全省地面测报、太阳辐射、高空测报、酸雨、天气预报、气候监测、短期预测、影响评价、气象服务、天气雷达、信息网络、气象科技等的管理。各市气象局成立业务科，负责本地区的气象业务与科技管理。为加强对全省气象卫星综合应用系统（简称“9210”工程）的规划、实施的管理，安徽省气象局1995年成立安徽省气象现代化建设与管理办公室，并于1997年划入业务发展处。2001年，安徽省气象局内设业务科技处，负责全省气象观测、信息网络、天气预报、气候监测预测、气象情报及服务、气象科研管理，并配备相应的业务管理人员。

天气气候业务

管理职能　负责全省天气预报、情报、服务、气候监测、预测、评价、服务及气象档案的归口管理工作。

负责全省天气预报、服务与气候监测、预测、服务发展规划、计划的制定与组织实施；负责全省公共气象服务、决策气象服务以及专项气象服务的管理工作；负责全省天气预报、农业气象预报、环境气象预报及气象灾害预警信号发布的业务管理工作；负责全省气候监测、气候预测、气候评价、气候区划等业务管理工作；负责全省气候影响评估、气候资源开发利用等气候业务的管理工作；负责全省气象记录档案的业务指导和宏观管理工作；负责上述业务有关技术规定、工作制度的制定和组织实施工作；负责上述业务项目或系统建设的需求征集、组织协调、验收鉴定、推广应用等工作；负责上述业务人员的业务培训、技能竞赛、经验交流的组织工作。

业务发展

天气　随着预报技术、通信、计算机技术的发展，安徽省天气预报业务系统建设迅速发展。20世纪80年代以前，各气象台站都是依靠手工填图、分析。从80年代末期开始，安徽省各级气象台站陆续开始计算机自动填图业务，减轻了劳动强度，提高了预报时效。

1986年，省气象台基于微机建立了《安徽省暴雨预报专家系统》，建立了功能较强的专家知识库，指导汛期预报效果良好。

1991 年，组织制定《气象台天气预报服务工作制度》，建立了岗位责任制、预报制作和发布制度、预报会商领班制度、预警报签发制度、服务工作制度等一系列制度规范。

1993 年，制定《短期预报评定办法》和《安徽省气象台站预报服务检查评比办法》。

1994 年，制定《安徽省重大灾害性天气预报服务奖惩办法》。1994 年起，安徽省电视台和各地（市）县电视台陆续开播天气预报节目。

1996 年，推广使用中国气象局组织开发的新一代天气预报人机交互处理系统（MICAPS），以微机显示天气图取代纸质天气图，实现天气分析无纸化，变手工操作为微机自动处理，在统一的 MICAPS 系统的作业环境下，完成信息的采集、加工、分析和预报制作及历史资料的储存；组织编制“安徽省汛期气象服务手册”，制定了安徽省省、地（市）、县气象台站“优秀值班预报员评选办法”。

1998 年，开发“新一代天气预报业务流程”，建立天气预报逐级指导业务体系；制定下发“安徽省汛期气象服务值守班规定”，编制《安徽省防汛抗旱气象手册》。

1999 年，建成“安徽省新一代气象综合业务系统”。系统融合气候应用、大气遥感、资料管理等其它业务及科研开发于一体，实现省级气象业务的全面升级和资源共享，在全国起到了示范作用。

2000 年，组织开发“数值预报 RTE 客观预报系统”；组织开展沙尘暴预警、森林火险等级预报和雷电监测预警业务；组织开展淮河流域面雨量预报业务。

2001 年，组织开发“新一代市级天气预报业务系统”并推广应用。

2002 年，组织实施“安徽省空中云水资源开发利用工程”。

2003 年，组织“新一代省级农业气象业务服务系统”研究开发；“基于 CINRAD 和气象卫星的淮河流域致洪暴雨研究”和“气象防灾减灾短信息服务系统”投入业务运行；建成双向可视视频会商系统，提升了省市两级气象部门信息交互能力；与省国土资源厅合作开展地质灾害气象预警预报工作；与省旅游局合作建设安徽省旅游气象保障服务体系，开展紫外线指数预报业务。

2004 年，升级双向可视视频会商系统，实现了现场图像与计算机屏幕显示内容的双路传送；引进了峰值运算速度达到每秒 2876 亿次的 IBMP690 高性能计算机，建立实时运行的安徽省中尺度数值天气预报系统，有效提高了中小尺度预报准确率；组织开展短期灾害性天气及其次生灾害落区预报业务，制定《省台灾害性天气及其次生灾害落区预报业务规定》《安徽省短时、临近预报业务暂行规定》《安徽省气象灾害预警信号发布管理办法（试行）》《安徽省电视天气预报制作管理办法（暂行）》。

2005 年，成立淮河流域气象中心，具体承担淮河流域面雨量业务等工作；在全省建立灾情收集上报和调查评估业务。

气候　20 世纪 90 年代前期，在全省各气象台站气候资料整编成果基础上，完成“皖北国土气候资源分析”“安徽省国土气候资源规划”报告；1996 年完成“安徽省气象灾害遥感调查”成果报告；“九五”期间，“我国短期气候预测系统的研究”被列为国家重中之重科技项目，项目编号96-908，安徽省气象台气候监测预测科承担其子专题“安徽农业发展的降水气候预测应用系统”，项目编号96-908-05-06-11，其技术报告于2000年9月形成电子版；“十五”期间，在全省第三次30年气候资料整编成果基础上，《安徽气候总论》一书于2006年10月完成电子版。

短期气候预测方法由原来依重的物理统计预测法、气候统计预测法，2005年开始利用模式预报技巧的降尺度方法。安徽省气候中心加强了动力产品解释应用的研究，逐步建立了逐旬滚动月尺度预测的降尺度方法，通过业务应用，不断改进，降尺度方法已发展到运用相似动力法进行订正和高效提取大尺度环流相关模态的EOF迭代方法，取得了较好的预测效果。

气象科技

管理职能　拟订并组织实施全省气象科技发展政策和规划；负责气象科技体制改革和科技创新体系建设；负责管理气象科研机构、重点实验室的建设发展；制定年度科研与技术开发计划，负责全省气象科研与技术开发项目的组织管理；制定气象科技评价办法，组织、检查和指导科技评价工作；负责组织全省气象科技奖励工作；组织科技成果的推广应用；负责与外部门的科技合作工作；承担省气象局科技委员会办公室日常工作。

重大气象科技活动

气象科技成果　1986—2005年，全省气象部门共取得科研成果140余项，有近百项成果获得省部级奖励，其中：2000年，“安徽省新一代气象综合业务系统开发研究与建设”项目获安徽省科技进步一等奖；12项成果获得省科技进步二等奖；18项成果获得省科技进步三等奖。“安徽农网建设与应用”“GSM无线雨量遥测仪研究开发”“淮河黄河暴雨洪水监测预报系统”等项目获得中国气象局科技奖励。

气象科技成果研发与应用　国家科技部项目“基于CINRAD雷达和卫星的淮河流域致洪暴雨研究”通过鉴定，属国内领先水平。安徽省气象局为牵头单位研究开发的中国气象局十五重点业务项目“新一代省级农业气象业务系统”通过中国气象局组织的验收，成果已在全国34个省市区及计划单列市气象局推广应用。由安徽省气象局为牵头单位承担的中国气象局“新一代雷达资料应用研究”项目已通过验收；DSD1型雨量遥测仪在全国首家通过中国气象局定型。“空中云水资源开发利用工程”顺利实施，建成了省级作业决策指挥中心，启动了人影作业基地建设，开展了江淮地区对流云人工增雨外场试验，实现了人工影响天气作业手段和作业规模的升级。安徽省气象局主持申报的安徽省“十五”科技攻关二期项目“安徽农业信息化平台”和科技部科技平台项目“安徽省对地观测系统应用节点建设”已通过专家评审。“安徽农网建设与应用”项目取得丰硕成果，获省科技进步二等奖和中国气象局成果应用一等奖；同时在进一步开发建设中，首创设计并开发“县乡电子政务系统”“农网致富信息机系统”“农网短信息服务系统”“农村远程教育系统”“网上视频会议直播”系统等，进一步提高了安徽农网的应用服务能力。由安徽省气象局资助研发的“地面自动站气象观测资料省级质量控制软件的研制和应用”成果已经在安徽、辽宁、河南试用。

安徽省气象局参与“数字安徽”和“生态安徽”系统工程建设。“气象监测预警工程”和“安徽农村信息化工程”被安徽省政府确定为“数字安徽”建设(具有带动性和示范性)重点项目,“气象监测预警工程”列入省政府“861”重点工作。“防洪保安气象保障工程”和“空中云水资源开发利用工程”被列入“生态安徽”总体规划纲要和地方建设重大项目。“安徽省气候资源开发利用规划”纳入省政府“生态安徽”总体规划,并通过专家评审。安徽农网不断探索服务新领域。省气象局与省委组织部合作建成开通了安徽省党员干部现代远程教育,得到中组部和省委组织部的高度评价,《先锋网》被中组部授予全国先进网站。

气象科技合作与交流。按照“开放、流动、竞争、协作”的原则,省气象局与省科技厅共建“安徽省大气科学与卫星遥感重点实验室”和“安徽省卫星遥感中心”,为安徽省气象科研工作面向地方经济建设和社会发展提供了一个新的窗口。通过以安徽省气象科学研究所为龙头,采取气科所与省级业务单位、部门外有关高校院所联合协作方式,共建淮河流域灾害天气研究中心等开放式的专业气象研究平台;目前,开放式的专业气象研究平台已进入实施运行阶段。

2005年5月,安徽省气象局与中国气象科学研究院联合建立“中国气象科学研究院科研成果业务化试验基地”和“灾害天气国家重点实验室淮河流域中尺度观测与应用试验平台”,开展最新科研成果的试验、示范和应用推广工作。

安徽省气象局与中国科技大学、中科院安徽光机所以及安徽省水利、水文、民航、国土等部门和单位在科研业务、人员交流、人才培养和资源共享等方面开展广泛合作;与中国科技大学地球与空间科学学院、国家卫星气象中心签订了多边合作协议;与南京气象学院签订了双边合作协议;与中国气象科学研究院签订了局院合作协议,在科学研究与交流、建立研究型业务以及人才培养等各个方面取得成效;与中国电子科技集团公司第38所(四创电子公司)联合筹建雷达技术支持中心,为多普勒天气雷达的运行提供技术、服务保障;与中国科学院安徽省光学精密机械研究所、安徽大学、安徽环境科学研究院等10多个高校和研究院所在天气预报、遥感、农业气象、生态环境、灾害监测预报等方面开展合作,实现科技资源的共建共享,联合科技攻关,充分利用全社会的智力资源促进安徽省气象科技的发展。

气象服务　1996年5月1日,安徽省气象局印发《安徽省汛期气象服务规则》,明确汛前准备工作要做到“五落实”,即组织落实、思想落实、技术落实、装备落实和制度落实;要求积极开展天气会商和联防协作,汛期结束后及时开展气象服务工作总结。1996年5月6日,安徽省气象局印发《关于做好气象为农业服务工作的通知》,要求各市县气象局加强洪涝和干旱的监测、预报,不断提高中短期预报准确率;开展为农业服务的气候灾害监测、诊断和影响评价工作;同时,要加快农业气象业务服务系统现代化建设、加强人工局部影响天气工作、加强气象科技扶贫和气象科普宣传工作。1996年5月8日，安徽省气象局印发《关于加强气象基本业务管理工作的意见》，从完善目标管理、加强制度建设、强化岗位练兵、加强队伍建设等方面进一步提出要求。1996年11月22日，安徽省气象局印发《关于加强我省专业气象服务工作的通知》，要求因地制宜开拓领域，促进专业服务新发展；依托基本业务、建立服务系统，提高服务的现代化水平；加强管理、转换机制，推进专业服务规范化；提高素质、强化培训，加强服务队伍建设。

1997年5月15日，安徽省气象局印发《关于加强水上导航气象服务的通知》，要求各有关地市气象局充分利用近年来气象业务现代化建设成果，根据用户需求为水上运输行业制作针对性强、使用价值高的天气预报、情报，提供相关的技术咨询服务。

1998年5月28日，安徽省气象局印发《安徽省汛期气象服务值守班规定》，明确全省汛期气象服务24小时值守班时段和天气联防值守班时段。1998年8月31日，安徽省气象局印发《安徽省地市专业气象服务系统建设指导方案》，要求从气象可持续发展的战略高度出发，以市场需求为导向，以提高气象服务的经济效益和社会效益为目的，努力发挥自身优势，积极寻求专业服务新的突破口，争取“九五”末将安徽省专业气象服务推上一个新台阶。

2002年5月23日，安徽省气象局印发《安徽省气象决策服务规范化标准》，要求积极主动为党委政府及有关部门决策提供“及时、准确、科学、高效”的气象信息服务，并明确了决策服务的主要内容和主要服务方式。

2003年，安徽省气象局印发《安徽省气象情报和灾情收集上报规定》，开展气象灾情收集上报业务。

2004年，安徽省气象局印发《安徽省气象灾害预警信号发布管理办法（试行）》，暂定安徽省发布的预警信号为台风、暴雨、高温、寒潮、低温寒冷、雷雨大风、大风等七类，总体分为四级（Ⅳ、Ⅲ、Ⅱ、Ⅰ级），按照灾害的严重性和紧急程度，颜色依次为蓝、黄、橙、红色，同时以中英文标识，分别代表一般、较重、严重和特别严重。全省各级气象台站播出的预警信号必须采用统一下发的图形库，当同时出现或预报可能出现多种气象灾害时，应按照相应的标准同时发布多种预警信号。预警信号主要通过电视、广播向社会发布，同时，也可利用手机短信、气象部门网站、“12121”等手段发布，可在城区显著位置建立预警信号电子显示牌。

2004年11月25日，安徽省气象局与安徽省广播电影电视局联合印发《关于做好气象灾害预警信号发布工作的通知》，要求各级气象主管机构所属气象台站在预测本行政区将出现某种灾害性天气并符合发布标准时（或已发布但需变更、取消时），应填写《安徽省气象灾害预警信号发布通知单》，在第一时间通知本地广播电台、电视台；各级广播电台、电视台等媒体应在收到《气象灾害预警信号发布通知单》后及时播发。

2005年，印发《安徽省气象灾情收集上报调查和评估实施办法（试行）》，要求各级气象部门加强和当地民政部门的协作关系,建立气象灾害收集主渠道,为准确收集灾情提供重要保障;加强和农业、林业、国土、电力、交通等部门协作,多方位建立信息共享机制,及时交换并核对气象灾情信息;各市、县气象局应当和所在市、县各乡镇政府建立联系制度,进行组织招募,确保一个乡镇至少有1名气象灾情收集上报志愿者,扩充监测气象灾情报送专门人员;同时,各级气象部门应当建立气象灾情调查制度,开展全程气象灾害评估工作。

服务手段　1986—2005年,全省气象部门认真开展决策气象服务,主要通过当面汇报、电话、传真、计算机网络终端等方式及时为地方党委、政府和有关部门提供决策气象服务信息;在开展决策服务的同时,高度重视气象为农服务。通过高炮、火箭、飞机等开展人工增雨、防雹作业进行抗旱减灾服务;全力做好公众气象服务。

1986年开始,安徽省气象部门率先在滁州市开展雷电灾害防御气象服务;安徽省气象局1994年9月7日开始电视天气预报业务;1995年开始,通过“121”电话自动答询系统向公众提供气象信息服务;1998年,安徽省气象局开始组建“安徽省农村综合经济信息网”即“安徽农网”,通过互联网为安徽的农副产品提供了一个展示交易的窗口。2003—2004年,先后与安徽移动、联通、电信签订合作协议,开展手机短信息气象服务;同时,还通过报纸、广播电台等渠道传播气象信息,进一步提高气象预报预警信息的覆盖面,提升社会公众防御气象灾害的水平。

气象信息网络

管理职责　组织管理全省气象观测、信息网络工作;负责拟订全省气象观测、信息网络系统发展规划、计划,并组织实施;负责全省气象观测与信息网络业务建设项目的管理;负责全省气象台站网的规划布局;承办全省基准气候站、国家基本站站址的勘测、论证和呈报手续;负责复查和审批本省一般站的建、撤、迁工作;负责全省气象台站观测环境的保护管理;负责组织执行中国气象局制定的气象观测、信息网络工作规程、技术规范、规定和制度;负责制定有关气象观测、信息网络工作的补充规定、实施办法和说明,并组织实施和监督检查;负责组织实施气象观测站网布局方案;负责部门外的专业气象观测网工作的协调和指导;负责气象观测与气象信息网络及气象技术装备工作的行业管理;负责全省气象观测、信息网络业务技术体制改革工作,以及新业务、新技术、新工作流程的推广应用和监督检查;负责全省气象观测、信息网络业务技术的指导;负责组织全省气象观测、信息网络等项业务的技术攻关、技术竞赛、岗位培训;负责组织检查和考核全省气象观测、信息网络业务技术指标;负责各类气象报、航危报的组织和调整;负责全省气象部门无线电工作的日常管理;负责气象行业的无线电管理工作;负责组织全省气象观测、信息网络业务技术保障管理;负责本省大中型气象观测、信息网络系统技术装备的统一布局、立项和调整方案的初审或审批;负责制定有关全省气象器材供应、常规仪器检定、检修,电子、避雷等设备修理的规章制度,并监督检查执行;负责审批全省气象器材采购和供应计划;负责组织全省气象实时业务运行信息的监控和管理;

负责全省气象观测、网络方面业务现代化建设的组织管理；负责其他有关业务管理工作。

信息网络的发展　1985年，省气象局在全省逐步推广自行开发的PC-1500地面测报程序，其间伴随计算机系统的升级软件进行了多次升级和功能扩充。1996年，组织开发的“地面气象测报数据处理程序AHDM4.0”，由中国气象局在全国推广使用。2002年，WINDOWS版本的“安徽省地面测报数据处理系统AHDM 5.0”通过中国气象局专家论证，此后该软件纳入中国华云技术开发公司的开发框架内。

随着计算机技术的发展，各气象台站先后配发了PC-1500、APPLE II、长城0520和PC等配套计算机和宽行打印机、稳压电源等用于数据处理工作，地面气象观测数据处理由人工过渡为自动化；地面测报业务中涉及的数据采集、编发电报、自动传报、数据审核、编制打印报表、信息化标准模式数据等工作实现计算机辅助人工处理。

1985年起，地面观测中开始使用百叶箱通风干湿表。1987年起，屯溪、寿县站按基准站运行。1991年起，桐城站按基准站运行。1987年，新增雪压观测业务（部分台站）。1989年，安徽省气象局建立基准气候站质量奖，根据基准气候站年度业务质量状况由省气象局设立专项拨款进行奖励。1990年，安徽省气象局业务处制订安徽省常规气象测报业务工作奖励办法，对地面、高空、日射、农气等常规测报业务工作的奖励和惩处标准进行规范。1991年，安徽省气象局制定《气象辐射观测工作制度（暂行）》，对辐射业务的岗位职责、交接班、仪器设备和场地维护、报表报送、业务学习等进行了规范。1992年，设立“安徽省观测员奉献奖”，新增太阳辐射、大型蒸发观测业务（部分台站）。2000年，安徽全省14个基本站和3个一般站在全国首批建设II型自动气象站。2001年，3个国家基准站建成了I型自动气象站。至2005年年末，全部台站建成自动气象站。2002年，安徽省气象局开始对国家基本（准）站降水自记纸的数字化工作。2003年，启动全省乡镇自动雨量站网建设，至2004年全省共建成810个自动雨量站。2002年和2005年，分别建立了桐城、屯溪两个地面气象探测培训基地。2003年，将市局业务科承担的一般气象站地面观测报表审核工作调整到省气象台档案科。2004年增加土壤墒情观测和特种温度观测项目。2005年，启动全省四要素气象观测站建设。

1986年，安庆和阜阳探空站开始使用探空仪信息自动记录仪。1995年，安徽省自行研发的探空业务自动化处理技术投入业务运行，实现了高空气象要素自动采集、质量控制、计算编报、上网传输、报表编制等过程自动化。2004年，安庆、阜阳探空站停止电解水制氢，改为市场购买氢气用于探空气球施放。2004年，安庆站由59-701系统升级为L波段探空系统。

1996年，合肥启动全国第一部新一代多普勒天气雷达建设，1999年投入业务试运行。2002年，马鞍山新一代天气雷达投入业务运行。2004年，阜阳新一代天气雷达建成。2000年，建设马鞍山、宣城、黄山市3个GPS/MET观测站。2000年，组织建设闪电定位试验网，省气象技术装备中心研发了安徽小型天气雷达系统（AH2000B型）。2005年，组织建设覆盖全省的由10个子站组成的雷电定位网、新增建设10个GPS/MET观测站。

1990年,安徽省政府投资37万元在安徽省气象台建立了日本GMS卫星地面站。1993年,安徽省政府转发安徽省气象局关于在各地市建立日本GMS卫星地面站报告的通知,在各地市建立了日本GMS卫星地面站。

1991年,安徽省气象局印发《计算机房配置规定（暂行）》、《计算机房管理规定（暂行）》和《计算机人员工作职责（暂行）》,对于业务类计算机管理进行规范。1992年,安徽省气象局与各市气象局间利用电话远程拨号开始数据通信。1994年,开通了省气象局和市地气象局的分组交换网（X.25）电路,至1997年年底,全省所有县气象局全部加入分组交换网。从1996年起,全省的国家发报站利用分组交换网将天气报集中到省气象台上行到区域气象中心。1995年,安徽省气象局印发《计算机病毒防治管理暂行办法》,对于计算机病毒防治的技术措施、管理措施和处罚进行规定。1995年,安徽省政府下发《关于配套投资建设地市级气象卫星综合应用业务系统的通知》,累计投入1860万元建设全省气象卫星综合应用业务系统（简称9210工程）,1998年启动全省气象台站PCVSAT接收站建设,2000年9210工程投入业务运行。1999年,结合省级新一代综合业务系统的建设,建成基于千兆网络的省级局域网,实现省级行政办公区与业务系统区的光纤数据和视频传输。2001年,对全省分组交换网通信进行了改造,为市级配备了路由器、为县气象局提供162拨号服务以支持TCP/IP协议。2002年,组织建设基于INTERNET宽带的VPN数据通信,建设省－市视频会议系统和全省流媒体广播系统。2003年,建成与中国气象局连通的电视天气预报会商系统并完成全省流媒体广播系统升级。

第二节　计划财务工作

在我国计划经济体制下,财政拨款是计划牵头、总量控制、综合平衡,气象部门的基本建设和事业经费都是国家财政拨款。在建立社会主义市场经济体制过程中,气象部门的计划财务工作不断探索改革的思路和措施。在国务院和各级政府的支持下,按照中国气象局的改革步骤,逐步建立起双重计划财务体制;通过气象事业结构调整和积极参与市场竞争,开拓服务领域,展开了以气象科技服务为中心的多方位服务手段,增加了气象部门的资金来源,提升了自我发展的能力。

工作主要进程　新中国成立初期,气象部门属军队建制,经费由省军区及台站所在军分区支付。1954年1月1日起,气象部门经费由中国气象局向财政部提出建议指标,通过各级财政部门下达当地财政部门再拨给。1983年,体制收回国家气象局,经费由国家气象局划拨到省气象局,再由省气象局划拨到地、市气象局,然后地、市气象局将经费再拨到所属县局的四级预算管理体制。这种体制一直延续到2001年。随着财政预算改革的不断深入,财政资金的使用直接由财政部通过国库直接划拨到经费使用单位,省气象局计财处不再转拨预算经费，财政部直接将经费拨到三级预算单位的“零余额”账户，彻底改变了预算经费层层划拨的管理办法。这些年来计划财务主要经历了以下改革阶段：

1997 年会计制度改革　从 1985 年 1 月人大颁布了《会计法》起，财政部先后在 1988 年 9 月制定了《事业单位预算会计制度》，1996 年 6 月制定了《会计基础工作规范》，1997 年 5 月、7 月分别制定了《事业单位会计准则》《事业单位会计制度》，同时下发《关于事业单位新会计制度衔接问题的通知》文件等。

2001 年起规范事业单位银行账户开户工作　从 2001 年起，中国气象局根据国家财政部、中国人民银行、监察部审计署《关于清理整顿行政事业单位银行账户的意见的通知》精神，开展全国气象部门的银行帐号清理工作。2002 年 9 月根据《中央预算单位银行账户管理暂行办法》的通知和要求，再次进行气象部门事业单位银行帐户清理工作。到 2003 年年底，安徽省气象部门各单位自查、清理银行账户工作基本完成，并报财政部驻安徽省财政专员办审批，目前各单位只允许保留一个基本账户，用于各项资金（包括事业、经营、预算外及其他自有资金等）的收支。2004 年 9 月，省财政专员办对本省气象部门的银行账户批复、备案工作完成。现在全省各单位所开设的银行账户均经过财政部驻安徽省财政专员办事处审批并按要求在每年年底进行账户年检。

2002 年全面推行部门预算　中国气象局于 2002 年下达了《中国气象局部门预算管理实施办法》，新的部门预算管理办法是按照财政部的要求，各单位的预算收入和预算支出应包括单位全部的预算收支，预算收入包括财政补助收入、上级补助收入、事业收入（包括预算外收入）、经营收入、附属单位上缴收入和其他收入，预算支出包括：基本支出、项目支出、上缴上级支出、经营支出和对附属单位补助支出，项目支出又包括基本建设项目和行政事业类项目支出。部门预算实行“两上两下”的预算编制程序，一律贯彻从基层预算单位编起，逐级编制、逐级汇总的预算编制过程。对基本支出预算实行定员定额管理，即确定各项基本支出的定额标准；对项目支出预算实行项目库管理，即中国气象局对各单位申请投资（经费）项目进行规范化、程序化管理的数据库系统，各单位在申报年度预算时的项目，必须事先将项目进入“项目库”，中国气象局在选定单位项目时也一律从“项目库”中进行择优，这样使预算的编制更加科学、合理、规范，为预算执行和预算监督检查提供依据。2003 年省局下发了《安徽省气象部门项目执行情况的检查细则》，明确了项目检查范围、要求，并在每年有重点的进行抽查、检查。

2002 年 6 月起执行国库集中支付　根据国务院办公厅《关于财政国库管理制度改革方案有关问题的通知》和《财政部、中国人民银行关于印发 <财政国库管理制度改革试点方案> 的通知》精神，从 2001 年起，进入财政国库管理制度改革试点工作。2002 年，中国气象局被列入到财政部国库集中支付改革试点单位，全国气象部门从 2002 年 6 月起国库集中支付推行到二级预算单位（即省局计财处），省气象局计财处也开始执行国库集中支付。经过两年的运行，2004 年 7 月 1 日起国库集中支付推行到三级预算单位。国库集中支付是财政部在预算管理中对支出预算的一种管理形式。财政部将各单位的预算资金直接下拨到由财政部为各预算单位开设的“零余额”账户。它改变了过去多层次的拨款形式（即从财政部下拨到部门，再由各部门下拨到各省级预算单位，然后由省级下拨到各市级预算单位，这样层层下拨的形式）。其优点：一是提高财政支出活动透明度，有利于实时监控；二是加强财政支出信息的及时性，有利于宏观调控；三是提高财政资金的使用效率，有利于防止发生腐败现象，改变了以往支出执行中资金分散拨付，资金滞留在各级预算单位而出现的截留、挤占、挪用等现象。“零余额”账户是财政部为各预算单位在当地指定商业银行开设的专门用于财政预算拨款的银行账户。财政部每月根据预算单位上报的用款计划将各项经费计划数下达到预算单位的商业银行“零余额”账户（不直接拨付资金），商业银行根据单位在计划数内每天实际使用的资金数，当日与财政部在人民银行开设的国库单一账户进行清算，所以预算单位在“零余额”账户只有结余的经费计划，而其资金余额始终为“零”。

2003年起中央部门和单位行政事业性收费等收入，执行“收支两条线”管理　从20世纪80年代开始，气象部门开展的各项科技服务创收，统一使用财政部门发放的《行政事业性收据》，列入预算外资金收入。随着国家财政体制改革的深入，将事业单位自行组织的各项收入列为“非税收入”的范围。推行非税收入改革，执行“收支两条线”管理是构建公共财政框架的客观要求，也是中央整顿和规范市场经济秩序，从源头上治理腐败，推进廉政建设的重要举措。

2001年《财政部关于进一步做好行政事业性收费和政府性基金管理工作的通知》明确预算外资金收入收缴管理制度改革的主要内容是财政部门设立预算外资金财政专户，取消主管部门和执收单位设立的收入过渡性账户；规范收入收缴程序；健全票据管理体系；充分运用现代信息技术，加强对预算外资金收入收缴的监督管理。

2002年起根据财政部和中国气象局要求逐步缩小预算外资金收入范围，安徽省气象部门除保留中专学校办学收入为预算外资金收入，其他包括专业有偿服务各项收入均转为经营性收入。

2003年国家四部委联合发出《关于加强中央部门和单位行政事业性收费等收入“收支两条线”管理的通知》，文件明确规定：行政事业性收费等政府非税收入，必须按照规定实行“收支两条线”管理，即各项非税收入必须全额上缴国库和财政专户，不得隐瞒、截留、挤占、坐支和挪用；并要求财政部及其驻各地财政监察专员办事处和审计署加强非税收入解缴情况的监督，确保资金及时、足额上缴，提高财政资金运用效率。目前安徽省信息工程学校的办学取得的非税收入按此规定全额上缴中央财政专户，防雷检测取得的非税收入上缴地方财政金库（按地方文件规定），同时均列入年度部门预算。

2003年起执行政府采购　2002年6月29日颁布了《中华人民共和国政府采购法》。2002年10月7日，国务院办公厅印发《中央国家机关全面推行政府采购制度实施方案的通知》，明确了中央国家机关政府采购制度改革的目标、原则、管理与组织实施、采购方式、采购工作程序、监督检查、实施步骤等。安徽省气象部门的政府采购工作于2003年正式启动。省气象局成立政府采购办公室，具体工作由计财处负责，各单位属于政府采购范围中的采购项目，均要申报政府采购计划并列入部门预算。

改革中的财务与管理

建立和完善双重计划财务体制　气象部门自1983年体制收回中国气象局后，地方各级政府对气象部门为当地经济发展所做出的服务都给予一定的经费支持。“七五”和“八五”期间的主要投入是开展人工影响天气工作。1992年根据《国务院关于进一步加强气象工作的通知》，安徽省气象部门的双重计划财务体制开始建立。1997年安徽省政府《关于进一步加快发展我省地方气象事业的通知》等文件，再次对气象部门建立双重计划财务体制予以规范和肯定，安徽省地方气象事业经费得以逐年增长。

开展气象科技服务，发展气象事业　经费紧缺一直困扰着气象事业的发展，“七五”期间，安徽省气象部门开创“专业气象有偿服务”。当时只有专业气象预报服务、大气环评等。以专业有偿服务取得的收入来弥补气象事业经费不足，后发展到多种经营，每年全省可取得几百万元的收入。经过“八五”“九五”“十五”的不断发展和完善，已形成较为稳定的项目，如防雷检测、影视广告、手机信息、旅游宾招、社会办学等多渠道、多产品的项目，年收入达到几千万元，有力支持着气象事业的发展。

规范会计核算，实行会计电算化　1999年起使用《安易》软件开展会计电算化记账工作，并在全省地市一级财务部门推广使用，不仅运用《安易》软件记账而且编制各类报表。经过5年时间的运行，同时《安易》软件也经过多次升级不断得到完善和成熟。2005年，省气象局结算中心率先结束手工记账，全部使用计算机记账，包括各种凭证的打印、各类报表的编制、各项数据的查询全部使用计算机操作；到2005年年底，全省地市一级气象部门的会计核算已全部实行电算化并已向县局推广。

成立财务结算（核算）中心，加强财务监督　为了进一步加强财务管理和财务监督，提高会计核算规范性和科学性，根据中国气象局要求，省气象局于2001年1月1日起成立了财务结算中心，省局机关及直属单位的财务核算全部集中到财务结算中心，各单位和实体不再设置会计岗位，由结算中心统一安排财务人员对各单位的财务收支活动进行会计核算（包括事业和企业单位）。地市气象局也先后成立财务核算（结算）中心，到2003年年底，全省地市一级全部成立财务核算（结算）中心并将其县局财务纳入市局财务核算（结算）中心，实行财务统管。

完成的主要建设项目

2000年完成合肥S波段多普勒天气雷达建设　合肥多普勒雷达是由安徽省政府和中国气象局共同投资建设的全国第一部中美合作生产的S波段多普勒天气雷达，1996年准备，1997年开始建设，面积7155平方米，总投资4440.1万元。其中：中央投资2115.8万元（1997年800万元，1998年1315.8万元）雷达主体设备，地方财政投资预算1771.6万元（基础设施建设），自筹552.7万元，于1999年竣工正式投入使用。

2002年完成阜阳S波段多普勒天气雷达建设　阜阳S波段多普勒天气雷达，2003年开始投资建设，中国气象局投资1973万元，地方政府1910万元，省计委安排800万元，总投资4683万元，于2004年年底通过中国气象局验收合格，正式投入使用。

2004年购置高性能计算机一台　在省委省政府、省财政厅和省计委的高度重视下，投资300万元，为安徽省气象现代化建设购置了一台高性能计算机，提升了本省气象现代化水平，为数值预报和提高预报准确性起到积极的作用。

2005年启动蚌埠新一代天气雷达建设项目　蚌埠新一代天气雷达项目总投资4157万元，其中：中国气象局投资2177万元，地方政府投资1980万元。2005年中国气象局一期拨款1377万元，目前项目正在建设之中。

初步完成中尺度加密自动气象站和加密雨量站建设　“十五”期间，安徽省依托国家大气监测自动化工程、新一代天气雷达项目，并自筹部分资金，已建设完成以县气象局为基本单位的自动气象站网81个。截止2005年全省已建成74个加密自动气象站；为更加及时、有效地监测天气变化，自2003年开始，安徽省气象局在各级政府的支持下，通过地方财政的投入、国家气象局支持和气象部门自筹资金已建成了822个自动雨量站，组成全省自动地面气象探测站网。

历年经费指标比较

1986—2005年历年气象经费指标如下：

“七五”期间主要经费指标，见表8-2-1。

1986—1990年安徽省气象经费指标表

表8-2-1　　单位：万元

时　间	中央预算拨款			地方财政拨款	单位组织收入	年经费合计
	合计	事业费	基建经费			
合　计	4307.4	3643.6	663.8	167.7	848.0	5426.0
1986年	798.7	644.2	154.5		102.9	901.6
1987年	879.5	701.5	178.0		148.3	1027.8
1988年	871.0	752.9	118.1	41.7	113.8	1026.5
1989年	829.7	729.7	100.0	58.0	268.1	1155.8
1990年	928.5	815.3	113.2	68.0	317.8	1314.3

“八五”期间主要经费指标，见表8-2-2。

1991—1995 年安徽省气象经费指标表

表 8-2-2　　单位:万元

时　间	中央预算拨款			地方财政拨款	单位组织收入	年经费合计
	合计	事业费	基建经费			
合　计	7891.8	6450.0	1441.8	2021.3	3096.3	13009.4
1991 年	1325.1	940.8	384.3	123.9	337.5	1786.5
1992 年	1432.8	1018.2	414.6	225.5	320.7	1979.0
1993 年	1400.9	1205.5	195.4	324.7	596.3	2321.9
1994 年	1858.1	1611.4	263.5	432.2	739.5	3046.6
1995 年	1674.1	1674.1	184.0	915.0	1102.3	3875.4

“九五”期间主要经费指标,见表 8-2-3。

1996—2000 年安徽省气象经费指标表

表 8-2-3　　单位:万元

时　间	中央预算拨款			地方财政拨款	单位组织收入	年经费合计
	合计	事业费	基建经费			
合　计	15760.6	10119.9	5500.5	9271.3	11757.9	36789.8
1996 年	2512.2	1717.0	795.2	1136.3	1765.8	5414.3
1997 年	3171.4	1744.4	1427.0	1655.7	2185.4	7012.5
1998 年	4319.3	1925.0	2394.3	1933.1	2614.4	8866.8
1999 年	2538.6	2072.6	466.0	2085.8	2513.9	7138.3
2000 年	3219.1	2801.1	418.0	2460.4	2678.4	8357.9

“十五”期间主要经费指标,见表 8-2-4。

2001—2005 年安徽省气象经费指标表

表 8-2-4　　单位:万元

时　间	中央预算拨款			地方财政拨款	单位组织收入	年经费合计
	合计	事业费	基建经费			
合　计	32872.2	26904.8	5967.4	17442.3	12206.4	62520.9

续表 8-2-4

时间	中央预算拨款			地方财政拨款	单位组织收入	年经费合计
	合计	事业费	基建经费			
2001 年	3708.7	3434.7	274.0	2662.6	3699.9	10071.2
2002 年	5093.4	4658.4	435.0	2410.2	3014.4	10518.0
2003 年	8060.2	5509.8	2550.4	3495.4	1929.0	13484.6
2004 年	7060.7	6219.7	841.0	4966.5	1535.9	13563.1
2005 年	8949.2	7082.2	1867.0	3907.6	2027.2	14884.1

从以上 4 个五年计划时期安徽省气象部门经费的变化看，经费总量是以每个五年计划均翻番的速度增长，从 5000 多万元，增加到 6 亿多元，中央预算拨款和地方财政拨款增加的速度尤为明显，单位组织收入在前三个五年计划增加较快，“十五”期间未将全省气象企业实体取得的效益列入其中，实际情况要远远大于此数。

第三节　固定资产管理

制度建设　为维护固定资产的安全和完整，提高固定资产使用效益，根据国家有关规定，2005 年 4 月，中国气象局制定了《关于印发气象部门固定资产管理暂行办法的通知》，对固定资产的管理机构及其职责进行了定义，对固定资产的范围、分类与计价进行了界定，对于固定资产的增加、处置及日常管理提出了明确要求。根据此项固定资产暂行管理办法，安徽省气象局根据本省气象部门的实际情况，于 2005 年 6 月制定了安徽省气象部门固定资产实施办法。

固定资产管理的机构及其职责　省气象局计划财务处受省气象局委托负责对全省气象部门固定资产实施监督管理；各市气象局计划财务部门负责对所属事业单位固定资产实施监督管理。

固定资产的范围、分类与计价　符合下列条件的财产为固定资产：单位价值在 500 元以上，使用期限在一年以上，并在使用过程中基本保持原物质形态的资产；单位价值不足规定标准，但耐用期在一年以上的大批同类物资，按固定资产管理。

固定资产主要分为六类：房屋建筑物、专用设备、一般设备、文物和陈列品、图书、其他固定资产。

固定资产的价值计算：

1. 购入的固定资产，按实际支付价入账，其中应包括运杂费、安装费、车辆购置附加费等费用；调入的固定资产按原购入价值入账。

2. 基本建设项目形成的固定资产，按项目竣工决算完成额入账；自行建造的固定资产,按建造过程中实际发生的全部支出入账。

3. 在原固定资产基础上改建、扩建的固定资产,按改扩建发生的支出,减去改建、扩建过程中发生的变价收入后的余额,增记固定资产账。

4. 接受捐赠的固定资产,按照同类固定资产的市场价格或者有关凭证记账,接受捐赠固定资产时发生的相关费用,一并记入固定资产价值。

5. 无偿调入的固定资产,无法查明原值的,按照估价入账。

6. 盘盈的固定资产,按照重置价值或估价入账。

7. 已投入使用,但尚未办理移交手续的固定资产,可先按估价入账,待实际价值确定后,再进行调账。

8. 用外币进口的设备,按当时的汇率折合成人民币金额,加上国外部分的运费及其它费用(外币应折合成人民币金额),加上支付的关税、海关手续费等计价入账。

9. 融资租入的固定资产,按租赁协议或者合同确定的价款加运杂费、保险费、安装费等记账。

10. 购置固定资产过程中发生的差旅费,不记入固定资产价值。

11. 调出、报废等处置固定资产,按账面原值注销。

日常管理与处置

管理

1. 各单位建立账、物分开、相互监督的固定资产登记管理制度。

2. 建立保管制度。各单位对验收入库和投入使用的固定资产,建立健全保管使用制度。对入库存放的固定资产,按照存放要求进行保管并定期检查。

3. 建立领用和交还制度。各单位建立健全固定资产领用交还制度。对个人保管使用的固定资产,办理领用交接手续。工作人员调动时,必须及时办理资产交还手续,单位出具资产移交证明后,方可办理调动手续。出借的固定资产必须办理借用手续。单位内部借用的,办理领用手续;外单位借用的,必须经本单位领导批准。未经批准,任何人不得占用单位固定资产。

4. 建立保养维修制度。各单位建立健全贵重仪器和专用设备操作、维修、保养、检验等管理制度,对操作人员必须进行技术培训,在考核合格后,方可上岗。

5. 建立清查盘点制度。各单位建立健全固定资产清查盘点制度,做到账实、账卡、账账一致。每年年度终了前应进行一次全面的清查盘点,查明固定资产账实是否相符,固定资产的保管、使用、维修等情况是否正常,发现问题,应及时查明原因,提出处理意见,按管理权限报经上级资产管理部门批准后,调整固定资产账、卡记录,保证账、卡、物相符。

处置

固定资产处置是指对占有、使用的固定资产进行产权转让及注销的一种行为,包括调拨、变卖、报废、报损等。

原则

1. 对技术性能落后或本部门不适用等原因，但使用功能尚好的固定资产，经专业人员鉴定后可申请调拨或变卖。

2. 对因长期使用磨损、技术落后等原因不宜继续使用，或维护修理费用过高（修理费用在产品价值50%以上）无修复价值的固定资产，经专业人员鉴定后可提出申请报废。

3. 对由于自然灾害等非正常原因造成的固定资产毁损，要写出书面报告并提出处理意见，按规定进行报损处理。

4. 变卖固定资产的价格和报废固定资产残值的确定，必须经有关部门评估或组织专业技术人员确定，采取集体讨论定价或拍卖的办法进行。

5. 固定资产转为对实体投资的，必须按照有关规定进行资产评估。

6. 闲置固定资产的转让，用于部门内部非经营性的，原则上实行无偿调拨；用于部门内经营性的和对外部门调剂的，原则上实行有偿转让；部门内事业单位隶属关系改变，固定资产应无偿移交。

7. 事业单位固定资产处置收入，包括变卖、有偿调拨及报废残值变价收入等，均属国家所有，一律上缴财务部门，列入修购基金，按有关规定管理使用。

程序

1. 固定资产处置须先由使用单位提出申请报告，并填报“气象部门固定资产处置申请表”，申请报告应附有论证意见或其他需要提交的文件、证件及材料。

2. 上级主管单位审核，提出处置意见。

3. 按审批权限报批、备案。

4. 按批准意见和有关原则实施固定资产处置，办理相关手续。

5. 财务部门进行固定资产账目调整。

权限

1. 单位价值在20万元及以上的固定资产处置，由中国气象局审核，报国务院机关事务管理局审批。

2. 单位价值在20万元以下，10万元及以上的固定资产处置，由中国气象局审批，报国务院机关事务管理局备案。

3. 单位价值在10万元以下，5万元及以上的固定资产处置由省气象局审批，报中国气象局备案。

4. 单位价值在5万元以下的固定资产处置由市局、局直单位、省气象局办公室审批，报省气象局备案。

5. 固定资产处置属于国家规定标准内正常报废的，按照上属规定权限报备案。

责任追究

对因资产使用和管理不善，渎职、失职而造成固定资产损失的，各级资产管理部门有权责令其改正；并按管理权限，由上级机关或其所在单位根据情节追究主管责任人和直接责任人的责任；构成犯罪的，依法追究刑事责任。

第四节　人事管理

管理制度　1987 年 12 月，安徽省气象部门制定了专业技术职务聘任办法。省气象局直属单位的各类专业技术职务实行聘任制，地、市、县气象局、台、站的各类专业技术职务一般实行任命制。聘任、任命按照确定的岗位、职数，在下达指标限额内由行政领导代表单位在经过相应的专业技术职务评审委员会审议通过的人员中进行聘任、任命。按照相关干部管理权限由行政领导和应聘人签订“专业技术职务聘任合同书”后，向应聘人员颁发聘任书。实行任命制的单位直接发聘任书。聘任、任命的权限：相当副研究员技术职务的由各处级用人单位提名，省局聘任、任命；中级技术职务由所在科室提名，处级事业用人单位聘任、任命；初级技术职务的聘任、任命由各处级用人单位自定。

1988 年 5 月，安徽省驻在乡、镇的基层台站具有大中专学历或技术员以上职称的气象科技人员实行浮动一级工资。工作满八年的，可将向上浮动工资转为固定工资，并在其基础上向上浮动一级，在八年内离开基层气象台站的，取消这一级浮动工资。

1988 年 5 月，安徽省气象部门进行了干部人事制度改革，进一步下放干部管理权限，实行省局对地市局（台）的科级干部任免的宏观管理，各市根据省局下达的科级机构及科级干部职数，自行任免科级干部，报省局备案。严格控制人员编制，调进调出人员时要以年末编制数为依据，做到有计划、合理地调配气象人员，提高气象干部队伍的素质，使人员的结构更趋合理。

1989 年 9 月，安徽省气象部门制定了事业单位高、中级专业技术职务考核办法。

1991 年 9 月，安徽省气象部门制定了职工年休假暂行办法。10 月，安徽省气象部门制定了工资基金管理实施暂行细则。12 月，安徽省气象部门制定了专业技术人员考核暂行办法。

1995 年 2 月，安徽省气象部门制定了机关工作人员考核暂行办法、事业单位工作人员考核暂行办法。

1996 年 9 月 10 日，印发了《安徽省气象部门机构编制方案》。编制方案指出，安徽省各级气象机构既是上级气象部门的下属单位，又是同级人民政府主管气象工作的部门，继续实行以气象部门为主与地方政府双重领导的管理体制。

1997 年 10 月，安徽省气象局机关工作人员依照国家公务员制度管理。

1999 年 12 月，安徽省气象部门制定了气象科技带头人和中青年科技骨干目标考核暂行办法。

2000 年 4 月，安徽省气象部门制定了强化领导干部监督管理的若干措施。市县气象局成立以主要负责人为第一责任人的党风廉政建设领导小组，建立由纪检、人事和本单位党组织三家联手的工作班子，对县科（局）级以上领导干部，管钱、管物、管人、管项目的干部进行全程监督。

2001年7月9日，安徽省气象部门制定了专业人员业务轮岗暂行办法。10月16日，印发安徽省国家气象系统机构改革方案。新方案明确安徽省国家气象系统各级管理机构实行上级气象主管机构与本级人民政府双重领导，以上级气象主管机构领导为主的管理体制。在上级气象主管机构和相当级人民政府领导下，根据授权承担本行政区域内气象工作的政府行政管理职能，依法实行气象主管机构的各项职责。机构规格为正厅级，内设办公室（行政管理处、外事办公室）、业务科技处、计划财务处、人事教育处、政策法规处、监察审计处（与党组纪检组合署办公）6个职能处（室）和机关党委办公室（精神文明建设办公室）、离退休干部办公室；安徽省气象台（安徽省气候中心、安徽省气象防灾减灾中心）、安徽省气象科学研究所、安徽省信息工程学校（安徽省气象学校）、安徽省人工影响天气办公室、安徽省气象科技教育中心（安徽省气象科技创新基地）、安徽省气象技术装备中心、安徽省气象科技开发中心、安徽省气象局后勤服务中心等8个正处级直属事业单位；设立合肥等17个地市级气象局和黄山气象管理处，机构规格为正处级，组建九华山气象管理处（副处级）；设62个县（市）气象局（站），机构规格为正科级。

2002年4月3日，下发了安徽省气象事业单位聘用合同制实施办法（试行）、安徽省气象部门待岗人员管理暂行办法、安徽省气象部门分流人员安置暂行办法，全省气象事业单位推行全员聘用合同制。4月5日，省人事厅、省气象局印发《安徽省气象管理机构依照国家公务员制度管理实施方案》，全省市气象局机关工作人员依照国家公务员制度管理。10月17日，下发安徽省市气象局机关非领导职务设置实施意见。

2003年7月16日，制定下发了安徽省气象部门在职职工教育管理办法。8月19日，制定下发了安徽省气象部门优秀科技人才选拔管理暂行办法。5月13日，制定下发了安徽省气象科技服务与产业人事管理的若干规定。7月16日，制定下发了安徽省气象局编制外用工管理办法。7月29日，制定下发了安徽省气象系统退役士兵安置工作的意见。

2003年4月3日，制定下发了安徽省气象部门试行内部分配制度改革的实施意见。

2003年12月5日，制定下发了安徽省气象系统干部交流工作暂行规定。

2005年5月6日，制定下发了安徽省气象部门在职教育培训管理办法。

2005年5月6日，制定下发了安徽省气象系统干部短期交流工作管理暂行规定。

奖励

1988年7月，周鸿庆获安徽省省级劳动模范称号。

1989年3月，张尚贤获全国气象部门双文明建设劳动模范称号。

1992年4月21日，陆国障、李从林、焦克刚、周静林等同志获安徽省劳动模范称号。

1998 年 4 月 27 日，因王玉弟抢救落水儿童，记三等功一次。

2001 年 2 月 9 日，省人事厅、省气象局对萧县气象局等 15 个“全省气象系统先进集体”和徐光柱等 20 名“全省气象系统先进工作者”予以表彰奖励。先进工作者享受市（厅）级劳动模范待遇。

2004 年 12 月 3 日，省人事厅、省气象局对肥东县气象局等 15 个“全省气象系统先进集体”和项明眉等 25 名“全省气象系统先进工作者”予以表彰。先进工作者享受市（厅）级劳动模范待遇。

2005 年 12 月 28 日，人事部、中国气象局表彰全国气象工作先进集体和全国气象先进工作者，黄山市气象局倪高峰被授予“全国气象先进工作者”荣誉称号，享受省部级劳动模范和先进工作者待遇。

第三章 法治建设与管理

安徽省气象部门持续推进行地方气象立法，加大气象法制宣传，规范实施气象行政审批与行政执法，依法规范气象活动、依法管理气象事务，推进了依法发展气象事业进程。气象法制建设与管理为安徽气象事业健康发展提供了有力的法律保障，在部门内外形成了“依法发展气象”的良好态势。

第一节 加强气象法制工作

完善地方气象立法 1997年7月，安徽省人民政府印发了《合肥多普勒天气雷达站探测设施和探测环境保护办法》（皖政〔1997〕41号）；1998年6月20日安徽省第九届人民代表大会常务委员会第四次会议通过了《安徽省气象管理条例》，自1998年9月1日起施行；经2004年8月19日淮南市第十三届人民代表大会常务委员会第十四次会议通过、2004年10月19日安徽省第十届人民代表大会常务委员会第十二次会议批准，《淮南市防御雷电灾害条例》自2005年1月1日起施行；2005年3月17日安徽省人民政府第22次常务会议通过《安徽省防雷减灾管理办法》，自2005年5月1日起施行。

加大气象法律法规宣传力度 各级气象部门利用每年“3.23”世界气象日、“12.4”法制宣传日在全省范围采用座谈会、研讨会、法制讲座、宣传材料、影视、网络等多种方式，广泛深入地开展了气象法律法规宣传活动。同时，还通过开放气象台站、上街设置宣传点等多种形式，让广大群众接近气象法律法规、了解接近气象法律法规。2003年在全省范围开展的“气象行政执法月”活动、2005年开展的“防雷法规宣传贯彻月”活动，均取得了良好的法律宣传效果。法律法规赋予气象部门的各项权力、气象部门履行的各项社会管理职能及执法主体地位得到社会各界的理解与认可。

第二节 规范气象审批与行政执法

气象行政审批实现规范化 2002年7月，省气象局根据《气象法》等相关气象法律法规依据，对气象行政审批进行了认真梳理，确定了13项省级气象行政审批管理职责，每项行政审批都规定了审核内容、对象、程序、依据和办事时限以及当事人所需报送的材料。经与省政务服务中心协调，将这13项审批项目纳入省政务服务中心气象行政审批窗口，与省直其他部门一起实现集中审批，接受当事人和省政府的监督。行政审批窗口推行了承诺服务、限时服务、免费服务、责任追究等多项便民利民措施，建立了“一个窗口受理、一次性告知、一站式办理、一条龙服务”的并联式全程审批服务体系。气象行政审批窗口自运行以来，审批件办结率100%，无超时办件，全部办件无差错，无被投诉现象，群众满意率100%。

气象行政执法体系建设不断完善　“四五”普法以来，省气象局已经先后举办六期气象法律知识学习班，通过和省法制办组织的共同培训、考试，现有400余名气象行政执法人员取得了省法制办颁发的执法资格，初步建立起一支懂气象、懂法律的专兼结合的气象行政执法队伍。同时，各级气象部门主动加强与相关部门合作，开展联合执法。特别是为加强施放气球安全和防雷安全的管理，各级气象部门积极做好与空管、法制办、市容、工商、安监局等部门的协同管理，制定相关办事程序，开展联合执法，强化安全监管。

依靠人大执法监督，促进气象事业稳步发展　安徽省人大常委会对气象法律法规贯彻实施工作十分重视，多次到气象部门进行执法检查和视察，充分发挥了省人大对气象执法工作的监督作用，有力地促进了气象法规条款的落实力度。2000年6月26日，省人大常委会主任孟富林和四位副主任来省气象局视察，并听取了《气象法》贯彻实施情况汇报。2000年11月6日至11日，省人大副主任季昆森带领省人大常委会农经工委和省气象局负责同志组成三个气象执法调研组对巢湖、安庆、合肥、宣城、黄山、六安、阜阳及部分县市贯彻执行《气象法》情况进行了执法调研。2001年6月，省人大常委会农经工委针对肥东县气象观测场因县城道路改造被破坏这一情况，按照《气象法》规定，要求县政府另择土地建一个气象观测场，由于省人大监督有力，肥东县气象观测场重建工作得以圆满完成。

附　　录

重要文献辑存

联合国气候变化框架公约京都议定书

（1997年12月10日，日本东京都第三次缔约方会议149个国家和地区的代表通过）

本议定书缔约方，作为《联合国气候变化框架公约》（以下简称《公约》）缔约方，根据《公约》第二条所申明的最终目标，以及《公约》的规定，在《公约》第三条的指导下，按照《公约》缔约方会议第一届会议在第1/ CP.1号决定中通过的“柏林授权”，兹协议如下：

第一条

为本议定书之目的，应适用《公约》第一条中所载定义。此外：

1.“缔约方会议”指《公约》缔约方会议。

2.“公约”指1992年5月9日在纽约通过的《联合国气候变化框架公约》。

3.“政府间气候变化专门委员会”指世界气象组织和联合国环境规划署1998年联合设立的政府间气候变化专门委员会。

4.“蒙特利尔议定书”指1987年9月16日在蒙特利尔通过的、后来经调整和修订的《关于消耗臭氧层物质的蒙特利尔议定书》。

5.“出席并参加表决的缔约方”指出席会议并投票赞成或反对的缔约方。

6.“缔约方”指本议定书缔约方，除非案文中另有说明。

7.“附件一所列缔约方”指《公约》附件一所列缔约方，其中所列缔约方可由《公约》缔约方会议随后作出修正，或指根据《公约》第四条第2款（g）项作出通知的缔约方。

第二条

1. 附件一所列每一缔约方，为履行第三条中关于排放量限制和削减指标的承诺以促进可持续发展，均应：

1.1 根据本国情况执行和/或进一步精心制订政策和措施，诸如：

1.1.1 增强国家经济有关部门的能源效率；

1.1.2 保护和增强《蒙特利尔议定书》未予管制的温室气体的汇和库，同时考虑到其依有关的国际环境协议作出的承诺；促进可持续森林管理做法、造林和重新造林；

1.1.3 在考虑到气候变化的情况下促进可持续农业形式；

1.1.4 促进、研究、发展和增加使用可再生能源、二氧化碳螯合技术和对环境无害的先进新技术；

1.1.5 逐渐减少或逐步消除市场缺点、对违反《公约》目标和采用市场手段的所有温室气体排放部门的财政鼓励、免税措施和补帖；

1.1.6 鼓励在有关部门作出适当改革，旨在促进用以限制成削减《蒙特利尔议定书》未予管制的温室气体的排放的政策和做法；

1.1.7 采取措施在运输部门限制和 / 或削减《蒙特利尔议定书》未予管制的温室气体排放；

1.1.8 在废物管理部门以及在能源的生产、运输和销售方面藉回收和使用以减少甲烷的排放；

1.2 根据《公约》第四条第 2 款（e）项第（一）目，同其他这类缔约方合作增强它们依本条通过的政策和措施的个别和合并成效。为此目的，这些缔约方应采取步骤分享它们关于这些政策和措施的经验并交流信息，包括设法改进这些政策和措施的可比性、透明度和成效，作为本议定书缔约方会议的《公约》缔约方会议应在第一届会议上或在此后一旦实际可行时审议便利这种合作的方法，同时考虑到所有相关情况。

2. 附件一所列缔约方应分别同国际民用航空组织和国际海事组织一起谋求限制或削减飞机和船舶用燃油产生的《蒙特利尔议定书》未予管制的温室气体的排放；

3. 附件一所列缔约方应依本条努力执行政策和措施，尽量减少各种不利影响，包括对气候变化的不利影响、对国际贸易的影响、以及对其他缔约方——尤其是发展中国家缔约方和《公约》第四条第 8 款和第 9 款中所指明的那些缔约方的社会、环境和经济影响，同时考虑到《公约》第三条。作为本议定书缔约方会议的《公约》缔约方会议可以酌情采取进一步行动促进本款规定的实施。

4. 作为本议定书缔约方会议的《公约》缔约方会议如决定就上述第 1 款（a）项中所指任何政策和措施进行协调是有益助的，同时考虑到国家情况和潜在作用不一，则应考虑设法推动对这些政策和措施的协调。

第三条

1. 附件一所列缔约方应个别地或共同地确保附件 A 所列温室气体的其人为二氧化碳当量排放总量不超过按照附件 B 中所记其排放量限制和削减承诺和根据本条的规定所计算的其分配数量，以期这类气体的其全部排放量在 2008 年至 2012 年承诺期间削减到 1990 年水平之下 5%。

2. 附件一所列缔约方应到 2005 年时在履行依本议定书规定的其承诺中作出可予证实的进展。

3. 在自 1990 年以来直接由人引起的土地利用改变和森林活动——限于造林、重新造林和砍伐森林产生的源的温室气体排放和汇的清除方面的净变化，作为每个承诺期间贮存方面可核查的变化来衡量，应用来达到附件所列每一缔约方在本条中的承诺。

与这些活动相关的源的温室气体排放和汇的清除应以透明且可核查的方式作出通报，并依第七条和第八条作出审查。

4．在作为本议定书缔约方会议的《公约》缔约方会议第一届会议之前，附件一所列每一缔约方应提供数据供附属科技咨询机构审议，以便确定其1990年的碳贮存并能对以后各年的碳贮存方面的变化作出估计。作为本议定书缔约方会议的《公约》缔约方会议应在第一届会议或在其后尽早实际可行时，就与农用土壤和土地利用改变和森林等类温室气体排放和清除方面变化有关的哪些因人引起的其他活动是否应加到附件一所列缔约方的分配数量中或从中减去的模式、规定和指南作出决定，同时考虑到各种不确定性、报告透明度、可核查性、政府间气候变化专门委员会的工作方法、附属科技咨询机构根据第五条提供的咨询意见以及《公约》缔约方会议的决定。这一决定应在第二个和以后的承诺期适用。一缔约方可为其第一个承诺期间就这些额外的因人而引起的活动作出这一决定，但这些活动须自1990年以来已经进行。

5．其基准年或期间系根据《公约》缔约方会议第二届会议第9/CP.2号决定确定的、正在向市场经济过渡的附件一所列缔约方在履行其本条中的承诺时应以该基准年或期间为准，正在向市场经济过渡但尚未依《公约》第十二条提交其第一次国家信息通报的附件一所列任何其他缔约方也可通知作为本议定书缔约方会议的《公约》缔约方会议它有意为履行依本条规定的承诺使用除1990年以外的某一历史基准年或期间。作为本议定书缔约方会议的《公约》缔约方会议应就这种通知的接受作出决定。

6．考虑到《公约》第四条第6款，在履行其除本条中那些承诺以外的承诺方面，作为本议定书缔约方会议的《公约》缔约方会议应允许正在向市场经济过渡的附件一所列缔约方某种程度的灵活性。

7．附件一所列每一缔约方的分配数量，在从2008年至2012年第一个排放量限制和削减承诺期，应等于在附件B中对附件A所列温室气体在1990年或按照上述第5款确定的基准年或期间内其总的人为二氧化碳当量排放总量所记的其百分比乘以5。土地利用改变和林业对其构成1990年温室气体排放净来源的附件一所列这些缔约方，应为了计算它们的分配数量，在它们的1990年排放基准年或基准期包括人为二氧化碳当量排放总量减去1990年土地利用改变产生的清除。

8．附件一所列缔约方，为了上述第7款所指计算的目的，可使用1995年作为氢氟碳化物、全氟化碳和六氟化硫的基准年。

9．附件一所列缔约方对以后期间的承诺应在对本议定书附件B的修正中加以确定，这类附件应根据第二十条第7款的规定予以通过，作为本议定书缔约方会议的《公约》缔约方会议应至少在上述第7款中所指第一个承诺期结束之前七年开始审议这类承诺。

10．一缔约方根据第六条和第十六条之二规定从另一缔约方获得的任何排放削减单位或一个分配数量的任何部分，应计入该缔约方的分配数量。

11．一缔约方根据第六条和第十六条之二转让给另一缔约方的任何排放削减单位或一个分配数量的任何部分,应从该缔约方的分配数量中减去。

12. 一缔约方根据第十二条规定从另一缔约方获得的任何经证明的排放削减单位应记入该缔约方的分配数量。

13. 如附件一所列在一承诺期间内的排放少于其依本条确定的分配数量,这一差额,经该缔约方的要求,应记入该缔约方以后的承诺期的分配数量。

14. 附件一所列每一缔约方应以将对发展中国家缔约方、尤其是《公约》第四条第 8 款和第 9 款所指那些缔约方不利的社会、环境和经济影响降低到最低程度的方式履行上述第 1 款中所指的承诺。依照《公约》缔约方会议关于履行这些条款的相关决定,作为本议定书缔约方会议的《公约》缔约方会议应在本议定书生效后在其第一届会议审议可采取何种必要行动尽量减少气候变化的不利影响和/或依这些条款采取的对应措施对缔约方的影响。须予审议的问题应是资金筹措、保险和技术转让。

第四条

1. 凡同意共同履行第三条规定的其承诺的附件一所列缔约方,只要附件 A 中所列温室气体的其合并人为二氧化碳当量排放总量不超过附件 B 中所记根据其排放量限制和削减承诺和根据第三条规定计算的分配数量,就应被认为履行了这些承诺。分配给协议各缔约方的各自排放水平应载明于该协议。

2. 任何这类协议的各缔约方应在它们交存批准、接受、核准或加入文书之日将协议条件通知秘书处。秘书处应接着将协议条件或修正或撤销协议的任何决定通知《公约》缔约方和签署方。

3. 协议应在第三条第 7 款所指承诺期的持续期间继续实施。

4. 如果缔约方在一区域经济一体化组织的框架内连同该组织一起共同行事,该组织的组成在本议定书通过后的任何改变不应影响到依本议定书确定的现有承诺。该组织在组成上的这一改变只应用于继该改变后通过的依第三条规定的这些承诺。

5. 如这类协议的缔约方未能达到它们的合并排放削减水平,这一协议的每一缔约方应对协议中载明的它的排放水平负责。

6. 如果缔约方在一个本身为议定书缔约方的区域经济一体化组织的框架内连同该组织一起共同行事,该区域经济一体化组织的每一成员国单独地和连同按照第二十三条行事的区域经济一体化组织一起,如未能达到总计合并排放削减水平,则应依本条作出的通知对其排放水平负责。

第五条

1. 附件一所列每一缔约方,应在不迟于第一个承诺期开始前一年,确立一个估算《蒙特利尔议定书》未予管制的所有温室气体的各种源的人为排放和各种汇的清除的国家制度。应体现下述第 2 款所指方法的此类国家制度指南应由作为本议定书缔约方会议的《公约》缔约方会议第一届会议决定。

2. 估算《蒙特利尔议定书》未予管制的所有温室气体的各种源的人为排放和各

种汇的清除的方法应是政府间气候变化专门委员会接受的方法，并且是《公约》缔约方会议第三届会议所议定的。如不使用这种方法，则应根据作为本议定书缔约方会议的《公约》缔约方会议第一届会议议定的方法作出适当调整。作为本议定书缔约方会议的《公约》缔约方会议应基于特别是政府间气候变化专门委员会的工作和附属科技咨询机构提供的咨询意见，定期审查和酌情修订这些方法和作出调整，同时充分考虑到《公约》缔约方会议作出的任何有关决定。对方法或调整的任何修订应只用于为了在继该修订后通过的任何承诺期查明遵守第三条规定的承诺。

3. 用以计算附件A所列《蒙特利尔议定书》未予管制的温室气体的各种源的人为排放和各种汇的清除的全球升温潜能值应是政府间气候变化专门委员会接受的升温潜值，并且是由《公约》缔约方会议第三届会议议定的。作为本议定书缔约方会议的《公约》缔约方会议应基于特别是政府间气候变化专门委员会的工作和附属科技咨询机构提供的咨询意见，定期审查和酌情修订每种此类温室气体的全球升温潜能值，同时充分考虑到《公约》缔约方会议作出的任何有关决定。对全球升温潜能值的任何修订应只适用于继该修订后通过的任何承诺期依第三条规定的承诺。

第六条

1. 为了履行依第三条规定的承诺，附件一所列任一缔约方可以向任何其他这类缔约方转让或从它们获得由旨在任何经济部门削减温室气体的各种源的人为排放或增强各种汇的人为清除的项目产生的任何排放削减单位，但：

1.1 任何这类项目须经有关缔约方批准；

1.2 任何这类项目须能削减源的排放，或增强汇的清除，这一削减或增强是对任何以其他方式发生的任何削减或增强的补助；

1.3 缔约方如果不遵守其依第五条和第七条规定的义务，则不可以获得任何排放削减单位；

1.4 排放削减单位的获得应是对为履行第三条规定的承诺而采取的本国行动的补充。

2. 作为本议定书缔约方会议的《公约》缔约方会议在第一届会议或在其后尽早实际可行时为履行本条、包括为核查和报告进一步制订指南。

3. 附件一所列缔约方可以授权法律实体在该缔约方的负责下参加可导致依本条产生、转让或获得排放削减单位的行动。

4. 如依第八条的有关规定查明缔约方执行本款所指的要求有问题，排放削减单位的转让和获得在查明问题后可继续进行，但任何缔约方直到任何这类遵守问题获得解决之前不可使用任何排放削减单位来履行依第三条规定的其承诺。

第七条

1. 附件一所列每一缔约方应在其根据《公约》缔约方会议的相关决定提交的《蒙特利尔议定书》未予管制的温室气体的各种源的人为排放和各种汇的清除年度清单内

载列将根据下述第 4 款确定的为了确保遵守第三条的目的而必要的补充资料。

2. 附件一所列每一缔约方应将根据下述第 4 款的规定,在其依《公约》第十二条提交的国家信息通报中提供必要的补充资料以说明其遵守依本议定书所规定承诺的情形。

3. 附件一所列每一缔约方应依上述第 1 款每年提交信息,于本协定书对该缔约方生效后依《公约》应就承诺期第一年提交第一次清单。每一该缔约方应提交依上述第 2 款所要求的信息,作为在本协定书对该缔约方生效后和在按下述第 4 款规定通过的指南后应提交的第一次国家信息通报的一部分。以后提交依本条所要求的信息的间隔时间应由作为本议定书缔约方会议的《公约》缔约方会议确定,同时考虑到《公约》缔约方会议就提交国家信息通报决定的时间表。

4. 作为本议定书缔约方会议的《公约》缔约方会议应在第一届会议通过关于编制依本条所要求资料的指南,并在其后定期作出审查,同时考虑到《公约》缔约方会议通过的附件一所列缔约方国家信息通报编制指南。作为本议定书缔约方会次的《公约》缔约方会议也应在第一个承诺期之前就计算分配数量的模式作出决定。

第八条

1. 附件一所列每一缔约方依第七条提交的国家信息通报应由专家审查组根据《公约》缔约方并依照作为本议定书缔约方会议的《公约》缔约方会议根据下述第 4 款为此目的通过的指南作出审查。附件一所列每一缔约方依第七条第 1 款提交的信息应作为排放清单和分配数量年度汇编和计算的一部分作出审查。此外,附件一所列每一缔约方依第七条第 2 款提交的信息应作为信息通报审查的一部分作出审查。

2. 专家审查组之间的协调应由秘书处进行,审查组的成员应从《公约》缔约方和酌情由政府间组织提名的人选中,根据《公约》缔约方会议为此目的通过的指导甄选。

3. 审查过程中应对缔约方履行本议定书的情况的所有方面作出彻底且全面的技术评估。专家审查组应编写一份报告提交作为本议定书缔约方会议的《公约》缔约方会议,在报告中评估缔约方履行承诺的情形并查明在履行承诺方面任何潜在的问题以及影响到承诺履行情形的各种因素。此类报告应由秘书处分送《公约》的所有缔约方。秘书处应列明此类报告中指明的任何履行问题供作为本议定书缔约方会议的《公约》缔约方会议作出进一步审议。

4. 作为本议定书缔约方会议的《公约》缔约方会议应在第一届会议通过关于由专家审查组审查履行情况的指南,并在其后定期作出审查,同时考虑到《公约》缔约方会议的相关决定。

5. 作为本议定书缔约方会议的《公约》缔约方会议应在附属履行机构并酌情在附属科技咨询机构的协助下审议:

5.1 缔约方按照第七条提交的信息和专家审查组关于按照本条进行的审查的报告;

5.2 秘书处根据上述第 3 款列明的那些履行问题,以及缔约方提出的任何问题。

6. 根据对上述第 5 款所指信息的审议情况,作为本议定书缔约方会议的《公约》

缔约方会议应就本议定书的履行所必要的任何事项作出决定。

第九条

1. 作为本议定书缔约方会议的《公约》缔约方会议，应依据关于气候变化及其影响的最佳可得科学资料和评估以及相关的工艺、社会和经济资料，定期审查本议定书。这些审查应同依《公约》、特别是《公约》第四条第2款（d）项和第七条第2款（a）项所要求的那些相关审查进行协调。作为本议定书缔约方会议的《公约》缔约方会议应基于这些审查结果采取适当行动。

2. 第一次审查应在作为本议定书缔约方会议的《公约》缔约方会议第二届会议上进行。进一步的审查应定期适时进行。

第十条

所有缔约方，考虑到它们的共同但有区别的责任以及它们特殊的国家和区域发展优先顺序、目标和情况，在不要求未列入附件一的缔约方作出任何新承诺的情形下，重申《公约》第四条第1款中的承诺，并继续促进履行这些承诺以实现可持续发展，同时要考虑到《公约》第四条第3款、第5款和第7款，均应：

1. 在相关时且尽可能制订符合成本效益的国家方案和在适当情况下制订区域方案以改进可反映每一缔约方社会经济状况的地方排放因素、活动数据和／或模式用以编制和定期增订《蒙特利尔议定书》未予管制的温室气体的各种源的人为排放和各种汇的清除的国家清单，同时采用将由《公约》缔约方会议议定的可比方法，并依照《公约》缔约方会议通过的国家信息通报编制指南；

2. 制订、实施、出版和定期增订载有减缓气候变化措施和促进适应气候变化措施的国家方案，在适当情况下制订、实施、出版和定期增订这样的区域方案：

2.1 这类方案将除其他外，涉及能源、运输和工业部门以及农业、林业和废物管理。此外，适应技术和改进空间规划的方法也可有助于对气候变化的适应；

2.2 附件一所列缔约方应根据上述第八条确定的指南就依本议定书采取的行动，包括国家方案提交情况；其他缔约方应设法在它们的国家信息通报中酌情说明载有缔约方认为有助于减缓气候变化及其不利影响包括削减温室气体排放和增强汇及汇的清除、能力建设和适应办法等措施的方案；

3. 合作促进有效模式用以发展、应用和传播有关气候变化的无害环境技术、专知、做法和过程，并采取一切实际步骤促进、便利和酌情资助将此类技术、专知、做法和过程转让给特别是发展中国家或使它们有机会获得，包括制订政策和方案便利有效转让国有或公有的无害环境技术，为私营部门创造有利环境促进和增进获得和转让无害环境技术；

4. 在科技研究、促进维持和发展有系统的观察系统和发展数据库以减少与气候系统相关的不确定性、气候变化的不利影响和各种反应战略的社会经济后果等方面进行合作，并促进发展和加强本国能力参与国际及政府间关于研究和系统观测的努力、方案和网络，同时要考虑到《公约》第五条；

5. 在国际一级进行合作，酌情利用现有机构，促进拟订和实施教育及培训方案，包括加强国家机构，特别是加强人才和机构能力，交流或调派人员培训这一领域的专家，尤其是培训发展中国家的专家，并在国家一级促进公众意识和公众获得关于气候变化的信息。应当制订适当模式通过《公约》的相关机构落实这些活动，同时考虑到《公约》第六条；

6. 根据《公约》缔约方会议的相关决定，在国家信息通报中说明按照本条进行的方案和活动；

7. 在履行本条中的承诺方面，应充分考虑到《公约》第四条第 8 款。

第十一条

1. 在履行第十条方面，缔约方应考虑到《公约》第四条第 4 款、第 5 款、第 7 款、第 8 款和第 9 款的规定；

2. 在履行《公约》第四条第 1 款的范围内，根据《公约》第四条第 3 款和第十一条的规定，并通过《公约》资金机制的经营实体，《公约》附件二所列发达国家缔约方和其他发达缔约方应：

2.1 提供新的和额外资金帮助发展中国家缔约方支付在促进履行第十条（a）项所指《公约》第四条第 1 款（a）项规定的现有承诺方面引起的议定的全部增加费用。

2.2 还应提供发展中国家缔约方在促进履行第十条所指《公约》第四条第 1 款中规定的和发展中国家缔约方与《公约》第十一条所指国际实体根据该条议定的现有承诺方面为支付议定的全部增加费用而所需的资金，包括技术转让。

这些现有承诺的履行应考虑到资金流量必需充足和可以预测以及发达国家缔约方之间适当分担负担的重要性。《公约》缔约方会议相关决定中的《公约》资金机制指导，包括本议定书通过之前商定的那些指导，应经必要修正适用于本款的规定。

3.《公约》附件二所列发达缔约方和其他发达缔约方也可以通过双边、区域和其他多边渠道为履行第十条提供资金，供发展中国家缔约方利用。

第十二条

1. 兹此规定一种清洁发展机制。

2. 清洁发展机制的目的是协助未列入附件一的缔约方实现可持续发展和增进《公约》的最终目标，并协助附件一所列缔约方遵守其依第三条规定的排放量限制和削减承诺。

3. 依清洁发展机制：

3.1 未列入附件一的缔约方将获益于产生经证明的排放削减的项目活动；

3.2 附件一所列缔约方可利用通过此种项目行动增加的经证明的削减促进遵守由作为本议定书缔约方会议的《公约》缔约方会议确定的依第三条规定的其排放量限制和削减承诺。

3.3 清洁发展机制须由作为本议定书缔约方会议的《公约》缔约方会议授权和指导，并由清洁发展机制的执行理事会监督。

4. 清洁发展机制须由作为本议定书缔约方会议的《公约》缔约方会议授权和指导，并由清洁发展机制的执行理事会监督。

5. 每一项目活动产生的排放削减须经作为本议定书缔约方会议的《公约》缔约方会议授权决定的经营实体根据以下各项作出证明：

5.1 经每一有关缔约方批准的自愿参加；

5.2 与减缓气候变化相关的实际、可衡量的长期效益；

5.3 排放削减是对在无经证明的项目活动的情况下会发生的任何排放减少的额外补助。

6. 如有必要，清启发展机制应协助安排经证明的项目活动的筹资。

7. 作为本议定书缔约方会议的《公约》缔约方会议应在第一届会议上拟订程序以期通过项目活动的独立审计和核查确保透明度、效率和会计责任。

8. 作为本议定书缔约方会议的《公约》缔约方会议应确保通过经证明项目活动产生的收益份额应用以支付行政开支和协助特别易受气候变化不利影响之害的发展中国家缔约方支付适应费用。

9. 对于清洁发展机制的参与，包括上述第 3 款（a）项所指的活动及获得经证明的排放削减可包括私有和 / 或公有实体，并需遵照清洁发展机制执行理事会可能提出的任何指导。

10. 在自 2000 年起直至第一个承诺期开始这段时期内实现的经证明的排放削减可用以协助在第一个承诺期内遵约。

11. 作为本议定书缔约方会议的《公约》缔约方会议应在第四届会议分析上述第 10 款所涉影响。

第十三条

1.《公约》缔约方会议——《公约》的最高机构，应作为本议定书缔约方会议。

2. 非为本议定书缔约方的《公约》缔约方可作为观察员参加作为本议定书缔约方会议的《公约》缔约方会议任何会议的议事工作。在《公约》缔约方作为本议定书缔约方会议行使职能时，依本议定书要求的决定只应由当时为本议定书缔约方成员的缔约方作出。

3. 在《公约》缔约方会议作为本议定书缔约方会议行使职能时，《公约》缔约方会议主席团中代表《公约》缔约方但在当时非为本议定书缔约方的任何成员，应由本议定书缔约方从本议定书缔约方中选出的另一成员替换。

4. 作为本议定书缔约方会议的《公约》缔约方会议应经常审查本议定书的履行情况，并应在其权限内作出为促进本议定书得到有效履行而必要的决定，缔约方会议应履行本议定书交托给它的职能，并应：

4.1 基于依本议定书的规定向它提供的所有信息，评估缔约方履行本议定书的情况，根据本议定书采取的措施的全面影响，尤其是对环境、经济、社会的影响和它们的累计影响，以及止在实现《公约》目标的进展程度；

4.2 定期根据《公约》的目标、在履行中获得的经验以及科技知识的演进审查依本议定书规定的缔约方的义务，同时适当顾及《公约》第四条第 2 款（6）项和第七条第 2 款要求的任何审查，并在这方面审议和通过关于本议定书履行情况的报告；

4.3 促进和便利交流关于缔约方为处理气候变化及其影响而采取的措施的信息，同时考虑到缔约方的情况、责任和能力不一以及它们各自依本议定书作出的承诺；

4.4 在两个或更多缔约方提出要求时，促进它们为缓解气候变化及其影响而采取的措施得到协调，同时考虑到缔约方的情况、责任和能力不一以及它们各自依本议定书作出的承诺；

4.5 根据《公约》的目标和本议定书的条款，并充分考虑到《公约》缔约方会议的相关决定，促进将由作为本议定书缔约方会议的《公约》缔约方会议为编制和定期改进便利有效履行本议定书而议定的可比方法，并就此提供指导；

4.6 就履行本议定书所必要的任何事项作成建议；

4.7 设法根据第十一条第 2 款调动额外资金；

4.8 设立为了履行本议定书而被认为必要的附属机构；

4.9 征求和酌情利用各主管国际组织和政府间及非政府机构提供的服务、合作和资料；

4.10 行使为履行本议定书所需要的其他职能，并审议《公约》缔约方会议作出的决定产生的任何任务。

5.《公约》缔约方会议的议事规则和《公约》的财务规则，应依本议定书规定经必要修正予以适用，除非作为本议定书缔约方会议的《公约》缔约方会议以协商一致方式另外作出决定。

6. 秘书处应结合本议定书生效后预定举行的《公约》缔约方会议第一届会议召开作为本议定书缔约方会议的《公约》缔约方会议第一届会议。此后应每年并且与《公约》缔约方会议常会结合举行作为本议定书缔约方会议的《公约》缔约方会议常会，除非作为本议定书缔约方会议的《公约》缔约方会议另有决定。

7. 作为本议定书缔约方会议的《公约》缔约方会议的特别会议应在作为本议定书缔约方会议的《公约》缔约方会议认为必要的时间举行，或应任何缔约方的书面要求而举行，但须在秘书处将该要求转达给各缔约方后六个月内得到至少三分之一缔约方的支持。

8. 联合国及其专门机构和国际原子能机构以及未加入本《公约》的上述组织的成员国或观察员国均可派代表作为观察员出席作为本议定书缔约方会议的《公约》缔约方会议的各届会议。任何在本议定书所涉事项上具备资格的团体或机构，无论是国家或国际的、政府或非政府的团体或机构，经通知秘书处其愿意派代表作为观察员出席作为本议定书缔约方会议的《公约》缔约方会议的某届会议，均可予以接纳，除非出席的缔约方至少三分之一反对。观察员的接纳和参加应按照上述第5款所指的议事规则。

第十四条

1. 依《公约》第八条设立的秘书处应作为本议定书秘书处。

2. 关于秘书处职能的《公约》第八条第2款和关于就秘书处行使职能作出的安排的《公约》第八条第3款，应经必要修改适用于本议定书，秘书处还应行使依照本议定书为其指派的职能。

第十五条

1.《公约》第九条和第十条设立的附属科技咨询机构和附属履行机构应作为本议定书的附属科技咨询机构和附属履行机构。与这两个机构依《公约》行使职能有关的规定应经必要修改适用于本议定书。本议定书的附属科技咨询机构和附属履行机构的届会应与《公约》的附属科技咨询机构和附属履行机构的会议同时举行。

2. 非为本议定书缔约方的《公约》缔约方可作为观察员参加附属机构任何届会的议事工作，在附属机构作为本议定书附属机构时，本议定书所要求的决定只应由为本议定书缔约方的成员作出。

3.《公约》第九条和第十条设立的附属机构行使它们的职能处理涉及本议定书的事项时，附属机构主席团中代表《公约》缔约方但当时非为本议定书缔约方的任何成员，应由本议定书缔约方从本议定书缔约方中选出的另一成员替换。

第十六条

作为本议定书缔约方会议的《公约》缔约方会议应参照《公约》缔约方会议可能作出的任何有关决定，在尽早实际可行时考虑并酌情修改对本议定书适用《公约》第十三条所指的多边协商程序，适用于本议定书的任何多边协商程序的运作不应损害依第十七条设立的程序和机制。

第十六条之二

《公约》缔约方会议应就特别是关于排放贸易的核查、报告和会计责任规定相关原则、模式、规则和指南。为了履行其依本条规定的承诺，附件一所列任何缔约方可参与排放贸易。这种贸易应是对为了履行这些承诺的目的而采取的本国行动的补充。

第十七条

作为本议定书缔约方会议的《公约》缔约方会议应在第一届会议通过适当且有效的程序和机制用以断定和处理不遵守本议定书的情势，包括就后果列出一个指示性清单，同时考虑到不遵守的原因、类型、程序和次数，依本条可引起具拘束性后果的任何程序和机制应以本议定书修正案的方式通过。

第十八条

《公约》第十四条的规定应经必要修改适用于本议定书。

第十九条

1. 任何缔约方均可对本议定书提出修正。

2. 对本议定书的修正应在作为本议定书缔约方会议的《公约》缔约方会议常会上通过,对本议定书提出的任何修正案文应由秘书处在拟议通过该修正的会议之前至少六个月送交各缔约方。秘书处还应将提出的修正送交《公约》的缔约方和签署方,并送交保存人以供参考。

3. 缔约方应尽一切努力以协商一致方式就对本议定书提出的任何修正达成协议。如为谋求协商一致已尽一切努力但仍未达成协议,作为最后的方式,该项修正应以出席会议并参加表决的缔约方四分之三多数票通过。通过的修正应由秘书处送交保存人,再由保存人转送所有缔约方供其接受。

4. 对修正的接受文书应交存于保存人,按照上述第 3 款通过的修正,应于保存人收到本议定书至少四分之三缔约方的接受文书之日后第九十天起对接受该项修正的缔约方生效。

5. 对于任何其他缔约方,修正应在该缔约方向保存人交存其接受该项修正的文书之日后第九十天起对其生效

第二十条

1. 本议定书的附件构成本议定书的组成部分,除非另有明文规定,凡提及本议定书时即同时提及其任何附件。本议定书通过后生效的任何附件,应限于清单,表格和属于科学、技术、程序、行政性质的任何其他说明性材料。

2. 任何缔约方可对本议定书提出附件并可对本议定书的附件提出修正。

3. 本议定书的附件和对本议定书附件的修正应在作为本议定书缔约方会议的《公约》缔约方会议的常会上通过。提议的任何附件或对附件的修正案文应由法书处在拟议通过该项附件或修正的届会之前至少六个月送交各缔约方。秘书处还应将提出的任何附件或对附件的任何修正送交《公约》缔约方和签署方,并送交保存人以供参考。

4. 缔约各方应尽一切努力以协商一致方式就提议的任何附件或对某一附件提出的任何修正达成协议。如为谋求协商一致已尽一切努力但仍未达成协议,该项附件或修正应以出席会议并参加表决的缔约方四分之三多数票通过。通过的附件或修正应由秘书处送交保存人,再由保存人送交所有缔约方供其接受。

5. 根据上述第 3 款和第 4 款通过或修正的附件,除附件 A 和附件 B 之外,应于保存人向本议亩书的所有缔约方发出关于通过或修正该附件的通知之日起六个月后对所有缔约方生效,但在此期间书面通知保存人不接受该项附件或修正案的缔约方除外。对于撤回其不接受通知的缔约方,该项附件或修正案应自保存人收到撤回通知之日第九十天起对其生效。

6. 如果附件或对附件的修正案涉及对本议定书的修正,则该附件或对附件的修正应待对议定书的修正案生效之后方可生效。

7. 对本议定书附件A和附件B的修正应根据第十九条中规定的程序予以通过并生效，但对附件B的任何修正只应以有关缔约方书面同意的方式通过。

第二十一条

1. 除下述第2款所规定外，每一缔约方有一票表决权。

2. 区域经济一体化组织在其权限内的事项上应行使票数与其作为本议定书缔约方的成员国数目相同的表决权。如果一个此类组织的任一成员国行使自己的表决权，则该组织不得行使表决权，反之亦然。

第二十二条

联合国秘书长应为本议定书的保存人。

第二十三条

1. 本议定书应开放供签署并须经属《公约》缔约方的各国和区域经济一体化组织批准、接受或核准。本议定书自1998年3月16日至1999年3月15日在纽约联合国总部开放供签署，并自本议定书签署截止日之次日起开放供加入。批准、接受、核准或加入的文书应交于保存人。

2. 任何成为本议定书缔约方而其成员国均非缔约方的区域经济一体化组织应受本议定书各项义务的约束。如果此类组织的一个或多个成员国为本议定书的缔约方，该组织及其成员国应决定各国履行本议定书义务方面的责任。在此种情况下，该组织及其成员国无权同时行使本议定书规定的权利。

3. 区域经济一体化组织应在其批准，接受、核准或加入的文书中声明其在本议定书所规定事项上的权限。这些组织还应将其权限范围的任何重大变更通知保存人，再由保存人通知各缔约方。

第二十四条

1. 本议定书应在不少于55个《公约》缔约方、包括附件一所列缔约方——其合计二氧化碳排放总量至少占附件一所列缔约方的1990年二氧化碳排放总量的55%——已经交存其批准书、接受书、核准书或加入书之日后第九十天起生效。

2. 为了本条的目的，“附件一所列缔约方1990年合计二氧化碳排放总量”指在通过本议定书之日或之前这些《公约》缔约方在其按照《公约》第十二条提交的第一次国家信息中通报的数量。

3. 对于依上述第1款中规定的生效条件达到之后批准、接受、核准或加入本议定书的每一国家或区域经济一体化组织，本议定书应自其批准、接受、核准或加入文书交存之日后第九十天起生效。

4. 为本条之目的，区域经济一体化组织交存的任何文书不应被视为该组织成员国所交存文书之外的额外文书。

第二十五条

对议定书不得作任何保留。

第二十六条

1. 自本议定书对一缔约方生效之日起三年后,该缔约方可随时向保存人发出书面通知退出本议定书。

2. 任何此种退出应自保存人收到退出通知之日起一年期满时生效,或在退出通知中所述明的较迟日期生效。

3. 退出《公约》的任何缔约方,应被视为亦退出本议定书。

第二十七条

本议定书正本应交存于联合国秘书长,其阿拉伯文、中文、英文、法文、俄文和西班牙文文本等作准。一九九七年十二月十日订于京都。

附件 A

温室气体:二氧化碳(CO2)、甲烷(CH4)、氧化亚氮(N 2O)、氢氟碳化物(HFCS)、全氟化碳(PFCS)、六氟化硫(SF6)

部门/源类别

能源、燃料燃烧、能源工业、制造业和建设、运输、其他部门、其他燃料的易散性排放

固体燃料、石油和天然气、其他

工业流程

矿产品、化工业、金属生产、其他生产

碳卤化合物和六氟化硫的生产、碳卤化合物和六氟化硫的消费、其他

溶剂和其他产品的使用

农业

肠道发酵、粪肥管理、水稻种植、农用土壤、对热带大草原进行有规定的燃烧、对农作物残留物的田间燃烧、其他

废物

陆地固体废物处置

废水处置、废物焚化、其他

附件 B

缔约方 排放量限制或削减承诺(1990 年起的百分比变化)

澳大利亚 108,奥地利 92,比利时 92,保加利亚 * 92,加拿大 * 94,克罗地亚 * 95,捷克共和国 * 92,丹麦 92,爱沙尼亚 * 92,欧洲经济共同体① 92,芬兰 92,法国 92,德国 92,希腊 92,匈牙利 * 94,冰岛 110,爱尔兰 92,意大利 92,日本 94,列支敦士登 92,立陶宛 * 92,卢森堡 92,摩纳哥 92,荷兰 92,新西兰 100,挪威 101,波兰 * 94,葡萄牙 92,罗马尼亚 * 92,俄罗斯联邦 * 100,斯洛伐克 * 92,斯洛文尼亚 * 92,西班牙 92,瑞典 92,瑞士 92,乌克兰 * 100,大不列颠及北爱尔兰联合王国 92,美利坚合众国 93,

* 正在向市场经济过渡的国家,①欧洲共同体及其成员国将依照第四条的规定执行按照第三条 1 款规定的各自承诺。

安徽省气象管理条例

1998 年安徽省人民代表大会常务委员会公告

第一章 总 则

第一条 为加强气象工作，准确、及时制作与发布天气预报，预防和减轻气象灾害，保障人民生命财产安全，合理利用和保护气候资源，实施可持续发展战略，促进经济建设和社会发展，根据《中华人民共和国气象条例》，结合我省实际，制定本条例。

第二条 在本省行政区域内从事气象探测、预报、服务和气象灾害防御、气候资源利用等活动，适用本条例。

第三条 省气象主管部门负责全省的气象管理工作，市（行署）、县（市、区）气象主管部门负责本行政区域内的气象管理工作。各级气象主管部门实行上级气象主管部门与本级人民政府双重领导、以上级气象主管部门领导为主的管理体制。

农业、林业、水利、民航等设有专业气象台站的部门依照职责分工，负责管理本部门的气象工作，同时接受气象主管部门的行业管理。

第四条 各级气象主管部门的职责：

（一）统一管理气象预报的制作与发布，逐步提高预报质量；

（二）负责气候资源的开发、利用和保护，参与有关气象灾害防御的决策；

（三）负责国民经济和社会发展计划、重点建设工程、重大区域性经济开发项目和城镇规划所必需的气候可行性论证工作；

（四）归口管理社会生产、人民生活中与气象有关的安全设施的设计、施工和技术检测；

（五）组织和管理人工影响局部天气工作；

（六）上级气象主管部门和同级人民政府授予的其他职责。

第五条 各级人民政府应加强对气象工作的领导，增加对气象事业的投入。鼓励依靠科学技术进步发展气象事业，推动气象现代化建设，增强气象服务能力，提高社会经济效益。

对在气象工作中作出显著成绩的单位和个人，由各级人民政府或气象主管部门给予表彰和奖励。

第二章　地方气象事业建设

第六条　非国家统一布局，专为当地经济建设和人民生活服务的地方气象事业项目主要包括：

（一）建立气象探测站点及其探测情报的传输网络；

（二）建立气象卫星遥感接收处理系统、森林火险天气预报系统、电视天气预报制作系统、雷电监测系统、气象灾害监测和预警系统；

（三）为工农业生产、城市建设、防灾减灾、气候资源开发利用开展的服务；

（四）人工影响天气作业及其试验研究；

（五）社会公益气象服务和农村气象科技服务网的建设。

第七条　地方气象事业项目应纳入国民经济发展计划，所需基本建设投资和有关事业经费纳入本级人民政府财政预算。

鼓励单位和个人以投资、技术转让等方式参与地方气象事业建设，其经济利益和合法权益受法律保护。

第三章　气象探测设施和探测环境保护

第八条　气象探测设施和气象探测环境受法律保护，任何单位和个人不得破坏。其保护范围按照国家和省有关气象观测环境的技术要求执行。

第九条　气象探测环境保护应当纳入土地利用规划、城市总体规划和村庄、集镇建设规划。

在气象探测环境保护范围内不得批准或进行不符合气象探测环境保护标准的建设或其他活动。确需进行此类活动的，规划、建设、土地、无线电管理等有关部门和建设单位必须征得气象主管部门同意。

第十条　气象台站的站址及其设施的安置应当保持长期稳定。因工程建设、城市规划确需迁移一般气象台站或者其设施的，建设单位必须提前一年报省气象主管部门批准；确需迁移国家基准气候站、基本气象站的，建设单位必须提前两年报省气象主管部门转报国务院气象主管部门批准。迁移所需的费用，由建设单位承担。

第十一条　气象探测设施和探测环境因不可抗力因素遭受破坏时，当地人民政府应当采取紧急措施，组织力量修复，确保气象工作的正常进行。

第四章　气象预报和灾害性天气警报发布

第十二条　气象预报和灾害性天气警报由气象主管部门所属的气象台站按职责分工统一发布。其他任何单位和个人不得以任何方式向社会公开发布。

专业气象台站可以向本部门发布专业天气预报。

第十三条 气象台站应当按照气象技术规范要求，准确、及时制作并发布气象预报和灾害性天气警报，根据大气变化及时发布补充或订正的预报和警报。

第十四条 邮电部门应当按照国家有关规定，与气象主管部门互相配合，确保气象通信畅通，迅速、准确地完成气象情报、气象预报和灾害性天气警报的传递。

第十五条 广播、电视、报纸等新闻媒体应当按照气象台站发布的气象预报的内容如实、定时、无偿播发，特殊情况需改变播发时间、画面的，必须征得发布该气象预报的气象台站同意。对气象台站临时发布的灾害性天气警报和补充或订正的气象预报，应当及时增播或插播。

第十六条 传播媒体发表可能造成重大影响的气象预报或灾害性天气警报的新闻报道，应当征得气象主管部门的同意。

第五章 气象灾害防御和减轻

第十七条 气象主管部门必须将灾害性天气警报及时报告当地人民政府和农业、林业、水利、公安消防、防汛抗旱等有关部门，为其采取防灾抗灾措施提供决策依据。

第十八条 各级人民政府和有关部门应当根据气象预报和灾害性天气警报，在预计可能发生气象灾害的区域及时采取预防、抢救措施，防止、减少气象灾害造成的损失。

第十九条 各级人民政府应当有计划地组织开展增雨、防雹、消雾和防霜冻等人工影响局部天气的科学试验和作业；所需工作条件和经费由当地人民政府或者受益者提供，气象主管部门负责具体实施。

第二十条 气象主管部门负责组织雷电灾害天气规律及其预防措施的研究和管理，对防雷安全设施提供技术检测等服务并参加高层建筑或特殊设施防雷工程峻工后的验收。

新建、扩建、改建建筑物、构筑物或其他设施的防雷安全设施设计，须经气象主管部门审核同意。公安消防部门负责防雷设施的消防安全管理，技术监督部门负责生产、流通领域防雷设备器材产品质量的监督管理。

第六章 气候资源利用和保护

第二十一条 气候资源的利用和保护，应当坚持全面规划、统筹兼顾、合理开发、综合利用、讲求效益的原则。

第二十二条 省气象主管部门统筹组织全省气候资源的综合调查和区划工作，提出保护和合理开发利用气候资源的方案和建议，监督检查气候资源保护工作；组织气候监测、诊断、分析、评价以及气候变化的研究。

第二十三条 各级人民政府应当根据当地气候资源的特点，对气候资源开发、利用和保护的重点作出规划。气象主管部门应当根据规划提出气候资源的利用、保护和推广应用的建议。

第二十四条 气象主管部门应根据城市规划、大中型工程建设项目、农业新品种引进、气象能源开发等需要提供大气环境影响评价及有关气象服务。其他部门进行此类活动使用非气象主管部门提供的基本气象资料,须经气象主管部门审查、鉴证。

第七章 气象服务

第二十五条 气象服务分为公益气象服务和专业、专项气象服务。

公益气象服务由气象主管部门无偿提供。凡根据用户特定需要提供的专业、专项气象服务应当遵循自愿、协商的原则,实行有偿服务。

第二十六条 公益气象服务主要包括:

(一)为各级人民政府指挥工农业生产、防灾抗灾提供决策依据;

(二)为军事、国防科学提供气象服务;

(三)为社会提供公用性天气预报;

(四)及时发布灾害性天气警报。

第二十七条 专业、专项气象服务项目包括:

(一)专业、专项天气预报、情报和气象资料;

(二)现场大气测试、大气环境影响评价、气候资源开发和气候可行性论证;

(三)雷电防护技术服务和气象专用计量器具修理与检定;

(四)其他气象科技服务。

专业、专项气象服务收费标准由省气象主管部门会同省物价、财政部门共同制定。

第二十八条 报刊、广播、电视、电话、寻呼和计算机公共网络等传播媒体向社会传播的天气预报和灾害性天气警报,必须是气象主管部门所属的各级气象台站直接提供的适时气象信息。

传播媒体借助传播气象信息所获得的收益,应当与发布该气象信息的气象台站共同分享。

第二十九条 对施放充气升空物服务实行许可证制度。具体管理办法由省人民政府制定。

第八章 法律责任

第三十条 破坏气象探测设施的,由气象主管部门责令恢复原状;造成损失的,赔偿损失;违反治安管理规定的,由公安机关依法处罚;构成犯罪的,由司法机关依法追究刑事责任。

第三十一条 破坏气象探测环境的,由气象主管部门责令改正;违反城市规划管理规定的,由城市规划行政主管部门依法处罚。

第三十二条 擅自向社会公开发布气象预报、灾害性天气警报和带有预报结论或意见的材料，谎报险情造成混乱的，由公安机关依照《中华人民共和国治安管理处罚条例》处罚。

第三十三条 传播媒体向社会转播或转登非气象主管部门所属气象台站直接提供的天气预报信息的，由气象主管部门责令其改正，并可处500元以上1000元以下的罚款。

第三十四条 拒绝或者拖延播发气象预报或灾害性天气警报，造成严重后果的，对直接负责的主管人员和其他直接责任人员，由其所在单位或者上级主管机关给予行政处分。

第三十五条 气象工作人员玩忽职守，致使气象预报或灾害性天气警报服务产生重大失误的，由其所在单位或者上级主管机关给予行政处分。构成犯罪的，依法追究刑事责任。

第九章　附　　则

第三十六条 本条例具体应用中的问题由省气象主管部门负责解释。

第三十七条 本条例自1998年9月1日起施行。

中华人民共和国气象法

中华人民共和国主席令

第二十三号

《中华人民共和国气象法》已由中华人民共和国第九届全国人民代表大会常务委员会第十二次会议于1999年10月31日通过，现予公布，自2000年1月1日起施行。

中华人民共和国主席　江泽民

1999年10月31日

中华人民共和国气象法

（1999年10月31日第九届全国人民代表大会常务委员会第十二次会议通过）

目　录

第一章　总　　则

第一条　为了发展气象事业，规范气象工作，准确、及时地发布气象预报，防御气象灾害，合理开发利用和保护气候资源，为经济建设、国防建设、社会发展和人民生活提供气象服务，制定本法。

第二条 在中华人民共和国领域和中华人民共和国管辖的其他海域从事气象探测、预报、服务和气象灾害防御、气候资源利用、气象科学技术研究等活动，应当遵守本法。

第三条 气象事业是经济建设、国防建设、社会发展和人民生活的基础性公益事业，气象工作应当把公益性气象服务放在首位。县级以上人民政府应当加强对气象工作的领导和协调，将气象事业纳入中央和地方同级国民经济和社会发展计划及财政预算，以保障其充分发挥为社会公众、政府决策和经济发展服务的功能。

县级以上地方人民政府根据当地社会经济发展的需要所建设的地方气象事业项目，其投资主要由本级财政承担。

气象台站在确保公益性气象无偿服务的前提下，可以依法开展气象有偿服务。

第四条 县、市气象主管机构所属的气象台站应当主要为农业生产服务，及时主动提供保障当地农业生产所需的公益性气象信息服务。

第五条 国务院气象主管机构负责全国的气象工作。地方各级气象主管机构在上级气象主管机构和本级人民政府的领导下，负责本行政区域内的气象工作。

国务院其他有关部门和省、自治区、直辖市人民政府其他有关部门所属的气象台站，应当接受同级气象主管机构对其气象工作的指导、监督和行业管理。

第六条 从事气象业务活动，应当遵守国家制定的气象技术标准、规范和规程。

第七条 国家鼓励和支持气象科学技术研究、气象科学知识普及，培养气象人才，推广先进的气象科学技术，保护气象科技成果，加强国际气象合作与交流，发展气象信息产业，提高气象工作水平。

各级人民政府应当关心和支持少数民族地区、边远贫困地区、艰苦地区和海岛的气象台站的建设和运行。

对在气象工作中做出突出贡献的单位和个人，给予奖励。

第八条 外国的组织和个人在中华人民共和国领域和中华人民共和国管辖的其他海域从事气象活动，必须经国务院气象主管机构会同有关部门批准。

第二章 气象设施的建设与管理

第九条 国务院气象主管机构应当组织有关部门编制气象探测设施、气象信息专用传输设施、大型气象专用技术装备等重要气象设施的建设规划，报国务院批准后实施。气象设施建设规划的调整、修改，必须报国务院批准。

编制气象设施建设规划，应当遵循合理布局、有效利用、兼顾当前与长远需要的原则，避免重复建设。

第十条 重要气象设施建设项目，在项目建议书和可行性研究报告报批前，应当按照项目相应的审批权限，经国务院气象主管机构或者省、自治区、直辖市气象主管机构审查同意。

第十一条　国家依法保护气象设施，任何组织或者个人不得侵占、损毁或者擅自移动气象设施。

气象设施因不可抗力遭受破坏时，当地人民政府应当采取紧急措施，组织力量修复，确保气象设施正常运行。

第十二条　未经依法批准，任何组织或者个人不得迁移气象台站；确因实施城市规划或者国家重点工程建设，需要迁移国家基准气候站、基本气象站的，应当报经国务院气象主管机构批准；需要迁移其他气象台站的，应当报经省、自治区、直辖市气象主管机构批准。迁建费用由建设单位承担。

第十三条　气象专用技术装备应当符合国务院气象主管机构规定的技术要求，并经国务院气象主管机构审查合格；未经审查或者审查不合格的，不得在气象业务中使用。

第十四条　气象计量器具应当依照《中华人民共和国计量法》的有关规定，经气象计量检定机构检定。未经检定、检定不合格或者超过检定有效期的气象计量器具，不得使用。

国务院气象主管机构和省、自治区、直辖市气象主管机构可以根据需要建立气象计量标准器具，其各项最高计量标准器具依照《中华人民共和国计量法》的规定，经考核合格后，方可使用。

第三章　气象探测

第十五条　各级气象主管机构所属的气象台站，应当按照国务院气象主管机构的规定，进行气象探测并向有关气象主管机构汇交气象探测资料。未经上级气象主管机构批准，不得中止气象探测。

国务院气象主管机构及有关地方气象主管机构应当按照国家规定适时发布基本气象探测资料。

第十六条　国务院其他有关部门和省、自治区、直辖市人民政府其他有关部门所属的气象台站及其他从事气象探测的组织和个人，应当按照国家有关规定向国务院气象主管机构或者省、自治区、直辖市气象主管机构汇交所获得的气象探测资料。

各级气象主管机构应当按照气象资料共享、共用的原则，根据国家有关规定，与其他从事气象工作的机构交换有关气象信息资料。

第十七条　在中华人民共和国内水、领海和中华人民共和国管辖的其他海域的海上钻井平台和具有中华人民共和国国籍的在国际航线上飞行的航空器、远洋航行的船舶，应当按照国家有关规定进行气象探测并报告气象探测信息。

第十八条　基本气象探测资料以外的气象探测资料需要保密的，其密级的确定、变更和解密以及使用，依照《中华人民共和国保守国家秘密法》的规定执行。

第十九条 国家依法保护气象探测环境，任何组织和个人都有保护气象探测环境的义务。

第二十条 禁止下列危害气象探测环境的行为：

（一）在气象探测环境保护范围内设置障碍物、进行爆破和采石；

（二）在气象探测环境保护范围内设置影响气象探测设施工作效能的高频电磁辐射装置；

（三）在气象探测环境保护范围内从事其他影响气象探测的行为。

气象探测环境保护范围的划定标准由国务院气象主管机构规定。各级人民政府应当按照法定标准划定气象探测环境的保护范围，并纳入城市规划或者村庄和集镇规划。

第二十一条 新建、扩建、改建建设工程，应当避免危害气象探测环境；确实无法避免的，属于国家基准气候站、基本气象站的探测环境，建设单位应当事先征得国务院气象主管机构的同意，属于其他气象台站的探测环境，应当事先征得省、自治区、直辖市气象主管机构的同意，并采取相应的措施后，方可建设。

第四章 气象预报与灾害性天气警报

第二十二条 国家对公众气象预报和灾害性天气警报实行统一发布制度。

各级气象主管机构所属的气象台站应当按照职责向社会发布公众气象预报和灾害性天气警报，并根据天气变化情况及时补充或者订正。其他任何组织或者个人不得向社会发布公众气象预报和灾害性天气警报。

国务院其他有关部门和省、自治区、直辖市人民政府其他有关部门所属的气象台站，可以发布供本系统使用的专项气象预报。

各级气象主管机构及其所属的气象台站应当提高公众气象预报和灾害性天气警报的准确性、及时性和服务水平。

第二十三条 各级气象主管机构所属的气象台站应当根据需要，发布农业气象预报、城市环境气象预报、火险气象等级预报等专业气象预报，并配合军事气象部门进行国防建设所需的气象服务工作。

第二十四条 各级广播、电视台站和省级人民政府指定的报纸，应当安排专门的时间或者版面，每天播发或者刊登公众气象预报或者灾害性天气警报。

各级气象主管机构所属的气象台站应当保证其制作的气象预报节目的质量。

广播、电视播出单位改变气象预报节目播发时间安排的，应当事先征得有关气象台站的同意；对国计民生可能产生重大影响的灾害性天气警报和补充、订正的气象预报，应当及时增播或者插播。

第二十五条 广播、电视、报纸、电信等媒体向社会传播气象预报和灾害性天气警报，必须使用气象主管机构所属的气象台站提供的适时气象信息，并标明发布时间和气象台站的名称。通过传播气象信息获得的收益，应当提取一部分支持气象事业的发展。

第二十六条　信息产业部门应当与气象主管机构密切配合，确保气象通信畅通，准确、及时地传递气象情报、气象预报和灾害性天气警报。

气象无线电专用频道和信道受国家保护，任何组织或者个人不得挤占和干扰。

第五章　气象灾害防御

第二十七条　县级以上人民政府应当加强气象灾害监测、预警系统建设，组织有关部门编制气象灾害防御规划，并采取有效措施，提高防御气象灾害的能力。有关组织和个人应当服从人民政府的指挥和安排，做好气象灾害防御工作。

第二十八条　各级气象主管机构应当组织对重大灾害性天气的跨地区、跨部门的联合监测、预报工作，及时提出气象灾害防御措施，并对重大气象灾害作出评估，为本级人民政府组织防御气象灾害提供决策依据。

各级气象主管机构所属的气象台站应当加强对可能影响当地的灾害性天气的监测和预报，并及时报告有关气象主管机构。其他有关部门所属的气象台站和与灾害性天气监测、预报有关的单位应当及时向气象主管机构提供监测、预报气象灾害所需要的气象探测信息和有关的水情、风暴潮等监测信息。

第二十九条　县级以上地方人民政府应当根据防御气象灾害的需要，制定气象灾害防御方案，并根据气象主管机构提供的气象信息，组织实施气象灾害防御方案，避免或者减轻气象灾害。

第三十条　县级以上人民政府应当加强对人工影响天气工作的领导，并根据实际情况，有组织、有计划地开展人工影响天气工作。

国务院气象主管机构应当加强对全国人工影响天气工作的管理和指导。地方各级气象主管机构应当制定人工影响天气作业方案，并在本级人民政府的领导和协调下，管理、指导和组织实施人工影响天气作业。有关部门应当按照职责分工，配合气象主管机构做好人工影响天气的有关工作。

实施人工影响天气作业的组织必须具备省、自治区、直辖市气象主管机构规定的资格条件，并使用符合国务院气象主管机构要求的技术标准的作业设备，遵守作业规范。

第三十一条　各级气象主管机构应当加强对雷电灾害防御工作的组织管理，并会同有关部门指导对可能遭受雷击的建筑物、构筑物和其他设施安装的雷电灾害防护装置的检测工作。

安装的雷电灾害防护装置应当符合国务院气象主管机构规定的使用要求。

第六章　气候资源开发利用和保护

第三十二条　国务院气象主管机构负责全国气候资源的综合调查、区划工作，组织进行气候监测、分析、评价，并对可能引起气候恶化的大气成分进行监测，定期发布全国气候状况公报。

第三十三条 县级以上地方人民政府应当根据本地区气候资源的特点，对气候资源开发利用的方向和保护的重点作出规划。

地方各级气象主管机构应当根据本级人民政府的规划，向本级人民政府和同级有关部门提出利用、保护气候资源和推广应用气候资源区划等成果的建议。

第三十四条 各级气象主管机构应当组织对城市规划、国家重点建设工程、重大区域性经济开发项目和大型太阳能、风能等气候资源开发利用项目进行气候可行性论证。

具有大气环境影响评价资格的单位进行工程建设项目大气环境影响评价时，应当使用气象主管机构提供或者经其审查的气象资料。

第七章　法律责任

第三十五条 违反本法规定，有下列行为之一的，由有关气象主管机构按照权限责令停止违法行为，限期恢复原状或者采取其他补救措施，可以并处五万元以下的罚款；造成损失的，依法承担赔偿责任；构成犯罪的，依法追究刑事责任：

（一）侵占、损毁或者未经批准擅自移动气象设施的；

（二）在气象探测环境保护范围内从事危害气象探测环境活动的。

在气象探测环境保护范围内，违法批准占用土地的，或者非法占用土地新建建筑物或者其他设施的，依照《中华人民共和国城市规划法》或者《中华人民共和国土地管理法》的有关规定处罚。

第三十六条 违反本法规定，使用不符合技术要求的气象专用技术装备，造成危害的，由有关气象主管机构按照权限责令改正，给予警告，可以并处五万元以下的罚款。

第三十七条 违反本法规定，安装不符合使用要求的雷电灾害防护装置的，由有关气象主管机构责令改正，给予警告。使用不符合使用要求的雷电灾害防护装置给他人造成损失的，依法承担赔偿责任。

第三十八条 违反本法规定，有下列行为之一的，由有关气象主管机构按照权限责令改正，给予警告，可以并处五万元以下的罚款：

（一）非法向社会发布公众气象预报、灾害性天气警报的；

（二）广播、电视、报纸、电信等媒体向社会传播公众气象预报、灾害性天气警报，不使用气象主管机构所属的气象台站提供的适时气象信息的；

（三）从事大气环境影响评价的单位进行工程建设项目大气环境影响评价时，使用的气象资料不是气象主管机构提供或者审查的。

第三十九条 违反本法规定，不具备省、自治区、直辖市气象主管机构规定的资格条件实施人工影响天气作业的，或者实施人工影响天气作业使用不符合国务院气象主管机构要求的技术标准的作业设备的,由有关气象主管机构按照权限责令改正,给予警告,可以并处十万元以下的罚款;给他人造成损失的,依法承担赔偿责任;构成犯罪的,依法追究刑事责任。

第四十条　各级气象主管机构及其所属气象台站的工作人员由于玩忽职守,导致重大漏报、错报公众气象预报、灾害性天气警报,以及丢失或者毁坏原始气象探测资料、伪造气象资料等事故的,依法给予行政处分;致使国家利益和人民生命财产遭受重大损失,构成犯罪的,依法追究刑事责任。

第八章　附　　则

第四十一条　本法中下列用语的含义是:

(一)气象设施,是指气象探测设施、气象信息专用传输设施、大型气象专用技术装备等。

(二)气象探测,是指利用科技手段对大气和近地层的大气物理过程、现象及其化学性质等进行的系统观察和测量。

(三)气象探测环境,是指为避开各种干扰保证气象探测设施准确获得气象探测信息所必需的最小距离构成的环境空间。

(四)气象灾害,是指台风、暴雨(雪)、寒潮、大风(沙尘暴)、低温、高温、干旱、雷电、冰雹、霜冻和大雾等所造成的灾害。

(五)人工影响天气,是指为避免或者减轻气象灾害,合理利用气候资源,在适当条件下通过科技手段对局部大气的物理、化学过程进行人工影响,实现增雨雪、防雹、消雨、消雾、防霜等目的的活动。

第四十二条　气象台站和其他开展气象有偿服务的单位,从事气象有偿服务的范围、项目、收费等具体管理办法,由国务院依据本法规定。

第四十三条　中国人民解放军气象工作的管理办法,由中央军事委员会制定。

第四十四条　中华人民共和国缔结或者参加的有关气象活动的国际条约与本法有不同规定的,适用该国际条约的规定;但是,中华人民共和国声明保留的条款除外。

第四十五条　本法自2000年1月1日起施行。1994年8月18日国务院发布的《中华人民共和国气象条例》同时废止。

气象资料共享管理办法

（中国气象局第4号令）

第4号《气象资料共享管理办法》已于2001年11月12日经中国气象局局务会会议通过，现予发布，自发布之日起施行。

第一章 总 则

第一条 为了加强气象资料共享，进一步促进气象资料更好地为经济建设、国防建设、社会发展和人民生活服务，依据《中华人民共和国气象法》有关规定，制定本办法。

第二条 各级气象主管机构组织提供气象资料共享，以及用户使用其提供共享的气象资料，应当遵守本办法。

第三条 本办法所称气象资料，是指各级气象主管机构组织收集并存档的各种气象观（探）测记录，以及由这些记录加工处理而成的各类气象数据集、各种气候统计值和数值分析资料等。

第四条 国务院气象主管机构负责全国气象资料共享工作的管理。地方各级气象主管机构负责本行政区域内气象资料共享工作的管理。

第五条 提供涉密气象资料共享，以及使用、保管共享的涉密气象资料，应当遵守《中华人民共和国保守国家秘密法》和《气象部门保守国家秘密实施细则》等有关规定。

第二章 共享气象资料的提供

第六条 各级气象主管机构负责共享气象资料提供工作的单位，应当通过网络适时、滚动向社会发布下列基本气象资料，供公众无偿下载：

（一）我国参加世界气象组织全球通信系统（GTS）交换的地面气象站的定时（4次）观测报告和高空站的定时（2次）观测报告；

（二）我国参加地面气候资料国际交换的气象站（附录1）的气温、气压、湿度、风、降水、日照等要素的当年的月、年统计值。

第七条 各级气象主管机构负责共享气象资料提供工作的单位，应当免费向从事气象工作的机构、事业单位开展的公益服务、非营利性科研和教育机构从事的非商业性活动提供所需的气象资料。

有关部门和单位与气象部门合作开展的业务和科研项目所需的气象资料，按双方建立合作关系时商定的原则和方法处理。

为企业、事业单位从事的经营性活动提供所需的气象资料,除收取资料复制和交付成本费外,可以补偿性收取资料加工处理费。

第八条　各级气象主管机构负责共享气象资料提供工作的单位,为各级党委、人民政府及其防灾减灾机构,以及外国驻华使馆、领事馆、联合国驻华机构提供其开展公务活动所需的气象资料,不收取费用。

第九条　国务院气象主管机构负责共享气象资料提供工作的单位,向用户提供从其他国家气象部门交换来的气象资料,必须遵守有关国家气象部门提供交换资料时附加的使用限制条件。

各级气象主管机构负责共享气象资料提供工作的单位,向用户提供从其他从事气象工作的机构、有关部门和科研单位交换来的资料,应当遵守有关机构、部门和单位提供交换资料时附加的使用限制条件。

第十条　各级气象主管机构负责共享气象资料提供工作的单位,只负责提供本级气象主管机构组织收集和存档的气象资料。

除各级气象主管机构负责共享气象资料提供工作的单位之外,各级气象主管机构所属的其他单位和个人不得从事或变相从事气象资料提供工作。

第三章　共享气象资料的使用

第十一条　用户要求提供气象资料时,应当凭有效证件,并提交包括所索取气象资料的用途、类别、范围、数量,以及是否涉外使用等内容的证明文件。

第十二条　用户对各级气象主管机构组织提供的气象资料,只享有有限的、不排他的使用权。

第十三条　用户不得有偿或无偿转让其从各级气象主管机构获得的气象资料,包括用户对这些气象资料进行单位换算、介质转换或者量度变换后形成的新资料,以及对其进行实质性加工后形成的新资料。

第十四条　用户不得直接将其从各级气象主管机构获得的气象资料,用作向外分发或供外部使用的数据库、产品和服务的一部分,也不得间接用作生成它们的基础。

用户从各级气象主管机构获得气象资料,可以在内部分发;可以存放在仅供本单位使用的局域网上,但不得与广域网、互联网相连接。

第十五条　用户从各级气象主管机构获得的用于非经营性活动的气象资料,不得用于经营性活动。

第四章　罚　　则

第十六条　违反本办法规定,有下列行为之一的,由有关气象主管机构责令其改正，给予警告，并处以一万元以下罚款；情节严重的，停止向其提供气象资料。

（一）将所获得的气象资料或者这些气象资料的使用权，向国内外其他单位和个人无偿转让的；

（二）将所获得气象资料直接向外分发或用作供外部使用的数据库、产品和服务的一部分，或者间接用作生成它们的基础的；

（三）将存放所获得气象资料的局域网与广域网、互联网相连接的；

（四）将所获得气象资料进行单位换算、介质转换或者量度变换后形成的新资料，或者对所获得气象资料进行实质性加工后形成的新资料向外分发的；

（五）不按要求使用从国内外交换来的气象资料的。

第十七条 违反本办法规定，将所获得的气象资料或者这些气象资料的使用权，向国内外其他单位和个人有偿转让的，由有关气象主管机构责令其改正，给予警告，并处以三万元以下的罚款；情节严重的，停止向其提供气象资料。

第十八条 违反本办法规定，将通过网络无偿下载的或按公益使用免费获取的气象资料，用于经营性活动的，由有关气象主管机构责令其改正，给予警告，并处以五万元以下罚款。情节严重的，停止向其提供气象资料。

第十九条 违反本办法规定，有下列行为之一的，由有关气象主管机构责令其限期改正；情节严重的，对责任人员依法给予行政处分：

（一）不适时向社会发布基本气象资料的；

（二）不免费向从事气象工作的机构、国内非营利性科研和教育机构从事的非商业性活动提供气象资料的；

（三）不及时向各级党委、人民政府，以及外国驻华使馆、领事馆、联合国驻华机构提供其开展公务活动所需气象资料的；

（四）向用户提供与其他国家气象部门交换来的气象资料，不遵守有关国家气象部门提供交换资料时附加的使用限制条件的；

（五）向用户提供与其他从事气象工作的机构、有关部门和科研单位交换来的气象等资料，不遵守有关机构、部门和单位提供交换资料时附加的使用限制条件的。

第二十条 提供涉密气象资料共享，以及使用、保管共享的涉密气象资料，不遵守《中华人民共和国保守国家秘密法》和《气象部门保守国家秘密实施细则》等法律、法规等规定的，由有关部门依照上述法律、法规的规定进行处罚。

第五章 附 则

第二十一条 本办法中下列术语的含义是：

（一）用户，是指独立法人单位，不含其下属单位。

（二）免费，按世界气象组织40号（Cg-XII）决议给出的定义，是指除复制和交付资料所需的成本费外，不再征收任何资料采集和存档所花的费用。

（三）资料复制和交付成本费，是指为用户提供气象资料过程中对气象资料检索、摘录、加工、复制所需的人员工时、设备损耗、能源消耗以及复制载体、通讯传输等项费用。

（四）资料加工处理费，是指对所收集的气象资料进行加工处理和归档所需的人员工时、设备损耗、能源消耗等项费用。

第二十二条　为索取气象资料的外国机构和个人提供气象资料，可参照本办法有关条款的规定执行。

第二十三条　各级气象主管机构可以根据本办法制定具体的实施办法。

第二十四条　本办法由国务院气象主管机构负责解释。

第二十五条　本办法自公布之日起施行。

安徽省防雷减灾管理办法

安徽省人民政府令第182号

《安徽省防雷减灾管理办法》已经2005年3月17日省人民政府第22次常务会议通过，现予公布，自2005年5月1日起施行。

省长　王金山

2005年4月4日

第一条　为了防御和减轻雷电灾害，保护人民生命财产安全，促进经济社会发展，根据《中华人民共和国气象法》、《安徽省气象管理条例》等有关法律、法规，结合本省实际，制定本办法。

第二条　本办法适用于本省行政区域内防御和减轻雷电灾害（以下简称防雷减灾）活动。

第三条　防雷减灾工作，实行预防为主、防治结合的原则。

第四条　县级以上地方人民政府应当加强对防雷减灾工作的领导，鼓励和支持防雷减灾科技研究与开发，推广应用防雷科技研究成果，开展防雷减灾科普宣传，增强全社会防雷减灾意识。

第五条　县级以上地方气象主管机构负责组织管理和监督指导本行政区域内防雷减灾工作。

第六条　县级以上地方气象主管机构应当加强雷电监测和预警系统建设，提高雷电灾害预警和防雷减灾服务能力。

第七条　下列场所或者设施应当安装防雷装置：

（一）建筑物防雷设计规范规定的一、二、三类防雷建筑物、构筑物；

（二）石油、化工等易燃易爆物资的生产、储存、输送、销售等场所和设施；

（三）电力生产设施和输配电系统；

（四）计算机信息系统、通讯设施、广播电视设施、自动控制和监控设施；

（五）国家规定应当安装防雷装置的其他场所和设施。

第八条　新建、改建、扩建本办法第七条规定的场所或者设施，其防雷装置应当与主体工程同时设计、同时施工、同时投入使用。

第九条　防雷装置的设计、施工,应当具有相应资质的单位承担。禁止无资质或者超越资质等级许可的范围从事防雷装置设计、施工活动。

第十条　新建、改建、扩建本办法第七条规定的场所或者设施,建设单位应当将防雷装置设计文件送县级以上地方气象主管机构审核。

气象主管机构应当自收到防雷装置设计文件审核申请之日起10日内作出审核决定。对符合防雷设计规范要求的,予以批准,并出具审核意见书;对不符合防雷设计规范要求的,应当提出修改意见,并书面通知申请人。

防雷装置设计文件未经审核批准的,不得交付施工。

第十一条　防雷装置的施工单位应当按照经审核批准的防雷装置设计文件进行施工,并接受所在地县级以上地方气象主管机构的监督。

在施工中需要修改防雷装置设计方案的,应当按照本办法第十条规定重新报送审核。

第十二条　本办法第七条规定的场所或者设施竣工验收时,其防雷装置应当经县级以上地方气象主管机构验收。负责验收的气象主管机构接到申请后,应当根据具有相应资质的防雷装置检测单位出具的检测报告进行审核。验收合格的,由气象主管机构发给验收合格证书;验收不合格的,施工单位应当按照要求进行整改,并及时向气象主管机构申请重新验收。

前款规定的场所或者设施,其防雷装置未经验收或者验收不合格的,不得交付使用。

第十三条　按照本办法第七条规定安装的防雷装置实行定期检测制度。石油、化工等易燃易爆物资的生产、储存、输送、销售等场所和设施的防雷装置检测周期为每半年一次,其他为每年一次。

防雷装置的产权单位或者使用单位应当按照前款规定的期限,向防雷装置检测单位申报检测。

第十四条　防雷装置检测单位对防雷装置检测后,应当出具检测报告。检测项目不格的,应当告知防雷装置的产权单位或者使用单位。防雷装置的产权单位或者使用单位应当按照要求进行整改,并及时向防雷装置检测单位申报复检。

防雷装置检测单位应当建立和完善检测工作规程,认真执行国家有关标准和规范,保证防雷装置检测报告的准确、公正,并对检测结果负责。

防雷装置检测单位应当具有相应的资质。禁止无资质或者超越资质等级许可的范围从事防雷装置检测活动。

第十五条　防雷装置的产权单位和使用单位应当做好防雷装置的日常维护工作,发现问题及时维修或者报告该装置的检测单位进行处理。

第十六条　遭受雷电灾害的单位和个人,应当在24小时内向所在地县级以上地方气象主管机构报告。气象主管机构应当按照国家有关规定及时对雷电灾害进行调查和鉴定。

第十七条 违反本办法规定，有下列行为之一的，由县级以上地方气象主管机构责令限期改正；逾期不改正的，处以3000元以上3万元以下的罚款：

（一）拒不安装防雷装置的；

（二）无资质或者超越资质等级许可的范围从事防雷装置设计、施工以及检测活动的；

（三）防雷装置设计文件未经审核批准，擅自交付施工的；

（四）防雷装置未经验收合格，擅自交付使用的；

（五）未定期对防雷装置申报检测或者经检测不合格，拒不整改的。

第十八条 违反本办法规定，导致雷击造成火灾、爆炸、人员伤亡以及财产重大损失的，依法追究有关单位和直接责任人员的法律责任。

第十九条 气象主管机构工作人员在防雷减灾工作中，有下列情形之一的，由所在单位或者上级主管部门责令改正，依法给予行政处分；构成犯罪的，依法追究刑事责任：

（一）违反本办法规定审核批准防雷装置设计文件的；

（二）对不符合规定的防雷装置予以验收通过的；

（三）对违反防雷减灾管理规定的行为，不依法查处的；

（四）有其他滥用职权、徇私舞弊、玩忽职守情形的。

第二十条 本办法下列用语的含义是：

（一）雷电灾害，是指因直击雷、雷电感应、雷电感应的静电、雷电波侵入等造成的人员伤亡、财产损失。

（二）防雷装置，是批接闪器、引下线、接地装置、电涌保护器及其他连接导体等防雷产品和设施。

第二十一条 本办法自2005年5月1日起施行。

编纂始末

安徽省地方志编纂委员会编著的首轮《安徽省志·气象志》,于1990年3月由安徽人民出版社出版发行。其时间下限为1985年。

2005年3月,为落实全国气象志编写工作会议精神,安徽省气象局迅速成立了二轮《安徽省志·气象志(1986—2005)》领导小组,时任省气象局副局长的翟武全为组长,时任局长助理的胡雯为副组长;成立《安徽省志·气象志(1986—2005)》编写小组,翟武全为组长,胡雯为副组长;《安徽省志·气象志(1986—2005)》编写办公室设在省气象学会,褚万江为组长,曾晓伟为副组长;编写人员由省气象局各单位推荐组成,编写办公室日常工作由王效瑞负责,并制定《安徽省志·气象志(1986—2005)》编写大纲与负责总纂工作。

经与多方调研几易其稿,2005年9月27日《安徽省志·气象志(1986—2005)》编写大纲及其编写人员分工确定。10月19日,下发安徽省气象局气办函〔2005〕23号文"关于做好《安徽省志·气象志(1986—2005)》编写工作的通知",要求各单位根据中国气象局史志办、安徽省地方志办公室的要求,高度重视、积极支持《安徽省志·气象志(1986—2005)》工作,按进度高质量完成任务。

安徽省地方志编纂委员会2007年6月12日,由省长王金山签发的皖编志〔2007〕2号文中,《安徽省志·气象志(1986—2005)》列入《安徽省志(1986—2005)》规划任务。

《安徽省志·气象志(1986—2005)》的断限与《安徽省志》相一致,但有些篇目中,如天气预报、气候预测、卫星通信、流媒体视频等,因难于断限,其下限到2010年;在内容涉及新中国成立前安徽气象资料站点的内容中,其上限为发端年。

本志在内容涉及大气综合探测、气象通信、气象服务、地方气象事业、气象科技教育及气象事业管理等方面,其入志稿件经本志编写办公室初审修改后,交由稿件相应单位的负责领导审定并签字。在内容涉及第一、二、三、五、八篇的入志稿件经本志编写办公室初审修改后,交由相关业务、科学技术专家审定。

2011年5月3日至5月23日,本志编写办公室对编校稿二次修改为审议稿,并简装成册,提交各参编单位负责领导和业务、科学技术专家二审并签字。

编写办公室对审议稿三次修改为评审稿,提交于2011年6月2日召开的《安徽省志·气象志(1986—2005)》评审会议进行专家评审。

2011年6月24日编写办公室对评审稿四次修改为评议稿,提交省气象局、省地方志编纂委员会评议。8月9日下午，在省气象局华云宾馆四楼召开了《安徽省志·气象志（1986–2005）》评议会议。来自省地方志办公室、省人大法工委、省档案局、省水文局、省地震局及本志承编单位的领导、专家共23人与会，对本志进行了评议。

2011年9月9日，按评议会的意见完成了对本志评议稿的修改，并报送省地方志办公室审定。

2015年7月28日，安徽省地方志编纂委员会的领导朱文根、刘成典，安徽省气象局副局长胡雯，以及相关单位的负责人和专家对本志进行了会审。安徽大学傅悦、省地方志办公室杨永成对本志目录进行了英文翻译。

本志编纂，恰逢安徽省气象事业全面、快速发展并取得丰硕成果的时期，其内容十分丰富，有首轮志的续写部分，有全新内容、首次修志部分，也有首轮志的补遗部分。其编纂基本思路是：续修并重，续则连贯，修则规范，续修融合；全面展现改革开放以来安徽省气象事业取得的丰硕成果。

本志"气候"篇，其气候均值，按行业规定，均取用全省各台站1971—2000年标准平均值。各篇编纂，属于续编的，其所用资料均为1986年至2005年；属于修编的，如电视天气预报、农村综合经济信息网、人工影响天气、卫星遥感等，其时间上限为始现期，下限仍为2005年。属于补修部分，如新中国成立前安徽气象资料站点，其时间上限为1880年。涉及气象业务中的新方法、新技术、新流程，因其难于断限，如天气预报、气候预测、卫星通信、流媒体视频等，其下限到2010年。

从《安徽省志·气象志（1986—2005）》篇目结构及其内容中，不仅能获知安徽省各气候要素的分布特点及变化、先进的大气探测和气象预报技术及其服务水平，且有许多适应国家社会经济发展及人们生产生活的气象服务需求而首次编修的内容。如气候资源、大气综合探测系统、电视天气预报、气象手机短信、雷电防御、农网、大气质量评价、人工增雨、卫星遥感、法制建设等。

在其第一篇"气候"中，给出了全省各气候要素最新、最具权威的科技成果，并增加"气候资源"一章放入其内。安徽省区位特别，多气象灾害，并考虑与首轮志的衔接，将"主要气象灾害（1986—2005年）"一章也入此篇；第二篇包括了安徽省从地质时期至近50年不同时间尺度的气候变化，以及安徽气候区划和各个分区的特点；大气综合探测、台站气象仪器及气象通信网编入第三篇，以展现安徽省在天基、空基、地基气象探测的站点分布、观（探）测手段及其气象通信方面的成就；第四篇包括了安徽省短、中、长期气象预报预测，气象预报高新技术的数值天气预报，以及包括航空气象在内的各个应用气象预报；第五篇涵盖了安徽省气象事业以"服务"为根本立足点的方方面面，亦即电视天气预报服务、气象短信及语音查询服务、农网、人工影响天气服务等等；第六篇为农业气象和气象卫星遥感；第七篇为气象科研机构、队伍，科研成果、教育培训与气象学术交流；第八篇为安徽省气象事业行政管理的各个方面。

至2005年年底，安徽省气象局基本建设完成功能丰富、布局合理的大气综合探测系统。该系统由地面观测、高空探测、气象卫星观测、闪电定位监测、GPS/MET观测、应急气象观测等各分系统所组成;气象观(探)测仪器,实现了常规仪器与自动遥感监测仪器相结合;具国内外先进水平,安装在合肥、马鞍山、黄山光明顶等地的多普勒气象雷达安全运行,显著提高了短时及邻近天气预报的准确率;气象通信技术迅速发展,实现了宽带通信及计算机网络传输;天气预报、短期气候预测、气象科学研究、气象服务及其保障系统等均取得光辉成就,气象预(警)报准确率稳步提高,服务于政府决策、经济安全生产、公众生活保障的气象预报受关注度和满意度不断提高。

1986—2005年,安徽省气象科技人员的科研成果丰硕,荣获安徽省科技进步一等奖2项;省科技进步二等奖15项;省科技进步三等奖17项;省科技进步四等奖62项。

《安徽省志·气象志(1986—2005)》

编写办公室

2016.5